Wirtschaft + Gese

Reihe herausgegeben von
Andrea Maurer, FB IV Sociologie, Universität Trier, Trier, Deutschland
Uwe Schimank, Universität Bremen, Bremen, Deutschland

Wirtschaft und Gesellschaft ist ein wichtiges Themenfeld der Sozialwissenschaften. Daher diese Buchreihe: Sie will zentrale Institutionen des Wirtschaftslebens wie Märkte, Geld und Unternehmen sowie deren Entwicklungsdynamiken sozial- und gesellschaftstheoretisch in den Blick nehmen. Damit soll ein sichtbarer Raum für Arbeiten geschaffen werden, die die Wirtschaft in ihrer gesellschaftlichen Einbettung betrachten oder aber soziale Effekte des Wirtschaftsgeschehens und wirtschaftlichen Denkens analysieren. Die Reihe steht für einen disziplinären wie theoretischen Pluralismus und pflegt ein offenes Themenspektrum.

Weitere Bände in der Reihe http://www.springer.com/series/12587

Christoph Deutschmann

Kapitalistische Dynamik

Eine gesellschaftstheoretische Perspektive

2. Auflage

 Springer VS

Christoph Deutschmann
Institut für Soziologie
Eberhard Karls-Universität Tübingen
Tübingen, Deutschland

ISSN 2626-6156 ISSN 2626-6164 (electronic)
Wirtschaft + Gesellschaft
ISBN 978-3-658-26226-6 ISBN 978-3-658-26227-3 (eBook)
https://doi.org/10.1007/978-3-658-26227-3

Die Deutsche Nationalbibliothek verzeichnet diese Publikation in der Deutschen Nationalbibliografie; detaillierte bibliografische Daten sind im Internet über http://dnb.d-nb.de abrufbar.

Springer VS
© Springer Fachmedien Wiesbaden GmbH, ein Teil von Springer Nature 2008, 2019
Das Werk einschließlich aller seiner Teile ist urheberrechtlich geschützt. Jede Verwertung, die nicht ausdrücklich vom Urheberrechtsgesetz zugelassen ist, bedarf der vorherigen Zustimmung des Verlags. Das gilt insbesondere für Vervielfältigungen, Bearbeitungen, Übersetzungen, Mikroverfilmungen und die Einspeicherung und Verarbeitung in elektronischen Systemen.
Die Wiedergabe von allgemein beschreibenden Bezeichnungen, Marken, Unternehmensnamen etc. in diesem Werk bedeutet nicht, dass diese frei durch jedermann benutzt werden dürfen. Die Berechtigung zur Benutzung unterliegt, auch ohne gesonderten Hinweis hierzu, den Regeln des Markenrechts. Die Rechte des jeweiligen Zeicheninhabers sind zu beachten.
Der Verlag, die Autoren und die Herausgeber gehen davon aus, dass die Angaben und Informationen in diesem Werk zum Zeitpunkt der Veröffentlichung vollständig und korrekt sind. Weder der Verlag, noch die Autoren oder die Herausgeber übernehmen, ausdrücklich oder implizit, Gewähr für den Inhalt des Werkes, etwaige Fehler oder Äußerungen. Der Verlag bleibt im Hinblick auf geografische Zuordnungen und Gebietsbezeichnungen in veröffentlichten Karten und Institutionsadressen neutral.

Verantwortlich im Verlag: Cori A. Mackrodt

Springer VS ist ein Imprint der eingetragenen Gesellschaft Springer Fachmedien Wiesbaden GmbH und ist ein Teil von Springer Nature.
Die Anschrift der Gesellschaft ist: Abraham-Lincoln-Str. 46, 65189 Wiesbaden, Germany

Inhaltsverzeichnis

1 Einführung und Übersicht 1

Teil I Die Wahlverwandtschaft zwischen Kapitalismus und Religion

2 Kapitalismus, Religion und Unternehmertum 11

3 Ideen und Interessen 43

4 Geld als absolutes Mittel 63

Teil II Die Dynamik wirtschaftlicher Institutionen

5 Die Mythenspirale 81

6 Dynamische Modelle institutioneller Einbettung 99

7 „Kapitalismus" und „Geist des Kapitalismus" 115

8 Der Typus des Unternehmers in wirtschaftssoziologischer Sicht 129

Teil III Aktuelle Transformationsprozesse der Arbeitswelt

9 Industriesoziologie als Wirklichkeitswissenschaft 153

10 Latente Funktionen der Institution des Berufs 175

Teil IV Finanzmärkte und „Finanzialisierung"

11 Finanzmarkt-Kapitalismus und Wachstumskrise 189

12 Die Finanzmärkte und die Mittelschichten 215

13 Euro-Krise und internationale Finanzkrise 231

Literatur 247

Einführung und Übersicht

Das Thema der in diesem Band zusammengestellten Aufsätze wird dem an genaue fachliche Arbeit gewöhnten Leser zunächst uferlos erscheinen. Er (oder sie) wird sich zwischen alle disziplinären Stühle gesetzt vorkommen: Geht es nun um Gesellschaftstheorie, Wirtschaftssoziologie oder Ökonomie? Ökonomen werden Probleme mit dem Begriff der „kapitalistischen Dynamik" haben. Der Ausdruck „wirtschaftliches Wachstum" ist ihnen zwar vertraut, und auch die Faktoren, von denen das wirtschaftliche Wachstum abzuhängen scheint: Kapital, Arbeit, technischer Fortschritt, Bevölkerung, natürliche Ressourcen usw. Hier jedoch sollen keine Modelle über kapital- oder arbeitssparenden technischen Fortschritt gerechnet werden, und es soll auch nicht der Einfluss unterschiedlicher Lohn- oder Profitquoten auf das wirtschaftliche Wachstum untersucht werden. Mit dem Begriff „kapitalistische Dynamik" soll zunächst signalisiert werden, dass es nicht nur um wirtschaftliche Entwicklung im engeren Sinne gehen soll. Der Begriff „Kapitalismus" ist nicht nur wirtschaftlich, sondern gesellschaftstheoretisch zu verstehen, darin sind sich seine Urheber von Marx bis Weber, Sombart und Schumpeter ungeachtet ihrer sonstigen Differenzen einig. Den analytischen Blick nicht von vorn herein auf die „Wirtschaft" hie, die „Gesellschaft" da zu verengen, die wirtschaftliche Dynamik in ihrer Schlüsselbedeutung auch für die gesellschaftliche Entwicklung zu analysieren: das ist die Intention der heute als „klassisch" geltenden Autoren, der hier gefolgt werden soll. Es sollen auch nicht nur Modelle konstruiert werden; angestrebt wird vielmehr eine empirisch-historische Form der Theoriebildung gemäß Webers Programm einer „Wirklichkeitswissenschaft".

Ein solches Vorhaben fügt sich nicht der geläufigen Arbeitsteilung zwischen Soziologie und Wirtschaftswissenschaften, in der die von Pareto getroffene Unterscheidung zwischen „logischen" und „nichtlogischen" Handlungen bis heute nachwirkt. Pareto hatte die logischen Handlungen als Arbeitsgebiet der Ökonomie, die nichtlogischen Handlungen dagegen als Terrain der Soziologie vorgesehen – eine Einteilung die sich als sehr folgenreich für die Entwicklung und Differenzierung der ursprünglich ja unter dem Dach der „Staatswissenschaften" bzw. der „Politischen Ökonomie" vereinigten beiden Disziplinen erwies. Soziologen pflegen sich seither nicht mehr für die Wirtschaft selbst, sondern nur für die normativen, moralischen und kulturellen Kontextbedingungen des Wirtschaftshandelns zu interessieren. Die Soziologie wurde zur Wissenschaft vom „Datenkranz". Die Ökonomen ihrerseits konzentrieren sich auf die analytische Modellierung rationaler Entscheidungsprozesse und klammern dabei die störenden Einflüsse der Gesellschaft so weit wie möglich aus.

Dieser Zustand wird allerdings schon seit einiger Zeit zunehmend als unbefriedigend empfunden, nicht nur in der Soziologie, sondern auch in den Wirtschaftswissenschaften. Die sogenannte „neue Wirtschaftssoziologie" (Granovetter, Swedberg, White, Fligstein, Beckert, Ganssmann) bemüht sich darum, das traditionelle Desinteresse der Soziologie gegenüber der Wirtschaft zu überwinden und wirtschaftliche Fragen, etwa nach den Konstitutionsbedingungen von Geld und Tauschbeziehungen, den Funktionsmechanismen von Märkten oder der Entstehung von Präferenzen, mit den Mitteln soziologischer Analyse zu bearbeiten (im Überblick Swedberg 2003; Maurer 2008, 2010).

Auch die hier vorgelegten Studien sind durch die Absicht geleitet, das Profil der Wirtschaftssoziologie gegenüber der ökonomischen Theorie neu zu bestimmen. Mit der Wirtschaftssoziologie wird die Unentbehrlichkeit der „sozialen Einbettung" der Märkte in Normen, Institutionen, Netzwerke und Vertrauensbeziehungen betont. „Soziale Einbettung" – dieses Missverständnis wird freilich auch in der Wirtschaftssoziologie nicht immer konsequent vermieden – sollte freilich nicht als bloße „Rahmung" des Marktes durch Sozialstrukturen nicht kommerzieller Art verstanden werden. Auch der institutionelle Kern des Marktes selbst – Privateigentum, Austausch, Geld – stellt unzweifelhaft ein soziales System dar. Märkte basieren auf Reziprozität: Ego kann auf das Eigentum Alters nur unter der Voraussetzung der Anerkennung eines Zugriffsrechts Alters auf sein Eigentum zugreifen. Auch wenn die in Märkten institutionalisierte Reziprozität häufig nur formaler und minimaler Art ist, handelt sich nicht um ein System rein egoistisch bzw. utilitaristisch motivierter Handlungen, als das es in den Wirtschaftswissenschaften unter Berufung auf analytische Erkenntnisinteressen üblicherweise modelliert wird. In seiner bekannten Kritik am „Modell-Platonismus" des ökonomischen Denkens hat Hans Albert vor mehr als fünfzig Jahren (Albert 1967) seiner Verwunderung darüber Ausdruck gegeben, dass der fiktionale Charakter solcher Modellierungen vielen Fachvertretern der Ökonomik nicht einmal bewusst zu sein scheint. An dieser Sachlage hat sich bis heute nichts geändert – im Gegenteil.

Albert hat vorgeschlagen, die Nationalökonomie als eine „partielle Soziologie" aufzufassen, und zwar „vorwiegend als eine Soziologie der kommerziellen Beziehungen", die sich auf das soziale Feld von Märkten konzentriert (Albert 1967, S. 406). Dieser Sichtweise soll hier gefolgt werden. Der Markt ist eine Institution, die aus der Geschichte der menschlichen Zivilisation nicht wegzudenken ist und schon deshalb in den Zuständigkeitsbereich der Soziologie gehören sollte. Unter empirisch-historischen Gesichtspunkten ist freilich die von Karl Polanyi (1978) eingeführte Unterscheidung zwischen

1 Einführung und Übersicht

„eingebetteten" und „entgrenzten" Märkten zentral; mit ihr kommt auch der Begriff „Kapitalismus" ins Spiel. In vormodernen Gesellschaften blieben Märkte „sozial eingebettet" in dem Sinne, dass sie weitgehend auf den Austausch von Gütern und Dienstleistungen beschränkt blieben und nur eine nachgeordnete Rolle im Rahmen politisch oder religiös begründeter Herrschaftsordnungen spielten. Für moderne Gesellschaften dagegen ist der durch die liberalen Bewegungen des 18. Jahrhunderts initiierte Prozess der Entgrenzung der Märkte charakteristisch. Der Ware-Geld-Nexus weitet sich von Produkten und Dienstleistungen auf die Produktionsbedingungen – Land, industrielle Produktionsmittel, freie Arbeit – aus. Darüber hinaus kommt es zu einer räumlichen und einer sozialen Entgrenzung der Märkte: Transnationale Produkt-, Kapital- und Arbeitsmärkte nehmen einen historisch beispiellosen Aufschwung und schränken die Selbstgenügsamkeit lokaler und sogar nationaler Wirtschaftskreisläufe immer mehr ein. Die Warenform dringt immer stärker in die sozialen Verhältnisse in einem gegebenen Territorium ein, mit der Folge der Verwandlung ständischer und gemeinschaftlicher in kommerzielle Sozialbeziehungen. Die Märkte sind damit nicht länger in die ständische Gesellschaft „eingebettet", sondern umkehrt scheint die Gesellschaft sich in ein bloßes „Anhängsel" entgrenzter Märkte zu verwandeln. Die Warenform gewinnt damit, wie schon Marx erkannt hatte, eine weit mehr als bloß „ökonomische" Bedeutung. Sie wird vielmehr zum Inbegriff eines *gesellschaftlichen* Zusammenhangs historisch gänzlich neuer Art, für den Marx die Bezeichnung „kapitalistisch" einführte. Er benutzte den Begriff freilich nur als Adjektiv; es waren erst Sombart und Weber, die die substantivistische Redeweise vom „Kapitalismus" einführten.

Der moderne Kapitalismus geht historisch auf den durch die „große Transformation" (Karl Polanyi) des 19. Jahrhunderts initiierten Prozess der Entgrenzung der Märkte zurück. Die Entgrenzung der Märkte freilich – und hier erweist sich das Weber'sche Forschungsprogramm als korrektur- und erweiterungsbedürftig – bedeutet nicht etwa den definitiven Sieg des aus der Logik des Markthandelns ursprünglich abgeleiteten Rationalprinzips wirtschaftlichen Entscheidens, wie man zunächst vermuten könnte. Wie die neuere Wirtschaftssoziologie herausgearbeitet hat, ist „rationales" Entscheiden und Handeln in der sozialen Wirklichkeit immer nur unter der impliziten Prämisse „sozial eingebetteter" Märkte möglich (Beckert 1997). Die Marktakteure handeln in einer Welt, die durch Institutionen, soziale Konventionen, Netzwerke und Organisationen immer schon so geordnet ist, dass die analytischen Voraussetzungen der Theorie rationaler Wahl erfüllt zu sein scheinen: Die Akteure kennen ihre eigenen Präferenzen; sie kennen außerdem ihre Tauschpartner, sowie den Markt und sein Umfeld gut genug, um die Folgen und Nebenfolgen ihrer Entscheidungen realistisch einzuschätzen. Die gleichen Vorbedingungen für rationales Entscheiden, die in der reinen Theorie nur *analytisch* dekretiert und expliziert werden müssen, müssen in der sozialen Realität durch komplexe institutionelle Arrangements gewährleistet werden. Das Beispiel von der Hausfrau, die auf dem Wochenmarkt Äpfel oder Bananen einkauft, ist in nationalökonomischen Lehrbüchern wohl vor allem deshalb so beliebt, weil es sich hier geradezu um einen Musterfall „sozial eingebetteter" Märkte handelt.

Aber Wochenmärkte sind nicht länger der für die heutige gesellschaftliche Wirklichkeit typische Fall; jeder, der sich in die Fallstricke von Internet-Plattformen verstrickt hat, weiß ein Lied davon zu singen. Nicht mehr eingebettete, sondern entgrenzte Märkte sind heute dominant – Märkte, die nicht nur räumlich über alle Grenzen hinweg gewachsen sind, sondern auch in sozialer, sachlicher und zeitlicher Hinsicht. Wo, bei wem, was und wann sie kaufen, steht den Kunden so frei wie nie, sofern sie nur zahlungsfähig sind; spiegelbildlich gilt das auch für die Produzenten bzw. Anbieter. Das heißt nicht, dass es nicht weiterhin Institutionen, Konventionen, Organisationen und Netzwerke als Mechanismen der Regulierung von Märkten gäbe. Aber diese überwiegend nur auf lokaler, sektoraler oder nationaler Ebene wirksamen Mechanismen sind ihrerseits in den größeren Zusammenhang des entgrenzten Marktes „eingebettet", der letztlich durch nichts anderes reguliert wird als durch sich selbst. Der verselbstständigte, von allen Seiten her auf die Akteure einwirkende Konkurrenzdruck arbeitet unablässig daran, „Wettbewerbshindernisse" zu beseitigen und vermeintlich Stabilität bietende Institutionen, Regeln und soziale Einbettungen zu unterhöhlen, die damit ihre Funktion als Ankerpunkte individueller Rationalität immer mehr einbüßen.

Unter solchen Bedingungen haben die Marktakteure erst einmal mit einem viel grundlegenderen Problem zu tun als dem der rationalen Optimierung von Entscheidungen: mit Unsicherheit. Der Begriff „Unsicherheit" ist, wie schon der Chicagoer Ökonom Frank Knight in den 1920er Jahren herausgearbeitet hatte, von dem des „Risikos" zu unterscheiden. In einer Situation des Risikos kennen die Akteure die möglichen Folgen einer Entscheidung und sind in der Lage, die Wahrscheinlichkeit ihres Eintretens mathematisch abzuschätzen. In einer Situation der Unsicherheit dagegen sind weder die Gesamtheit der möglichen Handlungsfolgen bekannt, noch die Wahrscheinlichkeit, mit der die bekannten Handlungsfolgen eintreten. Noch nicht einmal ihre eigenen Präferenzen sind den Akteuren ohne weiteres klar.

Natürlich stellt sich die Frage, wie in einer solchen Situation Entscheidungen überhaupt möglich sind. Die von wirtschaftssoziologischer Seite vorgeschlagene Antwort darauf ist: Entscheidungen werden dadurch möglich, dass die Akteure die Wirklichkeit nicht in ihrer ganzen Komplexität wahrnehmen, sondern bewusst oder unwillkürlich auf vereinfachende Bilder – Jens Beckert (2016) spricht von „fiktionalen Erwartungen" – zurückgreifen. Diese Fiktionen können sich im Nachhinein als falsch oder stark verzerrend erweisen; das Wichtige ist aber, dass sie die Wahrnehmung erst einmal so filtern, dass Entscheidungen und Handeln überhaupt möglich werden. Derartige Fiktionen bzw. Visionen kommen nicht nur im Bereich der Technologie vor, sondern in allen Handlungsfeldern der Wirtschaft, vom Konsum bis hin zu den Finanzmärkten. Das gemeinsame Merkmal dieser kognitiven Konstruktionen ist ihre Zukunftsorientierung, ihre Funktion, eine von möglichst vielen Akteuren geteilte gemeinsame Wahrnehmung einer prinzipiell offenen Zukunft zu erzeugen. Im Erfolgsfall wird diese Wahrnehmung zu einer „self-fulfilling prophecy" – die Wirklichkeit wird dann so, wie sie ist, *weil* die Leute glauben, sie sei so. Aber natürlich ist der Erfolg niemals garantiert; fiktionale Erwartungen können scheitern und können dann schwere wirtschaftliche Krisen nach sich ziehen.

1 Einführung und Übersicht

Wir haben es mit einem auf den ersten Blick schwer verständlichen, paradoxen Sachverhalt zu tun: Kaum etwas ist charakteristischer für die Entwicklung des modernen Kapitalismus als die durch liberale Politiken und Erzählungen vorangetriebene langfristige Tendenz zur Entgrenzung der Märkte. Die Entgrenzung bedeutet aber nicht etwa den endgültigen Triumph des der Marktlogik abgeschauten Rationalprinzips wirtschaftlichen Entscheidens; im Gegenteil, gerade sie konfrontiert die Akteure mit einem wachsenden Ausmaß an Komplexität und Unsicherheit. Dies wiederum lässt einen Bedarf nach Visionen, Narrativen, sogar „Mythen" als kognitiven Entscheidungshilfen entstehen. Solche Visionen fallen nicht vom Himmel. Sie entwickeln sich charakteristischerweise um eine Basisinnovation herum und werden von beteiligten Unternehmern oder Erfindern in die Welt gesetzt; Intellektuelle und Journalisten spielen dabei oft eine verstärkende Rolle. In dem Maße, wie Visionen soziale Resonanz finden, und zu einer kollektiv geteilten Wahrnehmung der Zukunft führen, wirken sie strukturierend auf die Entwicklung der Märkte. Sie ermöglichen damit rationales Handeln, sind aber ihrerseits nicht rational begründbar.

Webers auf „Rationalisierung" abgestelltes Forschungsprogramm führt an diesem Punkt nicht mehr weiter. Vielmehr bietet es sich an, das Verhältnis zwischen Kapitalismus und Religion auf neue Weise in den Blick zu nehmen. Magie und Religion stellen primäre Modi menschlicher Bewältigung von Unsicherheit dar. Wird Unsicherheit zum zentralen Merkmal von Handlungssituationen im Kapitalismus, so ist die Frage keineswegs abwegig, ob ursprünglich religiös geprägte Formen des Umgangs mit Unsicherheit im veränderten Kontext des Kapitalismus eine neue Bedeutung gewinnen. Der Vergleich zwischen Kapitalismus und Religion bietet sich aber noch aus einem weiteren Grund an. Wie die Weltreligionen stellt der Kapitalismus eine gelebte Form sozialer Universalität dar; eine Parallele, auf die auch Wolfgang Schluchter mit seiner Deutung der Moderne als einer „neuen Achsenzeitkultur" hingewiesen hat (Schluchter 2016; vgl. auch Deutschmann 2019). Die entgrenzten Märkte des globalen Kapitalismus bilden ein universales gesellschaftliches System, das nur im Singular existiert, nicht im Plural, wie noch in der um die Jahrtausendwende einflussreichen „varieties-of-capitalism"-Literatur (Hall und Soskice 2001) unterstellt wurde.

Die Wirtschaftssoziologie, soweit sie es mit der Gegenwart zu tun hat, steht vor der Aufgabe, die *entgrenzten Märkte* des modernen Kapitalismus als soziale Wirklichkeit in den Blick zu nehmen. Diese Fragestellung liegt auch den hier vorgelegten Studien zugrunde; sie bedeutet zunächst eine gesellschaftstheoretische Herausforderung. Die Wahlverwandtschaft zwischen Kapitalismus und Religion bildet die theoretische Leitidee des Bandes und zugleich das Rahmenthema des ersten, drei Beiträge umfassenden Abschnitts. Im zweiten Beitrag geht es zunächst um eine Annäherung an das Thema in unterschiedlichen, historisch-soziologischen wie theoretischen Perspektiven; zugleich bietet dieser Beitrag einen Überblick über das Gesamtprogramm des Bandes. Die folgenden beiden Beiträge sind zwei klassischen Autoren der Soziologie gewidmet, in deren Werk die Nähe zwischen Kapitalismus, Geld und Religion eine zentrale Rolle spielt: Max Weber und Georg Simmel. Der dritte Beitrag beleuchtet zunächst die

Schwierigkeiten, auf der Basis von Webers Konzeptualisierungen zu einer Einschätzung der Rolle der Religionen im gegenwärtigen Kapitalismus zu kommen und geht dann den Möglichkeiten und Grenzen einer Interpretation des Kapitalismus *als Religion* nach. Der vierte Beitrag arbeitet anhand der Geldtheorie Simmels die konstitutive, weit über bloß „ökonomische" Funktionen hinausreichende und von Simmel selbst in die Nähe der Religion gerückte Bedeutung des Geldes für die moderne Gesellschaft heraus.

Als Totalität bleibt der globale Kapitalismus für sich selbst undurchsichtig; er lässt sich nur dynamisch durch die Produktion immer neuer ökonomischer und gesellschaftlicher Zukunftsfiktionen (Beckert 2016) und deren Institutionalisierung stabilisieren. Dieser Gedanke bildet den Kern der vier Beiträge im zweiten Abschnitt des Bandes. Im Gegensatz zu der im ersten Abschnitt fokussierten Makro-Dimension werden hier die Meso- und Mikro-Dimensionen wirtschaftlichen Handelns in den Blick gerückt. Analysiert wird zunächst in Beitrag 5 die spezifische Entwicklungslogik von Leitideen der Organisationsgestaltung, die ich in Anlehnung an die neo-institutionalistische Organisationsforschung als „Mythenspirale" bezeichne. Der sechste Beitrag entwickelt unter Rückgriff auf pfadtheoretische und evolutionsökonomische Ansätze ein allgemeines Modell der Dynamik wirtschaftlicher Leitbilder und zeigt seine Anwendungsmöglichkeiten in der Technik-, Organisations- und Konsumforschung auf. Beitrag 7 geht kritisch auf die bekannte Studie von Luc Boltanski und Eve Chiapello zum „Neuen Geist des Kapitalismus" ein und zeigt, wie die konzeptionellen Mängel dieses Ansatzes durch die hier vorgestellten Konzepte behoben werden könnten. Der achte Beitrag schließlich wendet sich der Figur des „Unternehmers" als der zentralen Innovationsinstanz auf der Mikro-Ebene kapitalistischer Dynamik zu. Es werden die Möglichkeiten einer wirtschaftssoziologischen Konzeptualisierung der Unternehmerrolle aufgezeigt, die ihrer praktischen Bedeutung angemessen Rechnung trägt und damit einem bekannten Mangel der neoklassischen Theorie abhilft.

Eine gute Theorie muss sich in der Analyse und Diagnose der Gegenwart bewähren. In den beiden Beiträgen des dritten Abschnittes geht es zunächst darum, das im vorigen Abschnitt entwickelte allgemeine Modell kapitalistischer Dynamik auf die aktuellen Transformationsprozesse der Arbeitswelt anzuwenden. Die Entgrenzung der Märkte auch und gerade im Bereich der industriellen Produktion führt zu einer Dezentralisierung der Unternehmen, einem Vordringen netzwerkartiger Kooperationsstrukturen, die die überkommenen Formen kollektiver Arbeitsbeziehungen unterhöhlt (Beitrag 9). Dies könnte, ebenso wie die im zehnten Beitrag untersuchte Erosion der Berufsform der Arbeit, die sozialen Grundlagen der Innovationsfähigkeit der Unternehmen gefährden – so die übergreifende These des dritten Abschnittes. Mit anderen Worten: Eine Liberalisierung und Deregulierung der Märkte fördert keineswegs per se die Wachstumspotenziale des Kapitalismus, wie oft kurzschlüssig behauptet wird. Sie kann im Gegenteil selbstdestruktive Züge entwickeln, indem sie den innovativen Prozess lähmt und Innovation zu bloßer Rhetorik verkommen lässt. Die Beschleunigung der Mythenspirale im Zuge neoliberaler Entgrenzung der Märkte droht in einen Zustand „rasenden

1 Einführung und Übersicht

Stillstands" zu münden, in dem der Prozess schöpferischer Zerstörung sich in virtuelle Sphären verflüchtigt, während die realen Wachstumsraten sinken.

Eine analoge Einschätzung wird im vierten und letzten Abschnitt im Hinblick auf die Transformationen der Finanzmärkte entwickelt. Der elfte, fünf Jahre vor der Finanzkrise von 2008/2009 geschriebene Beitrag konzentriert sich auf das Phänomen langfristig sinkender realer wirtschaftlicher Wachstumsraten einerseits und spektakulär zunehmender privater Finanzvermögen andererseits; in der neueren Literatur hat sich dafür der Begriff der „Finanzialisierung" (z. B. Heires und Nölke 2014) eingebürgert. Der Beitrag entwickelt eine soziologische Erklärung des Phänomens auf der Basis eines Mehrebenenmodells. In den beiden weiteren, während und nach der Finanzkrise geschriebenen Beiträgen wird dieses Erklärungsmodell durch die Einbeziehung der sozialstrukturellen Dimension erweitert und vertieft. Es wird gezeigt, inwiefern eine strukturelle soziale Aufwärtsmobilität, die oft mit Phasen starken wirtschaftlichen Wachstums einhergeht, den Grund für ein strukturelles Ungleichgewicht an den Kapitalmärkten legen kann, das in den folgenden Phasen dann im Phänomen der Finanzialisierung manifest wird. In Beitrag 12 wird dieser Ansatz zunächst im Hinblick auf die Finanzkrise von 2008/2009 entwickelt; Beitrag 13 zeigt schließlich, wie er auch für eine Interpretation der Euro-Krise fruchtbar gemacht werden kann.

Dieser Band stellt überwiegend bereits veröffentlichte Aufsätze zusammen; einige wurden allerdings weitgehend ergänzt und überarbeitet (das gilt insbesondere für den Beitrag 2). Für die hier vorliegende zweite Auflage wurden die Beiträge teilweise inhaltlich überarbeitet, aktualisiert und erweitert. Der erste Abschnitt wurde durch die Hinzufügung eines neueren Beitrages (Beitrag 3) ergänzt. Aktualisiert wurde vor allem der vierte Abschnitt, indem Beitrag 11 der ersten Auflage durch zwei neuere Texte (Beiträge 12 und 13) ersetzt wurden. Das Buch stellt einen weiteren Versuch dar, das in meinem erstmals 1999 veröffentlichten Essay „Die Verheißung des absoluten Reichtums – Zur religiösen Natur des Kapitalismus" vorgelegte Forschungsprogramm auszuarbeiten.

Nach wie vor handelt es sich um eine Aufsatzsammlung, nicht um eine systematische Darstellung. Das bringt Vorteile mit sich, aber auch Schwächen. Die Texte sind „iterativ" konzipiert; sie nähern sich der Kernargumentation immer wieder neu aus verschiedenen Perspektiven. Das macht gewisse Wiederholungen und Redundanzen unvermeidlich; ich hoffe, dass sie über das dem Verständnis des Arguments förderliche Maß nicht hinausgehen.

Bei den hier vorgelegten Arbeiten habe ich Ermunterung und Anregungen durch viele Fachkollegen erfahren; danken möchte ich dafür vor allem Jens Beckert, Michael Faust, Andrea Maurer, Axel Paul, Uwe Schimank und Paul Windolf. Für die Mängel bin ich freilich allein verantwortlich. Zu danken habe ich auch Erika Meißner und Stefan Nicolae für die Arbeit an der Korrektur und der Herstellung des Literaturverzeichnisses.

Teil I
Die Wahlverwandtschaft zwischen Kapitalismus und Religion

Kapitalismus, Religion und Unternehmertum

Eine unorthodoxe Interpretation

2.1 Kapitalismus als Religion? Benjamin und Weber

Mit seinen Studien zur „protestantischen Ethik" hat Weber eine religionssoziologische Forschungsrichtung begründet, der es um die Klärung der religiösen Ursprünge des modernen Kapitalismus geht. In seinem berühmten Fragment „Kapitalismus als Religion" hat Walter Benjamin (1991) eine Sichtweise skizziert, die quer zur Fragestellung dieser Forschungen zu liegen scheint. Im Gegensatz zu Weber beschreibt Benjamin den Kapitalismus nicht nur als ein religiös inspiriertes Gebilde, sondern als eine „essentiell religiöse Erscheinung". Sie diene der „Befriedigung derselben Sorgen, Qualen, Unruhen, auf die ehemals die so genannten Religionen eine Antwort gaben". Wie Benjamin ausführt, zeige sich die religiöse Natur des Kapitalismus in vier Charakterzügen: Erstens handele es sich um eine „reine Kultreligion", die auf alle dogmatischen Sicherheiten verzichte. Zum zweiten werde der Kult permanent, „sans (t)rêve et sans merci" und ohne Unterbrechung durch „Wochentage" zelebriert. Drittens münde diese Religion nicht in Erlösung, sondern in eine immer weiter fortschreitende Verschuldung. Ein vierter Zug der Religion des Kapitalismus bestehe schließlich darin, dass „ihr Gott verheimlicht werden muss" und erst „im Zenith seiner Verschuldung angesprochen werden darf." (Benjamin 1991, S. 100; siehe auch Steiner 1998).

Beginnen wir, um den Sinn dieser auf den ersten Blick rätselhaften Beschreibung des Kapitalismus zu klären, mit den vertrauten Analysen Max Webers. Weber interpretiert den modernen Kapitalismus als die Endstufe eines säkularen Prozesses der „Rationalisierung" sozialen Handelns. Zweckrationales Handeln, das zum vorherrschenden Gestaltungsprinzip der sozialen Verhältnisse im Kapitalismus geworden ist, folgt – so sieht es Weber – einer Logik der „Weltbeherrschung": Nicht nur in seinen Verhältnissen zur äußeren Welt, sondern auch zu seiner sozialen Umwelt und sogar zu sich selbst geht der Akteur „kalkulierend" vor, indem er bewusst Ziele, Mittel, sowie die zu erwartenden Folgen und Nebenfolgen gegeneinander abwägt und aus dieser Abwägung seine Entscheidung ableitet. Der negative Komplementärbegriff zum Begriff der Rationalisierung lautet „Entzauberung". Was aus der Sicht des Handelnden als „Rationalisierung" erscheint, stellt sich aus der Perspektive der Welt als „Entzauberung" dar. Die Welt erscheint nicht länger als von Dämonen und Göttern bevölkert, die Furcht erzeugen und Respekt einfordern, sondern wird zum „Material" der Dispositionen des Subjekts degradiert.

Obwohl der Kapitalismus mit der Rationalisierung die Entzauberung der Welt zu Ende führt, stellen Religion und Rationalisierung in der Sicht Webers nicht einfach Antithesen dar. Im Gegenteil leisten die Religionen einen wichtigen Beitrag zur Rationalisierung sozialen Handelns. Sie knüpfen die Erlösung der Gläubigen von den Leiden der Welt an die Einhaltung von Ritualen, Regeln und ethischen Prinzipien und bringen damit nicht nur die Verhältnisse zwischen Menschen und Göttern, sondern auch zwischen den Menschen selbst in eine berechenbare Form. Schon im Zuge des Übergangs von der Magie zum Geisterglauben wird mit der Vorstellung „hinter" den Naturphänomenen stehender, nicht länger magisch, sondern symbolisch zu beeinflussender Wesenheiten ein erster Schritt der „Abstraktion" der religiösen Ideen vollzogen (Weber 1972, S. 246). Die Kodifizierung und Systematisierung des religiösen Glaubens bringt Ordnung in den Pluralismus der Götterwelt und führt schließlich zur Vorstellung des einen Gottes im Judentum, Christentum und Islam. Mit der Systematisierung des Gottesbegriffes entsteht und vertieft sich aber auch die Trennung zwischen diesseitiger und jenseitiger Welt, die durch theologisch rationalisierte Erlösungslehren überbrückt werden muss. Die Wege, die diese Lehren den Gläubigen weisen, sind in den einzelnen Religionen sehr unterschiedlich. In seiner Typisierung der Erlösungswege differenziert Weber bekanntlich zwischen Weltflucht, Weltablehnung, Weltanpassung und innerweltlicher Askese (Münch 2002; Schluchter 1991).

In die Richtung einer konsequenten innerweltlichen Askese mit der Berufsarbeit als Kern einer systematisierten Lebensführung wirken, wie Weber argumentiert, nur der Calvinismus und die protestantischen Sekten. Im Calvinismus und seiner Doktrin des über den Menschen schlechthin erhabenen Gottes einerseits, des gänzlich auf die Selbstvergewisserung durch rastlose Berufsarbeit verwiesenen Gläubigen andererseits erreicht die intellektuelle Rationalisierung der religiösen Erlösungsvorstellungen ihre äußerste Zuspitzung. Aber diese Zuspitzung hat einen ungewollt selbstannihilierenden Effekt, indem sie die Gläubigen bei ihrer Suche nach Erlösung allein lässt und faktisch ausschließlich auf ihr eigenes Handeln verweist. „Das bedeutet nun aber praktisch, dass der Calvinist, wie es auch gelegentlich ausgedrückt wird, seine Seligkeit – korrekt müsste es heißen: die Gewissheit von derselben – selbst ‚schafft'" – so formuliert es Weber (2000, S. 74). Schluchter (1976, S. 273) spricht in diesem Zusammenhang auch von einem „selbstdefaitistisch(en)" Effekt der calvinistischen Ethik. Wenn der Gläubige sich faktisch selbst zur Instanz seiner eigenen Erlösungsgewissheit macht, ist es bis zur völligen Eliminierung der transzendenten Dimension des Glaubens nur noch ein kleiner Schritt. Der Calvinismus hat mit seiner Ethik einer systematisch auf das Ziel des beruflichen und geschäftlichen Erfolges hin orientierten Lebensführung zwar eine unentbehrliche Geburtshelferrolle für den Kapitalismus gespielt. Aber was ursprünglich nur *Signal* der Erlösung war, wird unwillkürlich immer mehr zu ihrer Substanz selbst. Um Unternehmer zu sein, musste man, wie Weber betonte, bereits zu seiner Zeit längst nicht mehr dem calvinistischen Glauben anhängen. Schon bei dem „farblosen Deisten" (Weber) Benjamin Franklin, dessen Traktat Weber als Basis seiner Typisierung des „kapitalistischen Geistes" diente, war das Absterben der religiösen Wurzel nicht zu übersehen. Einmal entstanden, funktioniert der Kapitalismus nach eigenen Gesetzen und bedarf der religiösen Stütze nicht mehr (Weber 2000, S. 16, 154).

Weber charakterisiert den Kapitalismus nicht, wie häufig behauptet wird, als ein „religiös motiviertes" System, sondern als eine Gesellschaftsform, die aus der Selbstannihilierung der calvinistischen Ethik hervorgegangen ist. Walter Benjamin kommentiert diesen Sachverhalt mit der Aussage, das Christentum der Reformationszeit habe „nicht das Aufkommen des Kapitalismus begünstigt, sondern es hat sich in den Kapitalismus umgewandelt." (Benjamin 1991, S. 102). Dieser Interpretation würde Weber vermutlich nicht widersprochen haben. Aber die weitergehende Folgerung Benjamins, nämlich den Kapitalismus *selbst* als eine Religion zu charakterisieren, hätte Weber zweifellos nicht akzeptiert. Weber betrachtet die Religion als eine Form sozialen Handelns, das bei der Bewältigung diesseitiger Lebensprobleme den Beistand überirdischer Mächte sucht (Weber 1972, S. 245 f.). Der Kapitalismus aber scheint genau jene Differenz von Immanenz und Transzendenz zu beseitigen, die für das religiöse Bewusstsein konstitutiv ist. Er lässt eine a-religiöse Gesellschaft entstehen, in der die Menschen ihr Handeln nicht länger an überirdischen Autoritäten, sondern an individuellen Wertentscheidungen ausrichten. Auch für die Akteure der kapitalistischen Wirtschaft gilt, dass ihr Verhalten sinnhaft orientiert ist und nur durch seinen subjektiv gemeinten Sinn zureichend erklärt werden kann. Es wäre verkürzt, wie Weber in seiner Interpretation des Textes von Benjamin Franklin betont, das kapitalistische Gewinnstreben einfach naturalistisch oder utilitaristisch zu deuten. Die Gewinnorientierung des kapitalistischen Unternehmers nimmt vielmehr den Charakter einer „ethisch gefärbten Maxime der Lebensführung" (Weber 2000, S. 13 f.) an. Aber in einer religiös entzauberten Welt kann die Geltung einer solchen Maxime genau so wenig wie die der Berufsethik des Arztes, Juristen oder Wissenschaftlers aus einem übergeordneten Glaubenssystem begründet werden. Jeder Mensch müsse den Dämon finden, der seines Lebens Fäden hält – so formuliert Weber (1973, S. 613) in unverkennbarer Anlehnung an Nietzsche seine Position.

Die Beseitigung der Differenz von Immanenz und Transzendenz durch den modernen Kapitalismus beutet freilich keine schlichte Rückkehr zur Magie. Sie bedeutet ebenso wenig einen Zustand völliger Berechenbarkeit der diesseitigen Welt, in dem nichts als die rationalen Sachgesetzlichkeiten von Technik und Verwaltung herrschen, wie Weber mit seinen Formulierungen vom „stahlharten Gehäuse" und dem „mechanischen" Charakter des Kapitalismus (Weber 2000, S. 153 f.), aber auch mit seinen Hinweisen auf den rein „sachlichen" Charakter der Marktvergesellschaftung (Weber 1972, S. 382 f.) suggeriert. Die Sichtweise Benjamins ist in diesem Punkt eine ganz andere: Gottes Transzendenz sei zwar gefallen. Aber er sei nicht tot, sondern „er ist ins Menschenschicksal einbezogen" (Benjamin 1991, S. 101). Der Dualismus von Diesseits und Jenseits wird durch den Kapitalismus nicht einfach eliminiert, sondern vielmehr – so sieht es Benjamin – in die diesseitige Welt hineingetragen und hier neu entfaltet. Auch wenn es sich bei Benjamins Ausführungen nur um Andeutungen handelt, machen sie gleichwohl auf ein wichtiges Manko in Webers Analysen aufmerksam: Mit seiner rationalistischen Interpretation des Kapitalismus übersieht Weber das Unsicherheitspotenzial, das *gerade durch den Kapitalismus selbst* in die Welt gebracht wird.

Der moderne Kapitalismus setzt, wie Weber selbst betont, neben der doppelten Buchführung und der Trennung von Haus und Betrieb den Arbeitsmarkt und die Institution der freien Lohnarbeit voraus. Die breite Durchsetzung eines Marktes für Lohnarbeit, die in Westeuropa Ende des 18. Jahrhunderts begann, war insofern das historische Schlüsselereignis für die Entstehung des modernen Kapitalismus, auch wenn natürlich auch zahlreiche andere Faktoren von der Entwicklung der modernen Naturwissenschaften und Technik bis hin zu den bürgerlichen politischen Revolutionen eine Rolle spielten. Neben den Kaufmann und Verleger trat nun der industrielle Unternehmer. Der Marktnexus griff von Gütern und Dienstleistungen auf die Produktionsfaktoren, neben Arbeit, Boden, Produktionsmitteln schließlich das Geld selbst, über. Indem er den gesamten Prozess gesellschaftlicher Produktion und Reproduktion erfasste, gewann er einen geschlossenen, selbstreferenziellen Charakter. Wie schon Marx war Weber sich über die historische Tragweite dieser Veränderung – Polanyi (1978) sollte später von der „Great Transformation" sprechen – bewusst. Denn erst durch die Einbeziehung der persönlich freien Arbeitskraft in den Markt wurde jene lückenlos „formale" und von allen „materialen" Restriktionen befreite Rationalität des Wirtschaftens möglich, die in den Augen Webers das Spezifikum des modernen, abendländischen Kapitalismus ausmacht.

Die Einbeziehung der Arbeitskraft in den Markt steigert jedoch keineswegs nur die Berechenbarkeit der Wirtschaft, sondern lässt auch neue Unsicherheiten entstehen. Weber erkannte zwar, dass die Einfügung der Lohnarbeit in den kapitalistischen Markt und Betrieb keineswegs konflikt- und herrschaftsfrei möglich ist, aber er unterschätzte gleichwohl die Komplikationen, die aus ihr entstehen. Er analysiert den Arbeitsprozess allein unter dem Gesichtspunkt rational-bürokratischer Kontrolle. Das faktische Schicksal industrieller Rationalisierung dagegen zeigt, wie wir heute genauer wissen, keineswegs den von Weber suggerierten geradlinigen Verlauf, sondern erinnert eher an eine Sisyphusarbeit, die mit der rationalen Organisierung und Technisierung immer neue Spielräume ungeplanten Arbeitshandelns entstehen lässt (Deutschmann 1996b, 2002a). Jeder Erfolg im Kampf um Effizienzsteigerung machte an anderen Stellen neue Ineffizienzen sichtbar oder brachte sie selbst erst hervor. Man denke nur an das Beispiel tayloristischer Rationalisierung, die erkauft werden musste durch bürokratische Wucherungen im Bereich der Arbeitsvorbereitung und Verwaltung. Wer rationalisiert die Arbeit der Stäbe, wer kontrolliert die Vorgesetzten selbst? In der an Weber anschließenden Entwicklung der Organisationswissenschaften im 20. Jahrhundert lässt sich ein Prozess langsamer, aber kontinuierlicher Demontage von Webers Modell der rationalen Bürokratie feststellen.

Die Komplexität und die Paradoxien rationaler Entscheidungsprozesse werden heute sehr viel deutlicher gesehen und stärker betont als bei Weber; „Inkrementalismus", nicht länger „Rationalisierung", scheint die Parole zu sein (Schimank 2005).

Was Weber vor allem vernachlässigt, sind die von Schumpeter betonten *kreativen* Leistungen der Akteure in der kapitalistischen Entwicklung. Schumpeter hatte dabei vor allem die Fähigkeit des Unternehmers im Auge, „neue Kombinationen" zu erfinden und durchzusetzen, die er als Motor kapitalistischer Dynamik betrachtet. Kreativität jedoch ist nicht allein eine Eigenschaft heroischer unternehmerischer Individuen, sondern ein sozialer Prozess, der unter dem Druck der Verwertung des durch den Unternehmer aufgenommenen Kapitals steht und aus der Kooperation zwischen Erfindern, Unternehmern, Arbeitern, Kunden, Lieferanten und Finanziers erwächst. Nur Menschen, nicht Maschinen oder Computer sind in der Lage, genuin neue Ideen, Techniken, Produkte und Problemlösungen zu entwickeln. Kreativität wird nicht nur von Forschern, Ingenieuren und Designern in Entwicklungsabteilungen, sondern auch in zahlreichen, scheinbar trivialen Alltagsoperationen gefordert. Der tatsächliche Ablauf der Arbeitsprozesse fügt sich nicht den rationalen Schemata der Planer, sondern unterliegt unvorhergesehenen Störungen und Umwelteinflüssen. Industriesoziologische Untersuchungen haben gezeigt, dass die Aufgabe der Arbeiter nicht allein darin besteht, Aufgaben vorschriftsgemäß auszuführen, sondern den erfolgreichen Abschluss von Operationen zu *gewährleisten* – wenn notwendig, durch intelligente und „kreative" Abweichungen von den Vorschriften (Thomas 1964; Burawoy 1979). Gerade in hoch technisierten Arbeitssystemen gewinnen solche Fähigkeiten an Bedeutung (Böhle et al. 2004). Kreativität ist schließlich nicht nur eine Eigenschaft des einzelnen Individuums, sondern hat auch eine kooperative Dimension. Indem sie kooperieren, können Akteure – es sei hier nur an die einschlägigen spieltheoretischen Analysen erinnert – nicht nur quantitativ höhere Leistungen erbringen, sondern etwas qualitativ Überlegenes erreichen.

Wie Jens Beckert (1997) gezeigt hat, ist es das Merkmal von Kreativität, dass sie sich dem Muster zweckrationalen Handelns nicht fügt; sie lässt sich noch nicht einmal ohne weiteres als „intentional" charakterisieren. Ich kann mir nicht „vornehmen", eine Erfindung zu machen oder ein Problem zu lösen, obwohl zielstrebige, systematische Arbeit den Boden dafür bereiten mag. Kreative Handlungen lassen sich vielmehr als „inquiry" im Sinn John Deweys charakterisieren, als zirkulärer Lernprozess, in dem Akteure nicht nur auf ihre Umwelt einwirken, sondern ihrerseits ihre Ziel- und Situationsdefinitionen unter dem Einfluss der Umwelt verändern. Ebenso wenig wie Kreativität stellt Kooperation einfach eine Fortsetzung rationaler Entscheidungen einzelner Akteure dar, denn ihr Zustandekommen hängt immer auch von den autonomen Entscheidungen der anderen ab. Mit Jon Elster (1987) könnte man von Zuständen sprechen, die „wesentlich Nebenprodukt sind". Kooperation, Kreativität und Innovation, zu denen als Kehrseite immer auch die Zerstörung gehört, lassen sich mit dem Weber'schen Idealtypus zweckrationalen Handelns nicht hinreichend erfassen. Es geht hier nicht allein um das von Habermas (1981) angesprochene Problem, dass die kommunikative Dimension der Rationalisierung des Handelns sich in Webers monologisch konzipiertem

Handlungsbegriff nicht unterbringen lässt, sondern um das bei George Herbert Mead präzise beschriebene Problem der Selbstundurchsichtigkeit der Kreativität des Handelns. Auch Habermas geht darauf nicht ein (Joas 1986).

Mit dem kapitalistischen Übergriff des Geldes auf die freie menschliche Arbeitskraft wird das Unverfügbare zum Gegenstand privater Verfügung. Der Gegenpart des Geldes am Markt ist nicht länger nur eine beobachtbare Menge von Gütern und Dienstleistungen, sondern darüber hinaus die Gesamtheit dessen, was durch den Einsatz der gegebenen Arbeitskräfte, Produktionsmittel, Technologien hergestellt werden *könnte*. Diese Gesamtheit ist aufgrund der kreativen Eigenschaften des menschlichen Arbeitsvermögens nicht abschließend bestimmbar. Eine umfassende Definition dessen, was Arbeit leisten kann, ist unmöglich. Sie müsste nicht nur alle früheren und gegenwärtigen, sondern auch alle zukünftigen Erfindungen einschließen, was auf einen Selbstwiderspruch hinauslaufen würde. Der moderne Kapitalismus macht Geld zu einem Anrecht (und komplementär zu einer Schuld) auf dieses letztlich unbestimmbare Vermögen und verwandelt es dadurch selbst in ein „Vermögen": in *Geldvermögen* bzw. *Kapital*. Das in Kapital verwandelte Geld ist mehr als nur das rationale Rechenmittel, als das Weber es behandelt (Weber 1972, S. 45); es ist eine Chiffre für die Unbestimmbarkeit der Möglichkeiten gesellschaftlicher Arbeit. Es verkörpert so etwas wie eine „Utopie": die Utopie individueller Verfügung über die Totalität menschlicher Möglichkeiten, die durch keine gegebene, wie immer hohe Geldsumme eingelöst werden kann, sondern nur durch den immerwährenden *Prozeß* der Verwertung des Geldes als Kapital. Der Einschluss der freien Lohnarbeit in den Markt hat somit keineswegs nur die Rationalisierung der Wirtschaft befördert, sondern gleichzeitig eine „Verzauberung" des Geldes bewirkt. Geld ist nicht länger nur ein „ökonomisches", profaner Bedürfnisbefriedigung dienendes Tauschmittel, sondern es wird zum „Sesam-öffne-Dich" in das Reich der scheinbar unbegrenzten Möglichkeiten gesellschaftlicher Arbeit. Es ist dieser „Zauber", von dem die Dynamik des modernen Kapitalismus lebt.

Folgt man den Schätzungen Angus Maddisons, so nahm das Bruttosozialprodukt pro Kopf in Westeuropa im Zeitraum 1500 bis 1820 um rund 60 % zu, in dem deutlich kürzeren Zeitraum von 1820 bis 1998, d. h. nach der „Großen Transformation" dagegen um den Faktor 14,5 (Maddison 2001, S. 126). Was sich hier ereignete, war nicht nur eine quantitative Steigerung der Produktivität, sondern eine Kette immer neuer „Revolutionen" der Technik, der Organisation des Konsums, die auch zu einer qualitativen Vervielfältigung der Produkte und Dienstleistungen führte. Die Explosion von Produktivität, Kreativität und Destruktivität, die die Entwicklung des modernen Kapitalismus kennzeichnet, lässt sich in dem Bezugsrahmen der rationalistischen Handlungstheorie Webers allein nicht erklären. Die historische Mission des Kapitalismus liegt nicht allein in der Durchsetzung formaler Rationalität, sondern in der Ausschöpfung der innovativen Potenziale menschlicher Arbeit. Das bedeutet die beständige Neuentwicklung nicht nur der Technologien und Organisationsstrukturen, sondern auch der Bedürfnisse selbst. Die Kreativität der Arbeit wird in *allen* Bereichen wirtschaftlichen Handelns gefordert, nicht nur in der Produktion, sondern auch in der Vermarktung und im Konsum. Werbung und

Medien setzen immer neue Utopien eines noch besseren Lebens in Umlauf, die neue Perspektiven wirtschaftlichen Wachstums erzeugen sollen. Dadurch gewinnt der Kapitalismus, wie in der neueren Konsumsoziologie (Campbell 1987; Illouz 2003) erkannt worden ist, sogar „romantische" Züge. Die Kehrseite der kapitalistischen Revolutionen ist freilich die Entwertung und Zerstörung überkommener Produktions- und Lebensformen, die Hinterlassenschaft von „Industrieruinen", von den außerökonomischen Dimensionen der Zerstörung ganz zu schweigen.

Damit sollen die von Weber betonten rationalen Seiten des Kapitalismus nicht geleugnet werden. Nimmt man jedoch mit der pragmatistischen Schule die nichtteleologischen Momente des Handelns ernst, so kann auch dem Weber'schen Konzept der Zweckrationalität nur noch ein nachgeordneter Status zukommen. Was technische oder organisatorische Rationalität in der konkreten Situation bedeutet, lässt sich, anders als Weber meinte, nicht rein „sachlich" entscheiden. Wie Innovation erweist sich auch Rationalität als eine historisch kontextgebundene Variable. Die rationale Disposition über das menschliche Arbeitsvermögen ist, wie unten (vgl. die Beiträge 5–8) näher zu erläutern sein wird, ihrerseits auf vermittelnde, historisch variable Symbolismen, so genannte technologische und organisatorische „Mythen" angewiesen, die selbst nicht rational abgeleitet werden können.

Dies hat Konsequenzen auch für den Charakter des Geldes. Geld, das das kreative Vermögen lebendiger Arbeit direkt kontrolliert, wird selbst – ich habe es schon betont – zu *Geldvermögen* bzw. Kapital. Es stellt einen Anspruch (und eine komplementäre Schuld) nicht auf eine gegebene Gütermenge, sondern auf ein unbestimmbares Potenzial dar. Die Totalität dieses Potenzials kann durch keine gegebene Summe Geldes jemals eingelöst werden, sondern nur durch den nie abschließbaren Prozess der „Akkumulation um der Akkumulation willen", der Selbstverwertung des Geldes als Kapital. Was die kapitalistische Dynamik antreibt, ist letztlich nicht rationales Kalkül, sondern die in der Kapitalform des Geldes angelegte Utopie privater Verfügung über die Gesamtheit der Möglichkeiten gesellschaftlicher Arbeit. Die Kapitalform des Geldes lässt einen Zwang zu immer neuer Verschuldung entstehen. Um die Profitabilität des Kapitals zu gewährleisten, sind die Unternehmen auf eine Nachfrage angewiesen, die höher ist als diejenige, die sie selbst mit ihren eigenen Kostenzahlungen geschaffen haben. Die Quelle dieser Zusatznachfrage ist, wie bereits Schumpeter betonte, der zusätzliche Kredit (Binswanger 1996). Das moderne Kreditgeld selbst entsteht als eine Kette von Schuldkontrakten (Spahn 2000; Ingham 2004). So gesehen, mündet der Kapitalismus in der Tat in „Verschuldung".

Es gibt, soviel wird zunächst deutlich, gute Gründe, nicht Weber, sondern Benjamin zu folgen und seiner These vom Kapitalismus *als* Religion genauer nachzugehen. Denn die Selbstannihilierung des calvinistischen Gottes, wie Weber sie darstellt, läuft ja auf nichts anderes hinaus, als dass der Mensch sich faktisch zu seiner eigenen Erlösungsinstanz erhebt und sich damit *selbst an die Stelle des Schöpfers setzt*. Daraus ergibt sich eine historisch beispiellose Dynamisierung der *irdischen* Welt durch den modernen Kapitalismus, die Weber unterschätzt und die sich mit seinen rationalistischen

Deutungen nicht fassen lässt. Für Benjamin liegt hier keine Liquidierung, sondern gerade eine Steigerung der Religion vor, die er, an Nietzsche anschließend, als ein permanentes Hinausgehen des Menschen über sich selbst interpretiert. Der Kapitalismus ist eine Religion des Menschen, der nur durch den immerwährenden Prozess der Überwindung seiner irdischen Grenzen zu sich selbst kommen kann. Die in den alten Religionen noch fix gedachte Grenze zwischen Immanenz und Transzendenz wird dynamisiert und als eine durch permanente kreative Zerstörung („Zertrümmerung" des Seins nach Benjamin) zu tilgende Schuld des Menschen sich selbst gegenüber inszeniert. Benjamins Deutung nimmt freilich (wenn auch nur implizit) Bezug nicht nur auf Weber und Nietzsche, sondern auch auf Marx. Dieser Begründungslinie wollen wir uns nun zuwenden.

2.2 Religions- und Kapitalismuskritik bei Marx

Der Zusammenhang zwischen Kapitalismus und Religion ist auch Marx' zentrales Thema. Es ist freilich ein grobes Missverständnis, wenn Marx, wie dies häufig geschieht, eine „Basis-Überbau"-Theorie mit der Ökonomie als angeblich materieller „Basis" und der Religion als dem vermeintlich ideellen „Überbau" zugeschrieben wird. Zwar gibt es in den Texten des späten Marx durchaus Tendenzen zu einer solchen mechanistischen Geschichtsbetrachtung, wie sie später vor allem durch Engels und Kautsky popularisiert wurde, und in der Tat hat Marx die Ausdrücke „Basis" und „Überbau" im Vorwort zu der 1859 veröffentlichten Schrift „Zur Kritik der Politischen Ökonomie" selbst verwendet. Er führt sie hier aber nur als Metaphern ein, um dem Publikum den Kontrast seiner eigenen Position zu den seinerzeit herrschenden idealistischen Geschichtsdeutungen zu verdeutlichen. In Marx' Theorie selbst kommen sie nicht vor und haben keinerlei systematische Bedeutung.

Im Zentrum des Marx'schen Denkens stehen vielmehr die Begriffe „Produktion" bzw. „Arbeit". Marx hat sie bekanntlich in der doppelten Auseinandersetzung mit Hegel und Feuerbach entwickelt. Marx wirft Feuerbach mit Hegel vor, dass er die „Wirklichkeit, Sinnlichkeit nur unter der Form des Objekts oder der Anschauung …, nicht aber als sinnlich menschliche Tätigkeit, Praxis, nicht subjektiv" (Marx 1964, S. 339) erfasse. Hegel dagegen wirft er mit Feuerbach vor, dass er Arbeit nur als Verhältnis des Geistes zu sich selbst, nicht als gegenständliche Tätigkeit begreife. Arbeit ist für Marx das spezifisch menschliche Verhalten zur Natur, durch das die Menschen ihre eigene geschichtliche Wirklichkeit hervorbringen. Sie ist keineswegs nur materielle Produktion, denn mit der Herstellung materieller Güter produziert und reproduziert der Mensch auch sich selbst, seine Bedürfnisse und sozialen Verhältnisse; Marx spricht daher auch von der „Produktion" des Staates und der Religion (Marx 1962, S. 348, 349). Arbeit bzw. Produktion ist die prozessuale Überwindung der Kluft zwischen den symbolisch-kommunikativen und den materiellen Seiten der menschlichen Existenz. Sie ist ein rekursiver Prozess, der in der Lage ist, seine eigenen Voraussetzungen wieder herzustellen, damit aber zugleich neue Möglichkeiten zu erschließen. Im Produktionsprozess werden, wie

2.2 Religions- und Kapitalismuskritik bei Marx

Marx, einen Gedanken Hegels (Hegel 1969, S. 436 f.) aufnehmend, betont, Kausalität und Teleologie zu einer Einheit verknüpft: Sie ist einerseits ein körperlicher, mechanischer, physikalischer, chemischer Prozess; der Mensch tritt dem Naturstoff „selbst als Naturmacht gegenüber" (Marx 1988, S. 192). Sie steht andererseits unter der Herrschaft des Zwecks: „Was aber den schlechtesten Baumeister vor der besten Biene auszeichnet, ist, dass er die Zelle in seinem Kopf gebaut hat, bevor er sie in Wachs baut. Am Ende des Arbeitsprozesses kommt ein Resultat heraus, das beim Beginn desselben schon in der Vorstellung des Arbeiters, also ideell vorhanden war" (Marx 1988, S. 193). Im Kopf des Baumeisters kann aber, wie Marx ebenfalls sieht, das Resultat nur deshalb antizipiert werden, weil Arbeit stets gesellschaftliche Arbeit ist, d. h. in einem Zusammenhang sprachlich vermittelter Interaktion steht, der sich in der Intelligenz des Baumeisters reflektiert. Die Zweckhaftigkeit der Arbeit folgt aus ihrer Gesellschaftlichkeit; Arbeit ist immer Arbeit *für andere*. Arbeit ist für Marx, anders als für Habermas, nicht nur instrumentales Handeln, sondern das dreiseitige Verhältnis durch Sprache vergesellschafteter menschlicher Akteure zu einem gegenständlichen Kontext. Arbeit und Interaktion sind folglich nicht zwei separate Dimensionen des menschlichen Wirklichkeitsbezuges, sondern bilden eine Einheit: Arbeit ist Arbeit nur dank ihrer Zweckhaftigkeit, diese wiederum ist ohne Interaktion nicht zu denken. Aber da Zweckhaftigkeit und Interaktion selbst wiederum in einen nicht restlos durchschauten gegenständlichen Kontext eingebunden sind, machen die Menschen zwar ihre Geschichte selbst, aber keineswegs mit vollem Bewusstsein. So gesehen, hat der Produktionsbegriff des frühen Marx viel gemeinsam mit der Idee des Lebens als praktischer Aktivität, wie sie später durch den amerikanischen Pragmatismus (Peirce, Dewey, Mead) entwickelt worden ist (Joas 1992).

„Man begreift ‚Basis' und ‚Überbau' am ehesten" – stellen Berger und Luckmann (1980, S. 6) fest – „wenn man sie als dauernde Wechselwirkung zwischen menschlicher Tätigkeit und der Welt sieht, die eben durch diese Tätigkeit hervorgebracht wird". Marx' These ist, dass durch gesellschaftliche Arbeit eine Realität ganz eigener Art entsteht, die weder bloß Natur, noch bloß Geist ist. Die gesellschaftlich-geschichtliche Welt ist das Werk der Menschen selbst, nicht eines göttlichen Schöpfers. Die religiösen Vorstellungen sind nichts anderes als Projektionen, in denen die Menschen ihre eigene produktive Tätigkeit imaginieren – sie wissen es nur nicht oder wollen es nicht wissen. Diese Religionskritik ist alles andere als erkenntnistheoretisch naiv. Marx sieht klar, dass die Erkenntnis der Arbeit als Prinzip der Geschichte keineswegs voraussetzungslos ist, sondern selbst erst unter ganz bestimmten historischen Voraussetzungen möglich wurde, nämlich dank des Übergreifens des Geldnexus auf die menschliche Arbeitskraft im modernen Kapitalismus. Die Schaffung eines Marktes für die persönlich freie Arbeitskraft löst den Arbeitsprozess aus seiner Naturwüchsigkeit und verwandelt die Arbeitskraft in eine disponible, reflexiv zu behandelnde Größe – nicht nur für ihren Käufer, sondern auch für ihren Verkäufer selbst. Der Arbeiter ist „Subjekt" im transitiven wie im intransitiven Sinn. Dies sieht Marx nicht viel anders als später Weber und Foucault. Marx bezeichnet es als einen „ungeheuren Fortschritt von Adam Smith", die Kategorie der „Arbeit schlechthin", unabhängig von jeder Bestimmtheit der Reichtum erzeugenden

Tätigkeit eingeführt zu haben (Marx 1953, S. 24). Eine derart abstrakte Betrachtung des Arbeitsprozesses werde aber erst auf dem Boden einer hoch differenzierten gesellschaftlichen Arbeitsteilung möglich, wie sie der moderne Kapitalismus hervorgebracht habe: „Die Gleichgültigkeit gegen eine bestimmte Art der Arbeit setzt eine sehr entwickelte Totalität wirklicher Arbeitsarten voraus, von denen keine mehr die alles beherrschende ist. So entstehen die allgemeinsten Abstraktionen überhaupt nur bei der reichsten konkreten Entwicklung, wo Eines vielen gemeinsam erscheint, allen gemein." (Marx 1953, S. 25).

Die durch den historischen Prozess hervorgebrachte reale Differenzierung, Abstraktion, Kommensuration der Arbeit bildet für Marx auch die Bedingung der Möglichkeit, die Religion als Selbstbespiegelung des menschlichen Schöpfers zu durchschauen. Aber wie kommt es, dass die Menschen noch immer nicht in der Lage sind, sich selbst in diesem Spiegel zu erkennen? Anders als die Linkshegelianer gibt Marx sich mit der bloßen Forderung nach Abschaffung der Religion nicht zufrieden, hält sie für kurzschlüssig und oberflächlich. Dass die weltliche Grundlage der Religion sich von sich selbst abhebe und sich als ein selbstständiges Reich in den Wolken fixiere, müsse vielmehr – so argumentiert Marx – aus der Selbstzerrissenheit dieser weltlichen Grundlage selbst erklärt werden. Die Fortexistenz der Religion findet ihre Erklärung darin, dass der religiöse Götzendienst der vormodernen Gesellschaft unter der Hand durch einen neuen Götzen abgelöst worden ist: das zum Kapital fortentwickelte Geld. Der Kapitalismus hat über die fertigen Produkte hinaus auch die Produktionsvoraussetzungen, den Boden und die Arbeit, zu Waren gemacht und damit dem disponierenden Zugriff der Individuen geöffnet. Aber die gesellschaftliche Vermittlung der individuellen Dispositionen wird nach wie vor nicht durch die Akteure selbst, sondern durch die objektive Bewegung des Marktes hergestellt. Weil die Akteure sich nicht als gesellschaftliche Individuen, sondern als Privateigentümer aufeinander beziehen, nimmt ihr eigener Zusammenhang die Form des Geldes bzw. des Kapitals an. Ihre eigene Bewegung erscheint ihnen als eine Bewegung der Sachen, ihre eigenen Verhältnisse erscheinen in der Form eines an die Produkte angehefteten Tauschwerts. In diesem Sinne stellt der Kapitalismus auch für Marx eine „Religion" dar. Um die Menschen zur vollen Selbsterkenntnis als Subjekte der Geschichte zu bringen, ist daher über die bloße Abschaffung der traditionellen Religion hinaus ein weiterer Schritt notwendig: die Abschaffung des Privateigentums, die den Boden für eine bewusste kollektive Kontrolle gesellschaftlicher Produktion bereitet.

Die Abschaffung des Privateigentums kann freilich kein voluntaristischer Akt sein, sondern wird, wie Marx zeigen möchte, durch die Bewegung der bürgerlichen Gesellschaft selbst vorbereitet. Durch Verknüpfung seines dialektischen Arbeitsbegriffs mit der Arbeitswertlehre der klassischen Politischen Ökonomie (Smith und Ricardo) versucht Marx, die „Bewegungsgesetze" des Kapitalismus zu entschlüsseln. In dieser problematischen, von Marx nie befriedigend geklärten Verbindung sind die Schwierigkeiten und Inkonsistenzen der Marx'schen Konzeption angelegt. Fasst man Produktion mit Marx als „Totalität", d. h. als Produktion nicht nur von Gütern, sondern auch von Bedürfnissen, sozialen Verhältnissen und Institutionen, so verbietet sich der Versuch, „gesellschaftlich notwendige" Arbeitsquanten im Sinne von Smith und Ricardo zu bestimmen. Es müsste ja stets ein „Datenkranz" von produktionsexternen Gegebenheiten (Technologien, Qualifikationen, Bedürfnissen etc.) angenommen werden. Arbeitswerte wären bestimmbar nur in einer statischen Wirtschaft, wie sie zu Smiths Zeiten noch weitgehend gegeben war, nicht jedoch in einem dynamischen, Produktionsstrukturen und Bedürfnisse ständig umwälzenden modernen Kapitalismus. „Gesellschaftlich notwendige" Arbeitszeiten lassen sich definitionsgemäß nicht für neue, sondern nur für am Markt schon etablierte Produkte und Technologien bestimmen. Aufgrund der Allgegenwart von Neuerungen und der Interdependenz innovativer und etablierter Produktionsstrukturen verändert sich jedoch auch der Wert eingeführter Produkte dauernd. Werte werden so zwar in jedem Augenblick im System bestimmt, aber in einer durch keine Theorie und keinen externen Beobachter einholbaren Weise, denn letzterer müsste ja informierter und intelligenter sein als die Summe der in dem Prozess der Kapitalverwertung wirksamen gesellschaftlichen Intelligenz selbst. Die von Marx kritisierte Anarchie kapitalistischer Produktion geht nicht nur auf die indirekte Steuerung der Produktion durch den Markt zurück, sondern letztlich auf die Selbstundurchsichtigkeit menschlicher Kreativität – dies hat Friedrich v. Hayek klarer gesehen.

Auf der Fiktion der Messbarkeit gesellschaftlich notwendiger Arbeit beruhen die von Marx formulierten „Gesetzmäßigkeiten" der kapitalistischen Entwicklung, vom Steigen der organischen Zusammensetzung des Kapitals bis hin zum Fall der Profitrate. In diesen „Gesetzmäßigkeiten" sah Marx – nicht prinzipiell anders als Weber – durchaus eine geschichtliche Tendenz der „Rationalisierung" am Werk, die zwar in verkehrter, nämlich gesellschaftlich nicht kontrollierter Form wirkt, am Ende aber den Boden für eine bewusste Selbststeuerung der Gesellschaft bereitet. Im Unterschied zu Weber war Marx davon überzeugt, dass die Tendenz zur Rationalisierung erst im Kommunismus voll zum Tragen kommen könne. Jedoch ist die Transformation der Spontaneität des Marktes in zentrale Planung, wie Weber und später Horkheimer gegen Marx argumentierten, keineswegs erst das Werk des Sozialismus, sondern setzt sich schon im Kapitalismus im Zuge der fortschreitenden Bürokratisierung, Konzentration und Zentralisation des Kapitals durch. Was bei Marx noch als Keimform der neuen Gesellschaft gefeiert wurde, wird bei Weber zum unabwendbaren Schicksal der Bürokratisierung. Die Erfahrungen mit den real existierenden Bürokratien des 20. Jahrhunderts haben nicht die positive Sicht von Marx, sondern den Pessimismus Webers und Horkheimers bestätigt.

Trotz ihrer pragmatistischen Elemente lässt die Marx'sche Konzeption am Ende für die Kreativität menschlichen Handelns kaum mehr Platz als die Webers. Das Hauptproblem liegt in der ungeklärten Verknüpfung des ursprünglichen dialektischen Arbeitsbegriffs mit der Arbeitswertlehre der klassischen Politischen Ökonomie. Es zeigt sich hier zugleich auch, dass Marx die Abnabelung von Hegel nur unvollständig gelungen ist. Die von Marx postulierte, an Hegels Identitätsphilosophie erinnernde „Notwendigkeit" der Aufhebung gesellschaftlicher Widersprüche im Kommunismus ist mit dem von ihm selbst entwickelten materialistischen Arbeitsbegriff nicht vereinbar. Wenn es die empirischen Menschen sind, die sich und ihre Geschichte selbst machen, dann kann es eine

Theorie der Geschichte, die die menschliche Praxis von einem überhistorischen Standpunkt betrachten müsste, nicht geben. Aus der Erkenntnis der Arbeit als Prinzip der Geschichte ergibt sich noch keineswegs die Einsicht in die Totalität ihrer Möglichkeiten. Mit Vico lässt sich zwar sagen, dass wir erkennen können, was wir selbst gemacht haben. Aber diese Erkenntnis kommt nur ex post. Sie liefert keinerlei „Gesetzmäßigkeit", die es uns erlaubt, den Lauf der Geschichte vorauszusehen.

2.3 Paradoxien von Religion und Geld

Die von den Linkshegelianern und Marx formulierte Kritik der Religion als eines Projektionsphänomens ist durch die moderne Soziologie aufgenommen worden und stellt in gewisser Weise sogar ihre Grundlage dar. Das zeigt sich besonders deutlich in der Religionssoziologie Emile Durkheims. In seiner Studie über die „Elementaren Formen des religiösen Lebens" (Durkheim 1981) formuliert Durkheim zunächst eine „Definition" der religiösen Phänomene: Alle Religionen seien zum einen durch die Unterscheidung einer „heiligen" und einer „profanen" Sphäre der Welt charakterisiert, wobei beide Sphären als prinzipiell heterogen und inkommensurabel gelten. Zum anderen pflegen alle Religionen, im Unterschied zur Magie, ein *kollektives* System von Praktiken und Glaubensinhalten in Form einer „Kirche". Aber diese „Definition" ist noch keine Theorie der Religion, die Durkheim auf der Basis seiner Studien über den australischen Totemismus erst entwickeln möchte. Die Kernthese, zu der Durkheim am Ende gelangt, lautet: Die religiösen Vorstellungen sind nicht einfach Illusionen, Fantasien oder Ideale; sie sind „menschliche Kräfte, moralische Kräfte" (Durkheim 1981, S. 561), in denen die Macht der Gesellschaft über das Individuum zum Ausdruck kommt. Anders als bei Marx und Feuerbach ist diese These bei Durkheim freilich mit keinerlei kritischer Absicht verbunden; ebenso wenig stellt Durkheim die Frage, warum den Menschen ihre eigene gesellschaftliche Identität als etwas völlig Transzendentes und von der irdischen Welt Getrenntes erscheint. Der Gläubige fühlt sich als Werkzeug einer höheren Macht, die seine individuellen Kräfte übersteigt, und „diese Macht existiert; es ist die Gesellschaft" (Durkheim 1981, S. 309). Aber das ist die Deutung des soziologischen Beobachters, nicht die des Gläubigen selbst. Durkheim verwischt in seiner Analyse diese für das Phänomen der Religion kritische Perspektivendifferenz und ist nicht in der Lage, sie zu erklären. Noch weniger wird er mit seiner Analyse der primitiven Formen religiösen Lebens der Situation in modernen Gesellschaften gerecht, in denen, wie Durkheim in seiner Studie über die Arbeitsteilung selbst eingeräumt hatte, die Religion keinen dominierenden Platz mehr im öffentlichen Leben einnimmt und individualistische Orientierungen vorherrschen. Durkheims unklarer Begriff der „organischen Solidarität" kann diese Schwierigkeiten nur überdecken, nicht lösen.

Durkheim meint, die Paradoxien einer soziologischen Betrachtung der Religion dadurch umgehen zu können, dass er die Religion am scheinbar „einfachsten" Fall der australischen Stammesgesellschaften untersucht, die jede für sich eine von außen

2.3 Paradoxien von Religion und Geld

beobachtbare Totalität darzustellen scheinen. Dieses Verfahren lässt sich jedoch nicht auf die moderne Gesellschaft übertragen. In einer interaktionstheoretischen Perspektive könnte man im Anschluss an Mead zwar zeigen, wie Individuen eine persönliche Identität entwickeln, vielleicht auch, wie es zur Ausbildung kollektiver Gruppenidentitäten kommt. Aber dazu müssen Individuen wie Gruppen stets die Perspektive eines dritten Beobachters sich selbst gegenüber einnehmen und somit über ihre Selbstgenügsamkeit hinausgehen. Auf der Ebene der Gesellschaft als Ganzes lässt sich die Operation des „taking the perspective of the other" nicht wiederholen. Durkheim sieht nicht, dass hier ein grundlegendes Problem nicht nur für die Gesellschaft, sondern auch für den soziologischen Beobachter vorliegt. Um eine kollektive Identität *als Ganzes* zu entwickeln, müsste die Gesellschaft Zuflucht zur Konstruktion eines überweltlichen Anderen nehmen. Mit einer solchen Überlegung ergäbe sich immerhin ein Ansatzpunkt zur Erklärung des rätselhaften, mit der profanen Welt inkommensurablen Charakters der religiösen Vorstellungen. Durkheims positivistische Konzeption von Religion und Gesellschaft als „sozialen Tatsachen" ist jedoch nicht komplex genug, um eine solche Deutung zu ermöglichen.

Religiöse Welten umfassen das Ganze der menschlichen Erfahrung, das Kollektive wie das Individuelle, das Sakrale wie das Profane. Sie bilden einen Horizont, der sich von „außen" nicht beobachten lässt, sondern vielmehr selbst noch die Perspektiven seiner eigenen Beobachtung bestimmt: Was „Glaube" ist, kann nur der wissen, der selbst glaubt. Luhmann hat die daraus resultierenden Paradoxien präziser als Durkheim beleuchtet. Beobachten – so lautet das an den Formenkalkül Spencer Browns anschließende Argument Luhmanns (2000) – heißt, eine Unterscheidung zu treffen. Alle Unterscheidungen sind nur im Medium Sinn möglich. Beobachtungen markieren einen Raum aus einem „unmarked space", wie der von Luhmann übernommene Terminus Spencer Browns lautet, heraus. Jede Position ruft ihre Negation hervor, jede Präsentation ihre Appräsentation. Beobachtungen sind daher immer mit einem „blinden Fleck" behaftet, der zwar durch Beobachter zweiter Ordnung erfasst werden kann, dies aber nur mit der Implikation eines neuen blinden Flecks usw.

Die Religionen machen den Versuch, die Gesamtheit des sinnhaft Zugänglichen für die Gesellschaft selbst zu repräsentieren. Aber dieser Versuch ist paradox, denn die Grenze zwischen Immanenz und Transzendenz kann nur immanent im Medium Sinn thematisiert werden. So wenig, wie das Auge sich selbst sehen kann, kann die Gesellschaft als Ganze sich selbst beobachten (vgl. auch Luhmann 1998). Die Repräsentation des Ganzen kann nicht in Form von Symbolen, sondern nur von Bildern oder „Chiffren" erfolgen: „Chiffren sind nicht einfach nur Symbole, geschweige denn Zeichen oder Allegorien oder Begriffe. Sie sollen nicht etwas anderes nur bezeichnen oder nur ausdrücken. Sie sind nicht gemeint und werden nicht erlebt als bloße Hinweise auf etwas, was nicht oder nicht direkt zugänglich ist. Sie haben ihren Sinn überhaupt nicht in der Relation zu etwas anderem, sondern sind es selbst." (Luhmann 1992, S. 33) „Gott" ist eine Kontingenzformel, die nichts Bestimmtes bezeichnet, sondern selbst an die Stelle des Bezeichneten tritt, es zugleich repräsentiert und verbirgt. Die Funktion dieser Formel für die Gesellschaft liegt nach Luhmann darin, dass sie den im Medium Sinn angelegten unendlichen Regress von Präsentationen und Appräsentationen abschließt und dadurch Komplexität in eine bestimmbare Form transformiert. „Gott" ist die Summe, der Schlusspunkt aller Verweisungen, der selbst das Andere ist, auf das er verweist.

An den von Luhmann beschriebenen Paradoxien ändert sich nichts, wenn man statt den Begriffen Kommunikation und Religion die Konzepte Arbeit und Geld einsetzt. Geld repräsentiert die Gesamtheit der Möglichkeiten gesellschaftlicher Arbeit. Ganz im Sinne Durkheims vermittelt es den Anschluss des Individuums an die seine persönlichen Kräfte übersteigenden kollektiven Potenziale der Gesellschaft. Als Zugriffsrecht auf diese Potenziale gewinnt es, wie unten im Anschluss an Simmel näher zu erläutern sein wird, den Charakter eines „Vermögens". Aber da die Potenziale gesellschaftlicher Arbeit alle Erfahrung überschreiten, verschwimmt die Differenz zwischen Zeichen und Bezeichnetem. Wie Gott ist Geld kein Symbol, sondern eine „Chiffre". Die heute weit verbreitete Rede vom Nominalgeld als bloßem „Symbol" führt in die Irre. Im Unterschied zu anderen, z. B. sprachlichen Symbolen muss es ja „knapp" gehalten werden, mit anderen Worten: Es muss immer so behandelt werden, *als ob* es eine ausgedehnte Substanz wäre. Andernfalls könnte man Geld nicht „haben", nicht privat aneignen. Im Unterschied zur normalen Kommunikation wird Geld – darauf weist Luhmann (1988, S. 247) selbst hin – nicht mitgeteilt, sondern übertragen: Es muss immer sichergestellt werden, dass der Zahlende verliert, was er an den Zahlungsempfänger abgibt. Der Mitteilende jedoch behält, was er an andere weitergibt. Deshalb ist die Einstufung des Geldes als „Kommunikationsmedium" durch Luhmann (1988) und Baecker (1988, 1995) problematisch. Geld hat zwar die Eigenschaften eines Kommunikationsmediums, aber es ist, wie Smelt (1980) mit Recht betont hat, Wertsymbol und Wertgegenstand *zugleich*. Wie Gott verweist es auf nichts Bestimmtes, auf Wirkliches wie Mögliches, Positives wie Negatives. Es *ist* was es bedeutet und tritt selbst an dessen Stelle. Es liegt immer nur in einer bestimmten Summe vor, einer Summe aber von etwas Unbestimmbarem (vgl. auch Paul 2004). Seine letzte „Deckung" ist wie bei Gott unsichtbar; sie liegt im Glauben bzw. „Vertrauen" der Wirtschaftssubjekte – Vertrauen nicht auf jemand oder in etwas Bestimmtes, sondern darauf, dass auch die anderen vertrauen.

Die Probleme, die hier sichtbar werden, reduzieren sich nicht auf die Frage der technischen „Brauchbarkeit" der einen oder anderen Gelddefinition. Sie ergeben sich vielmehr aus den allen Definitionen des Geldes selbst inhärenten logischen Widersprüchen, die schon in gängigen ökonomischen Textbuchdarstellungen zutage treten (Backhaus 2000). Bekanntlich hat die akademische Wirtschaftstheorie die Frage nach dem „Begriff" des Geldes längst fallen gelassen. Geld wird vielmehr als ein rein nominales, aus dem „Nichts" heraus durch das Bankensystem geschaffenes Medium betrachtet, das sich allein durch seine *Funktionen* als Wertmaß, Tauschmittel, Zahlungsmittel und Wertaufbewahrungsmittel definieren lässt (Ingham 2004). Aber wie kann Geld Werte „aufbewahren", wenn es selbst gar keinen Wert verkörpert? Die übliche Antwort ist, dass die Wertaufbewahrungsfunktion nichts mit irgendeinem „inneren" Wert des Geldes zu tun hat, sondern allein auf seine Kaufkraft verweist: Der Wert einer bestimmten Summe Geldes ist durch die „Menge" der Güter bestimmt, die sich mit ihr erwerben lässt. Aber wenn der Wert des Geldes durch die Menge der kaufbaren Güter bestimmt wird, wie kann es dann zugleich Wertmaß sein? Diese logischen Schwierigkeiten könnten nicht entstehen, wäre Wert eine dritte, gemeinsame Eigenschaft von Geld und Gütern wie etwa Volumen oder Gewicht. Aber eine solche dritte Eigenschaft ist nicht angebbar; die subjektiven oder objektiven „Werttheorien", die sich auf die Suche nach ihr gemacht haben, gelten seit langem als gescheitert. Die „Recheneinheit" Geld misst etwas Unsichtbares; sie bezeichnet ebenso wenig etwas Bestimmtes wie die Formel „Gott". Die Aussage, dass Geld als „Wertmaß" diene, ist nicht weniger paradox als religiöse Chiffren.

2.4 Simmel und Marx

In seiner „Philosophie des Geldes" bemüht Simmel (1989) sich darum, die Theorie des Geldes zum Kernstück einer relativistischen Sozialphilosophie zu machen. Die ökonomische Definition des Geldes als Tauschmittel wird damit keineswegs verworfen, allein, Simmel insistiert darauf: Wenn Menschen ihre Produkte austauschten, so sei dies „keineswegs nur eine nationalökonomische Tatsache; denn eine solche, d. h. eine, deren Inhalt mit ihrem nationalökonomischen Bilde erschöpft wäre, gibt es überhaupt nicht. Jener Tausch vielmehr kann ganz ebenso legitim als eine psychologische, als eine sittengeschichtliche, ja als eine ästhetische Tatsache behandelt werden." (Simmel 1989, S. 11). In modernen Gesellschaften ist Geld nicht nur ein ökonomisches Tauschmittel, es ist das „absolute Mittel" (1989, S. 298). Es eröffnet nicht nur den Zugriff auf materiellen Reichtum, sondern ist auch der Schlüssel für „individuelle Freiheit" inmitten der Gesellschaft, es kontrolliert die Zeit ebenso wie den Raum. Ein Mittel aber, das so vieles vermittelt, kann nicht so harmlos und „unwichtig" sein, wie die ökonomische Theorie unterstellt. Weil es ein *allgemeines* Mittel ist, ist es unvermeidlich mehr als ein *Mittel,* sondern setzt sich selbst an die Stelle des Vermittelten. Er wird zum Endzweck, in den alles Handeln nolens volens zurückläuft und gewinnt damit eine „substantielle" Bedeutung. Was immer wir mittels des Geldes tun oder erwerben, gewinnt eine implizite oder explizite Bewertung im Hinblick auf seine Rekonvertierbarkeit in Geld. Geld bildet die Einheit der Mannigfaltigkeit der Welt; Simmel spielt absichtsvoll auf das Verständnis von Gott als der „coincidentia oppositorum" bei Nikolaus von Kues an:

> „Allein in Wirklichkeit hat das Geld, als das absolute Mittel und dadurch als der Einheitspunkt unzähliger Zweckreihen, in seiner psychologischen Form bedeutsame Beziehungen gerade zu der Gottesvorstellung, die freilich die Psychologie nur aufdecken kann, weil es ihr Privilegium ist, keine Blasphemien begehen zu können. Der Gottesgedanke hat sein tieferes Wesen darin, dass alle Mannigfaltigkeiten und Gegensätze der Welt in ihr zur Einheit gelangen, dass er nach dem schönen Wort des Nikolaus von Kusa die coincidentia oppositorum ist." (Simmel 1989, S. 305)

Die Kaufkraft des Geldes, die die ganze Aufmerksamkeit der ökonomischen Theorie absorbiert, erweist sich, wie Simmel (1989, S. 276 f.) zeigt, nur als Embryonalform eines viel größeren Potenzials, das Geld verkörpert. Simmel bezeichnet dieses Potenzial mit dem Begriff „Vermögen". Als Vermögen eröffnet Geld seinem Eigentümer einen unermesslichen Horizont sachlicher, sozialer, zeitlicher und räumlicher Optionen:

- Als Wertmaß und Tauschmittel vermittelt Geld den Zugriff auf sachlichen Reichtum. Insoweit ist die konventionelle Sichtweise nicht falsch, aber sie erweist sich schon hier als verkürzt, denn Geld verweist nicht nur, wie sie unterstellt, auf eine je gegebene „Menge" von Gütern. In der Ära des modernen Kapitalismus, der auch Arbeit, Produktionsmittel und Land zu Waren gemacht hat, ist Geld Mittel nicht nur des Austauschs, sondern auch der Produktion. Geld wird, wie Simmel ausführt, zum Vehikel grenzenloser Verlängerung der wirtschaftlichen Zweck-Mittel-Reihen (Simmel 1989, S. 254 f.). Das Gegenüber des Geldes ist nicht nur die Gesamtheit der aktuell am Markt angebotenen Güter und Dienstleistungen, sondern darüber hinaus des in einer gegebenen historischen Situation *Herstellbaren*. Die Kaufkraft des Geldes hat auch eine imaginäre Dimension.
- Geld verkörpert aber nicht nur Kaufkraft, sondern auch ein quantifiziertes und generalisiertes *Eigentumsrecht*. Es vermittelt nicht nur die Entscheidung darüber, *worauf* zugegriffen wird, sondern auch *wer* zugreifen darf – und das ist, wie Heinsohn und Steiger (1996) kürzlich wieder hervorgehoben haben, etwas völlig anderes. Indem das Geld es dem Einzelnen ermöglicht, seine Ansprüche an die Leistungen anderer gleichsam in der Tasche mit sich herumzutragen, befreit es ihn oder sie, wie Simmel argumentiert, aus persönlichen Bindungen und Verpflichtungen. Es wird damit zum Unterpfand der „individuellen Freiheit" (Simmel 1989, S. 375 f.): mitten in der Gesellschaft kann das Individuum sich selbst finden. Erst über das Geld konstituiert es sich als ein autonomes wirtschaftliches und soziales Subjekt. Die Abhängigkeit der Individuen voneinander wird dadurch zwar nicht aufgehoben, aber sie nimmt nun eine anonyme, sachliche Form an und ermöglicht genau dadurch die Emanzipation des Einzelnen. Sie gewinnt die Gestalt von „Verträgen", d. h. auf der Basis des freien Willens der Beteiligten geschlossener und durch die Rechtsordnung kodifizierter Vereinbarungen. An der Stelle vorgefundener Bindungen eröffnet sich den Individuen eine unabsehbare Fülle neuer sozialer Optionen – und natürlich auch deren Kehrseite: Schulden.
- Geld ist Träger zeitlicher und räumlicher Optionen. Zeit ist Geld und Geld ist gespeicherte Zeit. Mittels des Geldes kann ich Optionen, die ich sonst erst später hätte, schon jetzt wahrnehmen (in der Form des Kredits), oder umgekehrt jetzt verfügbare Optionen für die Zukunft offen halten (die Funktion des Geldes als „Wertspeicher"). Geldvermögen versetzt seinen Eigentümer in die Lage, über die Zeit zu verfügen. Es zwingt die Akteure zu verstärkter Aufmerksamkeit für die Gegenwart wie die Zukunft. Mit der Kontrolle über die Zeit wächst, wie Simmel ausführt, die Lebensenergie der Individuen, ihr Bedürfnis, Chancen wahrzunehmen und die ganze

2.4 Simmel und Marx

Buntheit und Fülle des Lebens auszukosten. Das Geld steigert das „Tempo" des sozialen Lebens und setzt die Individuen unter permanenten „Zeitdruck" (Simmel 1989, S. 655, 696 f.). Und schließlich erweitert es auch die räumliche Reichweite sozialer Handlungsketten. Sein Vermögen macht den Geldeigentümer von lokalen Ressourcen unabhängig und öffnet ihm die ganze Welt als Feld seiner Operationen. So wird „das Entfernteste näher, um den Preis, die Distanz zum Näheren zu erweitern." (Simmel 1989, S. 663)

Als Kapital oder Vermögen erweitert Geld mithin die Freiheitsgrade des Individuums in allen Dimensionen seines Verhältnisses zur Welt und vereinigt diese Potenziale in einem einigen Medium. Geldvermögen geht in seinem Potenzial zur Synthetisierung denkbar eigenwilliger individueller Handlungen weit über die von Durkheim beschworene „organische Solidarität" hinaus. Es beherrscht die Welt der Sachen, die soziale Welt, die Zeit, den Raum – es ist „Können schlechthin" (Simmel 1989, S. 276). In der Maximierung dieses Potenzials, nicht des bloßen Güternutzens, liegt der Angelpunkt kapitalistischen „Wirtschaftens". Geldvermögen überbrückt die Differenz zwischen dem Wirklichen und dem Möglichen und versetzt alle aktuellen Weltbezüge des Individuums in die Perspektive des „Als-ob", des Vergleichs mit anderen Möglichkeiten. Geld, so lässt sich in Anlehnung an Castoriadis (1984, S. 246) sagen, denotiert nichts, konnotiert aber (fast) alles. So erfüllt Geld im sozialen System genau jene Funktion, die Luhmann eigentlich der Religion zugedacht hatte: Nämlich das Unbestimmbare bestimmbar zu machen.[1]

Als Vermögen hat Geld im Gegensatz zur konventionellen ökonomischen Meinung einen *inneren,* nicht nur einen äußeren Wert. Es wird, ganz unabhängig von seiner

---

[1] Systemtheoretiker werden einwenden: Aber Wahrheit, politische Macht, Recht, Kunst, Liebe kann man doch nicht kaufen! Gewiss kann man sie nicht direkt „kaufen", auch wenn solche plumpen Versuche der Korruption in der Wirklichkeit durchaus vorkommen. Aber sie müssen stets *finanziert* werden, eben dies macht ihren spezifisch „modernen" Charakter aus. Gezahlt werden muss in allen Teilsystemen; Geld ist im Unterschied zu den anderen Medien in den Programmen aller Teilsysteme unentbehrlich. Der Unterschied zwischen der Wirtschaft und den anderen Teilsystemen liegt nicht in der Zahlung als solcher, sondern darin, dass in der Wirtschaft Zahlungen selbstreferenziell (d. h. unter dem Gesichtspunkt ihres profitablen Rückflusses) codiert werden, während die Codes der anderen Teilsysteme den Rückfluss des Geldes nicht vorsehen. Auch nichtmonetäre Operationen, selbst Geldkritik, setzen jedoch stets Geld als ihre Bedingung voraus. Und die Spielräume für solche Operationen bleiben prekär, gefährdet, stehen immer unter „Finanzierungsvorbehalt". Denn der Rückfluss des Geldes muss dann auf andere Weise (z. B. über Steuerpflichten oder Familiensolidarität) gesichert werden, was oft ungewiss ist und demütigend sein kann. Bei der Politik, der Wissenschaft, der Kunst ist die Abhängigkeit vom Geld, zumal angesichts der heutigen Tendenzen zur „Ökonomisierung" (Schimank und Volkmann 2008), offensichtlich. Sie gilt aber auch für die Liebe, denn die moderne Liebe basiert auf der persönlichen Unabhängigkeit der Partner voneinander, die allein die Freiheit der gegenseitigen Hingabe ermöglicht. Persönliche Unabhängigkeit ist jedoch undenkbar ohne je eigenes Geld. Wer die konstitutive Rolle des Geldes für die moderne Liebe genauer verstehen will, nehme nur Flauberts „Madame Bovary" zur Hand.

jeweiligen institutionellen Verfassung als Nominal- oder Metallgeld, um seiner selbst willen begehrt. Denn was es seinem Eigentümer bietet, ist nicht nur die Option auf dieses oder jenes Gut, sondern eine Option höherer Ordnung. Individuelle Freiheit mitten in der Gesellschaft – das ist etwas ganz anderes als nur der „Nutzen" von Äpfeln oder Birnen! Der Reiche wirkt, wie Simmel erläutert, „nicht nur durch das, was er tut, sondern auch durch das, was er tun könnte: weit über das hinaus, was er nun wirklich mit seinem Einkommen beschafft, und was andere davon profitieren, wird das Vermögen von einem Umkreis zahlloser Verwendungsmöglichkeiten umgeben, wie von einem Astralleib ...." (Simmel 1989, S. 276). Dieses „Superadditum des Reichtums" (Simmel) verleiht dem Vermögenden soziale Macht. Weil er immer auch andere Optionen hat, muss man ihn hofieren, damit er sein Geld hier und nicht woanders lässt.

In den Genuss der Vermögenseigenschaft des Geldes kommt freilich nur der, der es hat und dem es über die Grenze des Subsistenznotwendigen hinaus zur Verfügung steht. Für den Armen, dessen Budget vollständig durch seine Subsistenzbedürfnisse vorherbestimmt ist, ist das Geld in der Tat bloß „Tauschmittel", und, wie über Simmel hinaus mit Marx zu betonen wäre: Er ist mit dem Gegenpart des Vermögens konfrontiert, der Schuld. Für den arbeitenden Armen verwandelt sich Geld in ein Disziplinierungsmittel, das umso unerbittlicher wirkt, als er ja selbst in den Geldnexus eingebunden ist und bei seiner Selbsterhaltung allein auf sich gestellt ist (vgl. auch Reddy 1987; Ganßmann 1996). Der eigentliche „Nutzen" des Geldes, die Wahlfreiheit, fängt erst dort an, wo das Einkommen das Subsistenzniveau überschreitet. Das für gewöhnliche Güter geltende ökonomische Gesetz des mit zunehmender Menge abnehmenden Grenznutzens trifft auf das Geld nicht zu, der Bedarf nach Geld ist unbegrenzt. Armut ist deshalb auch weit mehr als eine nur „materielle" Benachteiligung. Der Reiche ist, wie Simmel betont, dem Armen nicht nur quantitativ, sondern qualitativ überlegen. Er kann nicht nur auf ein größeres Quantum von Gütern zugreifen, sondern kommt im Gegensatz zum Armen auch in den Genuss der mit dem Geld verknüpften Wahlfreiheit.

Der Unterschied zwischen Reich und Arm zwingt zur genaueren Klärung der Frage: *Wie* ist die Vermögenseigenschaft des Geldes seinem Eigentümer gegeben? Fest steht, dass Geld kein bloßes „Wertzeichen" sein kann, denn sonst könnte es ebenso wenig privat angeeignet werden wie die Sprache, wie Liebe, Macht oder Wahrheit. Geld ist – wir haben schon darauf hingewiesen – *sowohl* Wertzeichen als auch Wertobjekt. Die relativistische Sicht des Geldes als Tauschmittel, wie sie der neoklassischen Position zugrunde liegt, bildet nicht die ganze Wirklichkeit des Geldes ab; sie ignoriert die Simmel'sche Erkenntnis, dass Geld nicht nur Wert „ist", sondern auch Wert „hat" (vgl. von Flotow 1995). Geld ist durch die gleiche Paradoxie charakterisiert, die auch religiösen Chiffren innewohnt: Es *ist* das, was es symbolisiert. Simmel versuchte, dieses Rätsel mit seiner Formel vom Geld als „substanzgewordener Relativität" zu fassen, ohne damit es wirklich auflösen zu können. An dieser Stelle liegt es nahe, erneut auf die Theorie von Karl Marx zurückzukommen.

Marx steht bekanntlich auf dem Boden einer anderen philosophischen Tradition als Simmel. Und doch stimmen die sachlichen Einschätzungen, zu denen er in seiner

2.4 Simmel und Marx

Geldtheorie gelangt, in vielen Punkten mit den von Simmel formulierten überein. Wie Simmel betrachtet Marx Geld nicht nur als Tauschmittel, sondern als Anweisung auf allgemeinen Reichtum, die sich über den Nutzen aller besonderen Waren erhebt. In den „Grundrissen" (Marx 1953, S. 129 f.) fasst Marx diesen Gedanken als „dritte Bestimmung des Geldes". Geld in seiner dritten Bestimmung ist sich selbst Zweck und geht daher in die Kapitalform über. Nicht W-G-W, sondern G-W-G' ist seine Zirkulationsform. Marx distanziert sich von dem naturalistischen Missverständnis des Kapitalismus als einem vermeintlich „ökonomischen" System. Es geht nicht länger um die harmlose Erzeugung, Verteilung und Konsumption von Gütern im Rahmen des „ganzen Hauses", wie die akademische Theorie bis heute unterstellt, sondern um einen die ganze Gesellschaft wie die Natur beständig und mit unbekanntem Ziel umwälzenden Prozess. Güter müssen zwar produziert, Bedürfnisse befriedigt werden, aber dies ist nur ein funktionales Zwischenspiel in einem unendlichen Zyklus erweiterter Reproduktion, der mit dem Geld beginnt und in es mündet. Ähnlich wie später Simmel konzeptualisiert Marx die moderne Gesellschaft als System, dessen Struktur und Dynamik durch die Vermögensnatur des Geldes beherrscht wird. In einer Gesellschaft, die nicht nur Güter und Dienstleistungen, sondern auch alle Voraussetzungen zu ihrer Herstellung – Arbeit, Boden, Produktionsmittel – und mit ihnen die Grundlagen menschlicher Existenz in Waren verwandelt hat, avanciert Geld zum universellen Vermittler und zum höchsten Gut. Wie Gott kann es keinen anderen Zweck kennen als sich selbst. Es ist, wie Marx formuliert, der „Gott der Waren" (Marx 1953, S. 132), da es den Schlüssel zum Erwerb allen wirklichen und möglichen Reichtums bildet. Weit über seine bloße „Kaufkraft" hinaus verkörpert Geldvermögen eine verallgemeinerte soziale Macht. Es ist Träger der vielleicht stärksten aller Verheißungen: Individuelle Verfügung über die Totalität menschlicher Möglichkeiten. Indem die realen Kräfte des Eigentümers mit den Kräften des Geldes zu verschmelzen scheinen, entsteht eine narzisstische Utopie, die nicht nur die traditionellen Religionen, sondern, wie wir heute über Marx hinaus wissen, auch den Sozialismus in den Schatten stellt. Aber wie kann die Verheißung eingelöst werden?

Der Schatzbildner, der in den Besitz der Vermögenseigenschaft des Geldes kommen möchte, indem er es in seiner Kammer speichert, fällt einer Illusion zum Opfer. Geld muss ausgegeben werden, denn was es ist, ist es nur in der Bewegung, die es vollzieht. Wird es nicht irgendwann ausgegeben, erzeugt es keine Schuld, löst es sich in Metall, Papier oder einfach in Nichts auf. Es aber für ordinäre, bloß nützliche Güter auszugeben, hieße Perlen vor die Säue zu werfen; die Vermögenseigenschaft des Geldes würde vernichtet. Geld muss folglich so ausgegeben werden, dass es zurückfließt, und zwar nicht nur einfach (sonst wäre die ganze Operation ebenso sinnlos gewesen), sondern vermehrt zurückfließt. Eben dies ist es, was der der „klügere Kapitalist" (Marx 1988, S. 168) tut.

Wie kann Geld vermehrt zurückfließen? Die Grundvoraussetzung liegt für Marx in der Verfügbarkeit einer ganz bestimmten Ware am Markt: der Arbeitskraft. Die reine, von allen Voraussetzungen ihrer Reproduktion entblößte Arbeitskraft stellt den negativen Gegenpol des Geldvermögens, die personifizierte Schuld und Zahlungsunfähigkeit dar. Gleichzeitig ist sie aber eine universale „Ressource", die nicht schon in einem bestimmten Gebrauchswert kristallisiert ist, sondern mit produktiven Fähigkeiten ausgestattet ist und Neues aus dem „Nichts" heraus erzeugen kann. Das Wachstum des Kapitals ist nur durch den Ankauf und Einsatz von Arbeitskraft sowie den Verkauf der durch sie erzeugten Produkte möglich. „Kapital" ist für Marx die prozessuale Einheit des Geldes, das dazu bestimmt ist, durch den Ankauf und Einsatz von Arbeitskräften und Produktionsmitteln einen Mehrwert zu erzielen. Es ist die Spannung zwischen Arbeit und Kapital, zwischen den subjektiven und objektiven Extremen des Reichtums, die die kapitalistische Dynamik in Gang hält.

Als freier Arbeiter ist der Lohnarbeiter selbst in den Geldnexus eingebunden. Unter dem Eindruck der noch ständisch geprägten Klassenverhältnisse seiner Zeit betonte Marx zwar den Ausbeutungscharakter der kapitalistischen Produktionsbeziehungen. Dabei unterschätzte er, was bereits Simmel sah und wir heute noch klarer erkennen können: dass kapitalistische Herrschaft sich primär auf das Eigeninteresse der Arbeitenden stützt; die neuere Literatur greift in diesem Zusammenhang auf das Foucault'sche Konzept der „gouvernementalité" (Bröckling et al. 2000) zurück. Als Eigentümer seiner Arbeitskraft ist der Lohnarbeiter selbst daran interessiert, seine Arbeitskraft zu verkaufen. Er wird nicht nur durch die Not dazu gestoßen, sondern auch durch die Aussicht auf Einkommen, persönliche Unabhängigkeit, vielleicht sogar sozialen Aufstieg gezogen (Ganssmann 1996) – selbst wenn die realen Chancen dafür kaum größer sein mögen als bei einer Lotterie. Darin liegt der Schlüssel zur Erklärung der überlegenen Produktivität kapitalistischer Lohnarbeit gegenüber älteren Formen unfreier Arbeit.

Marx, so können wir resümieren, findet die Lösung des Geldparadoxes in der Dynamik des Kapitals. Der innere Widerspruch des Geldes, zugleich Wert zu sein und auf Wert zu verweisen, kann nicht analytisch aufgelöst werden, sondern nur praktisch: durch „Wachstum". Das Wachstum des Kapitals geht nicht etwa, wie die Soziologie und Ökonomie bis heute meist unterstellt, auf ein bloß utilitaristisches „Profitmotiv" zurück, sondern auf einen absoluten, die ganze Gesellschaft erfassenden Imperativ: Nicht nur die „Wirtschaft", sondern auch Politik, Recht, Wissenschaft, Kunst, Religion, die Familie müssen ja, obwohl sie im Unterschied zur Wirtschaft nicht selbst für den Rückfluss des Geldes sorgen, *finanziert* werden. Der Hiatus zwischen Immanenz und Transzendenz der Welt, zwischen Wertform und Wertsubstanz des Geldes wird durch das Kapital zwar nicht „überwunden", aber dynamisiert und als permanente Schuld und Herausforderung inszeniert. Der Kapitalismus hat nur die Wahl zwischen Wachstum und Niedergang. Es widerstrebt seiner Natur, im Zustand eines „Gleichgewichts" zu verharren; alle ökonomischen Analysen, die von dem Konzept des Gleichgewichts ausgehen, müssen daher in die Irre führen. Kapitalwachstum ist zwar kein „Gesetz", aber ein gesellschaftlicher Imperativ von religiöser Unbedingtheit. Alles konzentriert sich daher auf die schon angesprochene und nun weiter zu verfolgende Frage: Wie kann er eingelöst werden?

2.5 Unternehmer, Arbeit und kapitalistische Mythen

Wie kann Kapital wachsen? Die neoklassische Analyse kann darauf keine Antwort geben, denn im Gleichgewicht gibt es, wie schon Walras feststellte, keinen Profit. Auch die Keynes'sche Theorie hilft nicht viel weiter. Sie bietet zwar eine Erklärung des Zinses, nicht aber des Profits als Überschuss über den Zins. Sie kann damit vielleicht erklären, wie Investoren die Zinsforderungen ihrer Kreditgeber erfüllen können, nicht aber, wie es zum Wachstum des gesellschaftlichen Kapitals kommt. Schließlich ist auch die von Marx vorgeschlagene Antwort, sieht man näher hin, keineswegs frei von Schwierigkeiten. Marx erklärt das Wachstum des Kapitals aus dem Mehrwert, der Differenz zwischen dem Wert der Arbeitskraft und dem von ihr selbst neu zugesetzten Wert, wobei Werte als Quanta gesellschaftlich notwendiger Arbeitszeit gefasst werden. Aber hier zeigen sich erneut die schon oben erwähnten Probleme der Übernahme der Smith-Ricardo'schen Arbeitswerttheorie durch Marx. Die bloße Zeitdifferenz zwischen notwendiger und neu zugesetzter Arbeit kann keine befriedigende Erklärung des Kapitalprofits liefern. Zeitökonomie ist gewiss eine wichtige Dimension der Verwertung des Kapitals, aber nur eine unter anderen. Der Zugriff des Kapitals auf die sachliche und soziale Seite der Kreativität der Arbeit ist nicht weniger wichtig als der rein zeitliche. Der intelligente und kreative Arbeiter bringt dem Kapital letztlich mehr ein als der bloß schnelle oder ausdauernde. Diese durch das Kapital angestrebte „Rundumnutzung" der Arbeitskraft aber entzieht sich letztlich jeder quantitativen Bestimmung und Messung. Wenn das Unternehmen am Markt vorbeiproduziert, nützt auch die denkbar höchste Ausbeutungsrate nichts. Marx setzt in seiner Argumentation immer schon voraus, dass es sich bei der geleisteten Arbeit auch um „gesellschaftlich notwendige", eine Marktnachfrage befriedigende Arbeit handelt – aber genau in deren Bestimmung liegt, wie schon erwähnt, in einer dynamischen Wirtschaft das Problem (vgl. auch Deutschmann 2001, S. 95 f.).

Die einflussreichsten Ansätze sind bis heute die von Schumpeter und Knight. Schumpeter stellt bekanntlich die Figur des Unternehmers in das Zentrum seiner Analyse. Es ist die Mission des Unternehmers, die Wirtschaft aus einem statischen in einen dynamischen Reproduktionsmodus zu treiben. Der Unternehmer entdeckt „neue Kombinationen" – neue Produktions- und Organisationsmethoden, Produkte, Absatzmärkte, Beschaffungsquellen – und setzt sie durch, wobei er auf den zusätzlichen Kredit als Finanzierungsquelle zurückgreift. Unternehmerisches Handeln, Profit und Wachstum sind unter der von der neoklassischen Theorie unterstellten Prämisse vollständiger Information gar nicht möglich, sondern setzen vielmehr Unsicherheit voraus – dies ist auch Knights zentrale These. Gelingt es dem Unternehmer, die Kosten durch Einführung neuer Technologien oder Organisationskonzepte zu reduzieren, oder durch das Angebot neuartiger Produkte oder Dienstleistungen zusätzliche Nachfrage auf sich zu lenken, so erringt er eine temporäre Monopolposition, die die Basis von Profit und Wachstum bildet. Schumpeter interpretiert den Profit als Prämie für die Kreativität des Unternehmers und die auf ihr begründete Marktführerrolle (Schumpeter 1952, S. 228). Freilich ruht diese Prämie auf unsicherem Grund, denn die Konkurrenten sind nicht träge und versuchen, die Neuerung nachzuahmen und den Vorsprung des Pionierunternehmers aufzuholen. Der Unternehmer ist der „Revolutionär der Wirtschaft" (Schumpeter 1952, S. 130), der sich in seinem Handeln gerade nicht durch die aktuell sichtbaren Marktkonstellationen leiten lässt, sondern durch seinen Instinkt für zukünftige Trends und Chancen. Er ist kein „homo oeconomicus", kein nur seinen individuellen Vorteil suchender Rationalist oder Hedonist. Vielmehr braucht er den „Traum, ein privates Reich zu gründen", den Willen, zu kämpfen und zu siegen (Schumpeter 1952, S. 138).

Die Schwächen von Schumpeters Analyse, insbesondere seine Neigung zur Hypostasierung der individuellen Führerschaft des Unternehmers, sind oft kritisiert worden (Immerthal 2007; Werner 1967). Schumpeter verkennt, dass Innovation ein sozialer Prozess ist, niemals eine rein individuelle Leistung des Unternehmers. Eine zentrale gesellschaftliche Rahmenbedingung ist zunächst, wie schon betont, der Imperativ der Verwertung des Kapitals, das der Unternehmer für seine Operationen benötigt. Aber wie kann der Unternehmer diesem Imperativ gerecht werden? Die erste, ebenfalls schon genannte Voraussetzung ist: Er muss Lohnarbeiter beschäftigen. Der Arbeitsvertrag ist kein technisches Instrument, sondern eine soziale Beziehung, die das Problem der doppelten Kontingenz des Handelns birgt. Arbeit lässt sich nicht wie Maschinen oder Computer programmieren, sondern ist ein „Produktionsfaktor" mit – neben seiner Fähigkeit zu Streik und Sabotage – genuin kreativen Eigenschaften. Nur durch Arbeit, nicht durch Maschinen oder Computer, lassen sich ökonomische und technische Routinen durchbrechen, lassen sich neue Kombinationen aus dem Nichts erzeugen. Der Unternehmer ist weit stärker von den Leistungen seiner Arbeiter abhängig als Schumpeter annimmt. Schumpeter sieht nur die große Idee des heroischen Unternehmers, nicht die vielen tausend kleinen seiner Produktionsarbeiter, Ingenieure, Kaufleute, die sie erst zu einem ökonomischen Erfolg machen und damit jene Unsicherheit der Umwelt erst konstituieren, die wiederum das Bewährungsfeld des Unternehmers bildet. Schon bei der Gewährleistung der scheinbar einfachen, in Wirklichkeit aber immer wieder durch Störungen und Kontingenzen unterbrochenen alltäglichen Operationen ist die Kreativität der Arbeiter unentbehrlich. Umso mehr ist sie es bei der Entwicklung neuer Produkte und Technologien.

Von dieser Seite her gesehen, erfährt Marx' Position in einer modifizierten Weise doch noch ihre Rechtfertigung. Die Entstehung des Mehrwerts kann zwar nicht allein aus der Dauer der Arbeit erklärt werden, wohl aber aus ihrer Kreativität. Allein Menschen (freilich nicht nur Arbeiter, sondern auch tätige Unternehmer), nicht Maschinen oder Computer sind zu genuin innovativen Leistungen imstande; die betriebswirtschaftlichen Hymnen auf die „Human Resources" bzw. das „Humankapital" bezeugen es gerade heute. Nur Arbeit kann den in der Vermögensform des Geldes angelegten Anspruch auf absoluten, nicht nur konkreten Reichtum einlösen. Das heißt aber zugleich, dass ihr Beitrag weder zeitlich, noch in anderer Weise quantitativ bestimmbar ist: Es gibt immer mehr Variablen als Gleichungen. Marx erkannte nicht, dass genau in diesem Tatbestand die eigentliche Rechtfertigung für seine eigene Position liegt: nämlich Arbeit als

2.5 Unternehmer, Arbeit und kapitalistische Mythen

„Substanz" des Wertes zu betrachten. Er hätte von daher seine Übernahme der quantitativen Arbeitswerttheorie Smiths und Ricardos problematisieren müssen. Wert ist nur deshalb und insoweit Wert, als er *sich selbst* in einem gesellschaftlichen Prozess bestimmt und nicht durch exogene Strukturen determiniert ist. Eben weil sie sich auf die Kreativität gesellschaftlicher Arbeit stützt, folgt die Verwertung des Kapitals nicht einem wie immer durch einen wissenschaftlichen Beobachter nachvollziehbaren „Wertgesetz". Der Wert ist vielmehr so unsichtbar und unerforschlich wie der Gott der protestantischen Ethik. Keine Planungsbehörde und auch keine wissenschaftliche Theorie wird ihn je erfassen können, sie müsste dazu intelligenter sein als die Summe der in die Bewegung des Kapitals investierten gesellschaftlichen Intelligenz selbst. Und dennoch bildet er den letzten Horizont, auf den hin alle unternehmerischen Strategien und gesellschaftlichen Visionen entworfen werden. Die Frage nach dem unsichtbaren „Dritten" jenseits der manifesten Ware-Geld-Beziehungen, die Marx' Wertformanalyse antreibt, ist ungeachtet der Inkonsistenz seiner Antwort alles andere als gegenstandslos.

Mit den Mitteln von Technik und Bürokratie allein lässt sich das kreative Potenzial der Arbeit nicht mobilisieren. Gewinne und Wachstum werden sich allen technischen Utopien zum Trotz niemals „automatisch" produzieren lassen. Der Arbeiter ist nicht nur von dem Unternehmer abhängig, sondern umgekehrt hängt auch der Unternehmer – ungeachtet aller Machtasymmetrien – von dem kreativen Potenzial freier Lohnarbeit ab. Nicht nur die Arbeiter, sondern auch die anderen Akteure in der Umwelt des Unternehmers – Erfinder, technische Experten, Finanziers, Verkäufer, Kunden etc. – müssen kooperieren. Kooperation wiederum setzt Kommunikation voraus; Innovationen müssen, um technisch realisiert und am Markt durchgesetzt zu werden, *kommuniziert* werden (Dopfer 2006). Der Unternehmer kann seine Mission nur erfüllen, wenn es ihm gelingt, seine soziale Umwelt, d. h. seine Arbeiter ebenso wie seine Ingenieure, Experten, Kunden, Lieferanten, Kapitalgeber, „politischen" Verbündeten für seine Ideen zu mobilisieren. Seine Projekte können nur Erfolg haben, wenn es ihm gelingt, die richtigen „Koalitionen" zu bilden. Der Unternehmer mag zwar ein „Revolutionär" sein, aber er ist alles andere als ein Anarchist oder Chaot. Er erfüllt vielmehr eine für Institution des Privateigentums entscheidende soziale Mission, indem er den im Geldvermögen angelegten Wachstumsimperativ „interpretiert", indem er der Unendlichkeit der Möglichkeiten des Geldes eine durch soziales Handeln zu bewältigende Gestalt gibt. Die individuellen Ideen des Unternehmers allein reichen dafür in aller Regel nicht aus. Innovative Prozesse setzen, wie Beckert (1997) betont, die Existenz sozialer Institutionen und Symbolismen voraus, die die Unsicherheit der Umwelt auf ein durch Handeln zu bewältigendes Format reduzieren. So wie der Gläubige, von virtuosen Mystikern abgesehen, sich durch die unmittelbare Präsenz Gottes überfordert sieht und der Vermittlung durch Propheten, Priester, heilige Schriften und Rituale bedarf, können die ökonomischen Akteure die direkte Konfrontation mit der Unendlichkeit der Möglichkeiten des Geldes nicht aushalten. Den rechten Weg können sie nur dank der Hilfe von Unternehmern, Wissenschaftlern, Erfindern, Experten, Beratern, Managementgurus und der von ihnen in die Welt gesetzten Symbolismen finden.

Die neuere Technikgeneseforschung widmet der Kommunikation innovativer Prozesse verstärkte Aufmerksamkeit. Bei deren Analyse haben sich Konzepte wie „technologisches Paradigma" (Dosi 1983; Freeman und Perez 1988) oder „Leitbild" (Mambrey et al. 1995) heute weithin durchgesetzt. Zur Begründung dieser Terminologie beruft Dosi sich ausdrücklich auf das bekannte Kuhn'sche Modell wissenschaftlicher Revolutionen: „In broad analogy with the Kuhnian definition of scientific paradigm we shall define a technological paradigm as a model and pattern of *selected* principles derived from natural sciences and on *selected* material technologies" (Dosi 1983, S. 83). Leitbilder entstehen in der Kommunikation von Erfindern, technischen Experten und Unternehmern und bieten ihr zugleich Orientierung. Sie verknüpfen die Beschreibung eines konkreten technischen Artefakts mit einer Projektion bestimmter Entwicklungs- und Nutzungsmöglichkeiten. Letztere wiederum verbinden sie mit Entwürfen idealer Lebens- und Konsumformen, in denen die neuen Technologien ihre Rahmung finden (ein Beispiel wäre die Assoziationskette: Verbrennungsmotor-Automobil-individuelle Mobilität). Leitbilder antizipieren bestimmte Potenziale einer Technologie, schließen andere aus und geben damit der Suche nach dem Neuen eine Richtung vor. Sie bieten nicht nur kognitive Orientierung, sondern erfüllen auch motivierende Funktionen, indem sie Prozesse zielorientierter kollektiver Problemlösung in Gang setzen; sie legitimieren darüber hinaus die im Zuge dieser Kooperation unvermeidlich entstehenden Herrschaftsbeziehungen.

Leitbilder vermitteln die Kommunikation innovativer Prozesse und stellen damit auch eine begrenzte Rationalität des Handelns der Beteiligten sicher. Sie selbst haben freilich keinerlei rationale Grundlage, weshalb sie auch als „Mythen" im Sinne Meyer und Rowans (1977) bezeichnet werden können. Wir selbst benutzen diesen Begriff, um den durch die Konstruktion von Leitbildern ausgelösten selbstreferenziellen Prozess zu kennzeichnen. Die soziale Resonanz, die Leitbilder in Mythen verwandelt (oder auch nicht), entwickelt sich nach dem Muster der „self fulfilling prophecy"; sie ist „autopoetischer" Natur im Sinne Luhmanns. Mythen erzeugen, wenn sie erfolgreich sind, ihre eigene Wirklichkeit, indem sie die für das innovative Projekt erforderlichen Investitionen und Ressourcen mobilisieren. Sie bewirken die selbstreferenzielle Schließung kommunikativer Prozesse, indem sie die Einheit von Information, Mitteilung und Verstehen gewährleisten und Motive für die Annahme der übermittelten Selektion bereitstellen (Mambrey et al. 1995, S. 52, 54). Was sie von anderen Kommunikationsmedien unterscheidet, ist ihr funktional diffuser Charakter, der sie zu Katalysatoren der Kooperation zwischen heterogenen Subsystemen und Expertenkulturen werden lässt (Dierkes et al. 1996, S. 33 f.). Das Konzept des Mythos steht quer und zugleich über dem der Organisation, denn es geht ja gerade darum, Lernprozesse über die Grenzen von Organisationen und Subsystemen in Organisationen hinweg zu ermöglichen. Erst dank des gemeinsamen Mythos kann sich die für innovative Prozesse unentbehrliche Zusammenarbeit von Experten und Akteuren aus *verschiedenen* Funktionsbereichen, Unternehmen, Branchen, wissenschaftlichen Disziplinen zu konkreten „Projekten" verdichten. Mythen können so die für ihren ökonomischen Erfolg so wichtige „soziale Einbettung" einer Erfindung (Halfmann 1997) gewährleisten. Die diffuse Ausstrahlungskraft von Mythen

2.5 Unternehmer, Arbeit und kapitalistische Mythen

kann über den Kreis der Produzenten hinaus weit in die Gesellschaft hineinreichen. Das ist dort der Fall, wo nicht nur neue Produkte, sondern neue Lebensstile antizipiert werden, durch die die neuen Produkte ihre Rahmung und Funktion finden sollen (etwa: unbegrenzte Mobilität durch das Automobil, grenzenlose Information durch digitale Kommunikationsmedien). Auf diese Weise können auch Nutzer und Kunden erreicht und immer neue Konsumwellen stimuliert werden.

Mythen sind auf verschiedenen Stufen des ökonomischen Prozesses wirksam. Die durch die Kapitalform des Geldes induzierte imaginäre Anreicherung ökonomischen Handelns kommt in den Phasen der Produktion wie in der Konsumption zum Tragen. Wir können unter diesem Gesichtspunkt *Technikmythen, Organisationsmythen* und *Konsummythen* unterscheiden. Technikmythen strukturieren innovative Prozesse im Bereich der sachlichen Produktionsmittel und Werkzeuge, Organisationsmythen geben den Veränderungen der Aufbau- und Ablauforganisation ihre Richtung. Auch die Dynamik der Konsumnachfrage muss durch den Aufbau von Projektionen, Imaginationen und „Ersatzbefriedigungen" (Scherhorn 1997, S. 177) in Gang gehalten werden. Konsummythen werden durch Werbung in Umlauf gebracht und sollen den Hunger der Konsumenten nach immer neuen Produkten und Dienstleistungen wecken. Hier wie überall gilt freilich, dass der Erfolg von Mythen ein emergentes Ereignis ist, das auch mit großem technischem Aufwand nicht einfach „gemacht" werden kann.

Mythen sind symbolische Objektivierungen, die historisch entstehen und vergehen. Sie folgen einem Zyklus von Genese – Verbreitung – Institutionalisierung – Krise[2] (Deutschmann 1997, 2001, S. 147 f.). Was diesen Zyklus in Bewegung setzt, ist nicht allein Wissen und rationales Kalkül, sondern der „Glaube" der Akteure, die Resonanz, die sie mit ihren Ideen in ihrer sozialen Umwelt finden. Wir beschreiben kurz die vier genannten Phasen:

- *Genese:* Das der Innovation zugrunde liegende Wissen wird durch einen Erfinder oder durch eine Gruppe von Forschern in einem industriellen Labor erzeugt und validiert. Rationale, gar ökonomische Handlungskalküle sind in dieser Phase nur von nachgeordneter Bedeutung. Der innovative Prozess ähnelt streckenweise einem „Spiel", in dem Zufälle eine große Rolle spielen und die Akteure schrittweise nach dem Prinzip von Versuch und Irrtum vorgehen (Rammert 2000, S. 80).
- *Verbreitung:* Die Erfindung wird zur Anwendungsreife weiterentwickelt, veröffentlicht, vermarktet, materialisiert sich in einer wachsenden Zahl von Produkten. Die Anwendung ist als ein rekursiver Prozess zu verstehen, der immer wieder auch zu

---

[2]Derartige Zyklus- oder Prozessmodelle der Genese, Verfestigung und Krise institutioneller Strukturen sind vor allem aus dem Kreis der „institutionalistischen" Schule der Organisationsforschung heraus entwickelt worden. Tolbert und Zucker (1996, S. 180 f.) etwa charakterisieren die Phasen als „Innovation – Habitualization – Objectivation – Sedimentation". Vgl. auch die ähnlichen Ansätze bei Anderson und Tushman (1990), Beckert (1999) und Rammert (2000).

Modifikationen der ursprünglichen Erfindung und auch zu neuen Erfindungen führt (Asdonk et al. 1991; Rammert 2000). Die Verbreitung der Erfindung wird durch die Neigung der Akteure gefördert, als erfolgreich geltende Rezepte nachzuahmen, nicht selten sogar unabhängig von ihrem aktuellen Nutzen. DiMaggio und Powell (1983) sprechen von einem „mimetischen Isomorphismus", einem aus Unsicherheit geborenen Anlehnungsbedürfnis an die Umwelt. Auch Unternehmer sind nicht immer Revolutionäre, sondern bewegen sich auch gern im Konvoi und handeln nur begrenzt rational. Es kommt deshalb für die Protagonisten der Erfindung zunächst vor allem darauf an, den Nimbus der Erfolgsträchtigkeit zu wecken. In dieser Phase pflegen Organisations- und Technikberater, Managementgurus und von ihnen publizierte Texte eine wichtige Rolle als Resonanzverstärker, „cognitive stabilizers" und Legitimatoren zu spielen (Furusten 1998, S. 160; vgl. auch Mazza 1998; Nohria und Eccles 1998; Faust 2000).

- *Institutionalisierung:* Setzt sich die neue Technologie am Markt durch, so kommt es zu Prozessen sozialer Schließung, die sie in das Stadium der „Stabilisierung" beziehungsweise „Institutionalisierung" führen: Der Mythos gewinnt nun den Charakter gesellschaftlichen Standardwissens. Er wird in Universitäten und Ausbildungsstätten gelehrt und lässt stabile, berechenbare Märkte entstehen. Erst jetzt entsteht die Chance „rationalen" Markthandelns in breiterem Umfang. Die Erfindung kristallisiert sich nicht mehr länger nur in Produkten, sondern auch in Sachinvestitionen und Ausbildungsgängen, die auf die Ökonomisierung der Fertigung zielen.
- *Krise:* Die Folge der Verallgemeinerung und Institutionalisierung ist, dass der Mythos seine ursprüngliche innovative Aura verliert. Er kann keine Aufbruchsstimmung mehr erzeugen und ist damit immer weniger in der Lage, wirtschaftliches Wachstum zu stimulieren. Mit dem Anwachsen der Investitionen in die Realisierung des Leitbildes entsteht ein Verriegelungseffekt („lock-in"), der die Nutzung anderer Optionen immer mehr ausschließt, damit aber nur die ursprüngliche Selektivität des Leitbildes selbst sichtbar macht. Es entsteht jetzt jener Zustand, der in der Sprache der Ökonomie als „Sklerose" bezeichnet wird. Arbeit wird nicht mehr schöpferisch-zerstörend, sondern nur noch reproduktiv eingesetzt. Sie mag zwar unvermindert „effizient" sein. Aber sie produziert – in Marx'scher Terminologie – keinen Mehrwert mehr, sondern nur noch gegenständlichen Reichtum. Die Rationalität und die Profitabilität der Wirtschaft sind, so zeigt sich hier, keineswegs nur zwei Seiten einer und derselben Medaille, sondern treten im Stadium der Institutionalisierung eines Mythos in einen zunehmenden Gegensatz zueinander. Dies muss über kurz oder lang die Krise des alten Leitbildes heraufbeschwören und die Suche nach neuen Lösungen begünstigen.

So wird der Niedergang des alten Mythos zum Ausgangspunkt eines neuen Zyklus, der den alten indessen nicht einfach wiederholt. Er entwertet zwar die vorhandenen technisch-organisatorischen Investitionen und das mit ihnen verknüpfte Wissen und Können, stützt sich aber zugleich auf sie und entwickelt sie in neuer Weise weiter. Es handelt sich nicht um einen bloßen Kreislauf, sondern um eine „Spirale". Der neue Zyklus setzt an den „blinden Flecken", der impliziten Selektivität des alten Paradigmas an und macht sie zum Gegenstand der Reflexion. Damit entsteht ein Potenzial für Innovationen, die sich ihrerseits in neuen Leitbildern verdichten, usw.

Freeman und Perez (1988) haben gezeigt, dass der Zyklus der Innovationen sich auf verschiedenen Systemebenen entwickelt. Sie unterscheiden „incremental innovations", die im Rahmen der alltäglichen Operationen in Organisationen entstehen, von „radical innovations" und „changes of technology systems", die die Struktur ganzer Märkte und Industrien verändern. Den Begriff „changes in the techno-economic paradigm" reservieren sie, anknüpfend and Schumpeters und Kuznets' Konzepte der „langen Wellen", für die gesamte Wirtschaftsstruktur revolutionierende Basisinnovationen, wie etwa die Erfindungen der Dampfmaschine, des Verbrennungsmotors, des Elektromotors, des elektrischen Schaltkreises. Die durch diese Innovationen ausgelösten ökonomischen Umwälzungen sind, wie sie betonen, stets auch mit gesellschaftlichen Umbrüchen verknüpft. Nicht nur die Struktur der Produkt- und Arbeitsmärkte verändert sich, sondern auch Management- und Ausbildungssysteme, Erziehungsinstitutionen, sowie die öffentliche Infrastruktur; neue politische Konflikte und soziale Bewegungen entstehen.

In den frühen Phasen der kapitalistischen Entwicklung konnten neue technisch-ökonomische Leitbilder noch aus der Kooperation relativ kleiner Kreise von Unternehmern, Erfindern und Finanziers entstehen. In manchen Fällen – James Watt und Richard Arkwright bildeten Beispiele dafür – konnte der Erfinder selbst noch in der Rolle des Unternehmers auftreten. Mit der wachsenden Rolle der Natur- und Ingenieurwissenschaften nahm die Bedeutung von Wissenschaftlern, Technik- und Managementexperten als Produzenten und Interpreten technisch-ökonomischer Paradigmen beträchtlich zu (siehe z. B. die Beschreibung der Rolle von Rudolf Diesel bei Dierkes et al. 1996); Wissenschaft und industrielle Innovation wuchsen zu einem integrierten System zusammen. In den Firmen entstanden Forschungs- und Entwicklungsabteilungen; technische Ausbildungsstätten und Hochschulen wurden auf- und ausgebaut. Auch der Staat übernahm eine immer wichtigere Rolle bei der Finanzierung und Steuerung der wissenschaftlich-technischen Entwicklung, zugleich entstanden Forschungsnetzwerke zwischen privaten Firmen sowie zwischen Privatunternehmen und staatlichen Einrichtungen (Rammert 1997). Mit der fortschreitenden Vergesellschaftung des innovativen Prozesses wuchsen auch die Anforderungen an die Kommunikation zwischen den Akteuren; der Aufstieg der Consulting-Industrie (Ernst und Kieser 1999; Faust 1999, 2000) ist nicht zuletzt darauf zurückzuführen.

Diese Überlegungen sollen hier zunächst nicht weiter konkretisiert werden (siehe dazu die Beiträge in Teil II). Mein Ziel war es, die Fruchtbarkeit der Interpretation des Kapitalismus *als* Religion für die Analyse der kapitalistischen Dynamik deutlich zu machen. Der Kapitalismus ist die revolutionäre Produktionsweise par excellence, die den gesellschaftlichen Strukturwandel auf Dauer stellt. Eine angemessene Analyse des Kapitalismus muss daher schon im Ansatz dynamisch angelegt sein, dabei aber die szientistischen Verkürzungen der Marx'schen Theorie vermeiden. Dies setzt voraus, dass sie sich systematisch mit dem Problem der Unsicherheit konfrontiert und die Prozesse der Reduktion und des erneuten Aufbaus von Unsicherheit durch die Akteure selbst – den Zyklus ökonomischer Mythen – rekonstruiert. Nicht „Bewegungsgesetze" regieren den Gang der kapitalistischen Entwicklung, sondern die durch die Akteure – freilich unter dem Imperativ der Kapitalverwertung – getragene Konstruktion und De-Konstruktion ökonomischer Mythen. „Gewöhnlich wird nur das Problem betrachtet, wie der Kapitalismus mit bestehenden Strukturen umgeht, während das relevante Problem darin besteht, wie er sie schafft und zerstört. Solange dies nicht erkannt wird, verrichtet der Forscher eine sinnlose Arbeit. Sobald es erkannt wird, ändert sich sein Einblick in die kapitalistische Praxis und ihre Ergebnisse beträchtlich" (Schumpeter 1993, S. 139) – diese Sätze Schumpeters verdienen es, immer wieder zitiert zu werden. Die Interpretation des Kapitalismus *als* Religion könnte die Grundlage für die von Schumpeter geforderte Form der Analyse bereitstellen.

2.6 Abschließende Überlegungen

Benjamins Deutung des Kapitalismus *als* Religion könnte, wie ich zu zeigen versuchte, einer gesellschaftstheoretischen Sicht kapitalistischer Dynamik den Weg bahnen, die einen breiten Strom aktueller Diskussionen und empirischer Forschungen zu integrieren vermag. Die Argumentation Benjamins ist vor dem Hintergrund der philosophischen Religionskritik des 19. Jahrhunderts zu verstehen. In ihren ausgearbeiteten Varianten bei Feuerbach, Marx und Nietzsche beschränkte sich diese Kritik nicht darauf, die Religion als ideologisch motivierte „Illusion" zu denunzieren, wie es die französischen Aufklärer (Voltaire, Holbach) und selbst Freud noch getan hatten. Sie interpretierten die christliche Idee des göttlichen Schöpfers vielmehr als Projektion der kreativen Natur des Menschen selbst. Für die linken Hegelianer, für Marx und auch für Nietzsche tritt hinter der Figur des allmächtigen Schöpfergottes ein anderer, noch mächtiger Schöpfer hervor: der Mensch selbst. Er weiß es nur nicht, oder will es nicht wissen.

Vor allem Nietzsche, den Benjamin ausdrücklich erwähnt, ist kompromisslos in seiner Kritik falscher religiöser und moralischer Objektivierungen. Aber, so macht Nietzsche ebenfalls klar: Indem er sich von diesen Projektionen befreit, setzt der Mensch sich unter einen dauernden Druck, die eigenen irdischen Existenzformen zu überwinden. „Transzendenz" wird nun der Inbegriff der Unendlichkeit der Möglichkeiten des Menschen auf der Erde. „Brüder, bleibt der Erde treu und glaubt Denen nicht, welche euch von überirdischen Hoffnungen reden! Giftmischer sind es, ob sie es wissen oder nicht", lässt Nietzsche (1980, S. 15) seinen Zarathustra ausrufen. Der Möglichkeitsraum der Erde erschließt sich nicht allein durch Beten und Singen. Für Nietzsche ist es der Künstler, der ihn eröffnen kann, für Marx das Kapital, für Jünger der Arbeiter – nicht zu vergessen bereits Goethe, dessen „Faust" seine Karriere als Unternehmer beendete (Binswanger 1985).

Die Überwindung des Christentums mündet in die Konstruktion einer neuen, höheren Religion des Menschen. Aber diese Religion verspricht nicht länger Erlösung, sondern, indem sie die ganze Erde immer dichter mit dem Geldnexus überzieht, in der

2.6 Abschließende Überlegungen

Tat nur eine stetig wachsende Verschuldung. Die neue Religion mit dem Aufstieg des industriellen Kapitalismus gleichzusetzen, wie Benjamin es tut, ist keineswegs abwegig. Der Kapitalismus ist ein „faustisches" (Landes 1973, S. 36). Projekt, das Geld in ein absolutes Mittel verwandelt und es so dem Menschen ermöglicht, sich an die Stelle Gottes zu setzen. Seine treibende Kraft ist nicht bloß die Idee der „Rationalisierung", wie die Soziologie im Gefolge Webers lange Zeit meinte, sondern die in der Kapitalform des Geldes angelegte Utopie absoluten Reichtums. Allein mit dieser Utopie konfrontiert, wären die Handelnden freilich unendlich überfordert. Wie die traditionellen Religionen kommt auch die moderne Religion des Kapitalismus, wie wir gesehen haben, nicht ohne die Vermittlung des Absoluten durch dazu berufene Propheten, Priester, durch heilige Schriften und Kulte aus. Unternehmer benötigen die Unterstützung durch Wissenschaftler, Experten, Berater, technisch-ökonomische Mythen, um die Unendlichkeit der im Geldvermögen angelegten Möglichkeiten auf ein durch Handeln zu bewältigendes Format zu reduzieren. Wie heilige Schriften legen kapitalistische Mythen den Grund für rationales Handeln, sind aber selbst alles andere als „rational" fundiert, sondern beruhen auf sich selbst bestätigenden kommunikativen Prozessen.

Benjamins Aussage, beim Kapitalismus handele es sich um eine reine Kultreligion ohne spezielle Dogmatik und Theologie, ist insofern zu relativieren. Richtig an Benjamins These ist aber, dass traditionelle religiöse Mythen zeitlose Gültigkeit beanspruchten, während kapitalistische Mythen, wie wir gesehen haben, einer historischen Bewegung von Aufstieg, Institutionalisierung und Niedergang unterworfen sind. Sie können sich niemals auf Dauer etablieren. Die zerstörende Macht, die von der göttlichen Gewalt ausgeht, sobald sie in die irdische Welt eintritt (Benjamin 1991, S. 99), kann auch im Kapitalismus nicht ungefiltert zum Zuge kommen. Sie wenigstens temporär zu begrenzen, zu steuern und zu zähmen, dem Handeln Orientierung zu bieten, ist die Funktion der kapitalistischen Mythen. Traditionelle Religionen gründeten sich noch auf die feste Unterscheidung von Immanenz und Transzendenz, von sündiger, unvollkommener, nicht zu bessernder Welt hier, vom Reich Gottes da. Die säkularisierte Religion des Kapitalismus temporalisiert und dynamisiert diese Unterscheidung. Die Überschreitung der irdischen Grenzen des Menschen wird zur dauernden Aufgabe und Herausforderung; die Grenzen müssen im Prozess schöpferischer Zerstörung immer neu konstruiert und überwunden werden. Insofern ist der Kult in der Tat dauerhaft, und er mündet nicht in Erlösung, sondern in Verschuldung.

Wie aber steht es um die Verheimlichung, bzw. das Sichtbarwerden der kapitalistischen Gottheit? Solange die Erzeugung neuer Mythen gelingt, die die Gesellschaft für immer neue Facetten der Utopie des Reichtums mobilisieren, kann die dahinter stehende „transzendente" Dimension des Kapitalismus (Benjamin 1991, S. 103) unsichtbar bleiben. Aber kann die Bewegung der Mythen wirklich ins Unendliche fortgehen? Im gegenwärtigen Kapitalismus ist eine Reihe neuartiger Phänomene zu beobachten. In einigen Bereichen der Wirtschaft, vor allem in den Informations- und Biotechnologien sowie den neuen Medien, kommt es zu einer Häufung und Beschleunigung von Innovationen. Zugleich sind verstärkte Anstrengungen zu beobachten, diese Neuerungen durch

Konstruktion geeigneter Mythen wie etwa der „Informations"- bzw. „Wissensgesellschaft", der Verheißung von Unsterblichkeit u. a. symbolisch einzurahmen und zu popularisieren. Auf dem Feld des Organisationswissens ist die Tendenz zur Beschleunigung der Mythenspirale fast noch deutlicher: neue Mythen, wie etwa „lean production", „total quality control", „business reengineering", „shareholder value", folgen immer rascher aufeinander und erzeugen den Eindruck stetig wachsender „Turbulenz". Beck, Giddens und Lash (1996) haben mit ihrem Konzept der „reflexiven Modernisierung" auf diesen immer rascheren Umschlag des Wissens hingewiesen.

Diese Phänomene hängen mit einer weiteren Strukturveränderung des Kapitalismus zusammen: der Globalisierung der Finanzmärkte, die sich seit dem Ende des Währungssystems von Bretton Woods Anfang der siebziger Jahre durchgesetzt hat. Die internationale Mobilität des Kapitals ist gestiegen, die Optionen für Eigentümer und zugleich der Wettbewerb der Unternehmen und Staaten um ihre Gunst haben zugenommen. Um in diesem Wettbewerb bestehen zu können, wird die Fähigkeit der Kapitalschuldner zur symbolischen Inszenierung der eigenen Erfolgsträchtigkeit immer wichtiger: Entwicklungspotenziale müssen sichtbar gemacht, viel versprechende neue Produkte angekündigt, Erfindungen in immer rascherem Tempo entwickelt und vermarktet werden. Das Durchhaltevermögen des traditionellen Schumpeter'schen Unternehmers, seine Fähigkeit, dicke Bretter zu bohren, ist nicht länger gefragt, denn die Investoren an globalisierten Finanzmärkten sind schneller als der dynamischste Akteur der realen Welt es je sein kann. Wie der Igel sind sie immer „schon da" – oder auch schon wieder woanders.

Mit einem solchen Ausmaß von Unsicherheit konfrontiert, reagieren die Akteure – Manager, Unternehmer, Firmengründer – mit einer Entkoppelung von „talk" und „action" (Brunsson 1989): Sie flüchten sich in symbolische Inszenierungen und politische Rhetorik. Auf der einen Seite wächst so der Bedarf nach immer neuen Konsum-, Technik- und Organisationsmythen; auf der anderen Seite haben diese Mythen keine Zeit mehr, sich in die Gesellschaft hinein zu verbreiten, zu vertiefen und zu institutionalisieren. Sie werden zwar in immer rascherer Folge in die Welt gesetzt, laufen aber zunehmend ins Leere; ihre „Halbwertzeit" sinkt. Der Preis der Beschleunigung der Mythenspirale ist ihre Virtualisierung: Beträchtliche Kapitalsummen fließen in Projekte, die nur in der symbolischen Inszenierung ihrer selbst bestehen. Ganze „neue Ökonomien" werden aus dem Boden gestampft und verschwinden ebenso rasch wieder. So kommt es zu einem seltsamen Nebeneinander von inszenierter Turbulenz auf der einen Seite, faktischer Stagnation und politischem Konservativismus auf der anderen; man könnte von einem „Mimikry-Kapitalismus" sprechen. Die viel zitierte „Entkoppelung" der Finanzmärkte von den realen Bedingungen der Kapitalverwertung mit ihrer Folge erratischer Kursschwankungen an den Börsen ist nur ein Aspekt dieser Situation.

Als Konsequenz der Globalisierung der Finanzmärkte haben die Akteure es mit einer ökonomischen und gesellschaftlichen Umwelt zu tun, die weit weniger kalkulierbar ist als der frühere „fordistische" Kapitalismus. Die keynesianischen Rezepte und tayloristischen Prinzipien, die in der Vergangenheit den Erfolg makroökonomischer Steuerung und die Profitabilität der Firmen zu garantieren schienen, sind nicht länger aktuell.

2.6 Abschließende Überlegungen

Der neoliberale Marktradikalismus als Sprachrohr der Eigentümer möchte die individuellen Akteure mit der ganzen Komplexität der Möglichkeiten des Geldes konfrontieren und macht den finanziellen Erfolg zum unmittelbaren Maßstab allen Handelns. An die Stelle der Idee einer optimalen institutionellen Ordnung setzt er die einer globalen Konkurrenz der Institutionen. Er legt alle Betonung auf das Heil, das im finanziellen Gewinn liegt, vermeidet aber alle verbindlichen Festlegungen bezüglich des „Wie". Die traditionellen Tugenden beruflicher Tüchtigkeit und kaufmännischer Redlichkeit verlieren in der flexiblen Welt des Turbo-Kapitalismus ihren Sinn. Worauf es ankommt, sind nicht länger positive, sondern negative „Tugenden": Flexibilität, Mobilität, lebenslanges „Lernen" (Sennett 1998), im Klartext also: Die unbeschränkte Verantwortlichkeit der Individuen für ihr Schicksal. Nicht länger „Leistung", sondern allein der Erfolg zählt (Neckel 1999). Jeder oder jede muss seinen oder ihren Weg zum Erfolg selbst finden, wer ihn erringt, ist dafür niemandem zu Dank verpflichtet, wer nicht, darf sich bei niemandem darüber beschweren. Hilfe ist nur von der Beratungsindustrie zu erwarten, die aber ihrerseits die Orientierungslosigkeit der Akteure finanziell ausbeutet und zu einem florierenden Geschäftszweig wird.

Die marktradikale Utopie totalen Unternehmertums muss die bedürftigen, nur zu begrenzter Rationalität fähigen realen Akteure überfordern. Eine derart zugespitzte „Gesinnungsethik" des Geldes muss, wie in dem von Weber (1972, S. 348) beschriebenen parallelen Fall religiöser Gesinnungsethik, zu unlösbaren Konflikten mit den Anforderungen des alltäglichen Lebens führen. Wirklichkeitsverlust, Zynismus oder Heuchelei sind die Folge. Die Überforderung der Akteure mit einem Übermaß an Unsicherheit droht, das Wirken der Mythenspirale und mit ihr den Prozess schöpferischer Zerstörung zu paralysieren. Die den Kapitalismus regierende Gottheit wird nicht etwa enthüllt; sie wird unsichtbarer und weniger ansprechbar denn je und kann nicht länger Orientierungen für das alltägliche Handeln bieten.

Aus den Krisen, die der Gesellschaft vielleicht bevorstehen, werden indessen keine neuen Utopien heraushelfen. Was dann auf der Tagesordnung steht, könnte vielmehr das Gegenteil sein, nämlich Ernüchterung und Entwöhnung. Benjamin könnte Recht haben mit seiner These, dass der Gesellschaft nach dem Niedergang der traditionellen Religionen die eigentliche religiöse Desillusionierung erst noch bevorsteht: der Abschied von der Religion des Kapitalismus. Dann könnte jener Traum wahr werden, der in den nationalökonomischen Lehrbüchern steht: dass Geld nichts anderes sei als ein Tauschmittel zum Zweck der Befriedigung der profanen Bedürfnisse sterblicher Individuen.

Ideen und Interessen

Zum Verhältnis von Religion und wirtschaftlicher Entwicklung

3.1 Einleitung

Mit den Stichworten „Religion" und „wirtschaftliche Entwicklung" wird ein traditionsreicher Forschungszusammenhang bezeichnet, der noch immer stark durch die Auseinandersetzung mit den Arbeiten Max Webers beeinflusst ist (siehe die Literaturübersicht bei Kaesler 2006 sowie Swatos und Kaelber 2005; Eisenstadt 2006). Zugleich treten jedoch die Grenzen der Perspektiven Webers ungeachtet ihrer Reichhaltigkeit immer deutlicher hervor. Weber konzentrierte sich bekanntlich auf die Frage der Charakteristika und Entstehungsbedingungen des „spezifisch gearteten ‚Rationalismus' der okzidentalen Kultur" und stieß dabei auf die Religion und die Eigenlogik religiöser Weltbilder als wichtigen ursächlichen Faktor. Aber er hielt diesen Erklärungsansatz nicht für den einzig möglichen, sondern betrachtete die umgekehrte Analyseperspektive – die Erklärung der religiösen Weltbilder aus den aus der alltäglichen Lebensführung erwachsenden Interessen – als ebenso möglich und legitim. Mit seiner Untersuchung der Wahlverwandtschaft zwischen asketischem Protestantismus und kapitalistischem Geist versuchte Weber, eine für die Genese des modernen Kapitalismus kritische historische Übergangssituation zu erfassen.[1] Aber Weber schrieb dem Protestantismus allein eine *Geburtshelferfunktion* für den modernen Kapitalismus zu. Der „siegreiche Kapitalismus" benötige, seit er „auf mechanischer Grundlage" ruhe, die religiöse Stütze nicht mehr (Weber 1978, S. 204). Für Weber hat die protestantische Ethik einen ungewollt selbstannihilierenden Effekt: Indem sie die Gläubigen praktisch zur alleinigen Instanz ihrer eigenen Erlösungsgewissheit macht, bereitet sie die völlige Eliminierung der transzendenten Dimension des Glaubens vor (Schluchter 1976). Die wertrationale Fundierung

---

[1]Ob triftig oder nicht, sei hier völlig offengelassen. Bekanntlich ist die viel zitierte „Weber-These" auf scharfe Kritik gestoßen; vgl. z. B. Samuelsson 1993.

zweckrationalen Handelns in der protestantischen Berufsethik – so stellt auch Habermas fest – erfüllt nur „die *Start*bedingungen für die kapitalistische Gesellschaft; sie bringt den Kapitalismus auf den Weg, ohne die Bedingungen ihrer eigenen Stabilisierung sichern zu können" (Habermas 1981, Bd. 1, S. 314).

So differenziert Weber die religionsgeschichtlichen Hintergründe der Entstehung des Kapitalismus auch analysiert hat, zur Klärung der Rolle der Religion im *entwickelten Kapitalismus* kann seine rationalistische Geschichtsdeutung nur wenig beitragen. Webers Analyse der Spannungsverhältnisse zwischen Welt und Religion und die daraus folgende negative Einschätzung der Relevanz der Religion für die moderne wirtschaftliche Entwicklung hinterlässt offene Fragen, insbesondere die nach dem Verhältnis von „Ideen" und „Interessen", die bis in die neuere Zeit immer wieder Klärungsversuche provoziert hat (z. B. Kalberg 2000; Schulz-Schaeffer 2010; Schimank 2010). Für Weber wurzeln religiöse Weltbilder und Erlösungsvorstellungen in den Interessenlagen sozialer Schichten; erst via interessenbestimmter Handlungen werden Ideen zur sozialen Realität. Umgekehrt aber werden Interessen durch Weltbilder gerahmt, deren Leistung darin besteht, die Kontingenz der Welt in einem letzten Sinn aufzulösen. Interessen entwickeln sich in einem gesellschaftlichen Kontext, der durch selbst nicht rational zu begründende Werte strukturiert ist. Ideen und Interessen scheinen (nicht nur bei Weber) so unauflöslich miteinander verquickt, dass manche Autoren die Unterscheidung als solche für problematisch halten (Münnich 2011). Die meisten Interpreten lesen aus den Analysen Webers letztlich doch ein Plädoyer für einen Primat der „Ideen" heraus und berufen sich dabei auf die bekannten Sätze: „Interessen (materielle und ideelle), nicht: Ideen beherrschen unmittelbar das Handeln der Menschen. Aber: Die Weltbilder, welche durch ,Ideen' geschaffen wurden, haben sehr oft als Weichensteller die Bahnen bestimmt, in denen die Dynamik der Interessen das Handeln fortbewegte. Nach dem Weltbild richtete es sich ja: ,wovon' und ,wozu' man ,erlöst' sein wollte und – nicht zu vergessen – konnte." (Weber 1978, S. 252). Aber welches sind dann die „Ideen", die jenseits der profanen „Interessen" das wirtschaftliche Handeln im *entwickelten Kapitalismus* bestimmen und welche Bedeutung haben die Religionen dabei?

In diesem Aufsatz greife ich diese und andere bei Weber offengebliebene Fragen auf, um das Verhältnis von „Religion" und „Wirtschaft" im entwickelten Kapitalismus soziologisch zu begreifen. Dazu skizziere ich in einem ersten Abschn. (3.2) die neueren Versuche, das auf Weber zurückgehende Begriffspaar von Ideen und Interessen zu klären. Im Überblick lassen sich dabei sechs Ansätze unterscheiden: a) Kulturdeterministische Konzeptionen gesellschaftlicher Modernisierung, b) Religionsökonomische Rational Choice-Modelle, c) Ökonomische Institutionentheorien, d) Wirtschaftssoziologische Konzeptionen „sozialer Einbettung" der Wirtschaft, e) Differenzierungstheoretische Ansätze, f) schließlich die These einer Entdifferenzierung zwischen Religion und Wirtschaft. Ein Teil dieser Versuche läuft darauf hinaus, den von Weber beschriebenen Zirkel wechselseitiger Bedingtheit von Ideen und Interessen durch konzeptuelle Vorentscheidungen in der einen oder anderen Richtung kurzzuschließen und damit die Komplexität der Weber'schen Fragestellung von vornherein zu unterlaufen. Ein anderer

Teil bemüht sich mit Weber zwar um eine historisch offene Analyse des Verhältnisses von Ideen und Interessen, gelangt aber wiederum nur zu dem Befund ihrer gegenseitigen Bedingtheit, wobei die Tendenz erkennbar ist, Interessen, nicht Werten den höheren Erklärungswert für die wirtschaftliche Entwicklung zuzuschreiben.[2]

Es wäre indessen kurzschlüssig, diese Diskussionslage einfach als Bestätigung der Weber'schen Entzauberungsthese zu deuten. Vielmehr, so meine im zweiten Abschn. (3.3) vertretene These, ist die „Wirtschaft" selbst zu einer Instanz geworden, die „Werte" reklamiert, „Visionen" verkündet, nicht nur materielle, sondern spirituelle Erfüllungen verspricht und in diesem Sinn selbst „religiöse" Züge annimmt. Der moderne Kapitalismus lässt sich soziologisch als funktional spezialisiertes Subsystem zweckrationalen Handelns im Sinne der Differenzierungstheorie nicht angemessen begreifen. Konstitutiv für ihn ist vielmehr das von Marx und Polanyi in den Blick gerückte historische Phänomen der Entgrenzung der Märkte. Diese Entgrenzung lässt ein historisch neuartiges Potenzial gesellschaftlicher Unsicherheiten entstehen, dem Webers rationalistische Sicht des Kapitalismus ebenso wenig gerecht wird wie das gängige Verständnis der Ökonomie als rationale Verfügung über knappe Mittel. Bedeutsam erscheinen vor allem die Entgrenzung kollektiver Identitäten durch den universalen Markt und die durch den Kapitalismus ermöglichte private Verfügung über die kreativen Potenziale freier Lohnarbeit. Damit wird der Markt zur Quelle existenzieller gesellschaftlicher Kontingenzen, die nach sinnhafter Bewältigung verlangen und spezifische Symbolismen entstehen lassen, deren Struktur Übereinstimmungen, aber auch Differenzen mit religiösen Sinnformen aufweist.

3.2 Ideen und Interessen im modernen Kapitalismus: ein Überblick

a. Am eindeutigsten scheint Webers These von religiös fundierten Ideen als Weichenstellern auch für die wirtschaftliche Entwicklung von Talcott Parsons und den an ihn anschließenden modernisierungstheoretischen Ansätzen in der Soziologie aufgenommen worden zu sein. In seiner *Theorie gesellschaftlicher Modernisierung* betont Parsons die Führungsrolle der Kultur und religiöser Werte (als deren Kern) für die wirtschaftliche Entwicklung: Erst die Traditionen des Christentums und des Protestantismus hätten die Prinzipien der individuellen Freiheit, des Leistungswettbewerbs sowie jene universalistische Ethik begründet, ohne die der moderne

---

[2]Robert Wuthnow stellt in einem Literaturüberblick zum Verhältnis von Wirtschaft und Religion daher fest: „Were a comprehensive survey of the field conducted, sociology-of-religion studies would undoubtedly have treated religion more often as a dependent variable in relation to economic conditions than an independent variable" (Wuthnow 1994, S. 622; vgl. auch ders. 2005, S. 618).

Kapitalismus nicht bestehen könnte. Die Nähe zu Weber ist freilich trügerisch, denn im Gegensatz zu Weber argumentiert Parsons nicht historisch, sondern führt den gesellschaftlichen Vorrang „letztlich religiös" (Parsons 1985, S. 18) begründeter gesellschaftlicher Werte per begrifflicher Vorentscheidung mit dem bekannten AGIL-Schema ein. Dieser Ansatz war wegweisend für die strukturfunktionalistisch orientierten Modernisierungstheorien und wurde von Autoren wie Bellah, Eisenstadt, Smelser, Alexander und Münch weiterentwickelt. Auch Habermas' (1981) These von der Schlüsselrolle der kommunikativen Rationalisierung der Lebenswelt für gesellschaftliche Modernisierung ist stark durch den Parsons'schen Kulturdeterminismus beeinflusst.

Das Problem dieser Ansätze liegt in ihrer nur asymmetrischen Berücksichtigung der Weber'schen Fragestellung: Während die Rahmung sozialer Interessen durch Ideen hervorgehoben wird, bleibt die gegenläufige Untersuchung der Fundierung von Ideen in sozialen und ökonomischen Interessen unterbelichtet. Wo Versuche einer solchen Analyse unternommen werden – etwa mit der Parsons'schen Deutung der amerikanischen „Gegenkulturen" der 1970er Jahre als säkularisierte Abkömmlinge der protestantischen Ethik (Parsons 1999) oder mit Habermas' Interpretation von Jugend- und Protestbewegungen als Träger des Widerstandes gegen die Kolonialisierung der Lebenswelt (Habermas 1981, Bd. 2, S. 575 f.) – können sie den Charakter bloßer Illustrationen für vorgegebene konzeptuelle Schemata kaum verhehlen. Je ernsthafter die These einer religiösen und institutionellen Fundierung der modernen wirtschaftlichen Entwicklung empirisch und historisch gewendet wird, wie etwa in Eisenstadts (2000, 2006) Konzeption „multipler Modernitäten", oder auch in Landes' (1998) historischer Untersuchung der Reichtumsunterschiede zwischen den Nationen, desto deutlicher stoßen die Autoren auf das Problem zirkulärer Rückkoppelung zwischen Ideen und Interessen: Rührt die Legitimität z. B. privater Eigentumsrechte daher, dass sie letztlich religiös verankerte Kulturwerte (etwa den intrinsischen Wert individueller Freiheit) verkörpern, sodass der wirtschaftliche Erfolg als *Ergebnis* der Bindung der Gesellschaft an diese Werte zu begreifen wäre? Oder sind Eigentumsrechte wertvoll, *weil* sie wirtschaftliche Entwicklung fördern und die Interessen spezifischer sozialer Klassen und Schichten begünstigen? „Es scheint" – so hatte Weber dieses Problem auf den Punkt gebracht – „kein Mittel zum Austrag schon der allerersten Frage zu geben: von woher im einzelnen Fall der ethische Wert eines Handelns bestimmt werden soll: ob vom *Erfolg* oder von einem – irgendwie ethisch zu bestimmenden – *Eigen*wert dieses Tuns an sich." (Weber 1978, S. 552).

b. Auch die religionsökonomischen Ansätze (Azzi und Ehrenberg 1975; Iannaccone 1998; Barro und McCleary 2006) können als Versuch verstanden werden, den gordischen Knoten des Ideen-Interessen-Dilemmas durch eine konzeptuelle Vorentscheidung zu durchtrennen – diesmal freilich nicht zugunsten der Ideen, sondern der Interessen. Ausgangspunkt ist hier das als Axiom verstandene Konzept rationaler individueller Wahlentscheidungen, mit dem die Autoren auf eine umfassende Erklärung menschlichen Verhaltens abzielen und dabei die Religion nur als eines unter vielen anderen möglichen Anwendungsfeldern behandeln. Religiöse Heilsgewissheit wird hier als ein „Produkt" verstanden, das den Kunden „Nutzen" stiftet und „Kosten" direkter und indirekter Art verursacht. Richtschnur für die Kundenentscheidungen sei das subjektive Gleichgewicht zwischen irdischem, aber realistischem Konsum im Diesseits und höherem, aber nur erstrebtem und ungewissem Konsum im Jenseits. Mit diesem Ansatz wird z. B. erklärt, warum das religiöse Engagement negativ mit dem Einkommen und Vermögen, dagegen positiv mit dem Alter korreliert, oder warum zeitintensive religiöse Aktivitäten bei Arbeitslosigkeit zunehmen. Ebenso kann abgeleitet werden, warum Konkurrenz am religiösen Markt das Geschäft belebt und die Glaubensgemeinschaften aufblühen lässt, Monopole dagegen sie verkümmern lassen.

Die Kosten dieser konzeptuellen Vorentscheidung sind freilich noch gravierender als im Fall des Kulturdeterminismus: Nicht nur fällt auch dieser Ansatz weit hinter die Komplexität der Weber'schen Fragestellungen zurück, sondern mit der Ausblendung des Problems grundlegender Ungewissheit von Handlungssituationen (bzw. seiner Umdefinitition in ein Problem rationaler Wahl) wird auch ein konstitutiver Aspekt des religiösen Phänomens selbst verfehlt.

c. Ähnliche Einwände lassen sich, wie es scheint, gegen den *ökonomischen Institutionalismus* (Hayek, North, Buchanan, Williamson) erheben. Für die Verfechter dieser Position liegt der Schlüssel für erfolgreiche wirtschaftlicher Entwicklung in institutionell garantierten privaten Eigentumsrechten und unpersönlich strukturierten Marktbeziehungen. Institutionen ermöglichen nicht nur rationales Wirtschaftshandeln, sondern gehen ihrerseits schon aus einem rationalen Interessenkalkül der Akteure hervor, insofern sie z. B. darauf ausgerichtet sind, Transaktionskosten zu senken und den latenten Opportunismus der Beteiligten zu begrenzen (Williamson 1985). Die Rechtfertigung von Institutionen wird damit letztlich in ihrer wirtschaftlichen Erfolgsträchtigkeit selbst gesehen; somit scheint hier eine geschlossene wahlhandlungstheoretische Ableitung wirtschaftlicher Institutionen nach dem Vorbild des Rational Choice-Ansatzes vorzuliegen.

Dennoch kommt der religiöse Horizont von Institutionen in der Institutionenökonomie wieder in den Blick, freilich in einer eher unbeabsichtigten Weise. Institutionen können zwar, wie die Verfechter des Ansatzes betonen, die Spielregeln des Marktes definieren. Aber die durch den Markt vollzogene Synthese egoistischer individueller Handlungen kann durch den ökonomischen Institutionenbegriff nicht erklärt werden. Dazu bleibt der Rückgriff auf das einschlägige neoklassische Konzept eines emergenten Gleichgewichts rationaler Wahlhandlungen unumgänglich. Damit aber kommt, wie Joseph Vogl in seiner Rekapitulation der Debatte über diese auf Adam Smith und andere Autoren des 18. Jahrhunderts zurückgehende Doktrin gezeigt hat, die Religion durch eine andere Tür wieder ins Spiel. Vogl bezeichnet das Smith'sche Theorem der unsichtbaren Hand als „moderne Oikodizee" (Vogl 2010, S. 33), als ökonomische Rechtfertigung der bürgerlichen Marktgesellschaft und erinnert damit an seine theologischen Fundamente. Die Idee des selbstregulierenden Marktes sei aus den deistischen Prämissen der Smith'schen Lehre abgeleitet: Indem die individuellen Egoismen unbeabsichtigt zum Wohle aller zusammenwirkten, verwirklichten sie den göttlichen Weltplan (Vogl 2010, 39 f.; ähnlich bereits Rüstow 2001; Koslowski 1998; Priddat 2007). Die unsichtbare Hand kann zwar, wie Walras, sowie Debreu und Arrow es später versuchten, mathematisch simuliert werden. Möglich ist dies jedoch nur unter realitätsfernen analytischen Annahmen, die einer Immunisierung des Modells gegen empirische Kritik gleichkommen. *Realiter* ist das Funktionieren der Märkte, wie vor allem Hayek (1945) betonte, aufgrund der Begrenztheit des Wissens der Marktteilnehmer unbeobachtbar; es beruht auf Glauben, nicht auf rationaler Voraussicht. Märkte stellen nach Hayek ein „Entdeckungsverfahren" dar, dessen Ergebnisse und Möglichkeiten durch keinen menschlichen Entwurf antizipiert, sondern nur in der Praxis des Wettbewerbs erschlossen werden können. Die Preisbildung an Märkten müsse als ein „marvel" (Hayek 1945, S. 527) betrachtet und, obwohl rational nicht nachvollziehbar, in „demütiger Ehrfurcht" (Hayek zit. nach Fleischmann 2010, S. 179) akzeptiert werden.

Die Kehrseite der Aufwertung der Marktinteressen als gesellschaftlicher Integrationsinstanz gegenüber den Institutionen besteht, so zeigt sich hier, in einer Sakralisierung des Marktwettbewerbs selbst. Die aus dem Rahmen der Ideen gelösten Interessen erscheinen als ein alles bestimmender, rational nicht mehr nachvollziehbarer Wirkungszusammenhang. Dem Marktwettbewerb wird ein integrierendes Potenzial zugeschrieben, das er letztlich nicht tragen kann, mit der Folge seiner ideologisch-theologischen Überhöhung. „Der Schöpfergott west – in die Immanenz der Geschichte eingeholt – fort als kulturelle Evolution, seine Vernunft offenbart sich den Menschen in der spontanen Ordnung des Marktes" (Bröckling 2007, S. 101).

d. Die neueren wirtschaftssoziologischen Theorien *sozialer Einbettung der Wirtschaft* (Granovetter 1985; Beckert 1997) sind in der Auseinandersetzung mit der ökonomischen Neoklassik entstanden. Sie versuchen, zu einer realitätsnäheren Konzeptualisierung wirtschaftlichen Handelns zu gelangen, indem sie die Unsicherheit betonen, mit der die Marktakteure faktisch konfrontiert sind und die Bedeutung sozialer Netzwerke, Organisationskulturen, Institutionen, Normen, Konventionen bei der Reduktion dieser Unsicherheit herausarbeiten. Handlungsfähig seien die Akteure nur deshalb, weil die Märkte faktisch eben nicht anonym funktionierten, sondern in soziale Strukturen verschiedener Art und Reichweite „eingebettet" seien, die Vertrauen begründeten, Kooperation ermöglichten und kognitive Komplexität reduzierten. Mit den in diesen Strukturen inkorporierten kollektiven Identitäten kommen auch die „Ideen" wieder ins Spiel. Auch religiöse Normen und Vergemeinschaftungen können bei der sozialen Einbettung wirtschaftlichen Handelns eine Rolle spielen.

Bereits Max Weber hatte in seiner Untersuchung über die protestantischen Sekten in den USA beobachtet, welche Bedeutung die Frage „To what church do you belong?"

für die Anbahnung von Geschäftsbeziehungen hatte (Weber 1978, S. 208).[3] Die neuere Forschung hat sich vor allem mit der Frage der Bedeutung von Netzwerken und Sozialkapital als unterstützenden Faktoren für Unternehmensgründungen befasst und berücksichtigt dabei auch religiöse Zugehörigkeiten. Der Einfluss religiöser Identitäten auf die Gründungsbereitschaft ist freilich schwer gegen andere Milieueinflüsse abzugrenzen und stellt sich bei verschiedenen Denominationen sehr unterschiedlich dar (Light 1987; Audretsch et al. 2007; Drakoupolou Dodd und Gotsis 2007). Granovetter (2005) macht in diesem Zusammenhang auf einen zentralen Aspekt aufmerksam: So wichtig das aus der eigenen Familie bzw. Gruppe mitgebrachte „Sozialkapital" für angehende Unternehmer/innen ist, so sehr muss ihnen daran gelegen sein, sich gegen exzessive Ansprüche der eigenen Gruppe abzugrenzen. Entscheidend ist die Fähigkeit zur „balance between coupling and decoupling" (Granovetter 2005, S. 174): Unternehmer müssen in der Lage sein, vertrauensgestützte Beziehungen mit Kooperationspartnern auch außerhalb der eigenen Gemeinschaft aufzubauen, ohne dabei den Rückhalt der eigenen Gruppe zu verlieren (Aldrich 2005; Berghoff 2004). Bei der Entwicklung solcher Kompetenzen können religiöse Identitäten hilfreich sein. In vielen Fällen erweisen sie sich jedoch auch als Hindernis, vor allem dort, wo die religiöse Ethik einen Primat karitativer oder verwandtschaftlicher Verpflichtungen gegenüber vertraglichen Abmachungen mit Fremden vorschreibt (Graf 2004b; McCleary 2007).

Auch die Konzepte sozialer Einbettung sind mit dem Problem latenter oder manifester Rückkoppelung zwischen Werten und wirtschaftlichen Interessen konfrontiert, wie sich am deutlichsten in „mafiösen", wirtschaftskriminellen Strukturen der Einbettung (Arlacchi 1989) zeigt. Auch Netzwerke und Institutionen können nicht als „letzter" Ankerpunkt wirtschaftlichen Handelns betrachtet werden. Ihre Achillesferse ist ihr meist national oder sektoral bzw. lokal begrenzter Charakter, der innovativen Akteuren die Möglichkeit gibt, sie für eigene Ziele zu instrumentalisieren. Weil der globale Markt immer auch andere Möglichkeiten bietet, geraten Netzwerke und Institutionen ihrerseits unter den Druck der Marktkonkurrenz und werden nach ihrer jeweiligen Kosten/Nutzen-Bilanz bewertet; die Williamson'sche Idee der „Institutionenkonkurrenz" ist insofern nicht aus der Luft gegriffen. Wenn jemand einer religiösen Gemeinschaft beitritt bzw. die Konfessionszugehörigkeit wechselt, kann dabei das latente Motiv besserer wirtschaftlicher oder beruflicher Chancen maßgeblich sein. Ein Beispiel sind die zahlreichen Konversionen jüdischer Künstler, Freiberufler und Geschäftsleute zum Christentum im 19. Jahrhundert; die an ihrem Judentum

---

[3]Berghoff stellt fest: „Die angelsächsischen Freikirchen (Nonkonformisten) wie Quäker oder Methodisten fungierten nicht nur als landesweite Heiratsmärkte, sondern gaben auch den Rahmen für viele kommerzielle Transaktionen ihrer Mitglieder ab. In diesen überschaubaren Gruppen vertraute man sich gegenseitig, half sich mit Krediten und tauschte wichtige Informationen aus" (Berghoff 2004, S. 176).

festhaltende Familie Rothschild stellte hier eher eine Ausnahme dar (Ferguson 1998). Gerade dort, wo religiös inspirierte Geschäftsmodelle als erfolgsträchtig gelten, entsteht auch ein Anreiz, sie in kontextunabhängig anwendbare Managementrezepte zu transformieren und sie damit ihres religiösen Gehalts zu entkleiden (Drakoupolou Dodd und Gotsis 2007). Umgekehrt können ursprünglich erfolgreiche, „starke" Unternehmens- und Organisationskulturen „verknöchern", sich in ein Hemmnis der wirtschaftlichen Entwicklung verwandeln oder sogar zum Untergang des Unternehmens führen (Kotthoff 2010).

Märkte sind immer zugleich lokal *und* global, eingebettet *und* anonym. Es wäre verkürzt, die Analyse von Markttransaktionen auf die Interaktionsbeziehungen zwischen den Beteiligten zu beschränken. In einer Kette von Transaktionen zwischen den Akteuren A-B-C-D-E-F-G-H mögen die Beziehungen A-B „eingebettet" sein, auch die zwischen F und G, nicht aber die zwischen A und G oder C und H. An den jeweils wahrnehmbaren Transaktionen sind stets „Dritte", „Vierte" usw. in unerkennbarer Zahl beteiligt – Teilnehmer, die im Gegensatz zur Mauss'schen „Gabe" (Mauss 1990 [1924]) nicht als konkretes Kollektiv adressiert werden, sondern anonym bleiben. Insofern behält die Theorie unpersönlicher Märkte einen zutreffenden Kern. Die lokalen sozialen Einbettungen der Märkte sind ihrerseits in das umfassendere Feld des globalen Marktes „eingebettet". Sie stehen daher auf unsicherem Grund, sind dem reflektierenden Vergleich mit anderen Möglichkeiten ausgesetzt und können daher nur relative und temporäre Sicherheit bieten (Deutschmann 2009a, 2012b).

e. Die fünfte mögliche Reaktion auf die Ideen-Interessen-Problematik stellen *Theorien gesellschaftlicher Differenzierung* dar. Sie besteht darin, dass das Problem selbst beiseitegeschoben wird und weder „Ideen" noch „Interessen" als relevante Kategorien betrachtet werden. Am markantesten ist diese Position zweifellos von Luhmann (1988) formuliert worden. In Luhmanns Theorie der Wirtschaft als autopoietischem System kommen weder Interessen vor (die nicht dem sozialen, sondern dem personalen System zuzurechnen wären), noch Ideen im Sinn gesellschaftlicher Werte. Werte seien, wie Luhmann den Verfechtern der Wirtschaftsethik entgegenhält, im Kontext einer modernen Wirtschaft und Gesellschaft viel zu abstrakt, um ein bestimmtes Handeln zu selegieren: „Werte sind also nichts anderes als eine hochmobile Gesichtspunktmenge. Sie gleichen nicht, wie einst die Ideen, den Fixsternen, sondern eher Ballons, deren Hüllen man aufbewahrt, um sie bei Gelegenheit aufzublasen, besonders bei Festlichkeiten" (Luhmann 1998, S. 342). Faktisch werden Entscheidungen in ausdifferenzierten Funktionssystemen gemäß den systemspezifischen „Codes" getroffen, im Wirtschaftssystem also nach dem Kriterium von Preisen und Zahlungen. Wer in diesem Rahmen unverzichtbare ethische Prinzipien geltend mache, beschwöre – wie Luhmann argumentiert – Kooperationsblockaden herauf, die dann unter der Hand auf andere Weise gelöst werden müssen, mit den praktischen Folgen von Ressentiment oder Heuchelei (Luhmann 1993). Was die moderne Wirtschaft konstituiert, sind weder Werte noch Interessen, sondern ist das symbolisch generalisierte Kommunikationsmedium Geld. Durch den ihm eigenen Code der

Zahlung begründet Geld einen funktional auf das Problem der Knappheit bezogenen Kommunikationszusammenhang, der dank seiner selbstreferenziellen Geschlossenheit in der Lage ist, ein hohes Maß gesellschaftlicher Komplexität zu verarbeiten.

Thomas Schwinn (2010) hat eine Deutung der Weber'schen Position vorgelegt, die den differenzierungstheoretischen Ansatz aufnimmt und damit dicht an die Luhmann'sche Sichtweise heranführt (ähnlich Schimank 2010). Die erwerbswirtschaftliche Erzielung von Gewinn folge auch bei Weber nicht einer rein zweckrationalen Logik, sondern stütze sich auf ein eigenes wertrationales Fundament: „Die These der *Protestantischen Ethik* besagt, dass die Ökonomie erst zu einer, wenn auch fremdkonstituierten Wertsphäre werden musste, damit sie sich zu einer eigenständigen Ordnung ausdifferenzieren konnte, die dann wiederum jeglicher fremder Wertfundierung entbehren kann" (Schwinn 2010, S. 203). Auch kapitalistische Wirtschaftsinteressen können erst in einem durch Werte strukturierten sozialen Raum zum Tragen kommen. Diese Werte seien freilich nicht mit einem religiösen Identitätskern der Gesellschaft zu verwechseln, ebenso wenig mit „sozialer Einbettung" im Sinn der Wirtschaftssoziologie. Ihre Bedeutung bestehe vielmehr darin, einen Raum „legitimer Indifferenz" (Schwinn 2010, S. 218) für das funktional ausdifferenzierte Marktsystem herzustellen. Die kapitalistische Erwerbswirtschaft stelle eine autonomisierte Wertsphäre neben den Sphären der Politik, Wissenschaft, Kunst usw. dar.

Diese Deutung wendet Webers Konzept des modernen Polytheismus der Werte (konsequenter vielleicht, als Weber selbst es intendierte) auch auf die moderne Wirtschaft an. Luhmann wie Schwinn entwerfen das Modell einer säkularen, durch einen Pluralismus der Systeme bzw. Werte strukturierten Gesellschaft, in der religiöse Überzeugungen keine Rolle mehr für die wirtschaftliche Entwicklung spielen. Aufgrund seiner gedanklichen Geschlossenheit ist dieser Ansatz bis heute in der soziologischen Theoriebildung sehr einflussreich. Die Kohärenz ist jedoch erkauft durch zwei ungelöste Probleme, die hier nur knapp benannt werden können: Zum einen wird zwar die Legitimität der sozialen Indifferenz von Markttransaktionen abgeleitet, ihr faktisches Zustandekommen jedoch noch nicht erklärt. Dafür ist, wie Schwinn (2010, S. 219) in Anknüpfung an die Wirtschaftssoziologie selbst betont, die Berücksichtigung der lokalen sozialen Einbettungen der Wirtschaft und der sich aus ihr ergebenden Handlungskonstellationen unabdingbar. Unbeantwortet bleibt zum anderen die Frage nach der Einheit der ausdifferenzierten Wertsphären, mit anderen Worten: nach dem Gesellschaftsbegriff. Luhmann (1998) hatte sich mit dieser Frage zwar in seinem letzten großen Werk über die „Gesellschaft der Gesellschaft" intensiv auseinandergesetzt, ohne letztlich über eine Explikation der in der Frage selbst angelegten Paradoxien hinauszukommen. Die moderne Weltgesellschaft stellt eine Gesamtheit funktional ausdifferenzierter Teilsysteme dar, deren Einheit sich nur indirekt, als Differenz der Teilsysteme, fassen lässt. Es gibt keinen möglichen Beobachter, der die Gesellschaft gleichsam von außen, als Ganzes, erfassen könnte, so, wie der Mann im Mond auf die Erde herabschauen mag. Soziologisch beobachtbar sind allenfalls die „Selbstbeschreibungen", die die Gesellschaft von sich selbst anfertigt, wie etwa die Ideen der Nation, der Klasse, der Moderne. Aber derartige Konstruktionen sind wissenschaftlich ebenso wenig wahrheitsfähig wie die religiöse Konstruktion eines transzendenten Schöpfers und Lenkers der Welt. „Reflektierte Autologie" (Luhmann 1998, S. 1128) stellt das letzte Wort von Luhmanns Gesellschaftstheorie dar.

f. Ein letztes für unsere Fragestellung relevantes Szenario ist das einer *Entdifferenzierung zwischen Wirtschaft und Religion,* einer wechselseitigen Angleichung wirtschaftlicher und religiöser Handlungsstrukturen und -orientierungen. Man kann hier noch nicht von einer ausformulierten theoretischen Position sprechen, sondern eher von einem Komplex konvergierender Befunde in der wirtschafts- wie der religionssoziologischen Forschung. Die zentrale These lautet hier, dass die aus den Wirtschaftswissenschaften stammenden und von der Soziologie lange Zeit kritiklos übernommenen utilitaristischen oder rationalistischen Konzeptionen der Wirtschaft an der Wirklichkeit des Wirtschaftslebens vorbeigehen. Auch die Weber'sche Sicht der kapitalistischen Wirtschaft als einer Sphäre nüchterner Rechenhaftigkeit, die für charismatische Führung keinen Raum biete, wird als korrekturbedürftig betrachtet (Kraemer 2008). Die neuere Managementliteratur und -forschung bietet im Gegenteil eine Fülle von Belegen dafür, dass gerade die Wirtschaft charismatische Unternehmerpersönlichkeiten – von Henry Ford bis Bill Gates oder Steve Jobs – hervorbringt und benötigt. Sie verbreiten Vertrauen, verkünden „Botschaften", schaffen jenen Glauben an die Zukunft, ohne die Innovationen und wirtschaftliches Wachstum nicht zustande kommen können. Bereits Schumpeter hatte sich gegen das Bild des Unternehmers als rationalem Gewinnmaximierer distanziert. Die Haupttugenden des Unternehmers seien nicht Rechenhaftigkeit, sondern Kreativität, Intuition und ein visionärer Blick, der ihn die Erfolgschancen des Neuen erkennen lässt. Er ist kein rationaler Homo oeconomicus, auch kein Hedonist; was ihn treibt, ist vielmehr „der Traum und der Wille, ein privates Reich zu gründen" (Schumpeter). Nach dem postfordistischen Umbruch in der Wirtschaft in den späten 1970er Jahren avancierte das „unternehmerische Selbst" zu einem allgemeinen, in den Medien und unzähligen Traktaten der Beratungsindustrie propagierten Leitbild für Arbeitsrollen im entwickelten Kapitalismus (Bröckling 2007). Auch abhängig Beschäftigte wurden zu „Arbeitskraft-Unternehmern" erklärt; mit der „Subjektivierung der Arbeit" gewannen Prinzipien wie Flexibilität, Selbstdisziplinierung und Selbstoptimierung an Bedeutung und wurden auch durch entsprechende Organisationskonzepte festgeschrieben.

Das Leitbild des „unternehmerischen Selbst", wie Bröckling es herausgearbeitet hat, läuft in mehrfacher Hinsicht auf eine Annäherung an religiöse Handlungsorientierungen hinaus: Zum einen unterliegen „unternehmerische" Arbeitsrollen nicht dem Prinzip der funktionalen Differenzierung. Für die Akteure stellen sie nicht nur eine Aktivität unter anderen dar, sondern beanspruchen Priorität über alle anderen Rollen und fordern das Engagement der ganzen Person. Zum anderen werden mit der Erwerbsarbeit primär nicht materielle, sondern postmaterielle Ziele verfolgt, an oberster Stelle die viel zitierte „Selbstverwirklichung". Selbstverwirklichung wird

3.2 Ideen und Interessen im modernen Kapitalismus: ein Überblick

schließlich nicht verstanden als Anwendung schon erworbener individueller Dispositionen und Qualifikationen, sondern als umfassende Selbstentwicklung in einem Raum unbegrenzter Möglichkeiten; „Kreativität", „Empowerment" und „Qualität" sind die maßgeblichen Stichworte (Bröckling 2007, S. 152 f.). Gerade in seiner nie zu schließenden Kluft zur Realität liegt die Pointe des Leitbildes. Man könnte von einer „Transzendenz im Diesseits" sprechen: Der von Weber beschriebene kapitalistische Geist rastloser Berufstätigkeit hat seinen Indizcharakter für jenseitige Erlösung verloren und ist zu einer sich selbst tragenden Struktur geworden.

Parallele Befunde liegen auch aus der Sphäre des Konsums vor. In der heutigen Konsumsoziologie besteht Einigkeit darüber, der moderne Erlebniskonsum über seine materiellen Seiten hinaus symbolische Funktionen erfüllt, soziale Identitäten stiftet und imaginäre Welten eröffnet (Campbell 1987; Ullrich 2006; Beckert 2011). Was die Konsumenten interessiert, ist häufig nicht so sehr das Produkt selbst, als die Imaginationen und Träume, die sich mit ihm verbinden und die durch die Werbung mit ihm verknüpft werden.[4] Die Warenästhetik weckt Sehnsüchte nach jugendlicher Reinheit, Schönheit, Unsterblichkeit, nie versiegender Potenz; sie verspricht nicht nur Komfort, sondern spirituelle Erfahrungen (Ullrich 2006). Zwar kommt es nach jedem Kauf zur Desillusionierung, aber sie ist nur der Boden, auf dem sogleich neue Träume entstehen. Weil der Konsum Wünsche weckt und zu erfüllen verspricht, die in früherer Zeit an die Religion adressiert wurden, wird er von manchen Autoren als „Ersatzreligion" interpretiert, die religiöse Funktionen der Kommunikation und Sinnstiftung übernommen habe, so von Norbert Bolz (2002, S. 98)[5] und Jochen Hirschle (2012).

Die Nähe zwischen Konsumismus und Religion ist ein Thema auch in der Religionssoziologie, in der eine Angleichung religiöser Deutungsangebote an die Welt des kommerziellen Konsums beobachtet wird. Das zeigt sich nicht nur in den „neuen" oder „populären" Religionen wie New Age, Esoterik oder Okkultismus (Knoblauch 2009), deren Angebote sich von dem kommerziellen Wellness-Markt oft kaum mehr unterscheiden. Auch die etablierten Kirchen versuchen die Resonanz auf ihre Verkündigung zu steigern, indem sie z. B. auf Elemente der Popkultur zurückgreifen. Während Konsumsoziologen eine fortschreitende Moralisierung, Ästhetisierung und Spiritualisierung des Konsums beobachten, sprechen Religionssoziologen von einem Trend zur Kommerzialisierung der Religion. Mit der fortschreitenden Pluralisierung der Religionen und der Subjektivierung des religiösen Glaubens habe sich

---

[4] Als aktuelles Beispiel sei an die kultartige Inszenierung des Verkaufsbeginns für das „iPhone5" von Apple im September 2012 erinnert.

[5] „Nicht die Kirchen, sondern die Konsumtempel sind der Ort moderner Religiosität. Das Ideal des Marketing ist die religiöse Ikonenverehrung. Heute kehren die Warenhäuser wieder an ihren Ursprung zurück. Die Pariser Passagen waren die ersten Kathedralen des Konsums. Und die Einkaufszentren der Gegenwart verwandeln sich in Schauplätze einer Wiederverzauberung der Welt, nach der wir uns gerade deshalb sehnen, weil jede Spur von Magie, Charisma und Zauber aus unserem aufgeklärten Alltag getilgt ist" (Bolz 2002, S. 115, 116).

– so der von Thomas Luckmann schon in den sechziger Jahren formulierte Befund – ein „Markt" der Religionen entwickelt, der auch die etablierten Bekenntnisse zu Anpassungen ihrer Selbstpräsentation zwingt. Indem sie sich in der Konkurrenz profilieren und um „Kunden" werben müssen, bringen sie ihre Glaubensangebote unwillkürlich in ein konsumaffines Format. Die Folge ist, wie Bryan Turner feststellt, dass „all forms of religion are now overlaid with consumerism and that many forms of religion have been commodified" (Turner 2011, S. xii). Mit der fortschreitenden Privatisierung und Spiritualisierung des religiösen Glaubens erodiere die für das religiöse Weltbild konstitutive Dichotomie zwischen Transzendenz und Immanenz. Das „Jenseits" der Religionen und die Unendlichkeit der Optionen der Konsumwelt gleichen sich immer mehr an. Mit der Spiritualisierung der Ökonomie scheint so eine Kommerzialisierung der Religion einherzugehen.

Zusammenfassend kann festgehalten werden: Die Versuche, den von Weber beschriebenen Zirkel von Ideen und Interessen durch kategoriale Priorisierung einer der beiden Seiten kurzzuschließen oder ihm durch die Wahl eines anderen kategorialen Rahmens gänzlich auszuweichen, sind unterkomplex angelegt und werden der Differenziertheit der Weber'schen Fragestellung nicht gerecht. Die empirisch und historisch argumentierenden Autoren dagegen sehen sich mit eben diesem Zirkel konfrontiert: Auch für die wirtschaftlichen Akteure im modernen Kapitalismus bleibt die „soziale Einbettung" ihres Handelns in Institutionen, soziale Normen und Netzwerke unabdingbar, und damit verschwinden auch religiös geprägte Ethiken als diese Einbettungen strukturierender Faktor keineswegs von der Bildfläche. Aber zugleich machen sich die durch den modernen Kapitalismus freigesetzten ökonomischen Interessen in umfassender Weise geltend, und sie führen rückwirkend sogar zu einer Unterhöhlung und Funktionalisierung jener sozialen Institutionen und Wertordnungen, auf deren Boden sie ursprünglich erwuchsen. Der moderne Kapitalismus scheint sich nicht nur von religiöser Einhegung emanzipiert zu haben, sondern seinerseits das religiöse Leben einer Marktlogik zu unterwerfen, die dessen Charakter tief greifend verändert (Zinser 1997).

Es wäre freilich kurzschlüssig, in diesem Befund einfach nur eine Bestätigung der Weber'schen Entzauberungsdiagnosen zu erblicken. Viel eher könnte er, wie der genauere Blick zeigt, mit einer latenten wertrationalen Aufladung wirtschaftlicher Interessen selbst zu tun haben. Mindestens werden die Interessen, wie in den differenzierungstheoretischen Ansätzen, zu einer Wertsphäre eigener Art bzw. zu einem Systemcode erhöht. Oder sie gewinnen selbst unverkennbar religiöse Züge in dem Sinne, dass Erwartungen oder Rollenmuster als verbindlich oder verpflichtend betrachtet werden, obwohl (oder gerade weil) sie rational nicht begründbar sind. Besonders klar zeigte sich dies bei Hayeks „Wunder" des Marktes, aber auch bei den „Herausforderungen" des unternehmerischen Selbst, oder bei der Magie des Erlebniskonsums. Die kapitalistische Wirtschaft verdrängt die Religion nicht – so könnte man es pointieren –, sondern wird zu ihrem Konkurrenten, oder setzt sich gar an ihre Stelle. Diese These ist nicht neu, sondern ist von verschiedenen Autoren

(Gross 1994; Hörisch 1996; Nelson 2001; Wagner 1985; Cox 2002; Baecker 2003; Priddat 2012; Fleischmann 2010) in vielen Varianten entwickelt worden, allerdings in primär theologischer oder geistesgeschichtlicher Perspektive. Eine soziologische Explikation steht noch weitgehend aus; sie soll im Folgenden skizziert werden (Deutschmann 2001, 2008, 2009a, 2012b, 2019; Paul 2012).

3.3 Kapitalismus und Religion

Im Verhältnis zwischen Soziologie und Wirtschaftswissenschaften herrschte bis vor einiger Zeit der sogenannte „Parsonianische Kompromiß" (Beckert 2002) vor, der eine klare Arbeitsteilung zwischen beiden Disziplinen vorsah: Die Wirtschaft wurde als ein Subsystem der Gesellschaft konzipiert, das durch spezifische Austauschbeziehungen mit den anderen Teilsystemen der Gesellschaft (Politik, Recht, Wissenschaft, Familie usw.) verbunden ist. Während die Soziologie sich für die Analyse der nichtwirtschaftlichen Teilsysteme zuständig betrachtete, wurde der Kompetenzanspruch der ökonomischen Theorie für das Wirtschaftssystem weitgehend akzeptiert. Die soziologischen Konzeptualisierungen des Wirtschaftssystems, wie sie etwa von Parsons, Smelser oder Luhmann entwickelt wurden, lehnten sich weitgehend an das herrschende Verständnis des Wirtschaftens als rationaler Verfügung über knappe Mittel an und bemühten sich lediglich um eine soziologische Rahmung dieses Ansatzes. Bis heute dominiert in der Soziologie die (letztlich auch auf Weber zurückgehende) differenzierungstheoretische Auffassung der Wirtschaft als eines auf die Kommunikation von Knappheitsrelationen, oder auf zweckrationales ökonomisches Handeln spezialisierten Teilsystems der Gesellschaft. Dabei können, wie die obige Diskussion des Beitrages von Schwinn deutlich gemacht hat, durchaus auch „Werte" ins Spiel kommen, jedoch allein die Funktionswerte des ökonomischen Teilsystems.

Würde man es bei dieser Position belassen, so wäre der Gedanke zweifellos abwegig, die Wirtschaft könne zu einem Konkurrenten der Religion werden. Aus der Sicht der neueren Wirtschaftssoziologie jedoch kann das differenzierungstheoretische Modell der Wirtschaft nicht befriedigen. Der moderne Kapitalismus ist „Wirtschaft" weder im neoklassischen Sinn, noch im originär historischen Sinn als einer in den Rahmen des „ganzen Hauses" („Oikos") eingefügten sozialen Ordnung materieller Reproduktionstätigkeiten (vgl. Weber 1972, S. 214). Konstitutiv für ihn ist vielmehr die von Polanyi (1978) als „Große Transformation" beschriebene, historisch um die Wende vom 18. zum 19. Jahrhundert lokalisierte *Entgrenzung der Märkte*. Die Märkte werden, wie Polanyi gezeigt hat, universal in einem doppelten Sinne: Zum einen greifen sie über den angestammten Bereich der Produkte und Dienstleistungen hinaus auf die Produktionsvoraussetzungen (d. h. den Boden, die produzierten Produktionsmittel, die Arbeitskraft) und schließlich auf das Geld als marktkonstituierendes Medium selbst über. Neben Produktmärkten entwickeln sich Boden-, Arbeits- Kapital- und Finanzmärkte; die Märkte verwandeln sich – in anderen Worten – in ein zirkulär geschlossenes, selbstregulierendes System. Zum anderen vollendet sich die im Kapitalismus als „Weltsystem" (Wallerstein) schon immer angelegte räumliche Globalisierung der Märkte. Im negativen Sinn bedeutet die Entgrenzung der Märkte die Auflösung traditionaler, agrarisch basierter Herrschaftsordnungen, mit der Folge, dass die gesamte Bevölkerung in direkte oder indirekte Abhängigkeit vom Markt gerät. Ein solches System entgrenzter Märkte deckt sich nicht länger mit konventioneller „Ökonomie", die nur noch in der Form privater und öffentlicher Haushalte erhalten bleibt. Es stellt auch nicht nur ein funktional ausdifferenziertes Teilsystem der Gesellschaft im Sinn der Systemtheorie dar,[6] sondern unterwirft, wie Polanyi formuliert, „die Gesellschaftssubstanz schlechthin den Gesetzen des Marktes" (Polanyi 1978, S. 106). Geld wächst über seine ökonomische Tauschmittelfunktion hinaus und vermittelt als „Kapital" (Marx) bzw. „allgemeines Mittel" (Simmel) den gesamten gesellschaftlichen Reproduktionskreislauf. Als entgrenztes System erzeugt der moderne Kapitalismus historisch neuartige Phänomene sozialer Ungewissheit. Diese Ungewissheiten ergeben sich, wie ich im Folgenden argumentiere, aus der Entgrenzung historisch gewachsener kollektiver Identitäten a), sowie aus der Verfügungsmacht des in Kapital transformierten Geldes über die kreativen Potenziale gesellschaftlicher Arbeit b). Die sinnhafte Bewältigung dieser Unsicherheiten verlangt nach religionsanalogen Symbolismen, die sich dem rationalistischen Bild der Wirtschaft nicht fügen und den Kapitalismus in der Tat zu einem Konkurrenten der historischen Religionen werden lassen.

a. Die entgrenzenden Wirkungen des universalen Marktes lassen sich in verschiedenen Dimensionen beschreiben. Sie betreffen zunächst das Mensch-Natur-Verhältnis: Bodenständige Reproduktionsweisen werden zurückgedrängt; mit der zunehmenden Abhängigkeit der Bevölkerung vom Markt wächst Geld zu einer den gesamten kollektiven Lebensprozess vermittelnden und repräsentierenden Instanz heran. Die Entgrenzung erstreckt sich ferner auf die gesamte innere Ordnung territorial verfasster Gesellschaften, indem sie die Individuen aus ständischen, ethnischen und familiären sozialen Identitäten freisetzt (Simmel 1989, S. 375 f.) und den Bewährungsproben des Marktes aussetzt. Sie greift schließlich über die Grenzen von Staaten, Nationen und selbst Zivilisationen hinaus, lässt globale Handelsbeziehungen, Kommunikationsstrukturen, produktionslogistische Verkettungen und Migrationsbewegungen entstehen. Nicht nur nationale Identitäten geraten dadurch unter Druck, sondern auch historisch gewachsene religiöse Zugehörigkeiten. Die historischen Religionen büßen stärker denn je ihr Monopol über ihr angestammtes Territorium ein und müssen sich

---

[6]Die Beziehung zwischen Geld und den anderen Kommunikationsmedien ist asymmetrisch: Nur Geld, nicht Macht, Recht, Wahrheit, erst recht nicht Liebe sind strikt universal. Geld wird für die Operationen aller anderen Systeme benötigt; Politik, Wissenschaft (in einem gewissen Sinn selbst die Liebe) müssen stets *finanziert* werden – eine Abhängigkeit, die im umgekehrten Sinn nicht gilt. Zur Kritik an der differenzierungstheoretischen Sicht der Wirtschaft vgl. Deutschmann (2009b), Schimank (2009) und Paul (2012).

mit den Herausforderungen der Pluralisierung, Subjektivierung und Entkonfessionalisierung auseinandersetzen (Graf 2004a). Eine andere Herausforderung liegt in der Entstehung fundamentalistischer Bewegungen, die sich als Versuch interpretieren lassen, die Religion auf das Niveau des globalen Marktes zu heben und eine „ortlose", kulturell entwurzelte Form von Religiosität zu schaffen (Roy 2011).

Der globale Markt zerstört jedoch nicht nur kollektive Identitäten. Er lässt auch einen neuartigen universalen Sozialzusammenhang entstehen (Münch 2011), der Übereinstimmungen mit religiösen und nationalen Identitäten aufweist, zugleich aber auch wesentliche Differenzen. Das Spezifikum religiöser Identitäten kann man mit Durkheim (1981) in dem singulären Charakter des sich durch den gemeinsamen Glauben konstituierenden Kollektivs erblicken. Anders als primordiale, ethnische oder politische Identitäten beziehen sich religiöse Identitäten nicht auf eine unter anderen vergleichbaren Gemeinschaften, sondern definieren „die" Gemeinschaft schlechthin und mit ihr die „letzten" Kriterien für Inklusion und Exklusion. Auch nationale Identitäten können diesen Charakter annehmen, wenn sie sich aus einer göttlichen Mission ableiten und die Nation in diesem Sinn einen „einzigartigen", auserwählten Charakter annimmt (vgl. Brubaker 2012). Erst recht aber trifft Kriterium der Einzigartigkeit auf den globalen Markt als Sozialzusammenhang zu. Bereits G. H. Mead (1973, S. 328) hatte deshalb die Wirtschaft und das Geld als einen universalen gesellschaftlichen Nexus beschrieben und dessen Parallelen mit der Religion hervorgehoben. Der wirtschaftliche Austausch eigne sich sogar besser als die Religion als Mittel, eine universale Einheit herzustellen, denn er könne „selbst Gemeinschaften, die sich durchaus feindlich gegenüberstehen, immer enger miteinander verbinden" (Mead 1973 [1934], S. 329). Wenn Religion die umfassendste, nur im Singular existierende Form gesellschaftlicher Identität darstellt, dann bildet Geld, nicht die traditionelle Religion, die der heutigen Weltgesellschaft angemessenste Repräsentation dieser Identität.

In der Struktur dieser Identität lassen sich freilich wesentliche Unterschiede gegenüber historischen religiösen Identitäten feststellen. Geld als „das Abstrakteste und ‚Unpersönlichste', was es im Menschenleben gibt" (Weber 1978, S. 544) schließt niemanden a priori ein oder aus und unterläuft die Inklusions-Exklusionslogik politischer oder religiöser Identitäten. Es integriert gerade durch Differenz und transzendiert so die Unterschiede der Religionen, Kulturen, Nationen und Geschlechter, selbst die von Arm und Reich, wie das Scheitern der marxistischen Versuche, eine „Klassenidentität" zu konstruieren, zeigt. Selbst die Außenseiter der Gesellschaft, Kriminelle, Terroristen oder Fundamentalisten sind auf Geld angewiesen. Georg Simmel hatte deshalb eine „psychologische Formähnlichkeit" (Simmel 1989, S. 306) zwischen Geld und Religion beobachtet, die auch die traditionelle Feindseligkeit der Kirchen gegen das Geld erkläre. Der Markt konstituiert keine „Solidarität" im Durkheim'schen Sinne, ist aber keineswegs völlig moralfrei: Im Unterschied zu reinen Gewaltverhältnissen konstituiert er sich durch die reziproke Respektierung der Eigentumsrechte der Teilnehmer und wirkt in diesem Sinn „zivilisierend" (Hirschman 1977). Die Moral der

Märkte reduziert sich jedoch auf das Minimum der formalen Tauschgerechtigkeit, der „iustitia commutativa" (Nutzinger und Hecker 2008), die mit krassen materialen Ungleichheiten und Ungerechtigkeiten einhergehen kann.

Auch eine solche Ordnung bedarf, um sozial wirkmächtig zu werden, der Legitimation. Diese muss, wie in der Religion – durch eine geeignete Lehre sowie durch einen ihr gewidmeten „Kultusbetrieb" sichergestellt werden. Die ökonomische Theorie mit ihrem Kernstück des emergenten Gleichgewichts rationaler individueller Wahlhandlungen erfüllt nicht selbst die Funktion einer religiösen Doktrin, wie Nelson (2001) argumentiert; wohl aber ähnelt ihr Status dem einer ökonomischen „Theologie", d. h. einer obersten Reflexions- und Legitimationsinstanz des entgrenzten Marktes. Für den oben beschriebenen Theodizeecharakter der Gleichgewichtsökonomie spricht der tautologische, selbstbegründende Charakter des Kerntheorems: Freie Märkte bewirken das wirtschaftliche Optimum und das wirtschaftliche Optimum wiederum ist das, was freie Märkte bewirken. Es geht darum, Märkte und Geld als ihr Medium als allgemeinste soziale Koordinationsinstanz zu legitimieren. Das setzt voraus, dass Geld selbst als ähnlich transzendent und unverfügbar inszeniert wird wie Gott (Deutschmann 2008, 2012a, b; Paul 2012). Für die Theodizeefunktion der Wirtschaftstheorie spricht darüber hinaus die feste Verankerung der ökonomischen Profession in den wirtschafts- und sozialpolitischen Entscheidungsstrukturen, die Thema neuerer Analysen der „Performativität" der ökonomischen Theorie (Callon 1998) und ihres Charakters als „Regierungstechnik" (Bröckling 2007; Foucault 2004) ist.

Eine so abstrakte Lehre wie die neoklassische Gleichgewichtsdoktrin, die in ihrer Weltferne der Theologie vom „deus absconditus" fast gleichkommt, kann freilich die Legitimität des Kapitalismus allein noch nicht sicherstellen. Auf sich allein gestellt, liefe die menschenferne Logik der Märkte auf eine „krasse Utopie" (Polanyi 1978, S. 19) hinaus. In der Realität wird sie – wie schon betont – erst dadurch tragfähig, dass die durch soziale „Einbettungen" des Wirtschaftslebens auf regionaler und lokaler Ebene gefiltert wird. Institutionen, Normen, Konventionen, Netzwerke mildern die krassesten materialen Ungerechtigkeiten des Marktes, begründen Vertrauen und Berechenbarkeit in den Transaktionen zwischen den Marktteilnehmern. Auf dieser Ebene bleiben auch religiöse Traditionen wirkmächtig, wie z. B. von Manow (2008) für den Bereich der Sozialpolitik gezeigt worden ist. Insofern trägt die Religion des Kapitalismus sich nicht selbst, sondern bleibt auf die Symbiose mit den historischen Religionen angewiesen.[7]

b. Eine weitere Dimension der durch den modernen Kapitalismus in die Gesellschaft hineingetragenen Kontingenz ergibt sich aus der Ausweitung des Geldnexus von den Produktionsergebnissen auf die Produktionsbedingungen, insbesondere die

---

[7]Es drängt sich hier die Parallele mit Webers Analyse der prophetischen Religionen auf, die mit ihrer systematisierten Ethik die Gläubigen überforderten und zu Konzessionen an die lokale Volksreligiosität genötigt waren (Weber 1972, S. 284).

3.3 Kapitalismus und Religion

freie Arbeitskraft, die Geld in Kapital verwandelt. Damit entsteht, wie ich abschließend zeigen möchte, eine neue, irdisch-historische Dimension von Kontingenz, die zwar nicht alle Dimensionen religiöser Transzendenz abdeckt, aber doch gerade ihre lebenspraktisch wichtigen, auf das irdische Wohlergehen der Gläubigen bezogenen. Nicht nur als Vehikel der Entgrenzung kollektiver Identitäten, sondern als Medium der Bewältigung dieser Kontingenz wächst das in Kapital transformierte Geld zu einem machtvollen Konkurrenten der Religionen heran.

Im modernen Kapitalismus besteht der Gegenpart des Geldes am Markt nicht länger nur in einer beobachtbaren Menge an Gütern und Dienstleistungen. Er umfasst nicht nur das, was durch den Einsatz der gegebenen Arbeitskräfte, Produktionsmittel, Technologien hergestellt *worden ist,* sondern auch das, was hergestellt werden *könnte.* Der wirtschaftliche Prozess erhält damit eine „imaginäre" Dimension (Beckert 2011, 2016). Die Arbeitskraft ist nicht jener ordinäre „Produktionsfaktor" neben anderen, als der er in der Betriebswirtschaftslehre noch heute behandelt wird. Sie ist vielmehr mit „kreativen" Fähigkeiten ausgestattet, die sich in großen Erfindungen, unternehmerischen Ideen bis hin zu den unzähligen kleinen Einfällen der Beschäftigten in der industriellen Praxis materialisieren. Dieses Potenzial ist als Ganzes unbeobachtbar; eine abschließende Definition dessen, was organisierte Arbeit leisten kann (die nicht nur alle vergangenen, sondern auch alle zukünftigen Erfindungen enthalten müsste) ist unmöglich. Der industrielle Kapitalismus macht Geld zu einem privaten Anrecht auf dieses Vermögen (dem eine komplementäre „Schuld" auf der Seite der Arbeiter gegenübersteht) und verwandelt es dadurch selbst in ein „Vermögen": in Geldvermögen bzw. Kapital. Der mit der Kapitalform verknüpfte Eigentumsanspruch auf die lebendige Arbeit ist definitiv niemals einzulösen, sondern nur als nie abschließbarer *Prozess.* Der Widerspruch zwischen dem quantitativ fixierten Charakter jeder Geldsumme und der Unbestimmbarkeit der kreativen Potenziale der Arbeit kann nur dynamisch aufgehoben werden: nicht durch den einzelnen Gewinn, sondern nur durch die „rastlose Bewegung des Gewinnens" (Marx 1988, S. 168).

Die Entwicklung des modernen Kapitalismus ging deshalb einher mit einer historisch völlig singulären „Wachstumsexplosion" der Wirtschaft. Innerhalb des Zeitraums vom Ende des 18. Jahrhunderts bis zur Gegenwart wuchs die Wirtschaftsleistung in der ganzen Welt um ein Vielfaches stärker als in der gesamten früheren Geschichte (Maddison 2001). Dynamik, nicht stationäre Reproduktion wurde zum „Normalzustand" der Wirtschaft. Kapitalistische Dynamik entwickelt sich aus der Konkurrenz der Unternehmen, die sie drängt, die kreativen Potenziale organisierter Arbeit in immer neuer Weise auszuschöpfen. Ihr Prinzip ist nicht allein „Rationalisierung", wie Max Weber meinte, sondern *Innovation* (Baumol 2002; Freeman und Louca 2001). Die neuere wirtschaftshistorische und wirtschaftssoziologische Forschung betont mit Schumpeter den irregulären, durch Unsicherheiten, Entwicklungssprünge und industrielle „Revolutionen" geprägten Charakter des innovativen Prozesses. Was ihn trägt, sind nicht nur inkrementelle Verbesserungen, sondern „radikale" Innovationen, die auf grundlegenden Erfindungen basieren und diskontinuierlich auftreten (Freeman und Louca 2001).

Vorangetrieben wird der innovative Prozess durch revolutionäre Utopien, Visionen, Paradigmen, die über die Experten hinaus breite Kreise in der Gesellschaft mobilisieren: von den Utopien grenzenloser Mobilität zu Lande, zu Wasser und in der Luft, der Vision weltweiter Kommunikation bis hin zum Traum ewiger Jugend und Gesundheit. Verkörpert werden diese Utopien durch charismatische Unternehmer- oder Erfinderpersönlichkeiten, die, religiösen Propheten vergleichbar, dem Aufbruch zum Neuen hin die Richtung weisen. (Dosi 1982; Sturken et al. 2004). Stößt die Vision auf Resonanz, so verwandelt sie sich in einen „Mythos" (Deutschmann 2008, 98 f., 2009a), d. h. einen nach dem Muster einer self-fulfilling prophecy funktionierenden Prozess: Ursprünglich fantastisch anmutende Ideen (wie es z. B. die Idee des Flugzeugs noch vor gut hundert Jahren war) können zu einem realistischen Projekt werden, wenn nur genügend kompetente und zahlungsfähige Akteure an die Erfindung „glauben" und in sie investieren. Der „Glaube" mobilisiert kollektive Kräfte und kann dann buchstäblich „Berge versetzen". Rationales Wirtschaftshandeln im Sinne Webers wird erst möglich, wenn sich ein Mythos so verfestigt und institutionalisiert hat, dass eine berechenbare Umwelt entsteht, dann freilich mit der Folge sinkender Profitabilität. Es schlägt dann die Stunde der Berater als der „Priester" des normalen Kultusbetriebes. Der Mythenzyklus und die durch ihn vorangetriebene „schöpferische Zerstörung" erfasst nicht nur die Wirtschaft, von der Produktion, Technologie, Organisation bis zum Konsum, sondern die gesamte Gesellschaft (McCraw 1997; Freeman und Louca 2001, S. 139 f.). Anders als die historischen Religionen mit ihren immer gleichen Ritualen drängt die kapitalistische Dynamik auf eine beständige Neuinszenierung des skizzierten Ablaufmusters. Kapitalistische Innovationsmythen müssen immer neu erzeugt, kommuniziert, realisiert werden. Der Aufbruch in das „gelobte Land" (der vielleicht das Urbild solcher Mobilisierungen darstellt), muss immer wieder stattfinden, denn gerade der Erfolg eines Mythos bedeutet Sklerose, Stagnation und Niedergang – ein Zustand, aus dem nur neue Utopien heraushelfen können.

Das in Kapital verwandelte Geld ist somit weit mehr als jenes rationale Rechenmittel, als das Weber (1972, S. 45) es behandelt. Indem es die kreativen Potenziale freier Arbeit kontrolliert, wird es zum Träger eines Heilsversprechens, wie es kaum stärker sein könnte: Private Verfügung *über das Können der Menschheit*. Wie religiöse Chiffren bringt es unbestimmbare Kontingenz in eine sinnhaft zugängliche Form, allerdings mit zwei gewichtigen Unterschieden, die Priddat (2013, S. 76 f.) herausgearbeitet hat: *Erstens* wird die himmlische Transzendenz gleichsam auf die Erde herabgeholt und in die Offenheit irdischer Geschichte transformiert. Der durch das Kapital geschaffene Sinnhorizont unendlichen Fortschritts transzendiert zwar das individuelle Leben, aber nicht mehr die menschliche Geschichte selbst. Das bedeutet zugleich, dass das individuelle Leben gerade aufgrund seiner Begrenztheit eine neue Intensität erhält: Die irdische Zeit ist „nicht mehr nur die Frist von Geburt bis Tod, sondern bekommt eine Intensität mit eigener Entwicklungspotenz" (Priddat 2012, S. 60). Die Hoffnung auf den Himmel wird durch die Erwartung eines immer besseren Lebens im Diesseits ersetzt. Der *zweite* Unterschied besteht in dem nicht statischen, sondern verzeitlichten Modus der Repräsentation von Kontingenz. Das Absolute stellt sich nicht länger in fixen, der Reflexion entzogenen Chiffren, Bildern und Ritualen dar. Geldvermögen ist zwar quantitativ fixiert, aber genau deshalb immer zu wenig da, d. h. wird seinem inneren Anspruch auf Repräsentation von Reichtum schlechthin nicht gerecht. Es muss investiert werden und wachsen, und Investitionen benötigen Orientierung durch immer neue Technik-, Organisations- und Konsummythen. Erst die Bewegung eröffnet den Zugriff auf das Absolute – nicht als Ziel, sondern als unendlicher Prozess. Die auf die Erde herabgeholte Transzendenz wird als permanente Herausforderung zur Umwälzung der irdischen Existenzformen der Menschen inszeniert. Nicht nur verspricht der industrielle Kapitalismus eine zuverlässige technische Beherrschung der alltäglichen Risiken, sondern er eröffnet auch immer neue „Optionen" des Lebens (Gross 1994), und mit den Optionen wachsen wiederum die zu kontrollierenden Risiken. So entwickelt sich eine von Weber nicht gesehene „Wiederverzauberung" der Wirtschaft, die religiöse Erlösungshoffnungen in den Schatten stellt und den Schöpfergott als eine blasse Surrogatfigur erscheinen lässt.

Aufgrund der Unterschiede im Modus der Kontingenzbewältigung kann der Kapitalismus nicht einfach an die Stelle der historischen Religionen treten. Substituiert werden in der Tat die auch in den Religionen immer angelegten irdischen Heilsversprechen – und sie werden nicht nur substituiert, sondern durch die Diesseitsverlagerung der Sinnhorizonte entscheidend gesteigert. Gleichwohl kann die kapitalistische Fokussierung auf die Unerschöpflichkeit *irdischer* Möglichkeiten nicht das gesamte Spektrum menschlicher Kontingenzerfahrungen abdecken. Bedingung des individuellen wie kollektiven Wachstums bleibt die Begrenztheit des individuellen Lebens; nur vor ihrem Hintergrund kann sich die Dynamik individueller und kollektiver „Selbstverwirklichung" entfalten. Die Realität des Todes bleibt durch die kapitalistischen Utopien (abgesehen nur von Spekulationen über die biotechnische Abschaffbarkeit des Todes) unberührt. Die andere Grenze liegt in dem dynamischen Charakter kapitalistischer Chiffren und Rituale. Das Absolute wird nicht kommunikativ, durch Gebet und Opfer, in den Blick genommen, sondern im Gestus progressiver, jedoch nie zum Ziel kommender Eroberung und Bemächtigung. Anders als religiöse Rituale haben die Innovationsmythen, in denen sich die kapitalistische Utopie absoluten Reichtums verdichtet, nur temporär Bestand und können daher nicht wirklich Entlastung vermitteln. Das „Repräsentationsrisiko" (Luhmann) religiöser Rituale wird durch die Dynamisierung zwar vermindert, um den Preis aber, dass die Gesellschaft in einen krisenhaften Prozess permanenter Umwälzungen mit unbekanntem Ziel getrieben wird. Kreativität ist nicht länger freie Tätigkeit, sondern ein alles beherrschender sozialer Imperativ. Einem Gedanken Paul Tillichs folgend, könnte man den Kapitalismus nicht als Religion, sondern als eine Erscheinungsweise des „Dämonischen" begreifen (ausführlicher Tillich 1988; Yip 2010; Deutschmann 2012b).

3.4 Zusammenfassung

Max Weber hatte in der Eigenlogik religiöser Wertbilder die zentrale „Weichenstellung" für die historische *Genese* des modernen Kapitalismus erblickt. Fragt man dagegen nach der Bedeutung der Religion für die Entwicklung des fortgeschrittenen Kapitalismus, so fällt die Antwort heute eher ernüchternd aus. So heterogen sich das Spektrum der im ersten Abschnitt diskutierten Konzepte und Analysen darstellt – in der Summe zeichnet sich ab, dass religiöse Werte und Gemeinschaftsbildungen eher als eine abhängige Variable der wirtschaftlichen Entwicklung denn eine sie bestimmende Kraft gesehen werden. Wie ich zu zeigen versuchte, wäre es jedoch verkürzt, diesen Befund einfach nur säkularisierungstheoretisch zu deuten. Die Dominanz der modernen „Wirtschaft" über die alltägliche Lebensführung erklärt sich vielmehr daraus, dass der industrielle Kapitalismus längst nicht mehr nur „Wirtschaft" ist. Er bedient nicht nur profane Interessen, sondern lässt im Prozess „schöpferischer Zerstörung" eine innerweltliche Dimension von Kontingenz entstehen. Die Notwendigkeit sinnhafter Bewältigung der durch ihn selbst geschaffenen Kontingenz lässt den Kapitalismus quasi-religiöse Züge annehmen und zu einem Konkurrenten der historischen Religionen werden. Die Entgrenzung der Märkte unterhöhlt gewachsene kollektive Identitäten und lässt eine universale Selbstbeschreibung der Gesellschaft entstehen. Indem es die unermesslichen Potenziale gesellschaftlicher Arbeitskraft kontrolliert, wird das in Kapital verwandelte Geld zu einer Instanz sozialer Kontingenzbewältigung, die die Heilsversprechen der Religionen gerade dadurch überbietet, dass sie sie auf die Erde herabholt. Die historisch schon immer virulente Rivalität zwischen Geld und Religion spitzt sich damit zu, mit der Folge, dass die Religionen in die Defensive geraten. Damit wird keine vollständige „funktionale Äquivalenz" zwischen Kapitalismus und Religion behauptet, ebenso wenig ein unvermeidliches „Absterben" der Religionen aufgrund der kapitalistischen Konkurrenz, die Kontingenzen nur um den Preis der Erzeugung immer neuer Krisen und Unsicherheiten bewältigen kann.

Geld als absolutes Mittel

Zur Aktualität von Simmels Geldtheorie

4.1 Einleitung

Simmels „Philosophie des Geldes" (1989) wird seit einigen Jahren wieder verstärkt gelesen und diskutiert (Kintzelé und Schneider 1993; Dodd 1994; von Flotow 1995; Ganßmann 1996; Paul 2004). Aus soziologischer Sicht ist das zu begrüßen, denn der heutige Stand der Auseinandersetzung der Wirtschaftssoziologie mit dem Thema Geld und Geldvermögen kann nicht befriedigen. In den einschlägigen Lehr- und Textbüchern fehlt es zwar nicht. Man findet dogmengeschichtliche Überblicke über die klassischen ökonomischen und soziologischen Lehrmeinungen, man stößt auf z. T. recht umfangreiche Kataloge von „Geldfunktionen",[1] man wird über die Rolle des Geldes als Kommunikationsmedium und über die institutionellen Voraussetzungen der Geldwertstabilität aufgeklärt. Das Problem dieser Übersichten liegt in ihrem eklektischen Zug. In ihrem sachlichen Kern reduzieren sie sich oft auf eine Rekapitulation ökonomischen Lehrbuchwissens. Die wenigen Beiträge mit eigenem systematischem Anspruch, neben den schon erwähnten Arbeiten von Dodd und Ganßmann etwa die von Smelt (1980), Heinsohn und Steiger (1996) und Ingham (2004) finden wenig Resonanz. Dies wäre kein großes Problem, wenn die Wirtschaftstheorie selbst eine befriedigende Theorie des Geldes anzubieten hätte. Aber das scheint nach der Meinung nicht weniger Vertreter dieser Disziplin (Barro und Fischer 1976; Tobin 1982; Spahn 1986; Riese 1995; Guttmann 1996) ebenso wenig der Fall zu sein. So gewinnt man den Eindruck, dass das Thema Geld in einem „Niemandsland" zwischen den Disziplinen Soziologie und Volkswirtschaftslehre gelandet ist.

---

[1] So zählte Buß in der ersten Auflage seines Lehrbuchs „Wirtschaftssoziologie" (1985) nicht weniger als 15, in der zweiten Auflage (1996) immerhin noch 7 „Geldfunktionen" auf.

Wir werden im Folgenden zunächst versuchen, die Probleme zu rekapitulieren, die die Soziologie mit dem Thema Geld hat. Unsere These wird lauten, dass diese Probleme zu einem guten Teil aus dem Zuschnitt der akademischen Arbeitsteilung zwischen Soziologie und ökonomischer Theorie resultieren, wie sie sich nach dem ersten Weltkrieg herausgebildet hat. Daraus ergibt sich die Forderung nach einer erneuten Auseinandersetzung mit jenen klassischen Autoren, deren Denken noch nicht durch jene Arbeitsteilung geprägt war – unter ihnen vor allem mit Georg Simmel. Wir werden argumentieren, dass die Simmel'sche Analyse zwar in wichtigen Punkten ergänzungsbedürftig ist, gerade aus heutiger Sicht aber geeignet ist, der Soziologie des Geldes neue Impulse zu verleihen.

4.2 Das Geld in ökonomischen und soziologischen Textbüchern

Worin bestehen die Probleme der Soziologie mit dem Thema Geld? Sie bestehen zunächst in der oft unkritischen Übernahme ökonomischen Lehrbuchwissens. Was in der einschlägigen Literatur (z. B. Mizruchi und Stearns 1994) zum Thema Geld zu lesen ist, unterscheidet sich oft kaum von den Darstellungen in ökonomischen Textbüchern. Man liest die alte, auf Adam Smith zurückgehende Geschichte über den natürlichen Hang des Menschen zum Austausch und dessen Erleichterung durch die Erfindung des Geldes. Mit Parsons und Smelser (1956) wird das die ökonomische Theorie bis heute beherrschende Paradigma des „Realtausches" ohne nähere Prüfung übernommen. Die Wirtschaft gilt danach als ein soziales System, das auf die Funktionen der Produktion, des Austausches und der Verteilung von Gütern spezialisiert ist. Die von der Wirtschaft bereitgestellten Güter und Dienstleistungen dienen ihrerseits der Befriedigung menschlicher Bedürfnisse als ihrem vermeintlich „natürlichen" Endzweck. Die Wirtschaft wird stets so analysiert, *als ob* sie nach dem Prinzip des direkten Warentausches funktionierte. Weil die Wirtschaft auf gesellschaftlicher Arbeitsteilung beruht, ist Geld als Tauschmittel unentbehrlich. Aber es tritt von vorn herein nur in einer *funktional* beschränkten Perspektive in den Blick: Unter welchen Voraussetzungen kann es seine als evident unterstellte Hauptfunktion, nämlich den Austausch der Güter zu ermöglichen, am besten erfüllen? Neoklassische und keynesianische Positionen unterscheiden sich bekanntlich darin, dass die einen ein „neutrales" Funktionieren des Geldes für möglich halten, wenn nur bestimmte institutionelle Rahmenbedingungen der Währungsordnung erfüllt sind, während die anderen unter Hinweis auf die Wertspeicherfunktion des Geldes Bedenken gegen diese Auffassung anmelden.

Die Soziologie hat sich seit Parsons darauf konzentriert, die neoklassische Interpretation des Geldes als Tauschmittel kommunikationstheoretisch zu reformulieren und zu einer allgemeinen Theorie symbolisch generalisierter Kommunikationsmedien zu erweitern. Als symbolisches Medium kommt dem Geld die Funktion zu, die wechselseitige Anschlussfähigkeit „wirtschaftlich", das heißt, am Problem der „Knappheit" orientierter Kommunikation sicherzustellen. Das Geld wird als Modellfall funktional

4.2 Das Geld in ökonomischen und soziologischen Textbüchern

spezialisierter Kommunikation in der Gesellschaft betrachtet, dem andere Medien in anderen Subsystemen der Gesellschaft gegenüberstehen. So wie sich das Subsystem Wirtschaft durch die Autopoiesis des Geldes konstituiert (Luhmann 1988), konstituiert sich das politische System durch das Medium Macht, die Wissenschaft durch das Medium Wahrheit usw. Grundlage dieser medientheoretischen Erweiterungen bleibt freilich die ungeprüfte Übernahme des ökonomischen Tauschmitteltheorems selbst, bei der zwei Probleme unter den Tisch fallen:

- Übergangen wird die z. B. noch von Menger eingehend diskutierte „klassische" Frage nach dem Verhältnis zwischen der symbolischen Funktion des Geldes und seinem „inneren" Wert. Diese Frage mit Parsons und Luhmann einfach für gegenstandslos zu erklären, heißt, die Vermögenseigenschaft des Geldes zu ignorieren. Wäre Geld wirklich nur ein symbolisches Medium ohne inneren Wert, so wäre unerklärlich, warum es zugleich „knapp" gehalten werden muss, warum es völlig unabhängig von seiner metallischen oder rein nominalen Verfassung stets so behandelt werden muss, *als ob* es eine ausgedehnte Substanz wäre. Geld hat zwar die Eigenschaften einer Sprache, wird aber im Gegensatz zu ihr nicht mitgeteilt, sondern übertragen. Nur deshalb kann es, wiederum im Gegensatz zur Sprache und zu anderen Medien, privat angeeignet werden und stellt so mehr dar als bloß ein Medium, nämlich ein „Vermögen". Geld *ist* das, worauf es verweist. Es ist, wie Smelt (1980) zu Recht betont hat, Wertsymbol und Wertgegenstand *zugleich* – so, als ob das Schild, das vor dem bissigen Hund warnt, mit dem Hund selbst identisch wäre. Kein anderes Medium (abgesehen vielleicht nur von der Religion) ist vergleichbar paradox. Das sollte es verbieten, das Geld nur als einen Anwendungsfall der Theorie symbolisch generalisierter Medien unter anderen zu behandeln.
- In einer entwickelten Geldwirtschaft vermittelt Geld nicht nur den Austausch von Gütern und Dienstleistungen, sondern auch die Bereitstellung der für ihre Herstellung erforderlichen Produktionsfaktoren. Zugleich vermittelt es indirekt auch eine Vielzahl nichtökonomischer Funktionen und Leistungen in der Gesellschaft, von der Politik, der Wissenschaft, Kunst, bis hin zur Familie. Alle diese Subsysteme der Gesellschaft müssen ungeachtet der Eigenständigkeit ihrer symbolischen Codes finanziert werden und erhalten ihren spezifisch modernen Charakter durch genau diesen Sachverhalt.[2] Weitere Aspekte der Geldwirtschaft sind die Versachlichung sozialer Beziehungen, die Dynamisierung sozialer Zeitordnungen, die „Entkörperlichung" der sozialen

---

[2] Nicht immer kann darüber freilich offen gesprochen werden. Bis zu einem gewissen Grad dürfte die Tabuisierung des Geldes in modernen Gesellschaften unvermeidlich sein. Politiker mögen faktisch nicht ‚für', sondern ‚von' der Politik leben, Wissenschaftler in ihrer Arbeit weniger nach Erkenntnis als nach finanziellem Gewinn streben – es muss immer die Fiktion aufrechterhalten werden, dass es in der Politik um nichts anderes als um kollektiv bindende Entscheidungen und in der Wissenschaft um Wahrheit gehe. Die soziologische Theorie freilich sollte sich darum bemühen, solchen Fiktionen, so notwendig sie sein mögen, nicht einfach aufzusitzen.

Wahrnehmung (Heinemann 1987). Welchen Sinn hat die Bestimmung des Geldes als „wirtschaftlich" spezialisiertes Medium angesichts seiner Allgegenwart in der Gesellschaft? Geld ist in nicht nur wirtschaftliches Austauschmittel, sondern „absolutes Mittel" (Simmel 1989, S. 298). So gern und so häufig diese Simmel'sche Formel in der wirtschaftssoziologischen Literatur auch zitiert wird (Heinemann 1987, S. 326; Kraemer 1997, S. 141), so wenig scheint die in ihr angelegte Paradoxie bemerkt zu werden. Geld kann ein Mittel sein, dann ist es nicht absolut, oder es ist absolut, dann kann es nicht Mittel sein. Wenn Geld der Schlüssel zur Verwirklichung nahezu aller Optionen des Individuums ist – dies möchte Simmel mit seiner Formulierung sagen –, dann ist es zwangsläufig mehr als ein bloßes Mittel, es ist vielmehr der Endzweck, in den alles soziale Handeln nolens volens zurückläuft. Eine solche Auffassung ist aber mit der in der Wirtschaftssoziologie heute gepflegten funktionalen Interpretation des Geldes als „Steuerungsmedium" schlechterdings unvereinbar.

Dass die Soziologie es verlernt hat, unbefangen solchen Fragen nachzugehen, hat mit der in der ersten Hälfte des zwanzigsten Jahrhunderts entstandenen akademischen Arbeitsteilung zwischen Sozial- und Wirtschaftswissenschaften zu tun. Bekanntlich entwickelte sich damals aus dem früheren „Methodenstreit" zwischen den historisch und theoretisch orientierten Richtungen der Nationalökonomie eine Phase mehr oder weniger indifferenter „Koexistenz" (Swedberg 1993) zwischen Sozial- und Wirtschaftswissenschaften, in der beide sich um die Entwicklung eines je eigenständigen akademischen Profils bemühten: Während die Wirtschaftstheorie sich auf die formale Analyse rationaler Wahlhandlungen konzentrierte, spezialisierte die Soziologie sich auf die Untersuchung der nicht rationalen Kontextbedingungen des Wirtschaftshandelns, der sozialen Normen und Institutionen. Dieses Arrangement hatte zwar einen beruhigenden Effekt auf die früher manchmal recht hitzigen Kontroversen und ebnete den Weg zu einer relativ geordneten Entwicklung der beiden Disziplinen. Aber seine „Kosten", insbesondere die für die Soziologie, waren gleichfalls beträchtlich. Die seit den achtziger Jahren in den USA von Autoren wie Granovetter, Etzioni und Swedberg initiierte Debatte um eine „neue" Wirtschaftssoziologie hat begonnen, diese Kosten zum Thema zu machen. Aber das wichtigste Manko der traditionellen akademischen Arbeitsteilung ist noch immer relativ unbeachtet geblieben: die Vernachlässigung des Geldes. Geld ist ein Gegenstand mit sowohl „realen" als auch symbolischen Eigenschaften, der genau zwischen den Forschungsfeldern von Soziologie und Ökonomie angesiedelt ist. Es verbindet die ökonomische Welt individueller Nutzenmaximierung mit der sozialen Welt der Normen und Institutionen – und stellt dennoch etwas Drittes dar, das sich keiner der beiden Perspektiven subsumieren lässt.

So überrascht es nicht, dass das Thema Geld mit der historischen Trennung von Sozial- und Wirtschaftswissenschaften buchstäblich in ein „schwarzes Loch" fiel. Der unbefriedigende aktuelle Zustand der Geldtheorie ist Folge dieser Entwicklung. Für einen neuen Anlauf zu seiner Überwindung erscheint es sinnvoll, sich in die Epoche des „Methodenstreits" zurückzuversetzen und die Autoren dieser Periode neu zu lesen. Mit diesem Interesse wenden wir uns Simmel zu.

4.3 Geld und individuelle Freiheit bei Simmel

Simmels Untersuchung ist in zwei Hauptabschnitte gegliedert. Im ersten, als „analytisch" titulierten Teil geht es um die Darstellung der gesellschaftlichen Voraussetzungen des Geldes, die „sein Wesen und den Sinn seines Daseins tragen", im zweiten, als „synthetisch" bezeichneten Teil umgekehrt um die Untersuchung der Wirkungen des Geldes „auf das Lebensgefühl der Individuen, auf die Verkettung ihrer Schicksale, auf die allgemeine Kultur." (Simmel 1989, S. 10). Simmels geldtheoretische Überlegungen sind zwar unverkennbar durch die Auseinandersetzung mit ökonomischen Theorien beeinflusst (Flotow 1995, S. 23). Dennoch ist es sein ausdrückliches Ziel, das Phänomen des Geldes nicht in ökonomischer Perspektive zu analysieren, sondern zum Gegenstand einer „philosophischen" Betrachtung zu machen.

In dem ersten Teil seiner Untersuchung geht es Simmel darum, das Geld in die seine gesamte Analyse bestimmende relativistische Weltsicht einzuordnen. Dabei verwickelt er sich, wie der Autor selbst in einem Brief an Heinrich Rickert (vgl. die editorische Notiz in Simmel 1989, S. 727) anmerkte, in einen „circulus vitiosus": Wenn man nur weit genug gehe, finde man immer wieder, dass der Wert von A auf den von B, oder der von B wiederum nur auf den von A begründet sei. Der Autor klagt darüber, dass es ihm nicht gelungen sei, einen Ausweg aus dieser Zwickmühle zu finden. Simmel leitet im ersten Schritt den wirtschaftlichen Wert aus einer inneren Distanzierung zwischen Subjekt und Objekt ab, die ihren Ausdruck im Austausch findet, d. h. in der Bereitschaft, ein bestimmtes Objekt für ein anderes hinzugeben. An die Stelle der subjektiven Begehrtheit eines bestimmten Gutes tritt nun die gegenseitige Bestimmung des Wertes der Güter (Simmel 1989, S. 52 f.). Diesem ersten Schritt der Objektivierung des wirtschaftlichen Wertes folgt ein zweiter: die Abbildung der Tauschwerte der Güter in einem Dritten, dem Geld. Geld ist für Simmel die höchste Form der Objektivierung des wirtschaftlichen Wertes, die dem Prinzip sozialer Wechselwirkung seine denkbar abstrakteste Fassung gibt. Es ist „substanzgewordene Relativität" (1989, S. 134). Diese paradoxe Definition, in die das erste Kapitel der „Philosophie des Geldes" mündet, macht die Schwierigkeiten in der Argumentation Simmels offenbar: Wenn alle Werte nur relativ sind, und diese universelle Relativität erst dem Geld zu verdanken ist, wie kann es sich dann zugleich über diese Relationen erheben und ihnen als eigene „Substanz" gegenübertreten? Wie kann Geld zugleich Relation sein und Relation haben? (Flotow 1995).

Anstatt uns weiter in dem von Simmel vorgeführten Vexierspiel zu verstricken, ziehen wir es vor, gleich zu dem zweiten Teil seiner Analyse und dessen zentraler Fragestellung überzugehen: Was macht das Geld aus den Menschen und der Gesellschaft? Simmel betont hier (1989, S. 375 f.) zunächst, dass die allgemeine Durchsetzung des Geldes als Tauschmittel in der modernen Wirtschaft nicht nur den Reichtum der Gesellschaft vermehrt, sondern zugleich umwälzende soziale Folgen hat: Geld ist Schrittmacher „individueller Freiheit". Auch das will auf den ersten Blick nicht einleuchten. Mit der Geldwirtschaft wächst ja die gesellschaftliche Arbeitsteilung und damit gerade nicht die Freiheit, sondern die Abhängigkeit aller von allen. Es hat in der Geschichte noch nie eine Gesellschaft gegeben, in der die Menschen in einem so umfassenden Sinn voneinander abhängig geworden sind wie die moderne Gesellschaft. Das Entscheidende ist aber nach Simmel, dass das Geld den *persönlichen Charakter* dieser Abhängigkeiten beseitigt und ihnen eine funktionale, damit austauschbare und anonyme Form gibt. „Nun aber war der relativ ganz enge Kreis, von dem der Mensch einer wenig oder gar nicht entwickelten Geldwirtschaft abhing, dafür viel mehr personal festgelegt. Es waren diese bestimmten, persönlich bekannten, gleichsam unauswechselbaren Menschen, mit denen der altgermanische Bauer oder der indianische Gentilgenosse, der Angehörige der slawischen oder der indischen Hauskommunion, ja vielfach noch der mittelalterliche Mensch in wirtschaftlichen Abhängigkeitsverhältnissen stand; umso weniger aufeinander angewiesene Funktionen es gibt, um so beharrender und bedeutsamer waren ihre Träger. Von wie vielen ‚Lieferanten' allein ist dagegen der geldwirtschaftliche Mensch abhängig! Aber von dem einzelnen, bestimmten derselben ist er unvergleichlich unabhängiger und wechselt leicht und beliebig oft mit ihm." (Simmel 1989, S. 396).

Das Geld ermöglicht es den Menschen also, sich *in Gesellschaft* zu vereinzeln. Das moderne Individuum ist kein Parzellenbauer, kein einsamer Siedler im Urwald, es lebt mitten in der Großstadt und ist mit allen Fasern seines Wesens von der Gesellschaft abhängig. Das Geld ist es, was ihm das Kunststück ermöglicht, dennoch individuell frei zu sein. Es befreit den Einzelnen – Männer wie Frauen – aus persönlichen Verpflichtungen, löst die Bindung an Traditionen und Gemeinschaften. Auch Frauenbefreiung und Feminismus lassen sich in dieser Sicht als Phänomene der Geldwirtschaft deuten (die Bedeutung „eigenen Geldes" für Frauen!). Geld ist, wie auch Heinsohn und Steiger (1996) zuletzt wieder betont haben, Träger abstrakter Eigentumsrechte, denen Pflichten, nämlich Schulden gegenüberstehen. Indem es dem Individuum ermöglicht, seine Ansprüche an die Leistungen anderer gleichsam in der Tasche mit sich herumzutragen, schafft es eine nie gekannte Fülle neuer sozialer Optionen und Obligationen. Letztere nehmen die Form von „Verträgen", nämlich zweckorientierter und auf der Basis des freien Willens der Beteiligten geschlossener Vereinbarungen an.

Die Freiheit, die das Geld begründet, beschränkt sich jedoch nicht nur auf die soziale Dimension des Handelns. Das Geld macht dem Individuum auch den gesamten sachlichen Reichtum der Welt zugänglich. Was immer es auf der Welt an Gütern gibt – ich kann sie haben, wenn ich nur dafür zahle. Auch in diesem Punkt geht Simmel über die konventionelle Auffassung hinaus. Denn in der Ära des modernen Kapitalismus, der ja nicht nur Produkte, sondern auch alle Mittel zu ihrer Herstellung – Arbeit, Boden – zu Waren gemacht hat, geht diese Wahlfreiheit noch weiter: Sie erstreckt sich nicht mehr nur auf den Kreis der vorhandenen Güter, sondern auf alles durch den Einsatz von Arbeit und sachlichen Produktionsfaktoren überhaupt nur Herstell*bare*. Das Geld wird zum Vehikel der Verlängerung der technischen Zweck-Mittel-Ketten, der Vermehrung und Vervielfältigung der Güter (Simmel 1989, S. 254 f.). Es gibt am Ende fast nichts mehr, was nicht für Geld zu kaufen wäre: nicht nur materielle Güter, sondern auch Schönheit, Intelligenz usw. Ich kann alle meine wirklichen und imaginären Bedürfnisse befriedigen und alle meine natürlichen menschlichen Schwächen kompensieren. Wenn ich hässlich bin, unterziehe ich mich einer Schönheitsoperation, wenn ich dumm bin, kaufe ich mir „intelligente" Software oder einen Doktortitel.

Aber selbst damit ist der Möglichkeitsraum des Geldes noch nicht erschöpft: für Geld kann ich auch Zeit kaufen. Ich kann es jetzt ausgeben oder sparen und mir dadurch Optionen für die Zukunft sichern. Oder ich kann Kredit aufnehmen und damit mir Optionen, die ich sonst erst später hätte, schon jetzt realisieren. Geld ist gespeicherte Zeit und Zeit ist Geld. Ich kann nicht nur wählen, was ich bei wem, wo kaufe, sondern auch *wann* ich kaufe und gewinne damit Freiheit in der Zeitdimension. Das Geld macht mir mehr Güter je Zeiteinheit verfügbar. Es wirkt damit als Hebel der der Produktivitätssteigerung durch technischen Fortschritt. Damit wächst auch das „Tempo" des sozialen Lebens (Simmel 1989, S. 655 f.). Das gleiche gilt für die Dimension des Raumes: Geld befreit die sozialen Akteure aus ihrer Abhängigkeit von lokalen Ressourcen und öffnet ihnen die ganze Welt als Feld ihrer Operationen. Geld erlaubt es, soziale Handlungsketten über immer weitere zeitliche wie räumliche Distanzen aufzubauen. So wird „das Entfernteste näher, um den Preis, die Distanz zum Näheren zu erweitern." (Simmel 1989, S. 663).

Die Freiheit, die das Geld dem einzelnen Menschen vermittelt, umfasst mithin alle Dimensionen der menschlichen Existenz: die soziale ebenso wie die sachliche, zeitliche und räumliche. Noch mehr: Es kombiniert alle diese Möglichkeiten in *einem einzigen Medium.* In diesem Sinn ist Geld das „absolute" Mittel.

Das Problem mit dem Geld ist nur: man muss es haben. Der Arme, der froh ist, wenn er mit seinem Einkommen über die Runden kommt, hat von der im Geld angelegten Wahlfreiheit nichts (Simmel 1989, S. 277). Was er mit seinem Geld anfangen kann, wird zum größten Teil durch seine Subsistenzbedürfnisse vorherbestimmt, und, wie man über Simmel hinaus sagen müsste: Er ist mit der negativen Seite des Geldvermögens, nämlich der Schuld konfrontiert. Für ihn verwandelt sich Geld aus einem Vehikel der Freiheit in ein Mittel sozialer Disziplinierung, das ihn zum Verkauf seiner Arbeitskraft zwingt.[3]

Der eigentliche „Nutzen" des Geldes, nämlich die Wahlfreiheit, fängt erst dort an, wo es über die Subsistenzbedürfnisse hinaus zur Verfügung steht. Das ökonomische Gesetz des mit zunehmender Menge abnehmenden Grenznutzens, das für gewöhnliche Güter gilt, trifft auf das Geld nicht zu. Im Gegenteil, das Geld gleicht, nach einem Wort von Schopenhauer, dem Seewasser: Je mehr man davon trinkt, desto durstiger wird man. Armut ist deshalb nicht nur eine „materielle" Benachteiligung, nicht nur eine Diskriminierung in der „Verteilung" von Gütern, wie es heutige Soziologen und Ökonomen so gern hinstellen. Der Reiche ist, wie Simmel (1989, S. 274 f.) betont, dem Armen nicht nur materiell-quantitativ, sondern qualitativ überlegen. Er verfügt nicht einfach über mehr Geld, sondern kommt über den Nutzen der für Geld erworbenen Güter hinaus in den Genuss der mit dem Geld verknüpften Wahlfreiheit. Simmel spricht von einem „Superadditum", also einer Art „Zugabe" des Geldreichtums. Was das Geld dem Reichen

---

[3]Dazu zuletzt Reddy (1987) und Ganßmann (1996).

bietet, ist nicht nur Nutzen, sondern eine *Fähigkeit* – die Fähigkeit des freien Zugriffs auf den Reichtum der Welt. Das bringt bereits die Alltagssprache zum Ausdruck, wenn sie Geld als „Vermögen" bezeichnet. Der Reiche wirkt, wie Simmel präzisiert, nicht nur durch „das, was er tut, sondern auch durch das, was er tun könnte: weit über das hinaus, was er nun wirklich mit seinem Einkommen beschafft, und was andere davon profitieren, wird das Vermögen von einem Umkreis zahlloser Verwendungsmöglichkeiten umgeben, wie von einem Astralleib, der über seinen konkreten Umfang hinausstreckt: darauf weist unzweideutig hin, dass die Sprache erheblichere Geldmittel als „Vermögen" – d. h. als das Können, das Imstandesein schlechthin bezeichnet." (Simmel 1989, S. 176).

Als Geldvermögen ist das Geld über seinen „einfachen" Nutzen als Tauschmittel hinaus Träger eines Nutzens zweiter Ordnung, der Wahlfreiheit, der es über die Reihe der gewöhnlichen Waren hinaushebt. Weil es das schlechthin *allgemeine* Mittel ist, ist es eben mehr als ein bloßes *Mittel* – es wird vielmehr bewusst oder unbewusst zu dem Endzweck, in den alles Handeln zurückläuft. In diesem Sinne hat es entgegen der konventionellen ökonomischen Auffassung sehr wohl einen inneren, keineswegs nur einen äußeren Wert. Was immer wir mittels des Geldes tun oder erwerben, erhält eine implizite oder explizite Bewertung unter dem Gesichtspunkt seiner Rekonvertierung in Geld. Wenn Geld die individuelle Freiheit als den höchsten Wert des Menschen verkörpert, dann ist es das schlechthin höchste Gut, dann kann es keinen höheren Nutzen haben als eben den, wiederum Geld und mehr Geld zu machen. Nicht zufällig drängen sich hier Parallelen zur Theologie und Religion auf, auf die Simmel immer wieder hinweist. Er zitiert Hans Sachs („Geld ist auf Erden der irdische Gott") und Nikolaus von Kues mit seinem Gedanken von Gott als der „coincidentia oppositorum" (Simmel 1989, S. 307, 305). Wie Gott der letzte Ruhepunkt des Seins ist, in dem alle Gegensätze der Welt ihr Gemeinsames finden, finden die Dinge im Geld ihr Zentrum, aus dem sie hervorgehen und dem sie wieder zustreben. Und so wie Gott nur noch sich selbst wollen kann, kennt auch Geld keinen höheren Zweck, als sich selbst zu vermehren und zu verwerten.

Es muss freilich festgestellt werden, dass diese Auffassung des Geldes als Kapital von Simmel, der Geld und Kapital nicht klar voneinander unterschieden hat (Haesler 1993), so nicht formuliert worden ist. Sie geht vielmehr auf Karl Marx zurück, der die Auflösung der inneren Paradoxie des Geldes als Wertsymbol und Wertgegenstand in der dynamischen Form des Geldes als Kapital erblickte und letztere in der bekannten Formel G-W-G' fasste. Auch Marx spricht in einem mehr als nur metaphorischen Sinne von den religiösen Qualitäten des Geldes: Das Geld als „das Allerheiligste", als der „Gott der Waren" (Marx 1953, S. 132). Auch wenn Simmel die dynamische Natur des Kapitals weit weniger deutlich erkannte als Marx, hat er die im Geld angelegte Tendenz zur selbstreferenziellen Verabsolutierung des wirtschaftlichen Wertes klar gesehen. Damit aber erweist sich die Vermögensnatur des Geldes, ebenso wie die ihr immer korrespondierende Verschuldung (wiederum drängt sich die Affinität von finanzieller und religiöser Schuld auf!), als Phänomen von weit mehr als nur „wirtschaftlicher" Bedeutung. Sie ist in der ganzen Gesellschaft gegenwärtig, durchdringt alle Lebensbereiche von den unscheinbarsten Alltagsphänomenen bis hin zu den großen politischen und sozialen Entwicklungen. Das soll im Folgenden näher erläutert werden.

4.4 Die Allgegenwart des Geldes in der Gesellschaft

Beginnen wir mit den scheinbar ganz unbedeutenden kleinen, alltäglichen Pathologien, deren Analyse Simmel große Aufmerksamkeit widmet. „Lieber den Magen verrenkt, als dem Wirt einen Kreuzer geschenkt" – an dieser Devise, deren Deutung Simmel fast zwei Seiten widmet, zeigt sich die im Geld angelegte Tendenz zur Verabsolutierung des wirtschaftlichen Wertes in ihrer vielleicht bizarrsten Form. Ich würge die Suppe oder das Schnitzel hinunter – nur, weil es Geld gekostet hat! „Das Objekt, aus dem alles, was irgendwie Sinn und Zweck seiner Konsumption sein könnte, hinweg gefallen ist, wird unter Unbequemlichkeiten und Schädlichkeiten konsumiert, bloß weil das dafür ausgegebene Geld ihm einen absoluten Wert verliehen hat." (Simmel 1989, S. 321).

In ähnlicher Weise können Phänomene wie Geiz, Geldgier einerseits, Kauf- und Verschwendungssucht andererseits gedeutet werden (vgl. Simmel 1989, S. 292 f.). Auf den ersten Blick scheinen wir es hier mit ganz heterogenen und miteinander unvereinbaren Charaktereigenschaften zu tun zu haben: Der tyrannische Hausvater, der eifersüchtig über das Haushaltseinkommen wacht und mit jedem Pfennig geizt, hier, der konsumsüchtige, ständig Schulden machende Teenager oder Dandy dort. Es geht um Verhaltensweisen mit manchmal stark pathologischen Zügen, die heute Gerichten, Therapeuten und Schuldnerberatern reichlich Beschäftigung verschaffen. In den USA ist die „Finanztherapie" dabei, sich als eigener Zweig der Psychotherapie zu etablieren (Haubl 1996). Man könnte nun lange über die jeweiligen psychologischen und sozialen Hintergründe debattieren: Ist Kaufsucht eher ein Problem von Frauen als von Männern? Wächst die Neigung zum Geiz mit dem Alter – das Geld sozusagen als Ersatzbefriedigung für die sich abschwächende Fähigkeit zum sinnlichen Genuss? Welche sozialen Strukturbedingungen und Pathologien sind es, die die individuelle Fähigkeit zur Balance von Soll und Haben entweder in der einen oder in der anderen Richtung unterminieren?[4] Uns geht es hier nur darum, den Simmel'schen Gedanken hervorzuheben, dass in der ganzen psychologischen Vielfalt der alltäglichen Geldpathologien ein gemeinsamer objektiver Kern steckt: die in der Vermögenseigenschaft des Geldes angelegte Tendenz zur Verabsolutierung des wirtschaftlichen Wertes. Die psychische Konstitution hat lediglich einen Einfluss darauf, in welcher Phase des Umgangs mit Geld und dessen magische Aura überkommt: Die einen, nämlich die Asketen und Geizigen, im Augenblick des Einnehmens, die anderen, die Kaufsüchtigen und Verschwender, im Augenblick des Ausgebens. Beiden gemeinsam ist jedoch die subjektive Überwältigung durch die Magie des Geldes, die die Fähigkeit rationaler Kontrolle des eigenen Handelns unterminiert.

Ein dritter Kreis von Phänomenen ist die vom Geld ausgehende Tendenz zur Verfeinerung und Ästhetisierung der Bedürfnisse, die ebenfalls bereits von Simmel (1989,

---

[4] Günter Schmölders (1966) hat sich vor mehr als vierzig Jahren in seiner heute noch lesenswerten, freilich eher psychologisch als soziologisch ansetzendenempirischen Studie mit diesen Fragen befasst.

S. 439 f.) gesehen wurde. Veblen hat diesen Zusammenhang nahezu zeitgleich mit Simmel in seiner Theorie der „leisure class" (1953) ausgearbeitet. Auch die neuere Soziologie hat sich intensiv mit den Phänomen des Luxuskonsums beschäftigt (Baudrillard 1970; Corrigan 1997) und dabei über Veblen hinaus nicht nur die sozialen Distinktionswirkungen des Konsums, sondern auch seine imaginativen und sogar „therapeutischen" Funktionen betont (einen Überblick über die Diskussion gibt Stihler 1998). Den Zusammenhang mit dem Geldthema hat sie dabei freilich aus dem Auge verloren. Was ist „Luxus" überhaupt? Die Wirtschaftswissenschaften mit ihrem einerseits materialistischen, andererseits quantitativ angelegten Reichtumsbegriff vermitteln davon eine ganz unzulängliche Vorstellung. Es geht ja nicht um die bloße „Quantität" der Konsumgüter. Der Gegensatz zwischen dem Reichen und dem Armen besteht gerade *nicht* darin, dass der eine nur einmal, der andere dagegen zwanzigmal Steak in der Woche isst. Der Kern des Luxusphänomens ist vielmehr, dass der Reiche nach Unterscheidung, nach sozialer Distinktion strebt und dies in seinem Konsumverhalten, in seinem ganzen Lebensstil zum Ausdruck bringen möchte. Er nutzt Güter in erster Linie nicht materiell, sondern als Medium zur Kommunikation seines Vermögensstatus. Die „feinen" Unterschiede sind es, auf die es ihm ankommt. Das, wozu ihn das Geld befähigt, nämlich wählen zu können – Simmels „Superadditum des Reichtums" –, soll auch in der Art der Kleidung, der Wohnung, den Freizeitbetätigungen usw. sichtbar werden und der sozialen Umwelt signalisiert werden (man braucht dafür allerdings, wie Bourdieu betont hat, neben Geld auch möglichst etwas Geschmack). Im konkreten Fall kann das Distinktionsbedürfnis sogar zur Folge haben, dass der Reiche in einem rein materiellen Sinn *weniger* konsumiert – man denke nur an die Fitness- und Askese-Wellen. So überträgt sich die Vermögenseigenschaft des Geldes auf die Güter selbst. Ihre symbolisch-ästhetischen Qualitäten treten gegenüber ihren materiellen in den Vordergrund und dadurch allerdings wird dann in der Tat ihre natürliche Sättigungsgrenze immer weiter hinausgeschoben: Vom Luxus kann man genau wie vom Geld nie genug bekommen. Die Dinge, mit denen man sich ausstattet, sollen *an sich* demonstrieren, dass man wählen kann, über Geldvermögen verfügt und werden damit dem Geld selbst und seiner immateriellen Natur immer ähnlicher. Wie gründlich der hier vorliegende „money symbolism" die gängige instrumentelle Geldauffassung der ökonomischen Lehrbücher auf den Kopf stellt, hat Lane (1991) aufgezeigt. Anstatt den Nutzen der Güter zu symbolisieren, gewinnt das Geld hier einen intrinsischen, absoluten Wert, der seinerseits durch die Güter nur symbolisiert wird. Die Frage nach dem „Geldstoff" ist, sieht man es unter diesem Blickwinkel, nicht so gleichgültig, wie oft behauptet wird. Die symbolische Verkörperung des Reichtums in Form von Schmuck, Schätzen und Luxus ist nicht erst heute, sondern zu allen Zeiten eine Angelegenheit von erstrangiger gesellschaftlicher Bedeutung gewesen.

Luxus, das ist ein weiterer wichtiger Aspekt, zeigt sich nicht allein in der Exklusivität der Güter und Dienstleistungen, mit denen der Reiche sich umgibt, sondern auch in der Weise, wie die soziale Umwelt mit ihm umgeht, nämlich in den vielen kleinen Rabatten und Sondervergünstigungen, die sie ihm offen oder verdeckt zukommen lässt. Gerade weil sein Vermögen ihm immer die Freiheit lässt, woanders hinzugehen, muss

4.4 Die Allgegenwart des Geldes in der Gesellschaft

man ihn ganz besonders hofieren, damit er sein Geld hier und nicht woanders lässt. Das führt nicht nur dazu, dass den vermögenden Großkunden – die es eigentlich am wenigsten nötig hätten – besondere Vergünstigungen eingeräumt werden (siehe z. B. die „miles and more"-Programme der Fluggesellschaften). Geldvermögen bedeutet auch politische Macht, man denke nur an den Wettlauf der Kommunen oder Staaten um die Gunst der Investoren, an den Dschungel der Steuersubventionen. Und nicht nur politische Macht, manchmal kann es darüber hinaus auch z. B. zur Verleihung der Ehrendoktorwürde führen. Kurzum: das im Vermögen angelegte „Superadditum des Reichtums" schlägt sich in einer ganzen Reihe greifbarer materieller und immaterieller Vorteile nieder. Geld bedeutet Macht, und darin liegt sein eigentlicher „Nutzen".

Die Macht des Geldes zeigt sich jedoch nicht nur in den bisher betrachteten Phänomenen. Sie hat auch einen entscheidenden Einfluss auf die Dynamik technischer Innovationen und wirtschaftlichen Wachstums und die durch sie bedingten gesellschaftlichen Umwälzungen. Simmel hat sich in seiner Untersuchung mit diesen gesamtgesellschaftlichen Aspekten der Geldwirtschaft freilich kaum befasst. Es bietet sich an, sie an dieser Stelle zu erweitern, was ich hier nur in einigen knappen Strichen tun kann (siehe dazu die Beiträge des Teil II in diesem Band).

Wenn man dem Phänomen des wirtschaftlichen Wachstums nachgeht, stößt man über kurz oder lang auf die soziale Figur des Unternehmers und auf Schumpeters Theorie des Unternehmers als des zentralen Agenten „schöpferischer Zerstörung". Uns kommt es hier darauf an, auf den Zusammenhang zwischen dieser Theorie und der gerade geführten Diskussion über den Vermögenscharakter des Geldes herzustellen, was Schumpeter selbst überraschenderweise nicht tut. Dieser Zusammenhang liegt ja schon deshalb nahe, weil Geldvermögen, eigenes und/oder geliehenes, der Ausgangspunkt und die Basis jeder unternehmerischen Aktivität ist. Geld als Vermögen muss sich vermehren, und zwar nicht nur deshalb, weil der Unternehmer einen ihm eventuell gewährten Kapitalkredit verzinsen muss, sondern allein aufgrund der immanenten Vermögenseigenschaft des Geldes selbst (also auch dann, wenn es sich um eigenes Kapital handelt; siehe das oben erläuterte Dilemma des Geizhalses). Die Wirtschaft muss aus *endogenen* Gründen wachsen, denn sie ist nicht einfach Marktwirtschaft, sondern kapitalistische Wirtschaft. Nicht das Geld dreht sich um die Güter, sondern die Güter drehen sich um das Geld.[5] Was der Unternehmer tut, nämlich Innovation, Durchsetzung neuer Kombinationen, schöpferische Zerstörung, ist also nicht bloße Laune. Der Unternehmer ist zwar der „Revolutionär der Wirtschaft" (Schumpeter), aber deshalb kein Anarcho oder Chaot. Er erfüllt vielmehr eine höchst wichtige gesellschaftliche Funktion, indem er die im Geld angelegte Verheißung absoluten Reichtums deutet und ihr eine praktisch orientierende Gestalt gibt. Das Geld weckt zwar Träume und Fantasien, vermehrt sich aber gleichwohl

---

[5] „Unser Wirtschaftssystem dreht sich im Kern ums Geld. Alle wachstumsfördernden Maßnahmen erfordern Akteure, die bereit sind, jetzt Geld auszugeben, um später mehr Geld einzunehmen." (Guttmann 1996, S. 166).

nicht von selbst. Es muss jemanden geben, der zeigt, wie das geschehen kann, der Projekte definiert, Ressourcen beschafft und die Menschen für seine Ziele mobilisiert – den Unternehmer. Wie tut er das, wie gelingt ihm das?

Die wichtigste Voraussetzung ist: Er muss Arbeit einsetzen, denn nur Arbeit ist kreativ, nicht Maschinen, Bürokratien und auch nicht Computerprogramme, obwohl der Unternehmer die letzteren natürlich auch braucht. Nur durch Arbeit lassen sich bestehende technologische Routinen durchbrechen, nur durch Arbeit lässt sich genuin Neues schaffen: das ist der wahre Kern der von den Ökonomen so gescholtenen „Arbeitswerttheorie".[6] Aber der Einsatz von Arbeit allein, die bloße Tatsache zeitlicher Verausgabung von Arbeitskraft genügt natürlich nicht. Der Unternehmer muss Arbeit kreativ, schöpferisch einsetzen und das heißt immer auch: bestehende Technologien und soziale Strukturen *zerstören*. Dafür braucht er Ideen über neue Produkte und Technologien und muss diese Ideen seiner sozialen Umwelt, seinen Beschäftigten, Lieferanten, Kunden usw. vermitteln, was immer auch heißt: sie gegen die dort sich regenden konservativen Widerstände durchsetzen. Es kommt dabei nicht nur auf die große Idee des Unternehmers oder Erfinders an, sondern auch auf die tausend kleinen der Ingenieure, Produktionsarbeiter, Marketing-Spezialisten, Anwender. Wichtig ist auch nicht nur die individuelle Durchsetzungskraft des Unternehmers, sondern auch seine Fähigkeit, wirtschaftliche und politische Koalitionen zur Durchsetzung seiner Projekte zu schmieden. Schöpferische Zerstörung – auch das hat Schumpeter vernachlässigt – ist immer ein sozialer Prozess, niemals eine rein individuelle Leistung. Innovation muss kommuniziert werden: darin liegt die Bedeutung der viel zitierten „Leitbilder" und „Visionen" des Managements (Dierkes et al. 1996). Sie lassen sich durchaus im Luhmann'schen Sinne als Kommunikationsmedien interpretieren, freilich als Medien nicht funktional spezifischer, sondern diffuser Art (Mambrey et al. 1995). Indem sie nicht nur technologische Entwicklungslinien, sondern mit ihnen auch auf sie zugeschnittene neue Nutzungsformen und Lebensstile antizipieren (z. B. unbegrenzte individuelle Mobilität durch das Automobil, individuelle Allwissenheit durch die modernen Informationstechnologien) übermitteln sie mit der Botschaft zugleich die Bereitschaft für ihre Akzeptanz.

Auch hier wieder drängt sich die bereits von Simmel betonte Parallele zur Religion auf: Sowenig, wie der Gläubige die Unmittelbarkeit Gottes aushalten kann, lässt sich die Unendlichkeit der im Geldvermögen angelegten Möglichkeiten im direkten Zugriff des Handelns bewältigen. Was Propheten und Priester für die Religion leisten, leisten Erfinder, Managementgurus, Berater und Unternehmer für die Wirtschaft: Sie interpretieren die Verheißung des Reichtums, geben ihr eine konkrete, Handlungen anleitende Richtung. Nicht auf „Wissen" kommt es dabei an, sondern auf den Glauben an die

---

[6]Gescholten wird sie, um genauer zu sein, nur den Verfechtern der strengen ökonomischen Theorie. In der betriebswirtschaftlichen Managementlehre dagegen findet man wahre Hymnen auf die „Human Resources" und ihren Beitrag zur Wertschöpfung. Dem unbefangenen Beobachter drängt sich hier der Eindruck auf, dass die linke Hand nicht weiß, was die rechte tut.

Innovation und auf die Fähigkeit der Promotoren, soziale Resonanz für ihn zu erzeugen. Was sie predigen und durchsetzen können, hat aber immer nur temporäre Gültigkeit, denn der durch die Vermögensform des Geldes angezeigte Möglichkeitsraum ist unendlich. Eine Erfindung, ein neues Produkt, eine neue Technologie, ein neues Organisationskonzept kommt auf, verbreitet sich, etabliert sich – und gerät genau dadurch in die „Krise", muss Neuem Platz machen.

4.5 Grenzen des Geldes

Die Vermögensform des Geldes, so lassen sich unsere an Simmel anschließenden Überlegungen zusammenfassen, ist latent oder manifest in fast allen Bereichen der Gesellschaft präsent. Die viel zitierte „Individualisierung" sozialer Verhältnisse, die heute als „Erlebnisorientierung" (Schulze 1993) gehandelte Ästhetisierung der Konsumbedürfnisse und Lebensstile, kann zum großen Teil auf sie zurückgeführt werden. Das gleiche gilt für ebenfalls von vielen Autoren (z. B. Rosa 1999) beobachtete Tendenz zur „Beschleunigung" sozialer Prozesse und für die Ausweitung der räumlichen Reichweite sozialer Handlungsketten. Alle diese vermeintlich „neuen" Erscheinungen sind bereits von Simmel sehr präzise als Phänomene der *Geldwirtschaft* beschrieben und analysiert worden, während die heutige Soziologie sich damit begnügt, sie mit der blassen Floskel der „Modernisierung" zu fassen. Zugleich erzeugt die Vermögensform des Geldes, wie wir über Simmel hinaus zu zeigen versuchten, einen Zwang zu permanenter Revolutionierung von Wirtschaft und Gesellschaft. Sie lässt soziale Figuren – den Erfinder, den Unternehmer – entstehen, die diesem Zwang eine Gestalt geben und praktisch durchsetzen. Die Antriebskräfte des Kapitalismus liegen nicht nur in der Befriedigung bloß „gegebener" Konsumentenwünsche, und auch nicht nur in dem Streben nach Effizienzsteigerung und „Rationalisierung". Sie liegen vielmehr in der zutiefst irrationalen Faszination der Menschen durch die in dem Vermögenscharakter des Geldes angelegten Möglichkeiten. Es ist deshalb keineswegs abwegig, den Kapitalismus als utopische Produktionsform zu betrachten, die alle anderen Utopien überholt und in den Schatten stellt – auch den Sozialismus, wie wir heute wissen. Von einem „Ende der Utopien", wie es Joachim Fest nach dem Fall des sozialistischen Systems feststellen zu können glaubte, sind wir noch weit entfernt. Die eigentlich utopische Produktionsweise ist der siegreiche Kapitalismus selbst.

In ihrer von innen heraus erzeugten Dynamik kann man die Stärke der kapitalistischen Wirtschaft erblicken. Aber in dieser Stärke liegt zugleich auch ihre Schwäche. Denn die kapitalistische Wirtschaft ist nicht nur wie kein anderes gesellschaftliches System zu Wachstum und Innovation fähig, sie *muss* auch wachsen. Das Wachstum erfolgt aber trotz der Sogwirkung der Utopie des Reichtums keineswegs von allein und automatisch. Gelingt es nicht mehr, die Gesellschaft für die Eroberung neuer technologischer Horizonte zu mobilisieren, erlahmt der Zugriff auf das Imaginäre – dafür kann es viele ganz verschiedene, politische, gesellschaftliche, ökologische, demografische

Gründe geben – dann sinken die Gewinnerwartungen, und das heißt: es wird nicht mehr investiert. Dann wächst die Wirtschaft nicht mehr nur nicht, sie schrumpft, und damit tritt die auf der Rückseite des Geldreichtums akkumulierte wechselseitige Bedürftigkeit der Individuen zutage. Es entsteht das paradoxe Phänomen der „Armut im Überfluss": Mitten in einer Wirtschaft von überwältigender Produktivität, die rein technisch gesehen spielend in der Lage wäre, die gesamte Bevölkerung komfortabel mit allem Lebensnotwendigen zu versorgen, müssen gerade die Armen den Gürtel noch enger schnallen. Die Arbeitslosen, so hieß es in dem Bericht einer bayrisch-sächsischen Kommission (vgl. Bergmann 1998), müssten sich wieder daran gewöhnen, als Dienstboten und Schuhputzer ihr Auskommen zu finden; die Reichen dagegen daran, sich wieder bedienen zu lassen.

So bizarr diese These anmutet, zeigt sie aber doch das Problem in seiner ganzen Schärfe auf. Die kapitalistische Wirtschaft ist nicht in der Lage, im Zustand eines stabilen statischen Gleichgewichts zu verharren, wie die ökonomischen Lehrbücher unterstellen. Sie ist eben nicht nur eine harmlose Veranstaltung zur Befriedigung gegebener menschlicher „Bedürfnisse", sondern muss selbst immer neue Bedürfnisse erzeugen. Sie lebt aus dem Zugriff auf das Imaginäre und kann daher entweder nur wachsen oder schrumpfen. Wachstum ist der oberste Imperativ nicht nur der Wirtschaft, sondern auch, aufgrund der Geldabhängigkeit auch der anderen gesellschaftlichen Subsysteme, der ganzen Gesellschaft. Aber es lässt es sich nicht „machen", nicht technisch erzwingen oder bürokratisch kommandieren. Auch unter dem Regime der modernen Informationstechniken erfordert der Schritt vom G zum G' noch immer den „Umweg" über die Produktion und den Verkauf von Waren, der den Kapitalinvestor zwingt, sich auf die notorisch zu „langsame" gesellschaftlichen Umwelt, auf die „Rigidität" ihrer Institutionen, die „Unsicherheit" ihrer kommunikativen Prozesse einzulassen. Um ihre natürliche Trägheit zu überwinden, wird die Gesellschaft durch beständige Propaganda für immer neue „technologische Revolutionen" und politische „Reformen" unter Druck gehalten. Der Erfolg dieser Propaganda ist gerade in den „reifen" Industriegesellschaften des Westens mit ihrem hohen Anteil ökonomisch relativ saturierter Bevölkerungsschichten alles andere als garantiert. Der Wettlauf, der der Gesellschaft hier aufgezwungen wird, muss enden wie der des Hasen mit dem Igel: mit dem Tempo des Geldes wird sie letztlich nie Schritt halten können.

Die Vermögenseigenschaft des Geldes birgt in sich die Versuchung, diese Grenzen der Macht des Geldes zu vergessen oder zu verdrängen. Weil der Kapitalinvestor in jeder *konkreten* Situation immer auch andere Optionen hat, entsteht in ihm die Illusion, er könne sich aus der Abhängigkeit von der Gesellschaft *überhaupt* befreien und die Verwandlung von G in G' am Ende doch direkt vollziehen. In der seit den achtziger Jahren zu beobachtenden Tendenz zur „Entkoppelung" der Finanzmärkte (Guttmann 1996; Aglietta 1998; Binswanger 1996) ist diese Illusion in einem Ausmaß zum Tragen gekommen, das historisch wohl ohne Beispiel ist. Neben der durch den Einsatz elektronischer Medien ermöglichten Ausweitung der Kreditschöpfung des privaten Bankensystems hat die auf den Zusammenbruch des Bretton-Woods-Systems folgende

4.5 Grenzen des Geldes

Deregulierung und Internationalisierung der Finanzmärkte zu dieser Entwicklung beigetragen. Sie hat ein wahres Dorado weltweiter Anlagemöglichkeiten für den Kapitalinvestor geschaffen, das die konventionelle unternehmerische Investition in reale Produkte und Dienstleistungen immer unvorteilhafter dastehen lässt. Anstatt sich durch die schmale Pforte der produktiven Direktinvestition zu zwängen, strömt das Anlage suchende Kapital auf den breiten Weg der mobilen Anlage auf den internationalen Finanzmärkten. Die ständig steigenden Börsenkurse sind nicht nur Folge dieser Entwicklung, sondern treiben sie ihrerseits weiter voran. Wozu überhaupt noch den mühsamen Umweg des Unternehmers über die reale Welt gehen, wenn der direkte Weg vom Geld zu mehr Geld so viel bequemer und gewinnträchtiger ist?

Simmels Theorem vom „Superadditum des Reichtums", von der inhärenten Überlegenheit des Geldes gegenüber über allen fixen Formen des Vermögens, scheint sich in der heutigen finanzkapitalistischen Revolution und ihrer Parole des „Shareholder value" auf eine neue Weise zu bestätigen: In der immer drückenderen Überlegenheit des weltweit mobilen Finanzinvestors gegenüber dem noch sich in der lokalen Welt abmühenden Unternehmer, seinen Führungskräften, Angestellten und Arbeitern. Er drängt sie durch nicht enden wollende Forderungen nach Flexibilisierung, Deregulierung, Beschleunigung in die Defensive und konfrontiert sie mit unerfüllbaren Renditeforderungen. Die „alten" Industrien sind für ihn ohnehin passé. Nur die virtuelle Ökonomie des Internet kann – so scheint es – dem von den Finanzmärkten geforderten Tempo vorläufig noch folgen. Aber lässt sich mit „Informationen", einem zwar höchst flexiblen, aber zugleich seiner Natur nach öffentlichen und hinsichtlich seiner privaten Eigentumsrechte schwer zu schützenden Gut, wirklich das große Geld machen? Was wird geschehen, wenn eines Tages das ganze Ausmaß der Entkoppelung offen zutage treten sollte?

Durch Gesundbeten und Seelenmassage werden sich die Probleme nicht lösen lassen. Aus den Krisen, die der Gesellschaft vielleicht bevorstehen, werden auch keine neuen Utopien heraushelfen. Was dann auf der Tagesordnung steht, könnte vielmehr das Gegenteil sein, nämlich Ernüchterung und Entwöhnung. Es könnte sein, dass der Gesellschaft nach dem Niedergang der traditionellen Religionen die eigentliche religiöse Desillusionierung erst noch bevorsteht – der Abschied von der Religion des Geldes.

# Teil II
Die Dynamik wirtschaftlicher Institutionen

Die Mythenspirale

Eine wissenssoziologische Interpretation industrieller Rationalisierung

5.1 Einleitung

Das Thema wird bei nicht wenigen Lesern zunächst Rätselraten auslösen: Was hat die Wissenssoziologie mit industrieller Rationalisierung zu tun? Die Wissenssoziologie ist die Lehre von der gesellschaftlichen Bedingtheit von Wissen und Bewusstsein. Es handelt sich um eine Subdisziplin der Soziologie, die in den zwanziger Jahren von Karl Mannheim und Max Scheler begründet wurde. Ihr geht es um eine Analyse des Verhältnisses von Ideen und Interessen, um den Einfluss von Interessen auf die Selbst- und Fremdwahrnehmung sozialer Akteure, um die Dechiffrierung von Ideologien. Was – zum anderen – das Stichwort „Rationalisierung" betrifft: Es soll hier in der Tat nicht von der Rationalisierung von Weltbildern oder sozialen Handelns im allgemeinen die Rede sein, die ein Thema der Wissenssoziologie wäre, sondern von *industrieller* Rationalisierung als Inbegriff der Verfahren ökonomischer und technischer Effizienzsteigerung. Dafür sind nach konventionellem Verständnis die Experten ganz anderer Disziplinen zuständig: Techniker, Ingenieure, Arbeitsstudien-Fachleute, Arbeitswissenschaftler, Organisationsanalytiker.

Soziologen sind zwar nicht ganz unbeteiligt. Die Industriesoziologie hat sich sogar historisch zum größten Teil im Zusammenhang mit und als Antwort auf die Erfordernisse industrieller Rationalisierung entwickelt. Ihr und der Organisationspsychologie kam aber lediglich eine spezifische, scharf umgrenzte Aufgabe zu: nämlich Wege zur optimalen Einfügung eines gegebenen „Menschenmaterials" (dieser heute zynisch wirkende Ausdruck war in der älteren Literatur weit verbreitet) in organisations- und ingenieurtechnisch konstruierte Systeme und Abläufe zu finden. „Auslese und Anpassung" der Industriearbeiterschaft- schon dieser Titel der berühmten Enquete des Vereins für Sozialpolitik aus der Zeit vor dem ersten Weltkrieg drückt diese Aufgabenstellung präzise aus. Das, wohinein diese Auslese und Anpassung erfolgen sollte, nämlich die technischen Systeme und organisatorischen Strukturen, lag außerhalb oder höchstens am Rande der Zuständigkeit der Soziologie und erst recht natürlich der Wissenssoziologie. Denn die Inhalte und Geltungskriterien von Rationalisierungswissen schienen objektiver Art und damit von sozialen Prozessen und Perspektiven völlig unabhängig zu sein. Aus den gleichen Gründen, derentwegen bereits Karl Mannheim die Mathematik und die Naturwissenschaften aus dem Gegenstandsbereich der Wissenssoziologie herausnahm (Heintz 1993, S. 114 f.), kann dieser Position zufolge auch Rationalisierungswissen kein Thema der Wissenssoziologie sein. Die Antwort auf die Frage, mithilfe welcher Systemarrangements sich Zeit-, Kosten-, Arbeits- und Materialersparnisse in der industriellen Produktion erzielen lassen, hängt offenbar genauso wenig von spezifischen sozialen Lagen ab wie etwa die nach den Bestimmungsfaktoren der Fallgeschwindigkeit.

Diese traditionelle Position wurde noch bis vor gut zwanzig Jahren auch von Soziologen für so selbstverständlich gehalten, dass es fast keine Diskussion darüber gab. In der Zwischenzeit allerdings hat sich die Lage erheblich geändert. Ein Symptom dieser Veränderung fällt sogar dem nur kursorischen Beobachter ins Auge, nämlich das sprunghafte Vordringen ursprünglich soziologischer und sozialwissenschaftlicher Wortschöpfungen und Theoriestücke in den Sprachgebrauch der Management-, Organisations- und selbst der Ingenieurwissenschaften. Worthülsen wie Wertewandel, Selbstverwirklichung, Organisationskultur, Individualisierung, Gruppenarbeit, Spontaneität und Kreativität haben sich in der Managementliteratur stark verbreitet und vermischen sich mit dem vertrauten technischen Jargon.

Vieles davon kann man getrost als Rhetorik qualifizieren. Aber: Wo Rauch ist, ist auch Feuer, auch wenn es sich hier vielleicht um ein besonders stark qualmendes Feuer handelt. Es ist unzweifelhaft, dass die Verbreitung dezentraler Organisationsmodelle und die damit einhergehende Re-Politisierung der betrieblichen Leistungspolitik seit den 1980er Jahren einen neuen Bedarf an soziologischem und organisationspsychologischem Wissen geweckt haben. Gerade als Folge der durch die Mikroelektronik geschaffenen Gestaltungsmöglichkeiten zeichnet sich ein Kompetenzverlust der technischen zugunsten der sozialwissenschaftlichen Professionen in der betrieblichen Arbeitspolitik ab. Wenn es, um mit H.-J. Warnecke zu sprechen, statt der „Struktur" immer mehr auf die „Kultur" (Warnecke 1993, S. 142, 155) der Organisation ankommt, so muss dies das traditionelle gestalterische Kompetenzmonopol der Ingenieur- und Arbeitswissenschaften untergraben. Vor allem im Zuge der Anwendung des Modells der „lean production" gewinnt, wie Heiner Minssen feststellt, „soziologisches Wissen, das bei Rationalisierung im tayloristischen Paradigma weitgehend unbeachtet bleiben konnte, … erheblich an Bedeutung. Ein solcher Wissensbedarf besteht für alle an der Realisierung von lean production beteiligten Akteure, die nachgefragten Wissensinhalte freilich sind verschieden. Ein Betriebsrat will anderes Wissen als ein Vertreter der Personalabteilung oder ein Mitglied der Geschäftsführung, doch sie alle haben einen Bedarf an soziologischem Wissen." (Minssen 1993, S. 187).

Der Markt, der sich hier auftut, ist freilich allerdings von professionellen Industriesoziologen selbst kaum genutzt worden (Howaldt 1996). Umso zielstrebiger sind kommerzielle Unternehmensberater in die Lücke gestoßen, die ihr Angebot von den traditionellen funktionsbezogenen Programmen auf ganzheitlich orientierte Konzeptionen umgestellt haben und dabei die rasch angelesenen soziologischen und psychologischen Theoriestücke nutzen.[1]

5.2 Die diskontinuierliche Bewegungsform des Rationalisierungswissens

Die angesprochenen Verschiebungen in der Kompetenzhierarchie der Experten hängen offensichtlich damit zusammen, dass die Zielrichtungen, das heißt, die herrschenden Konzepte, Strategien, Doktrinen industrieller Rationalisierung selbst sich tief greifend verändert haben. Um welche Veränderungen es sich hier handelt, ist oft gesagt worden; die Stichworte sind bekannt: „dritte industrielle Revolution", „mikroelektronische Revolution", „Ende der Massenproduktion". „Ein Charakteristikum des heutigen Strukturwandels in der Industrie" – so stellen Schumann et al. fest – „besteht gerade darin, dass er übergreifend angelegt ist, tendenziell keine der vielfältigen Unternehmensfunktionen bzw. -bereiche ausspart, immer systematischer aufeinander bezogen wird und unter einer strengen Koordinationsverpflichtung steht." (Schumann et al. 1994, S. 12).

Es ist klar, dass die zahlreich propagierten und praktizierten neuen Management-Doktrinen von der „Lean Production" bis hin zur „Fraktalen Fabrik" zwar keineswegs das Ende der Massenproduktion bedeuten, sie setzen die Logik der traditionellen tayloristischen und fordistischen Rationalisierungskonzepte nicht völlig außer Kraft. Aber zugleich widersprechen sie ihr oder stellen sie geradezu auf den Kopf: Statt z. B. die Fertigungstiefe zu erhöhen und Dienstleistungsfunktionen zu integrieren, wird erstere verringert und werden letztere ausgelagert. Statt einer Zentralisierung der Führungsorganisation beobachten wir Tendenzen zur Dezentralisierung und zum Abbau von Hierarchieebenen. Statt Planung und Ausführung zu trennen, bemüht man sich um ihre Reintegration. Statt weiterer Formalisierung der Kontrollstrukturen strebt man wiederum eine Re-Personalisierung und Re-Politisierung der betrieblichen Leistungspolitik an.

Wir haben es mit einem anhaltenden und sich beschleunigenden Wandel des Rationalisierungswissens zu tun, der sich allem Anschein nach nicht geradlinig, sondern in Sprüngen vollzieht. Piore und Sabel (1985) haben diese diskontinuierliche

---

[1]Bei Robert Jackall findet sich folgende amüsante Schilderung einer Begegnung mit der Welt der Berater: „Management consultants probably play a signal role in the systematic condensation, simplification and popularization of important thought in all the social sciences. At one private conference of management consultants I recently attended, one speaker gave virtuoso performance of such syncretic ability. Among those theorists whose ideas were clearly recognizable, though unacknowledged, were not only Marx, Weber and Freud, but also Ferdinand Toennies, Emile Durkheim, Robert Merton, Daniel Bell and C. Wright Mills. The performance concluded with dire prophecies of corporate disaster unless the consultant's warnings were heeded" (Jackall 1988, S. 139).

Bewegungsform in Analogie zu dem bekannten Kuhn'schen Modell „wissenschaftlicher Revolutionen" beschrieben: Ein bestimmtes Konzept industrieller Organisation taucht auf, verbreitet sich, verfestigt sich zu einem „Paradigma", prägt den Kanon von Theorie, Ausbildung und Praxis, mit anderen Worten: Es tritt in die Phase der „Institutionalisierung" ein, in der es die oben erwähnte Aura unerschütterlicher naturwissenschaftlicher Objektivität gewinnt. Es folgt eine Phase „normaler" industrieller Entwicklung, in der der technisch-organisatorische Gestaltungsprozess sich in den Bahnen des herrschenden Leitbildes bewegt und auf Perfektionierung im Sinne dieses Leitbildes gerichtet ist. Irgendwann jedoch werden Grenzen dieser Perfektionierung sichtbar. Das etablierte Modell gerät in eine Krise, in gleichem Maß wächst das Interesse an neuen und grundsätzlich anderen Konzepten. Es entsteht jene Situation, die Piore und Sabel als eine „Wegscheide" (divide) bezeichnen, eine Situation, in der die Zukunft offen ist, und unterschiedliche technisch-organisatorische Gestaltungsoptionen konkurrieren. Aus dem Wettbewerb der alternativen Konzepte schält sich schließlich ein neues Konzept heraus, das sich als neues „Paradigma" etabliert und damit eine neue Phase „normaler" Entwicklung einleitet usw.

Die Thesen Piore und Sabels erregten zur Zeit ihrer ersten Veröffentlichung in der Mitte der achtziger Jahre Aufsehen, weil sie einen systematischen Angriff auf das damals in der Industriesoziologie, aber auch in Teilen der Managementwissenschaften vorherrschende Grundverständnis industrieller Rationalisierung darstellten. Rationalisierung wurde noch als kontinuierlicher, auf objektive ökonomisch-technische Gesetzmäßigkeiten gestützter Prozess der Perfektionierung fertigungstechnischer Zeitökonomie, als „reelle Subsumtion" der Arbeit unter das Kapital, oder auch als Optimierung von „economies of scale and scope" (Chandler 1977) begriffen. Demgegenüber betonten Piore und Sabel den diskontinuierlichen, politisch und sozial „konstruierten" Charakter von Organisations- und Rationalisierungswissen; an der Stelle von „Gesetzmäßigkeiten" sprechen sie von „Konzepten" oder „Paradigmen" der Rationalisierung. Das bedeutet, dass sich nicht nur in der *firmenspezifischen Anwendung* dieses Wissens Entwicklungen und Sprünge beobachten lassen, wie sie in Produktzyklus- und Organisationszyklus-Theorien (z. B. Mintzberg 1983) beschrieben werden, sondern dass die herrschenden Leitbilder organisatorischer Gestaltung selbst nicht universell gelten, sondern historisch entstehen und vergehen.

Diese These der grundlegenden Diskontinuität von Organisations- und Rationalisierungswissen hat seither von verschiedenen Seiten Schützenhilfe erhalten. Die französischen „Regulationisten" und ihre deutschen Anhänger (Boyer, Lipietz, Lutz, Roth und Hirsch u. a.) traten mit der Unterscheidung historisch unterschiedlicher „Modi" der „Regulation" von Produktion und Konsum hervor; Kern und Schumann mit ihren „neuen Produktionskonzepten"; Sorge (1985) unterschied in historischer Betrachtung Phasen der funktionalen „Kristallisierung" und der „Interpenetration" von Systemen. Heute ist die Diskontinuitätsthese in der Industriesoziologie fast zu einem Gemeinplatz geworden.

5.3 Die Rolle der Produktinnovation

Wie ist die Diskontinuität in der Entwicklung des Rationalisierungswissens zu erklären? Es liegt zunächst nahe, sie im Zusammenhang mit der ihrer Natur nach ebenfalls sprunghaften Produktinnovation zu sehen. Auf eine Innovation im „Was" der Produktion würde danach zwangsläufig eine Innovation im „Wie" der Produktion folgen. Eine solche Interpretation hat Volker Wittke vorgeschlagen (Wittke 1996). Wittke untersucht die Entstehung und Verbreitung des Konzepts der Massenproduktion am Fall der elektrotechnischen Industrie in Deutschland. Er weist nach, dass dieses Konzept nicht, wie bisher von vielen Autoren angenommen, evolutionär aus dem Rationalisierungsfortschritt in den um die Jahrhundertwende bereits existierenden Großbetrieben der Elektroindustrie entstanden ist. Schrittmacher der Einführung von Taylorismus und wissenschaftlicher Betriebsführung waren vielmehr die im Zuge der elektrotechnischen Konsumgüterrevolution (Kühlschränke, Waschmaschinen, Radio- und Fernsehgeräte) neu entstehenden Betriebe, die sich vielfach abseits der bestehenden industriellen Ballungszentren entwickelten. Unbelastet von bestehenden organisatorischen und institutionellen Strukturen waren sie in kurzer Zeit in der Lage, auf der „grünen Wiese" ein ihren Produktionsbedürfnissen gemäßes Organisationsmodell zu entwickeln. Danach wären es primär *neue Produkte*, die einen Bedarf auch nach neuen sozio-technischen Strukturen erzeugen und so die Dynamik organisatorischen Wandels bestimmen.

Wittkes Analyse führt uns bei der Beantwortung der Ausgangsfrage zwar einen Schritt weiter, mündet jedoch in zwei neue Probleme. Zum einen ergibt sich die Frage nach den Bedingungen der Produktinnovation selbst. Wittke versucht, sie mit dem Hinweis auf die Eigenlogik neuer Konsumformen zu beantworten, ohne die aktive Rolle der neuen Konsumgüterangebote und der kommerziellen Werbung für sie leugnen zu wollen. Um den Rückkoppelungsprozess zwischen unternehmerisch lancierten neuen Technikangeboten und der gesellschaftlichen Resonanz auf sie genauer zu charakterisieren, bietet sich das in der neueren Technikgeneseforschung entwickelte Konzept technologischer „Leitbilder" an. (Rammert 1993; Dierkes et al. 1996). Leitbilder sind symbolische Konstrukte, die kognitive, kommunikative und orientierende Funktionen erfüllen. Indem sie in der Öffentlichkeit zirkulieren, eröffnen sie „Visionen" neuer Lebensweisen und bereiten damit erst den Boden für die breite soziale Akzeptanz einer neuen Technik. Wie entscheidend die vorgängige soziokulturelle Rahmung durch kulturelle Leitbilder für die Diffusion neuer Technikangebote ist, hat Rammert am Beispiel des Telefons aufgezeigt. Bereits Ende der siebziger Jahre des 19. Jahrhunderts war die Erfindung des Telefons bis zur Marktreife gediehen. Anders als in den USA, wo es bald zu einem Markterfolg wurde, konnte sich das egalitäre Kommunikationsmittel Telefon in den durch ständisch-hierarchische und autoritäre Kommunikationsstile geprägten europäischen Gesellschaften jahrzehntelang nicht durchsetzen. Erst nach dem ersten Weltkrieg, als auch in Europa zivilgesellschaftliche Lebensformen unter dem Einfluss der neuen Leitbilder an Popularität gewannen, stieß das Telefon auf verstärkte Nachfrage.

Zum anderen lässt die Argumentation Wittkes offen, warum das Modell der Massenproduktion nicht an die Produktlinien gebunden blieb, in denen es entstanden war. Ungeklärt bleibt, warum es Modellcharakter für ökonomisch-technische Rationalität schlechthin gewann und in der Folge auch auf eine Vielzahl ganz heterogener Industrien und Produktlinien angewandt wurde. Selbst eine von ihrer Markt- und Produktstruktur für das Modell der Massenproduktion gänzlich ungeeignete Branche wie der Werkzeugmaschinenbau bemühte sich, wie von Freyberg (1989, S. 259 f.) gezeigt hat, dem Beispiel der Elektroindustrie nachzueifern und die Vorteile der Serienproduktion wenigstens in der Form einer betriebsübergreifenden Normung von Fertigungsteilen zu nutzen. In Gestalt des Rationalisierungskuratoriums der Deutschen Wirtschaft (RKW) gewann die Doktrin der Massenproduktion eine gesamtwirtschaftlich institutionalisierte Gestalt. Ein Beispiel für eine ökonomisch sogar dysfunktionale Diffusion und Generalisierung der Doktrin der Massenproduktion findet sich in den USA: Die in Massachusetts angesiedelte Textilmaschinenindustrie hatte sich, begünstigt durch ihre bis in die fünfziger Jahre hinein nahezu monopolistische Marktposition, auf eine auf Massenproduktion und fertigungsökonomische Effizienz konzentrierte Strategie festgelegt. Die Folge war, dass sie gegenüber ihren flexibleren europäischen Konkurrenten ins Hintertreffen geriet und schließlich weitgehend von der Bildfläche verschwand (Sabel et al. 1987).

Kurzum: Die Produktinnovationsthese kann zwar einen Beitrag zur Erklärung der Genese industrieller Organisationskonzepte leisten. Sie erklärt jedoch nicht, wie und unter welchen Bedingungen es zur allgemeinen Durchsetzung und zur *Institutionalisierung* eines bestimmten Konzepts kommt.

5.4 Mimetischer und normativer Isomorphismus

An dieser Stelle kann der Rückgriff auf die „neoinstitutionalistisch" genannten Ansätze in der Organisationsforschung weiterhelfen (Meyer und Rowan 1977; DiMaggio und Powell 1983; Scott 1995; vgl. auch Faust und Bahnmüller 1996). Wovon hängt es ab, ob sich ein bestimmtes Organisationskonzept durchsetzt oder nicht, ob Firmen sich zentralisieren oder dezentralisieren, ob sie Funktionen externalisieren oder internalisieren, formalisierte oder informelle Kontrollsysteme einsetzen usw.? Der schlichte Verweis of das Kriterium „Markterfolg" kann nur in wenigen Fällen befriedigen, denn in einer komplexen und veränderlichen Marktumwelt sind Wirtschaftsunternehmen in den meisten Fällen gar nicht in der Lage, die ökonomische Erfolgsträchtigkeit von Organisationskonzepten zuverlässig ex ante einzuschätzen. Erst recht versagt das Kriterium „Markterfolg" natürlich bei Organisationen, die gar nicht für einen Markt produzieren, wie etwa Schulen oder Universitäten.

Die Formel zur Lösung dieses Entscheidungsproblems, der die meisten Organisationen folgen, lautet vielmehr nach Meyer und Rowan u. a.: „Isomorphie". Mangels hinreichender eigener Informationen über effiziente Lösungen orientiert man sich an dem, was andere soziale Akteure in der Umwelt der Organisation für effizient *halten*, das heißt an Leit-

5.4 Mimetischer und normativer Isomorphismus

bildern und Vorbildern der gesellschaftlichen Umwelt. Isomorphie ist, wie vor allem Meyer und Rowan betonen, keineswegs nur als eine aus Unsicherheit geborene Verlegenheitslösung, sondern durchaus als rationale Strategie zu interpretieren. Denn durch konformes Verhalten gegenüber den normativen Erwartungen der gesellschaftlichen Umwelt können Organisationen auch das Vertrauen wichtiger externer Akteure (z. B. Aktionäre oder staatliche Auftraggeber) und damit den Zugang zu Ressourcen sicherstellen. Auf diese Weise können sich auf Isomorphie bauende Strategien *rückwirkend*, ganz unabhängig von ihrer ursprünglichen Erfolgsträchtigkeit, als effizient erweisen. Der Isomorphismus funktioniert, in anderen Worten, nach der Logik von Mertons „self fulfilling prophecy".

DiMaggio und Powell unterscheiden bekanntlich drei Formen, in denen sich diese Tendenz zur Isomorphie von Organisationen mit ihrer gesellschaftlichem Umwelt durchsetzt: „Mimetic Isomorphism", „Normative Isomorphism" und „Coercive Isomorphism". Zentral für unsere Frage nach den Bedingungen der Verbreitung von Rationalisierungswissen sind die erste und zweite Form, nämlich Isomorphie aufgrund von Nachahmung und von normativem Druck. Unternehmen reagieren auf Unsicherheit, indem sie die Rezepte der Konkurrenten imitieren, wobei diese Nachahmung absichtlich oder auch unabsichtlich sein kann. Als Beispiel für einen solchen mimetischen Isomorphismus nennen DiMaggio und Powell die systematische Übernahme westlicher Organisationskonzepte durch die japanische Wirtschaft in der ersten Hälfte dieses Jahrhunderts und den umgekehrten Prozess des „Lernens von Japan" in amerikanischen Unternehmen seit den siebziger Jahren. Normativer Isomorphismus entsteht dann, wenn ein bestimmtes Organisationskonzept den Status professionellen Wissens gewonnen hat, von den am industriellen Rationalisierungsprozess beteiligten Experten mit der ganzen Autorität ihres Sachverstandes verkündet und in Ausbildungsinstitutionen gelehrt wird. Auch hier fehlt es nicht an Beispielen; man denke etwa an den Refa-Verband für Arbeitsstudien, an das industrielle Normungswesen, an die Business Schools und die Beraterindustrie, die planmäßig Managementwissen erzeugen und immer neue Generationen von Führungskräften damit indoktrinieren. Eine Steigerung des normativen Isomorphismus stellt schließlich die dritte Form, der „Coercive Isomorphism", also die zwangsweise Durchsetzung von Regeln durch den Staat aufgrund von Gesetzen oder administrativen Vorschriften dar.

Wenn Unternehmen eine Politik des Isomorphismus in dem genannten Sinne verfolgen, so bedeutet dies nicht notwendigerweise, dass sie die in Rede stehenden Organisationskonzepte auch vollständig verwirklichen. Im Gegenteil: Gerade wegen des Rezeptcharakters der Modelle wird es immer Schwierigkeiten bei der Anwendung auf konkrete Aufgaben geben. Hinzu kommt, dass es möglicherweise Kollisionen zwischen verschiedenen, von außen an die Organisation herangetragenen Leitbildern gibt. Konflikte dieser Art werden, wie Meyer und Rowan zeigen, durch eine stillschweigende „Entkoppelung" (Decoupling) zwischen dem Leitbild und seiner tatsächlichen Anwendung gelöst: Man nutzt das Leitbild als Fassade, nicht zuletzt um in den Augen der Umwelt Kredit zu gewinnen, ändert aber kaum etwas an den tatsächlichen betrieblichen Abläufen und Strukturen oder erfindet eigene Lösungen. Als aktuelles Beispiel für diese Entkoppelung bietet sich das heute so populäre Konzept der „Gruppenarbeit" an, das nach dem Urteil eines kundigen Beobachters kaum mehr „als ein Etikett darstellt, hinter dem sich sehr unterschiedliche Konfigurationen verbergen, die den hier skizzierten Konzepten häufig nicht einmal annähernd entsprechen" (Ulich 1996, S. 36).

Was kann das institutionalistische Modell leisten? An dem schon oben im Zusammenhang mit der Arbeit Wittkes erwähnten Beispiel der Entstehung der Massenproduktion lässt sich aufzeigen, was es erklären und was es nicht erklären kann. Nicht erklären kann es das Auftreten von Unternehmern, die bereit sind, gegen den Strom zu schwimmen und neue Produktideen sowie technische Innovationen auch gegen den Widerstand der Umwelt zu realisieren versuchen. Eine solche Gestalt war ohne Zweifel Henry Ford. Er erzählt in seiner Lebensgeschichte, seine Idee, ein Automobil für breite Massen zu bauen, habe seinen Mitmenschen zunächst als purer Wahn erschienen: „Anfangs galten die pferdelosen Wagen nur als Ausgeburten einer tollen Laune; es gab viele kluge Leute, die einem haarklein auseinandersetzten, warum sie für immer ein Spielzeug bleiben müssten. Kein wohlhabender Mann erwog auch nur die Möglichkeit, diesen Gedanken kommerziell auszubeuten" (Ford 1923, S. 41).

Dass das Modell T aber dann doch zu einem Erfolg wurde, ist vor allem darauf zurückzuführen, dass Ford, ebenso wie Taylor und die Propagandisten der wissenschaftlichen Betriebsführung, nicht nur als Ingenieure und Manager, sondern als Verkünder einer gesellschaftspolitischen Botschaft auftraten. Die Botschaft versprach eine Lösung der sozialen und politischen Konflikte durch technischen Fortschritt und Massenwohlstand und wurde so zu einer „Formel des sozialen Friedens" (von Freyberg 1989, S. 308 f., vgl. auch Schumm 1994). Die charismatische Sogwirkung, die von der Doktrin der rationalisierten Massenproduktion ausging, riss die zunächst zögernden Unternehmer mit, und hier nun entstand in der Tat das Phänomen des mimetischen Isomorphismus. Sie stimulierte eine Welle von Investitionen und wurde zur Rechtfertigungsbasis ökonomischer Entscheidungen. Auch bei den Gewerkschaften und in der Öffentlichkeit fand sie positive Resonanz und wurde zum Leitmotiv von Leistungs- und Kooperationsappellen. Sie verband die Wissenschaft mit der industriellen Produktion und legte so den Grund für den sozialen Aufstieg ganzer Berufsgruppen wie Ingenieuren, Technikern, Arbeitsstudienfachleuten, Managern (Noble 1977); sie steigerte das Ansehen der technischen Wissenschaften gegenüber den in Deutschland traditionell höher geschätzten Geisteswissenschaften. Sie ging schließlich in den Kanon der Ingenieur-, Arbeits- und Organisationswissenschaften ein und führte zur Einrichtung eigener arbeitswissenschaftlicher Ausbildungsgänge. Selbst bis in die privatesten Lebensbereiche hinein, in der Hausarbeit etwa, fand „Rationalisierung" Anklang als Methode zur Erleichterung des Lebens. Kurzum: Die von Taylor und Ford verkündete Botschaft fand – so irrational und abenteuerlich sie zunächst wirkte – gesellschaftliche Resonanz, und diese Resonanz wiederum löste Verhaltensänderungen der gesellschaftlichen Umwelt aus, die die Botschaft ganz unabhängig von ihren ursprünglichen ökonomischen Erfolgschancen ex *post* bestätigten.

Der Gedanke, dass organisatorische Innovationen sich aufgrund eines Rückkoppelungsprozesses zwischen innovativen Akteuren und ihrer gesellschaftlichen Umwelt durchsetzen, ist in der konstruktivistisch orientierten Organisationsforschung aufgenommen und weiter ausgearbeitet worden. Als allgemeiner Orientierungsrahmen dient hier meist Giddens' Konzeption eines rekursiven Konstitutionszusammenhangs von Handeln und Struktur (Giddens 1985; Ortmann 1995). Organisationen werden als Strukturen betrachtet, die aus mikropolitischen Spielen der beteiligten Akteure planmäßig oder unplanmäßig hervorgehen, beziehungsweise durch sie „gestaltet" (Weick 1985) werden. Ideen werden kreiert, sie reisen zwischen den beteiligen Akteuren hin und her, sie materialisieren sich in Strukturen und technologischen Artefakten. Czarniawska und Joerges (1996) haben diese „Reise der Ideen" (travel of ideas) untersucht. Sie unterscheiden die Stadien der „Objektivierung", der „Verbreitung" und der „Inszenierung" und versuchen, die Mechanismen zu identifizieren, die jeweils verstärkend oder blockierend wirken. Zugleich richtet sich die Aufmerksamkeit auf die nicht intendierten Handlungswirkungen, die in den verschiedenen Stadien der Reise auftreten. So ergibt sich eine differenziertere Interpretation des Institutionalisierungsprozesses, die die bei Meyer und Rowan und DiMaggio und Powell sicherlich vorhandene strukturfunktionalistische Schlagseite vermeidet.

5.5 Das Problem der ökonomischen Umwelt

Sowohl der institutionalistische als auch der konstruktivistische Ansatz haben die Diskussion mit wichtigen Gedanken bereichert, und sie bringen uns auf dem Weg zu unserem Ziel, die diskontinuierliche Bewegungsform industriellen Rationalisierungswissens zu erklären, ein gutes Stück weiter. Das Ziel selbst ist jedoch noch keineswegs erreicht. Mithilfe des institutionalistischen Ansatzes können wir zwar besser verstehen, wie Organisationskonzepte, wie immer sie entstanden sind, sich verbreiten und sozial verfestigen, nämlich über die Mechanismen des mimetischen und normativen Isomorphismus. Die konstruktivistische Position differenziert dieses Erklärungsmodell, indem sie die Perspektive der Akteure und die sich aus dieser Perspektive ergebenden kontraintentionalen Effekte einbezieht. Unklar bleibt jedoch nach wie vor die zweite, gegenteilige Phase des Prozesses: Wie kommt es dazu, dass einmal etablierte Paradigmen erschüttert und diskreditiert werden?[2] Auch ist das noch grundlegendere Problem der Genese von Innovationen noch keineswegs vollständig gelöst. Innovationen

---

[2] Auch der die Kontingenz organisatorischer Gestaltungsprozesse scheinbar so betonende „mikropolitische" Ansatz Ortmanns kann letztlich nur die sukzessive *Schließung* mikropolitischer „Entscheidungskorridore", nicht ihre Öffnung plausibel erklären und ist insofern sehr viel stärker strukturtheoretisch angelegt, als es auf den ersten Blick den Anschein hat: „Mikropolitisch einmal Ausgehandeltes wird nur ungern angetastet, weil es in der Regel ein recht fragiles Arrangement unterschiedlicher Interessen bildet. Die mikropolitischen Kosten eines neuen *bargaining* werden normalerweise gescheut. Dies alles führt dazu, dass im Entscheidungskorridor normalerweise nur inkrementalistisch vorgegangen wird, die Richtung nur unter größeren Mühen geändert werden kann, dass Stoppen und Umkehren (fast) nicht möglich sind." (Ortmann 1995, S. 63).

entstehen ja keineswegs nur aufgrund unintendierter Handlungsfolgen, sondern durch voluntaristische, zielstrebige Aktivitäten von „Unternehmern". Was treibt das Handeln von Unternehmern an?

Auf beide Fragen können die beiden genannten Forschungsrichtungen keine rechte Antwort geben. Meine These ist nun, dass dieses Defizit mit einer gemeinsamen Schwäche der beiden Ansätze zusammenhängt: Sie thematisieren und analysieren zwar sehr differenziert die Beziehungen zwischen Organisationen und ihrer gesellschaftlichen Umwelt, sowie die Interaktionsprozesse mit den anderen institutionellen Akteuren, die sich im Umfeld von Organisationen finden. Sie berücksichtigen aber zu wenig das Verhältnis von Organisationen zu ihrer ökonomischen Umwelt und argumentieren insofern in einem zu engen Sinn „soziologisch".

Um Missverständnisse zu vermeiden, ist dieser Vorwurf sofort zu präzisieren: Für Meyer und Rowan, DiMaggio und Powell, Scott und die anderen beteiligten Autoren war die kritische Auseinandersetzung mit einem naiven Ökonomismus ein wesentlicher Impetus der Entwicklung ihrer eigenen organisationssoziologischen Position. Unter „naivem Ökonomismus" ist die Vorstellung zu verstehen, der Markt *per se* sende Signale aus, an denen unternehmerische Akteure ihre Produktstrategien und organisatorischen Gestaltungsoptionen orientieren könnten. Dagegen setzen die Autoren das berechtige Argument, dass Unternehmer die Signale des Marktes nur unter explizitem oder implizitem Rückgriff auf gesellschaftliche Deutungen, Leitbilder, Institutionen entziffern können. Organisationen sind nicht unmittelbar mit „dem Markt" konfrontiert, sondern immer nur mit dem *Bild* des Marktes, das sie sich selbst unter dem Einfluss der gesellschaftlichen Umwelt machen. Erst diese Bilder schneiden die Wahrnehmung des Marktes auf ein Format zu, das überhaupt rationales oder strategisches Handeln ermöglicht. Mit anderen Worten: Leitbilder und Institutionen begründen zwar rationales Handeln, sie sind aber selbst nicht rational erklärbar und werden deshalb von Meyer und Rowan auch als „Mythen" bezeichnet. Die Annahme etwa (um auf das oben zitierte Beispiel zurückzukommen), dass die Menschen in dem Automobil niemals etwas anderes erblicken werden als ein Spielzeug, bringt ein bestimmtes Leitbild gesellschaftlicher Lebensformen und Konsumstile zum Ausdruck, ebenso auch die gegenteilige Annahme, dass das Automobil zum Mittelpunkt einer „mobilen" Lebensführung breiter Massen werden könnte. Eine rationale Unternehmensstrategie setzt die Entscheidung für eine der beiden Annahmen voraus. Der Konflikt zwischen beiden Annahmen selbst lässt sich aber ex ante mithilfe rationaler Argumente kaum entscheiden. Welche Option schließlich zum Zuge kommt, lässt sich nicht theoretisch, sondern nur historisch und wissenssoziologisch erklären. Wenn überhaupt, sprechen die rationalen Argumente für die erste, konservative Position. Welche Annahme sich am Ende durchsetzt, wird von der gesellschaftlichen Resonanz abhängen, die die beiden zugrunde liegenden Mythen finden. Stößt der zweite Mythos auf Resonanz, so wird dies eine Veränderung des gesamten Datenkranzes auslösen, die jede noch so gut begründete Rationalität der ersten, konservativen Position Lügen straft.

5.5 Das Problem der ökonomischen Umwelt

Dieser Kritik am naiven Ökonomismus ist ohne weiteres zuzustimmen, aber: mit ihr ist das Problem der ökonomischen Umwelt der Organisation noch keineswegs erledigt. Die ökonomische Umwelt verschwindet nicht dadurch, dass man sie zu einem symbolischen Konstrukt der Organisation erklärt. Sie bietet zwar allein keine Anhaltspunkte für rationales Handeln. Sie stellt aber dennoch einen handlungswichtigen Horizont dar, der komplexer ist als jede Struktur und Strategie von Organisationen. Sie ist zugleich unaufhörlich in Bewegung, unterspült etablierte Wahrnehmungsmuster, Leitbilder, Institutionen, bringt sie zum Einsturz – und schafft damit wiederum Raum für das Auftauchen neuer. Schumpeter hat diese Bewegung mit dem treffenden Ausdruck „schöpferische Zerstörung" bezeichnet. Inwiefern, warum ist das so? Wir müssen uns genauer mit dem Konzept der „ökonomischen Umwelt" beschäftigen, was ich hier nur knapp tun kann (ausführlicher die Beiträge des Teil I in diesem Band).

Der Markt, also die wirtschaftliche Umwelt der Unternehmen wird, so heißt es heute, durch die „Autopoiesis des Geldes" (Luhmann 1988) bestimmt. Zahlungen sind die Elementaroperation des Wirtschaftssystems. Geld ist, wenn wir Luhmann weiter folgen, ein Kommunikationsmedium und als solches ein symbolisches Konstrukt wie organisatorische und technische Leitbilder, aber es ist mehr als das: Es verkörpert einen Anspruch, eine Anweisung auf etwas, es liefert mit der Botschaft die Motivation zu ihrer Annahme gleich mit.

Welches ist die Botschaft, die Geld verkörpert und wie unterscheidet sie sich in den in Organisations- und Rationalitätsmythen verkörperten Botschaften? Die Antwort hängt davon ab, welche Funktion des Geldes man in den Mittelpunkt rückt. Fasst man das Geld nur als Tausch- und Zahlungsmittel, wie Luhmann es tut, so bietet das zwar vielleicht eine Grundlage für die Unterscheidung wirtschaftlicher und nichtwirtschaftlicher Transaktionen, aber die Notwendigkeit eines Komplexitätsgefälles zwischen Markt und Organisation folgt daraus allein noch nicht.

Das Geld ist jedoch – darauf geht Luhmann kaum ein – nicht nur Tausch- und Zahlungsmittel, sondern auch Kapital bzw. „Vermögen". Als solches vermittelt es nicht den Zugriff auf ein bestimmtes Gut, sondern, auf „an unspecified article at an unspecified time" (Keynes 1973, S. 211), mit anderen Worten: auf *Reichtum schlechthin.* Es ist die „absolut gesellschaftliche Form des Reichtums" (Marx 1988, S. 145), so hatte Marx es siebzig Jahre früher formuliert. Sein eigentlicher Gebrauchswert liegt in der zeitlichen, sachlichen und sozialen Dispositionsfreiheit des Eigentümers selbst, in der magischen Kraft, die das „Vermögen" (die Alltagssprache drückt es präzise aus!) vermittelt.

Es wird hier eine metaphysische Dimension des Geldes sichtbar, die auf seine historischen Ursprünge verweist, nämlich auf seine Entstehung als Opfergut, als Mittel der Kommunikation mit den Göttern (Laum 1924). Diese übersinnliche Qualität des Geldes haben nach Marx nicht nur Keynes, sondern auch Veblen und Simmel je auf ihre Weise entdeckt und analysiert. Veblen (1953) zeigt auf, in welchem Ausmaß die Entwicklung der modernen Wirtschaft und Gesellschaft durch den Imperativ der Symbolisierung von Reichtum beherrscht wird. Simmel fasst das Geld als „absolutes Mittel" und leitet daraus eine Verwandtschaft des Geldes mit der Gottesidee ab (Simmel 1989, S. 305).

Mit der Vermögens- oder Kapitaleigenschaft des Geldes lässt sich erklären, warum der Markt komplexer ist als jede Strategie, jede Struktur, jede Institution. Denn der in der Kapitalform des Geldes verbürgte Anspruch auf *absoluten Reichtum* weist a priori über jede besondere, in Produkten, Maschinen, organisatorischen Strukturen und selbst Computerprogrammen inkorporierte Realisierung dieses Anspruchs hinaus. Es geht nicht nur um fertigungstechnische Effizienz, höhere Produktivität, niedrigere Preise, ebenso wenig nur um eine höhere Vielfalt oder Qualität von Produkten, auch nicht nur um aufmerksamer und freundlicher geleistete Dienste – es geht nicht nur um den gesamten wirklichen, sondern darüber hinaus um den möglichen Reichtum. Das Vermögen verweist nicht nur auf sachlich, zeitlich und sozial unbestimmten Reichtum, es konstituiert auch einen Anspruch auf seine Einlösung. Diese kann freilich nicht länger durch die Götter, sondern nur durch Arbeit erfolgen – am Ende *nur* durch die lebendige Arbeit, nicht durch bereits kristallisierte Produkte oder Artefakte, denn allein erstere ist genuin innovativ und kann die je gegebenen Gegenständlichkeitsformen des Reichtums transzendieren. Kapital ist nichts anderes als eine säkularisierte, nämlich auf Arbeit umgestellte Neufassung der archaischen Bestimmung des Geldes als Medium des Erwerbs nichtprofaner Güter und Leistungen. Der Möglichkeitshorizont, den die Kapitalform konstituiert und die Ansprüche, die sie an die Arbeit stellt, sind uneinholbar, nicht einmal durch so genannte „virtuelle" Welten. Die Differenz zum Absoluten ist – dies hat schon Simmel gesehen – nicht mehr qualitativer, sondern nur mehr quantitativer, eben deshalb durch stetiges „Wachstum" zu überwindender Art. Diese Implikationen der Kapitalform des Geldes erklären, warum die wirtschaftliche Reproduktion in einer kapitalistischen Gesellschaft nicht als schlicht zweckrational zu lösendes Problem der Sicherung des Lebensunterhalts behandelt werden kann, sondern als metaphysische Schicksalsfrage inszeniert werden muss.

Um den Vergleich mit der Religion noch ein wenig weiter zu treiben: So, wie der Gläubige die direkte Konfrontation mit Gott nicht aushalten kann, sondern der Vermittlung durch irdische Stellvertreter, Heilige, Heilsgeschichten usw. bedarf, können auch die ökonomischen Akteure die direkte Konfrontation mit der Utopie des absoluten Reichtums nicht aushalten. Sie müssen ihn deuten, sie sind auf seine Interpretation durch sekundäre Mythen, nämlich technologische Visionen, Organisationsleitbilder und Institutionen angewiesen, die eine gegenständliche Bestimmung des Reichtums liefern und so die Utopie in ein für Handeln anschlussfähiges Format transformieren. Weil aber die Utopie als solche erhalten bleibt und in der ökonomischen Umwelt weiter wirkt, können alle diese sekundären Deutungen und die aus ihnen abgeleiteten Strukturbildungen nur temporäre Geltung haben. Das Versprechen, mit dem sie antreten, können sie niemals einlösen. Als Träger der Utopie können sie nämlich nur so lange taugen, wie sie noch in Entstehung und Entwicklung begriffen sind, ihr innovatives Potenzial noch nicht erschöpft ist. Nur so lange können sie durch Mobilisierung lebendiger Arbeit den Prozess schöpferischer Zerstörung vorantreiben, was nichts anderes heißt als: den Traum vom absoluten Reichtum ein Stück weit *praktisch* zu verkörpern und zu transportieren. In dem Maße, wie ein Strukturmodell sich rational verfestigt, „funktional kristallisiert" (Sorge 1985, S. 62 f.) und über die Prozesse des mimetischen und normativen

Isomorphismus institutionalisiert, verliert es diese transzendentale Aura. Dann entsteht jener Zustand, der in der Sprache der Ökonomie als „Sklerose" bezeichnet wird. Arbeit wird nicht mehr schöpferisch-zerstörend, sondern strukturiert eingesetzt. Sie kann keinen Mehrwert mehr erbringen und produziert nur noch gegenständlichen, keinen absoluten Reichtum mehr – und dies muss den Untergang der Struktur bedeuten.

Man kann das Dilemma, das sich ergibt, auch so formulieren: Solange der kapitalistische Prozess der schöpferischen Zerstörung fortdauert, werden die ökonomischen Akteure es immer mit einer unbestimmbar komplexen Umwelt zu tun haben, die sie ungefiltert nicht aushalten können. Auch der Unternehmer, selbst der Schumpeter'sche, ist eben keineswegs grenzenlos innovativ und flexibel, auch er handelt nur begrenzt rational, und so muss er sich gegen die ökonomische Umwelt abgrenzen und entsprechende Selbstabstraktionen entwickeln. Dies geschieht durch die „Form des Unternehmens" (Baecker 1993), seine Strukturen und Strategien. Diese wiederum können sich nur entwickeln und konsolidieren, indem sie sich an gesellschaftliche Institutionen und Symbolwelten anlehnen. Je perfekter aber ihre rationale Ausgestaltung fortschreitet, je besser sie damit ihre Orientierungsfunktion für das Handeln erfüllen, desto stärker müssen sie die ungeplanten ökonomischen Konsequenzen dieses Handelns und die nicht genutzten Möglichkeiten ausblenden. Dies führt zu einer unwillkürlichen Kumulierung dieser Konsequenzen bis zu jenem Punkt, an dem der Druck der ökonomischen Umwelt übermächtig wird. Die ausgeblendeten Nebenfolgen des herrschenden Leitbildes können dann nicht länger ignoriert werden und das Leitbild „kippt um". Es entsteht die Situation der „Wegscheide", aus der schließlich ein neues Paradigma hervorgeht – und so weiter.

5.6 Ein Zyklusmodell industrieller Rationalisierung

Wir nähern uns unserem Ziel, die diskontinuierliche Bewegungsform des Rationalisierungswissens, wie sie von Piore und Sabel beschrieben wurde, in allen ihren Phasen zu erklären, also nicht nur die Phase des Aufstiegs und der institutionellen Befestigung, sondern auch die der Krise und des Niedergangs. Das Zyklusmodell industrieller Rationalisierung, das sich ergibt, möchte ich nun zusammenfassend darstellen. Es gliedert sich in die Phasen der Entstehung, Kodifizierung, Institutionalisierung, Niedergang und Krise.

Entstehung Organisatorische Strukturbildungen (Strategien und Strukturen) und die gesellschaftlichen Leitbilder und Institutionen, mit denen sie verknüpft sind, sind „gesellschaftliche Konstruktionen" im Sinne der Wissenssoziologie Berger und Luckmanns (1980). Ihre Funktion ist es, die unbestimmbare Komplexität der ökonomischen Umwelt auf ein strategisch bearbeitbares Format klein zu arbeiten. Sie ermöglichen strategische Rationalität, können aber selbst nicht rational, sondern nur wissenssoziologisch erklärt werden; ihr Charakter ist der von Rationalitätsmythen. Der Boden, auf dem neue organisatorische Konzepte wie auch die mit ihnen verknüpften technischen- und Produktinnovationen entstehen, ist der die kapitalistische Entwicklung regierende Urmythos vom absoluten Reichtum, der eine stetige Herausforderung für unternehmerische Initiativen darstellt. Ihre Genese folgt keiner rationalen Logik, keiner wie immer definierten objektiven Gesetzmäßigkeit. Charismatische Gründerfiguren treten auf, die eine Schar von Jüngern um sich sammeln, technologische Utopien und Leitbilder verbreiten, Koalitionen mit einflussreichen Unterstützern schmieden (siehe die Fallbeispiele bei Dierkes et al. 1996, S. 55 f.). Auch in Forschungslaboratorien generierte Innovationen können letztlich nur reüssieren, wenn sie eine Rahmung durch solche Leitbilder erhalten. Ist die Botschaft erfolgreich, lässt sie die Verheißung des absoluten Reichtums aufblitzen, so generiert sie zirkuläre Handlungsabläufe nach dem Muster von Mertons „self fulfilling prophecies" und schafft damit die zu ihrer rationalen Rechtfertigung erforderlichen Fakten selbst.

Kodifizierung In dem Maße, wie sie sich sozial verbreiten und entfalten, verlieren Mythen ihren ursprünglich innovativen Charakter, wirken aber zugleich in wachsendem Maße sozial und ökonomisch strukturbildend. Sie differenzieren sich in zunehmend kodifiziertes Wissen aus. Sie definieren dann Dimensionen und Standards von Rationalität, bestimmen die Entwicklungslinien technischer und organisatorischer Gestaltung und schreiben Prinzipien der Funktionsteilung zwischen Mensch und Maschine vor. Sie strukturieren und legitimieren zugleich Machtverhältnisse und Kommunikationsprozesse. Wittke (1990, S. 26) unterscheidet zwischen „Rationalisierungsparadigmen" einerseits und aus ihnen abgeleiteten „Rationalisierungskonzepten" andererseits. Erstere strukturieren die elementaren Selbstverständlichkeiten betrieblicher Organisation und Planung, letztere geben Richtlinien für konkrete Gestaltungsschritte und technisch-organisatorische Problemlösungen vor.

In der Phase der **Institutionalisierung** findet die Lehre allgemeine Anerkennung. Sie wird in den Rang von Standardwissen erhoben, geht in die Ausbildungsprogramme von Ingenieurschulen, Universitäten und Technischen Universitäten ein. Sie wird zur unbefragten Leitlinie praktischer Organisationsgestaltung und vergegenständlicht sich in Gestalt von Maschinen, Apparaten, technischen Systemen, organisatorischen Strukturen. Je länger die Phase der Institutionalisierung andauert, desto mehr nimmt das Gewicht dieser vergegenständlichten Gestalt des Wissens auf Kosten der lebendigen Arbeit zu, und dies wiederum schafft zusätzliche Fakten und Präjudizien, so genannte „Sachzwänge", die in Richtung auf eine weitere Befestigung des Paradigmas wirken. Es ist nicht allein der Konventionalismus der Techniker und Ingenieure, sondern zunehmend der Sachzwang der bereits getätigten Investitionen selbst, der die Institutionalisierung befördert.

Eine vollständige Institutionalisierung eines bestimmten technologischen Paradigmas ist dennoch nicht zu erwarten. Es wird immer Unternehmen und Wirtschaftszweige geben, die sich aufgrund ihrer besonderen Bedingungen als rationalisierungssperrig erweisen, Schwierigkeiten mit der Anwendung der Lehre haben und daher stillschweigend Zuflucht zu der erwähnten Technik der „Entkoppelung" nehmen: Sie tragen dem neuen Leitbild zwar oberflächlich Rechnung, behalten die früheren Strukturen aber faktisch bei oder entwickeln eigene Lösungen. Solche Anomalien können, wie man am Beispiel der „lean production" zeigen könnte, später zur Keimzelle neuer Leitbilder werden.

5.6 Ein Zyklusmodell industrieller Rationalisierung

Die Befestigung eines bestimmten Paradigmas im Zuge des mimetischen und normativen Isomorphismus der Unternehmen präjudiziert aber seinen Untergang. Es bremst die ökonomische Dynamik, indem es die Akkumulation ungeplanter, ökonomisch dysfunktionaler Nebenfolgen begünstigt und das Aufkommen alternativer technologischer Optionen unterdrückt. Es kommt zur technologischen „Verriegelung" (Ortmann 1995, S. 151 f.) und zur „Sklerose". Damit folgt auf die Phase der Institutionalisierung die des **Niedergangs.** Sie ist charakterisiert durch zunehmendes Hervortreten negativer Produktivitätseffekte, abnehmende Erträge und sinkenden Grenznutzen des in den Bahnen des traditionellen Leitbildes verharrenden Rationalisierungshandelns.

Der Niedergang erreicht schließlich das Stadium der **Krise.** Die Akkumulation der dysfunktionalen Nebenfolgen des herrschenden Paradigmas kann nicht länger ignoriert werden. Die sinkenden Profite erzwingen eine grundlegende Überprüfung des etablierten Rationalisierungsmodells. Nicht nur die Häufigkeit der Bankrotte wächst, sondern auch die betriebspolitischen Machtkämpfe und Auseinandersetzungen im Management nehmen an Heftigkeit zu. Es kommt zu einer allgemeinen Politisierung von Managemententscheidungen mit zunehmenden Interventionen auch externer Akteure.

Bereits in der Phase des Niedergangs und erst recht in der Krise reifen die Voraussetzungen für die Entstehung eines neuen Rationalisierungsmythos. Neue Angebote, Modelle, Konzepte können mit einer gesteigerten Chance auf Beachtung und Verbreitung rechnen. War Rationalisierung in der Phase der Institutionalisierung „technikzentriert", so wird nun die innovative Potenz der Arbeit neu entdeckt. Irgendwann schält sich ein neuer Mythos heraus, der zum Träger eines neuen Zyklus avanciert. Der neue Zyklus stellt dennoch keine einfache Wiederholung des alten dar. Statt von einer einfachen Kreislaufbewegung könnte man treffender von einer „Spirale" sprechen. Der neue Zyklus entwertet zwar die im Rahmen des alten geschaffenen technisch-organisatorischen Systeme und Wissensbestände, entwickelt sie aber zugleich in neuer Richtung weiter. Er setzt *an den blinden Flecken und ungeplanten Hinterlassenschaften des alten Mythos an* und macht sie zum Gegenstand neuer Rationalisierung. Die Weisheiten der alten Lehre werden auf den Kopf gestellt: Was vorher falsch war, wird zum Inbegriff der neuen Weisheit, was vorher als richtig galt, verfällt unnachsichtiger Kritik.

Aber auch der neue Zugriff – so könnte man den Gedanken fortsetzen – erweist sich wiederum als selektiv und erzeugt neue, andere blinde Flecken und ungeplante Hinterlassenschaften. So nährt sich die Rationalisierung immer wieder aufs Neue selbst. Im Übergang vom einen Zyklus zum nächsten lässt sich zwar durchaus eine Entwicklung feststellen, eine Entwicklung schon in dem Sinne, dass das objektive Gewicht der „Altlasten", der bereits objektivierten Strukturen im Verhältnis zu den neu erzeugten zunimmt. Auch das allgemeine Vergesellschaftungsniveau der wirtschaftlichen Aktivitäten nimmt zu. Das berechtigt jedoch kaum zu Fortschrittsoptimismus im Sinne von Hegels „Negation der Negation". Treffender bleibt das Bild von einem sisyphusartig sich selbst nährenden Prozess produktiver Destruktion (Deutschmann 1996b).

5.7 Erschöpfung der Mythenspirale?

Es war vor allem das historische Schicksal des Rationalisierungsmodells der „Massenproduktion" das uns als Vorbild für die Konstruktion dieses Modells gedient hat. Das Modell ist auch geeignet, die Richtung der in der postfordistischen Umbruchsphase zu beobachtenden Suche nach neuen Leitbildern sichtbar zu machen. Der postfordistische Umbruch ist ja zum großen Teil nicht aus systemexternen Faktoren zu erklären, sondern aus der Kumulation der ungeplanten Hinterlassenschaften der Rationalisierung selbst, nämlich der jahrzehntelangen Herrschaft tayloristischer und fordistischer Leitbilder mit ihren Folgen steigender Kapitalintensität und bürokratischer Kopflastigkeit der Unternehmen (Springer 1999). Erst das Manifestwerden dieser Folgen hat den Boden für die informationstechnische „Revolution" und die in ihrem Gefolge entstandenen neuen Hochtechnologieindustrien bereitet, denen Wittke (1996, S. 193) eine Schlüsselrolle für künftige industrielle Restrukturierungsprozesse zuspricht. Das „Umkippen" des alten Modells hat jedoch auch in den etablierten Industrien seit geraumer Zeit eine Suche nach neuen Organisationsleitbildern ausgelöst. Die so genannte „schlanke" Produktion hat sich in der japanischen Automobilindustrie bereits in den sechziger Jahren als eine Anomalie des auf die japanischen Verhältnisse nur bedingt anwendbaren fordistischen Massenproduktions-Modells entwickelt (Schonberger 1982). Den Rang eines neuen Paradigmas gewann sie jedoch erst zu Beginn der neunziger Jahre, wofür der Erfolg der bekannten Schrift von Womack et al. (1991) eher als Symptom denn als Ursache zu betrachten ist.

Als neuer Basismythos ist das Modell der „lean production" offensichtlich deshalb gut geeignet, weil es den Finger genau auf die blinden Flecken des alten Modells, seine ungeplanten Hinterlassenschaften legt: die marktökonomische Inflexibilität, die Bürokratisierung der Steuerungs- und Kommunikationswege, die zunehmenden Kosten der indirekten Arbeit, die Langwierigkeit innovativer Projekte. Es deutet in der Tat vieles darauf hin, dass wir uns an der Schwelle der Institutionalisierung von „lean production" (und anderer verwandter Modelle) als neues Paradigma befinden. Wie dauerhaft und stabil diese Institutionalisierung sein wird, ist schwer zu beurteilen. Sicher ist nur eines: Auch der neue Mythos wird seine blinden Flecken und ungeplanten Konsequenzen offenbaren. Teilweise zeichnen sich jene schon heute ab, etwa in Japan, wo manche Autoren schon wieder Schwierigkeiten mit der „lean production" registrieren (Nomura 1992). Auch in Europa können, wie Hirsch-Kreinsen meint, die ungeplanten desintegrierenden Auswirkungen der Realisierung dieses Konzepts nicht mehr lange ignoriert werden. Er sieht „die Unternehmen bei einem radikalen Abbau von Zentralisierung und Hierarchie in eine Dezentralisierungsfalle laufen, die ihre Funktionsfähigkeit nachhaltig behindert" (Hirsch-Kreinsen 1995, S. 433) und eine Politik unschlüssigen Hin- und Herpendelns zwischen Dezentralisierung und erneuter Rezentralisierung zur Folge haben könnte. Der strukturelle Egoismus der dezentralisierten Subsysteme, die Überforderung der Manager durch die ihnen zugemutete Unternehmerrolle, die Kappung

5.7 Erschöpfung der Mythenspirale?

von Aufstiegs- und Entwicklungschancen für die Beschäftigten sowie die daraus resultierenden Motivationsverluste, die Beseitigung produktiver Redundanzen sind Folgeprobleme, die von den Propheten der „lean production" offensichtlich unzureichend bedacht worden sind (Staehle 1991; Deutschmann et al. 1995).

Es könnte sich hier eine Tendenz zur Beschleunigung der Zyklen, zur Verringerung der Halbwertzeit von Rationalisierungswissen ankündigen. Die immer weiter fortschreitende Kommerzialisierung des Managementwissens durch die Consulting-Industrie ist ein Faktor, der die Konkurrenz um den „letzten Schrei" anheizt und die Dramatisierung des jeweils Neuen befördert. Neben der „lean production" haben wir es ja mit einem immer rascher wachsenden Angebot neuer Doktrinen zu tun: „Total Quality Management", „Reingeneering", „fraktale Fabrik" usw. Das Tempo, in dem neue Rationalisierungsmythen entstehen und verglühen, scheint zuzunehmen und umgekehrt: Die Chance auf eine relativ dauerhafte Institutionalisierung nimmt ab; Mythen nehmen den Charakter von „Moden" an (Kieser 1996).

Auch die Konzentration der Forschung in organisatorisch verselbstständigten großindustriellen Labors und Innovationsnetzwerken erschwert ihre unternehmerische Umsetzung und verhindert, dass Innovationen sich zu Mythen mit gesellschaftlicher Breiten- und Tiefenwirkung fortentwickeln. In manchen Fällen, wie bei den schon seit den siebziger Jahren intensiv propagierten „neuen Medien" und „Multimedia-Systemen", scheint schon der Start wegen der nicht gelingenden soziokulturellen Rahmung trotz aller Bemühungen nicht recht zu funktionieren (Kubicek und Schmid 1996). Die immer aufwendigeren Bemühungen um Erzeugung neuer Mythen greifen, darauf deuten die Klagen in Wirtschaft und Wissenschaft über die mangelnde Technikakzeptanz und Innovationsbereitschaft der Bevölkerung hin, offenbar zunehmend ins Leere.

Was aber, wenn es schließlich nicht mehr gelingen sollte, die in der Kapitalform des Geldes angelegte Utopie vom absoluten Reichtum mit überzeugenden technologischen- und Managementvisionen zu füllen und sie damit am Leben zu erhalten? Die Betrachtungen Keynes' zu dieser Frage aus den dreißiger Jahren sind weitgehend in Vergessenheit geraten, aber dennoch heute nach wie vor (oder erneut) lesenswert. Die Folge der Erschöpfung der Mythenspirale wäre – so sah er es – dass das Kapital seinen Knappheitswert verlieren würde, in anderen Worten: Die Basisutopie würde entzaubert, der Traum vom absoluten Reichtum wäre ausgeträumt. Die Erwartung, dass Kapitalinvestitionen einen „Profit" oder „Zins" abwerfen, ist realistisch nur in einer systematisch wachsenden, permanent nach neuen Ufern strebenden Wirtschaft, in der das als Kapital fungierende Geld die Gegenwart nicht nur mit der Zukunft verbindet, sondern sie der letzteren unterordnet. In einer reifen Wirtschaft mit stationärer oder schrumpfender Bevölkerung und weitgehend saturierten Bedürfnissen geht der Bedarf nach einer solchen Dynamik zurück, und auch das Ausweichen auf zunehmend symbolische Formen des Konsums im Veblen'schen Sinne dürfte daran auf die Dauer nichts ändern. Damit, so wäre aus meiner Sicht hinzuzufügen, verschwände auch der Boden, auf dem technologische Leitbilder und Organisationsmythen ihre Lebensstile und Kulturen transformierende Rolle erfüllen können. Die Mythenspirale würde im Stadium der „Sklerose" stehen bleiben.

Wo aber die Zukunft nicht mehr gefragt ist und wirtschaftliches Handeln sich mehr oder weniger auf die Reproduktion stationärer Kreisläufe beschränkt, verliert die Vorstellung von Kapitaleigentümern, sie hätten Anspruch auf einen „Ertrag", ihre Grundlage. Halten sie dennoch eigensinnig an dieser Vorstellung fest, so muss dies nach Keynes zu einer permanenten Wirtschaftskrise mit wachsender Unterbeschäftigung führen. Dann falle der staatlichen Wirtschaftspolitik keineswegs nur die Funktion einer antizyklischen Konjunktursteuerung, sondern eine *gesellschaftspolitische* Aufgabe zu: nämlich auf eine allmähliche „Euthanasie des Rentiers" hinzuwirken (Keynes 1973, S. 376). Keynes hielt es sogar für möglich, dieses Ziel innerhalb einer Generation zu erreichen – verfrüht, wie wir heute wissen:

> „On such assumptions I should guess that a properly run community equipped with modern technical resources, of which the population is not rising rapidly, ought to be able to bring down the marginal efficiency of capital in equilibrium approximately to zero within a single generation; so that we should attain the conditions of a quasi-stationary community where change and progress would result only from changes in technique, taste, population and institutions, with the products of capital selling at a price proportioned to the labour, etc., embodied in them on just the same principles as govern the prices of consumption-goods into which capital-charges enter in an insignificant degree" (Keynes 1973, S. 220, 221).

Die Wirtschaft, die so entstehen würde, wäre – in anderen Worten – eine Marktwirtschaft im strikten Sinn, in der Produktionsgüter ebenso wie Konsumgüter ihren im Preis ausgedrückten Knappheitswert haben – jedoch nicht länger einen zusätzlichen Knappheitswert in der Form des Zinses. Es wäre eine Marktwirtschaft ohne Kapitalmarkt, die ihre Investitionen im Wesentlichen aus den akkumulierten Rücklagen finanzieren würde. Auch in einer solchen Wirtschaft wäre, wie Keynes betont, selbstverständlich jedermann frei, aus seinem Einkommen zu sparen und das Ersparte später wieder auszugeben. Aber: „… his accumulation would not grow. He would simply be in the position of Pope's father, who, when he retired from business, carried a chest of guineas with him to his villa in Twickenham and met his household expenses from it as required" (Keynes 1973, S. 221).

Keynes war, so lernen wir hier, weit mehr als der heute als überholt geltende Theoretiker antizyklischer staatlicher Finanzpolitik. Er vertrat auch eine gesellschaftspolitische Vision, eine Vision freilich von gänzlich nüchternem, nicht-utopischem Charakter. Es ging ihm nicht um Utopien, sondern um Ernüchterung, um die Entwöhnung der Gesellschaft von der Droge des absoluten Reichtums. Die Erschöpfung der Mythenspirale, so können wir Keynes lesen, wäre keineswegs gleichbedeutend mit einer gesellschaftlichen Katastrophe, und sie würde auch keineswegs das Ende der Marktwirtschaft implizieren. Es wäre nur der Abschied von einer utopischen Form der Marktwirtschaft, nämlich der kapitalistischen.

6 Dynamische Modelle institutioneller Einbettung

6.1 Einleitung

In diesem Beitrag wird es um die Frage gehen, wie die Existenz wirtschaftlicher Institutionen mit dem für kapitalistische Systeme charakteristischen Phänomen der Unsicherheit des Handelns zu vereinbaren ist. Einige knappe begriffliche Klärungen seien vorausgeschickt: Was unter „Institutionen" zu verstehen ist, darüber gibt es in der Literatur trotz einer uferlosen Diskussion erhebliche Unklarheiten. Sofern es einen gemeinsamen Nenner zwischen den verschiedenen Positionen gibt, könnte man ihn vielleicht so formulieren: Institutionen sind Erwartungen bzw. reflexiv gewendete Habitualisierungen sozialen Handelns. Die Akteure erwarten nicht nur ein bestimmtes Verhalten voneinander, sondern wissen auch, dass sie dieses Verhalten erwarten können, und dieses Wissen leitet sich aus einer übergeordneten, gemeinsam anerkannten Norm ab. Eine Institution ist „eine Erwartung über die Einhaltung bestimmter Regeln, die verbindliche Geltung beanspruchen" (Esser 2000, S. 2). Aus dem Blickwinkel klassischer soziologischer Autoren von Durkheim bis hin zu Berger und Luckmann oder Mary Douglas ist das ein schwaches und reduziertes Verständnis von Institutionen. Folgt man z. B. Berger und Luckmann, so müssten über die reflexive Habitualisierung sozialer Handlungen hinaus mindestens zwei weitere Merkmale hinzukommen: Erstens die intergenerationale Überlieferung von habitualisierten Handlungsmustern, zweitens der Aufbau legitimierender „Erzählungen" und Weltbilder, denn nur dank solcher sekundärer Legitimationen kann die Überlieferung selbst ja nur gelingen. Ich werde im Folgenden gleichwohl auf eine solche anspruchsvolle Konzeptualisierung verzichten und setze das Profil des Institutionsbegriffs bewusst niedrig im Sinne des genannten „kleinsten Nenners" an.

Das andere Thema ist Unsicherheit. Ich folge der auf Frank Knight zurückgehenden und durch Jens Beckert (1997) wieder aufgenommenen These, dass Akteure in kapitalistischen Systemen es mit Handlungssituationen zu tun haben, die nicht nur durch

„Risiko", sondern durch genuine Unsicherheit charakterisiert sind. Die Akteure sind nicht in der Lage, abzuschätzen, mit welcher Wahrscheinlichkeit die erwarteten Folgen eines bestimmten Handelns eintreten; manchmal ist es noch nicht einmal klar, welche Folgen überhaupt zu erwarten sind. Daher kann es auch weder eine „optimale" Lösung von Entscheidungsproblemen geben, noch ein „Gleichgewicht".

Wie sind die Existenz von Institutionen und die von Unsicherheit gleichzeitig zu denken? Viele Autoren in der Wirtschaftssoziologie versuchen hier, einen funktionalen Zusammenhang derart zu konstruieren, dass die Existenz von Institutionen aus der von Unsicherheit abgeleitet wird. Wirtschafts- und Gesellschaftssysteme, so lautet diese bis auf Gehlen rückführbare Denkfigur, könnten nicht funktionieren, gäbe es nicht einen Rahmen von institutionellen Regulierungen, der Unsicherheit auf ein durch Handeln zu bearbeitendes Format reduziert und die wechselseitige Anschlussfähigkeit von Handlungen sicherstellt. Die Kurzschlüssigkeit dieser Argumentation ist nicht schwer zu erkennen: Das, was als erklärendes Argument fungiert – Unsicherheit –, ist keine „Erklärung" im Sinne der Rückführung auf eine allgemeine Gesetzmäßigkeit, sondern nur die Antithese des Explanandums. Es ist, wie wenn jemand sagen würde: Das Wetter ist gut, weil es nicht schlecht ist. Die Erklärung der Existenz von Institutionen aus Unsicherheit läuft entweder auf eine Tautologie hinaus oder auf eine Paradoxie: Wenn es Institutionen gibt, dann kann es nicht zugleich Unsicherheit geben.

Eine Überwindung dieser Paradoxie setzt einen speziellen, evolutionären Typ von Theoriebildung voraus. Es handelt sich hier um Theorieansätze, die den Faktor Zeit einbeziehen und der Historizität nicht nur von Institutionen, sondern auch der Theoriebildung über Institutionen selbst systematisch Rechnung tragen. Solche evolutionären Ansätze gibt es in den Wirtschaftswissenschaften und auch in der Politikwissenschaft schon seit langem; in dem Journal of Evolutionary Economics, der European Study Group of Evolutionary Economics, der European Association for Evolutionary Political Economy u. a. haben die beteiligten Autoren sich eigene Foren geschaffen. Die Analyse von Institutionen in dynamischer Perspektive wird hier als zentrales Thema betrachtet (z. B. Nelson 2002). Schumpeter, der Begründer dieser Forschungsrichtung, hat ihr Leitmotiv formuliert: „Gewöhnlich wird nur das Problem betrachtet, wie der Kapitalismus mit bestehenden Strukturen umgeht, während das relevante Problem darin besteht, wie er sie schafft und zerstört. Solange dies nicht erkannt wird, verrichtet der Forscher eine sinnlose Arbeit. Sobald es erkannt wird, ändert sich sein Einblick in die kapitalistische Praxis und ihre Ergebnisse beträchtlich" (Schumpeter 1993, S. 139). In der betriebswirtschaftlichen Managementlehre haben die so genannten „Pfadtheorien" (Schreyögg und Sydow 2003) wachsenden Einfluss gewonnen und viel versprechende Forschungsansätze entwickelt. Meine These ist, dass auch die Wirtschaftssoziologie von diesen Ansätzen lernen und profitieren könnte. Ich möchte zeigen, dass es mindestens drei wichtige Forschungsfelder der Wirtschaftssoziologie gibt – nämlich Technikgenese, Organisationsgestaltung und Konsum –, in denen dynamische Konzepte institutioneller Einbettung entweder bereits etabliert sind oder zumindest in Ansätzen vorliegen.

Im Folgenden werde ich in drei Schritten vorgehen. Im ersten Schritt soll genauer erklärt werden, warum dem Problem der Unsicherheit bei der Analyse der kapitalistischen Dynamik eine so zentrale Rolle zukommt. Dazu erscheint ein kritischer Rekurs auf Karl Polanyi und das durch ihn geprägte wirtschaftssoziologische Verständnis von Unsicherheit und sozialer Einbettung geboten. Im zweiten Schritt wird die Logik einer historisch orientierten Theoriebildung am Beispiel des Pfadkonzepts genauer dargestellt. Im dritten Schritt werden Anwendungen und Anwendungsmöglichkeiten dieses Konzepts in den Bereichen Technikgenese, Organisationsgestaltung und Konsum vorgestellt und diskutiert.

6.2 Unsicherheit und „Einbettung" bei Karl Polanyi

Das Konzept der „sozialen Einbettung" von Märkten, das die Wirtschaftssoziologie bis heute als ihr „Markenzeichen" betrachtet, geht auf Karl Polanyi zurück: „Die neuere historische und anthropologische Forschung brachte die große Erkenntnis, dass die wirtschaftliche Tätigkeit des Menschen in seine Sozialbeziehungen eingebettet ist. Sein Tun gilt nicht der Sicherung seines individuellen Interesse an materiellem Besitz, sondern der Sicherung seines gesellschaftlichen Rangs und seiner gesellschaftlichen Wertvorstellungen" (Polanyi 1978, S. 75). Märkte, so versuchte Polanyi in seinen wirtschaftsanthropologischen Untersuchungen zu zeigen, werden nicht durch das Prinzip der individuellen Nutzenmaximierung gesteuert, sondern sind Teil umfassenderer sozialer Strukturen, die sich durch die Prinzipien der Reziprozität und der Redistribution charakterisieren lassen. Diese These will Polanyi nicht bloß historisch, sondern anthropologisch verstanden wissen. Obwohl hauptsächlich aus Studien über vormoderne Gesellschaften gewonnen, glaubt Polanyi, sie auf Gesellschaften und Wirtschaftssysteme schlechthin anwenden zu können – mit allerdings einer entscheidenden Ausnahme: dem liberalen Kapitalismus des 19. Jahrhunderts. Der liberale Kapitalismus, so argumentiert Polanyi, sei entstanden aufgrund einer politisch durchgesetzten Ausdehnung des Markt- und Geldnexus über Güter und Dienstleistungen hinaus auf die Produktionsfaktoren Arbeit und Boden und schließlich auf das Geld selbst. Damit sei ein Wirtschaftssystem historisch gänzlich neuer Art entstanden: Eine nicht länger sozial eingebettete, sondern selbstregulierte Wirtschaft, die nicht länger der Gesellschaft untergeordnet ist, sondern die Gesellschaft ihrerseits in ein Anhängsel des Marktes verwandelt. Arbeitskraft und Boden, so führt Polanyi aus, bedeuten „nichts anderes als die Menschen selber, aus denen jede Gesellschaft besteht, und die natürliche Umgebung, in der sie existiert. Sie in den Marktmechanismus einzubeziehen, das heißt, die Gesellschaftssubstanz schlechthin den Gesetzen des Marktes unterzuordnen" (Polanyi 1978, S. 106). Eine selbstregulierte Wirtschaft ist für Polanyi ganz im Gegensatz zur liberalen Auffassung ein System, das kein Gleichgewicht kennt, sondern auf eine „Utopie" mit zerstörerischen praktischen Folgen hinausläuft. Die Folge der Ausdehnung des Geldnexus auf Arbeit und Boden ist nicht etwa die Maximierung des kollektiven Nutzens, sondern ein Niedergang des sozialen Lebens und eine Zerstörung der Natur (Polanyi 1978, S. 102 f., 186). Polanyi interpretiert den liberalen Kapitalismus als eine Art historischen „Betriebsunfall", der fundamentale sozialanthropologische Voraussetzungen des Wirtschaftslebens infrage stellt und daher zwangsläufig gesellschaftliche Gegenbewegungen und „Selbstschutzbewegungen" elementarer Art mobilisieren muss. Diese Gegenbewegungen, die vom Faschismus, über den liberalen Wohlfahrtsstaat bis zum Bolschewismus reichen, zielen darauf, die Märke und speziell die Märkte für Arbeit, Boden und Geld wieder gesellschaftlich einzubetten und institutionellen Regulierungen zu unterwerfen.

Polanyis Zeitdiagnose ist unverkennbar durch seine anthropologische Sichtweise geprägt. Sein anthropologisch akzentuiertes Konzept der „sozialen Einbettung" der Wirtschaft, so populär es unter vielen Wirtschaftssoziologen bis heute zu sein scheint, kann heute offensichtlich nicht mehr ohne erhebliche Einschränkungen akzeptiert werden. Aus heutiger Sicht erscheint es mir produktiver, Polanyi „gegen den Strich" zu lesen, nämlich gerade nicht als Theoretiker der sozialen Einbettung, sondern der Unsicherheit. Was an Polanyis Aussagen über die *moderne* Wirtschaft (seine Analysen vormoderner Gesellschaften seien hier ausgeklammert) haltbar und weiterführend erscheint, sind weniger seine Thesen zu institutioneller Einbettung und gesellschaftlichen Selbstschutzbewegungen als seine Aussagen zum Zusammenhang zwischen Unsicherheit und den „fiktiven" Waren Arbeit, Boden und Geld. Die Ausdehnung des Geldnexus auf die Produktionsbedingungen selbst, wie sie im Zuge der „Great Transformation" seit dem späten 18. Jahrhundert in Europa stattfand, hat – dies hat Polanyi richtig gesehen – einen gänzlich neuen Typus von wirtschaftlicher und gesellschaftlicher Unsicherheit entstehen lassen.

Es geht hier nicht allein um die von Polanyi selbst in den Vordergrund gerückte Unsicherheit der Existenz des Lohnarbeiters. Wichtiger ist der andere Aspekt, nämlich dass mit der freien menschlichen Arbeitskraft ein „Faktor" den Markt betritt, der im Gegensatz zu Gütern und Dienstleistungen die Eigenschaft der Unbestimmbarkeit aufweist. Ein Marktgleichgewicht ließe sich theoretisch nur in einem System bestimmen, dessen Elemente beobachtbare und definierbare Eigenschaften aufweisen. Die Arbeitskraft ist jedoch kein Gut oder eine vertragsmäßig fixierte Dienstleitung, sondern ein mit Lernfähigkeit und kreativen Eigenschaften ausgestattetes Potenzial. Dieses Potenzial systematisch zu organisieren und auszuschöpfen ist die Mission des kapitalistischen Unternehmertums. Die unternehmerisch mobilisierte Lohnarbeit ist in der Lage, bislang unbekannte Problemlösungen, Produkte oder Produktionstechniken zu erfinden, zu entwickeln – oder auch nicht. Arbeiter können kooperieren und dadurch nicht nur quantitativ, sondern qualitativ neue Leistungen hervorbringen – oder auch nicht. Sie können Verantwortung für den erfolgreichen Anschluss von Operationen übernehmen – oder auch nicht. Es handelt sich hier um eine besondere Art von Unsicherheit, die nicht nur durch unvollkommene Information der beteiligten Akteure bedingt ist, sondern dadurch, dass es *keinen möglichen Beobachter gibt, der in der Lage wäre, das Potenzial unternehmerisch organisierter gesellschaftlicher Arbeit abschließend zu bestimmen.* Er müsste dazu ja intelligenter sein nicht nur als alle früheren und gegenwärtigen, sondern auch als alle zukünftigen Erfinder. Die Verhältnisse sind also anders als auf einem Gebrauchtwagenmarkt, auf dem zwar ein Teil der Akteure (die Käufer) nicht wissen mag, welches Spiel gespielt wird; der andere Part (die Verkäufer) dagegen weiß es sehr wohl. Niemand kann jedoch wissen, welche Erkenntnisse und Problemlösungen Ingenieure morgen entwickeln werden – nicht einmal sie selbst.

Ein Wirtschaftssystem, das auf der marktgesteuerten Verwertung freier menschlicher Arbeitskraft beruht, ist wegen der Unbestimmbarkeit des Faktors Arbeit nicht in der Lage, ein internes Gleichgewicht herauszubilden; seine Charakteristika sind vielmehr Unsicherheit und Dynamik. Kapitalismus ist zwar immer auch Marktwirtschaft, dennoch sind Kapitalismus und Marktwirtschaft scharf voneinander zu unterscheiden. Die Subsumtion des Kapitalismus unter einen vagen Begriff der „Marktwirtschaft", wie sie bis heute in der Ökonomie wie in der Soziologie weit verbreitet ist, unterschlägt die essenziellen Unterschiede zwischen einer Wirtschaftsform, die nur fertige Güter und Dienstleistungen tauscht und einer, deren Ziel die unternehmerische Mobilisierung der Potenziale freier Arbeit ist.

Das (zumindest teilweise) erkannt zu haben, scheint mir das eigentliche Verdienst Polanyis zu sein. Aber mit diesem Verdienst geht auch eine entscheidende Schwäche einher: Polanyi konnotiert das Thema der Unsicherheit allein negativ, d. h. als Gefahr von Chaos und Zerstörung, nicht aber positiv. Er sieht in dem kapitalistischen Prozess nur das zerstörerische, nicht aber das kreative Moment. Die produktiven Leistungen des modernen industriellen Kapitalismus, die innovativen Fähigkeiten des kapitalistischen Unternehmertums und der unternehmerisch mobilisierten Arbeit haben in Polanyis Analyse keinen Platz. Auch ein liberaler Kapitalismus, insoweit ist Polanyi Recht zu geben, ist auf institutionelle Regulierungen des Wirtschaftslebens angewiesen. Entscheidend ist jedoch, dass diese Regulierungen die grundlegende Unsicherheit des Systems nicht negieren, sondern vielmehr auf ihr aufbauen. Unsicherheit und institutionelle Einbettung sind keineswegs so unvereinbar, wie Polanyi es hinstellt. Möglich wird diese Vermittlung freilich nur durch einen neuen, nämlich dynamischen Typus von Institutionen, der sich mit Polanyis anthropologischem Konzept von sozialer Einbettung nicht fassen lässt, sondern komplexere Formen der Theoriebildung erfordert.

6.3 Die Pfadabhängigkeit von Innovationen

Dass mit dem Aufkommen des modernen Kapitalismus scheinbar fest gefügte Traditionen und Institutionen – Kirche, Staat, Armee, Familie – unter Legitimations- und Veränderungsdruck geraten, unterhöhlt werden und manchmal gänzlich von der Bildfläche verschwinden, ist bekannt. Selbst dort, wo die Institutionen äußerlich erhalten bleiben, nehmen sie oft einen eigentümlich künstlichen, konstruierten Charakter an. Manche der sich altehrwürdig gebenden Traditionen und Rituale – ein Beispiel ist die neugotische Architektur des späten 19. Jahrhunderts – erweisen sich als planvoll inszenierte Fassaden; in der Geschichtswissenschaft hat sich dafür der Begriff der „invented traditions"

(Hobsbawm und Ranger 1983) eingebürgert. Nicht nur einzelne Institutionen, sondern auch ganze Institutionssysteme und gesellschaftliche Regimes können sich, wie die Literatur über kapitalistische Regimes und „Economic Governance" gezeigt hat, nur temporär gegen den permanenten Veränderungsdruck stabilisieren. Für die Geschichte des Kapitalismus ist kaum etwas kennzeichnender als die immer neuen Brüche der makrogesellschaftlichen Strukturen, die durch die bekannten Phasenmodelle und Typologien – liberaler Kapitalismus, organisierter Kapitalismus, Fordismus, keynesianischer Wohlfahrtsstaat, globaler Finanzmarkt-Kapitalismus usw. – beschrieben werden. Die Brüche bzw. Übergänge folgen freilich spezifischen, durch nationale und kulturelle Traditionen bestimmten Entwicklungslinien.

Es soll hier jedoch nicht um diese makrosoziologische Ebene des institutionellen Wandels gehen (dazu zuletzt Streeck und Thelen 2005; Lütz 2006), sondern um den Wandel der wirtschaftlichen Institutionen im engeren Sinne, insbesondere um normativ strukturierte Erwartungsbildungen in den Bereichen Technologie, Organisation und Konsum. Zunächst sollen die allgemeinen Charakteristika eines dynamischen Theorieansatzes beschrieben werden. Dazu bietet sich der Rückgriff auf das in der Literatur breit eingeführte Pfadkonzept (Ackermann 2003; Schreyögg et al. 2003; Arthur 1994) an.

Der Grundgedanke des Pfadkonzepts ist der der Historizität: „Das Ausgangsargument des „history matters" bezeichnet zunächst den lange ignorierten Sachverhalt, dass ökonomische Prozesse sich nicht vollkommen voraussetzungsfrei entfalten, sondern rückbezüglich sind, dass vorhergehende Entscheidungen nachfolgende Entscheidungen mitprägen. Daraus folgt, dass ökonomische Kalküle grundsätzlich als historische begriffen werden müssen." (Schreyögg et al. 2003, S. 261) Frühere Entscheidungen können durch spätere nicht rückgängig gemacht werden. Ist die den Entwicklungspfad konstituierende Basisentscheidung einmal getroffen – in der Literatur wird dieser Schritt vielfach als „Pfadkreation" (Garud und Karnoe 2001; Windeler 2003) bezeichnet – so sind damit zwar nicht alle künftigen Entscheidungen, aber doch ein „Korridor" nachfolgender Entscheidungen festgelegt. Einzelne dieser späteren Entscheidungen können selbst wiederum den Charakter einer „Bifurkation" haben, d. h. determinierend auf künftige Optionen wirken. Die Historizität pfadabhängiger Prozesse bedeutet weiterhin, dass es weder eine einheitliche Regel für die Optimierung von Entscheidungen, noch eine einheitliche Gleichgewichtslösung gibt. Eine Lösung, die zu einem bestimmten Zeitpunkt effizient ist, kann zu einem späteren Zeitpunkt ineffizient sein und umgekehrt; Ackermann (2003) spricht in diesem Zusammenhang von „Nonergodizität". Eine dritte Implikation ist, dass die Theoriebildung selbst mit einem historischen Index versehen werden muss: Eine Theorie über das Internet etwa, die im Jahr 1980 formuliert wurde, wird anderer Art sein als eine im Jahr 2006 entwickelte Theorie.

Pfadabhängigkeit kann sehr unterschiedliche Formen annehmen und unterschiedlich erklärt werden; Transaktionskosten können als erklärendes Argument ebenso ins Feld geführt werden, wie begrenzte Rationalität oder unvollkommene Information, „small events" ebenso wie „big events". Nicht alle diese Erklärungen sind überzeugend, wie Beyer (2005) mit Recht feststellt. Schärfere Konturen gewinnt das Pfadkonzept, wenn

6.3 Die Pfadabhängigkeit von Innovationen

man es, wie ich im Folgenden vorschlagen möchte, auf das Problem der Unsicherheit bezieht und als Form des Prozessierens von kreativen und innovativen Ideen interpretiert. Mithilfe des Pfadkonzepts kann gezeigt werden, wie innovative Ideen oder Artefakte, die im Augenblick ihrer Entstehung notwendigerweise vage und unbestimmt sind, schrittweise ausgearbeitet werden und sich in konkreten Projekten und Strukturen verdichten. In dem Maße, wie die „Kristallisierung" der originären Innovation fortschreitet, entsteht freilich ein Raum für das Auftauchen neuer und alternativer Ideen und an sie anschließender Pfade. Analytisch lässt dieser Prozess sich in drei Phasen differenzieren: a) die „Vorphase" oder Phase der *Pfadkreation,* b) die Phase der *Pfadausbildung* und c) die Phase der *Pfadschließung* bzw. „Verriegelung":

a) Die Pfadkreation basiert auf singulären historischen Ereignissen – Ideen, Erfindungen, Investitionen –, die den Charakter einer primären, nicht aus einer allgemeinen Regel ableitbaren Selektion haben. Aus dem unabschließbaren Horizont der Möglichkeiten gesellschaftlicher Arbeit wird eine Option von hoher Komplexität ausgewählt, die ihrerseits einen Raum konkreter innovativer Möglichkeiten eröffnet. Garud und Karnoe (2001) sprechen von einer „mindful deviation": Gewohnte Regeln und Praktiken werden bewusst durchbrochen und durch neue ersetzt. Es kann sich um eine technische Basiserfindung handeln, die einen Strom von Anwendungsinnovationen nach sich zieht und technische oder organisatorische Restrukturierungsprozesse in eine bestimmte Richtung lenkt. Eine wichtige Rolle spielen auch unternehmerische Visionen, „mentale Modelle" (Ackermann 2003) oder „generic rules" (Dopfer 2006), die auf die kognitiven Orientierungen einer größeren Zahl von wirtschaftlichen Akteuren ausstrahlen und deren weitere Lernprozesse präjudizieren. Eine pfaderzeugende Wirkung kann schließlich auch von strategischen Investitionen ausgehen; Beispiele sind Investitionen in eine technische Infrastruktur (Stromleitungen, Eisenbahnnetze etc.), die Entscheidung für technische Standards oder Softwaresysteme; schließlich auch Investitionen in die „kollektive Kompetenzen" (Freiling et al. 2006) einer Firma. Pfadkreierende Innovationen können nicht durch ökonomische oder technologische Gesetzmäßigkeiten erklärt werden, sondern basieren auf dem Handeln unternehmerischer Individuen oder Kollektive. Entscheidend sind nicht deren Ideen allein, sondern auch ihre Fähigkeit, einerseits sich gegen Widerstände in ihrer sozialen Umwelt durchzusetzen, andererseits aber auch Verbündete und Kooperationspartner zu finden und in gemeinsame Projekte einzubinden (Windeler 2003; Garud und Karnoe 2001).

b) In der Phase der Pfadausbildung stehen die sich selbst verstärkenden Effekte eines einmal initiierten Pfades in Mittelpunkt. Der Anschluss an die primäre Innovation verspricht Gewinne für die Akteure, und je mehr Akteure sich anschließen, desto mehr ergibt sich ein „Schneeballeffekt" weiterer Gewinnchancen. Dieser Schneeballeffekt besteht in einer wechselseitigen Stimulierung von Angebot und Nachfrage, wobei der ursprüngliche Impuls sowohl von der Angebots- wie der Nachfrageseite ausgehen kann. Bekannte Beispiele sind die durch das Telefonsystem oder das Internet geschaffenen externen Netzwerkeffekte: der Nutzen für die Teilnehmer ist desto größer, je mehr Teilnehmer angeschlossen sind. Die wachsende Nachfrage nach Anschlüssen wird wiederum Investitionen in das System stimulieren und Systeme mit der größten Kompatibilität begünstigen. Ein weiteres Beispiel sind die Skaleneffekte fixer Kapitalinvestitionen: Mit steigender Auslastung sinken die Stückkosten und steigen die Gewinne, was weitere Investitionen induziert.

Der für die Pfadausbildung konstitutive Selbstverstärkungseffekt geht nicht allein auf technologische Restriktionen zurück, sondern ist auch in kognitiven Mechanismen begründet. Auch Lernen ist ein kumulativer, pfadabhängiger Prozess, insofern „neues Wissen immer nur vor dem Hintergrund bestehenden Wissens interpretiert werden kann, Lernen also immer auf der Grundlage des bereits Gelernten erfolgt." (Ackermann 2003, S. 243) Wissensbestände, die sich als praktisch erfolgreich erweisen, werden gespeichert und zur Basis weiteren Lernens gemacht, die anderen werden gelöscht. Dieser Selbstverstärkungseffekt des Wissens ist nicht nur auf der individuellen, sondern auch auf der kollektiven Ebene zu beobachten: Akteure beobachten sich gegenseitig und imitieren Konzepte und Problemlösungen, die als erfolgsträchtig gelten. Die gegenseitige Bestätigung, die die Akteure sich dabei vermitteln, führt rückwirkend zur Verstärkung eines einmal eingeschlagenen Pfades (Choi 1993, S. 63 f.). Am Anfang mag nur der „Glaube" eines kleinen Zirkels von Erfindern oder Unternehmern oder gar nur eines Individuums an eine Idee oder ein Projekt stehen. Gelingt es jedoch, eine kritische Masse anderer Akteure für das Projekt zu gewinnen und zu Investitionen in es zu motivieren, können ursprünglich fantastisch anmutende Vorhaben eine realistische Perspektive gewinnen. Hat das Projekt einmal den Nimbus der Erfolgsträchtigkeit erworben, so nährt sich sein weiterer Erfolg selbst, mit dem Ergebnis, dass seine „Institutionalisierung" im Sinne seiner Etablierung als allgemeingültiger „state of the art" voranschreitet.

c) Die Phase der Pfadschließung ist durch eine Tendenz zur „Verriegelung", d. h. zur Erschöpfung des in der primären Innovation angelegten Potenzials gekennzeichnet. Während es in der zweiten Phase „durchaus noch Kontingenz gibt" (Schreyögg et al. 2003, S. 263) und der Anschluss an die „große" Erfindung der ersten Stufe mit zahllosen „kleinen" Erfindungen einhergeht, nimmt die weitere Entwicklung nun einen zunehmend stereotypen Charakter an: „Ab jetzt gibt es keine Alternativen mehr. Eine Technologie bzw. eine Regel hat sich endgültig durchgesetzt. Der Pfad ist geschlossen und wirkt von nun an deterministisch." (Schreyögg et al. 2003, S. 263). Die Schließung bringt den in der zweiten Phase begonnenen Prozess der Institutionalisierung der Ausgangsinnovation zu ihrem Abschluss. Was sich in der Phase der Pfadkreation als ein Horizont neuer Möglichkeiten darstellte, erscheint nun ausgearbeitet, erprobt, abgeschlossen und kann nur noch marginal bzw. kosmetisch verbessert werden. Es entsteht so ein Szenario, das dem neoklassischen Marktmodell nicht unähnlich ist: In der Angebotspalette herrschen technisch ausgefeilte, standardisierte und nur noch symbolisch differenzierte Produkte vor. Der Markt ist weitgehend transparent, die Konkurrenz zwischen den Anbietern reduziert sich weitgehend auf Preiskonkurrenz.

Die Rationalitätsprämissen des neoklassischen Modells erscheinen also weitgehend verwirklicht. Allein: Bei einem solchen „perfekten" Markt würde es sich, wie schon Walras gesehen hatte, um ein System ohne Wachstum und ohne Profite handeln. Die Pfadschließung kann somit in einen Zustand technisch-organisatorischer Verkrustung und wirtschaftlicher Stagnation führen.

In der betriebswirtschaftlichen und techniksoziologischen Literatur gibt es eine breite Debatte darüber, wie und unter welchen Bedingungen ein „Aufbrechen" geschlossener Pfade denkbar ist, ohne dass dies zur Aufgabe des Konzepts pfadabhängiger Entwicklung selbst führt (Gardud und Karnoe 2001; Beyer 2005). Diese Überlegungen führen direkt oder indirekt auch zu dem Problem der Pfadkreation selbst zurück, denn neue Pfade entstehen ja in aller Regel vor dem Hintergrund geschlossener und verriegelter „alter" Pfade. Zwei Gesichtspunkte scheinen für die Lösung dieses Problems wichtig zu sein: Zum einen das Verständnis von Pfaden als Medium der Kommunikation von Innovationschancen, nicht nur von konkreten Problemlösungen, zum anderen die Unterscheidung von individuellen und kollektiven Handlungsebenen. Die Institutionalisierung und Schließung von Pfaden kann als Ausdruck der Erosion ihres innovativen Potenzials interpretiert werden. Diese Erosion kann sich freilich auf individueller bzw. betrieblicher und kollektiver bzw. überbetrieblicher Ebene ganz unterschiedlich auswirken. Auf betrieblicher Ebene ist häufig beobachtet worden, dass gerade ursprünglich erfolgreiche Innovationslinien und Organisationskulturen sich zu Routinen verfestigen können, die die weitere Entwicklung blockieren. Das kann zur Stagnation und manchmal sogar zum Ende des Unternehmens führen (für eine Fallstudie dazu vgl. Buhr 1997). Sektoral dagegen kann der gleiche Verriegelungseffekt das Auftauchen von Außenseitern und die Suche nach prinzipiell neuen, von der bisherigen Pfadlogik radikal abweichenden Ideen begünstigen. Es können neue Unternehmen entstehen, die sich auf die Entwicklung und Vermarktung der „abweichenden" Ideen konzentrieren. Die neuen Ideen können, ohne dass dafür allgemeine Bedingungen formulierbar wären, zum Ausgangspunkt der Kreation eines neuen Pfades werden.

Das Aufbrechen „alter" Pfade und die Entstehung neuer lassen sich durch das Pfadmodell somit allenfalls in einem negativen Sinn erklären, insofern die Institutionalisierung und Verriegelung ursprünglich innovativen Wissens dessen Selektivität sichtbar macht und damit den Blick auf andere Möglichkeiten eröffnet. Das bedeutet, dass der potenzielle Erklärungs- und Prognosewert von Theorien für die verschiedenen Phasen des Pfadmodells unterschiedlich ausfällt: Je mehr die Karriere einer Innovation sich dem Stadium der Institutionalisierung und Verriegelung nähert, je mehr damit auch „Strukturen" „Handlungen" dominieren, desto besser kann sie auch in Modellen und Theorien abgebildet und in ihrem Ablauf vorausgesagt werden. Nicht nur pfadtheoretische Konzepte, sondern auch das von Coleman und Esser entwickelte Mehrebenen-Modell der „soziologischen Erklärung" (Esser 1999) bieten sich für solche Analysen an. Genuine, d. h. pfadkreierende Innovationen jedoch lassen sich nicht voraussagen, sondern können nur als historische Ereignisse nachvollzogen werden. Hier ist die Theoriebildung selbst mit der durch kreatives Handeln erzeugten Unsicherheit konfrontiert und hat ihr Rechnung zu tragen.

6.4 Dynamische Ansätze in der Technik-, Organisations- und Konsumsoziologie

Meine These ist, dass es auch in der Wirtschaftssoziologie einen Trend zur Verbreitung von Pfadkonzepten oder verwandten evolutionären Theorieansätzen gibt, und dass dieser Trend der Disziplin bei der Schärfung ihres wissenschaftslogischen Profils helfen könnte. Ich will dies an drei empirischen Feldern der Wirtschaftssoziologie erläutern: Techniksoziologie (a), Organisationsgestaltung (b), Konsumdynamik (c).

a) Die breiteste Anwendung haben evolutionäre Konzepte zweifellos in der Techniksoziologie gefunden. Bereits in den siebziger und achtziger Jahren haben Johnston (1972), Nelson und Winter (1982), Dosi (1982, 1988) die Kritik an der unzureichenden Behandlung des technischen Fortschritts als „exogener" Größe in neoklassischen Gleichgewichtstheorien aufgegriffen und ein alternatives Verständnis der technischen Entwicklung als eines sozial und wirtschaftlich endogenen Prozesses entwickelt. Die Entwicklung technischen Wissens wird gemäß dem Pfadmodell als kumulative Aktivität interpretiert, die neues Wissen im Anschluss an bestehende Artefakte und vorhandenes theoretisches und praktisches Wissen generiert. Weitgehende Einigkeit besteht auch im Hinblick auf die Schlüsselrolle so genannter „technologischer Paradigmen" für die Konstitution technischer Entwicklungspfade – ein Begriff, der explizit an die Wissenschaftssoziologie Thomas S. Kuhns anschließt und mit dem die Autoren die Übereinstimmungen zwischen wissenschaftlicher und technischer Entwicklung hervorheben wollen (im Überblick Peine 2006). Technologische Paradigmen, so argumentiert etwa Dosi, stellen allgemeine Muster und Prinzipien für technisch-ökonomische Probleme bereit. Sie lassen sich in zwei Komponenten aufgliedern: Zum einen basieren sie auf exemplarischen Erfindungen oder Problemlösungen, z. B. einem Benzinmotor oder einem integrierten Schaltkreis. Zum anderen beinhalten sie „a set of heuristics – ‚Where do we go from there?', ‚Where should we search?', ‚On what sort of knowledge should we draw?'" (Dosi 1988, S. 224), d. h. Leitlinien und Projektionen für daran anschließende Entwicklungsmöglichkeiten und Problemlösungen. Diese Heuristiken strukturieren den Pfad der Generierung neuen Wissens.

Statt von technologischen Paradigmen sprechen andere Autoren von „dominant designs" (Anderson und Tushman 1990), von „technological frames" (Bijker 1995) oder von „Visionen" (Dierkes et al. 1996). Über die kognitive Orientierungsfunktion der pfadkonstituierenden Leitbilder hinaus wird ihre sozial integrierende, die Kooperation zwischen heterogenen Akteuren und Funktionsbereichen vermittelnde Wirkung betont. Ein anderer Aspekt, den Rammert (2000, S. 87) hervorhebt, ist der Einfluss „kultureller Modelle" auf die Konstruktion technologischer Leitbilder. Diese Modelle antizipieren die Interessen, Vorlieben und Fähigkeiten der potenziellen Nutzer und gewährleisten so die Kommunikation zwischen Produzenten und Abnehmern. Insofern müsste den beiden von Dosi genannten Komponenten eines technologischen

Paradigmas eine dritte hinzugefügt werden: Die projektierten Weiterentwicklungen des Artefakts müssen ihrerseits durch kulturelle „Visionen" eines anderen und besseren Lebens der Nutzer gerahmt werden. Ein Beispiel wäre die Ideenassoziation: Mikrochip-Computer-Informationsgesellschaft. Die Verbindung eines Paradigmas mit solchen kulturellen Visionen steigert seine potenzielle soziale Resonanz und damit die Chance, dass es in einen Prozess sich gegenseitig stimulierender Investitionen mündet. Weitere Faktoren, die die Pfadausbildung begünstigen und schließlich zur Verriegelung führen können, sind, wie bereits erwähnt, Netzwerkexternalitäten und technische Standardisierungen, aber auch monopolistische Machtpositionen einzelner Anbieter.

Das skizzierte Verständnis technischer Innovation als eines durch Leitbilder strukturierten, pfadabhängigen Prozesses ist heute in der Technikforschung weithin etabliert und auch über die Soziologie hinaus anerkannt. Technische Entwicklung, so fasst Werner Rammert den Forschungsstand zusammen, „folgt den Fällen der Variationsdynamik, wie sie in lokalen Technisierungsprojekten konstruiert und in Akteurskonstellationen als Kompromisse ausgehandelt werden, verläuft in Korridoren, wie sie durch die Filtersysteme des institutionalisierten Innovationssystems geschnitten werden, und festigt sich zu konkreten Pfaden, solange die Akteure die verschiedenen Technostrukturen reproduzieren." (Rammert 2000, S. 81).

b) Etwas unübersichtlicher ist die Situation in dem zweiten, hier betrachteten Feld, der Entwicklung und Gestaltung von Organisationen. Hier sind zwei Ebenen zu unterscheiden, die man als *Objektebene* und als *Metaebene* bezeichnen könnte: Der Strukturwandel *konkreter* Organisationen und Unternehmen einerseits (Objektebene), sowie die Genese und Entwicklung des dieser Strukturierung zugrunde liegenden Wissens selbst andererseits (Metaebene). Zur Entwicklung und „Lernfähigkeit" konkreter Organisationen gibt es eine umfangreiche betriebswirtschaftliche und organisationspsychologische Literatur, in der – wie erwähnt – evolutionäre Theorieansätze ebenfalls schon eine breite Resonanz gefunden haben; ich gehe darauf hier nicht näher ein. Was die Metaebene betrifft, so beherrscht heute der viel zitierte „neoinstitutionalistische" Ansatz das Feld. Ihm zufolge geht das Wissen, das der Gestaltung von Organisationen zugrunde liegt, nicht allein auf situativ bestimmte Effizienzkalküle zurück, sondern auf gesellschaftlich institutionalisierte Normen, so genannte „Rationalitätsmythen" (nach der bekannten Formulierung von Meyer und Rowan), die Rezepte für „effizientes" Organisieren vorgeben. In der neueren Diskussion (einen Überblick liefern Hasse und Krücken 2005) wird die strukturfunktionalistische Schlagseite dieses Ansatzes kritisiert und – in Verbindung damit – seine Unfähigkeit, die Entstehung und Transformation von Rationalitätsmythen selbst zu erklären. Von der bekannten Studie von Piore und Sabel (1985) und wenigen neueren Versuchen abgesehen (Tolbert und Zucker 1996; Alvarez 1998; Beckert 1999) ist eine evolutionäre Theorie der Institutionalisierung von Konzepten der Organisationsgestaltung bislang noch weithin Desiderat. Dabei kann kaum ein Zweifel bestehen, dass auch Organisationskonzepte – man denke an Konzepte wie die des Taylorismus, der teilautonomen Gruppen, des divisionalisierten Unternehmens, der „lean production", „business reengineering" etc. – nicht überhistorisch gelten, sondern ebenfalls pfadabhängige Entwicklungsverläufe aufweisen. Wovon hängt der Aufstieg und Niedergang solcher Konzepte und Modelle ab? Es können hier nur einige Gesichtspunkte für ein Forschungsprogramm, das diesen Fragen nachgeht, skizziert werden (vgl. auch Beitrag 5 in diesem Band).

Eine wichtige Frage ist, ob „Visionen" und Leitbilder bei der Genese von Organisationswissen eine ähnlich zentrale Rolle spielen wie bei der Genese von Technologien. Es ist bekannt, dass die Urheber einflussreicher Organisationskonzepte – das gilt für Taylor und Mayo ebenso wie für Womack et al. sowie Hammer und Champy – ihre konkreten Gestaltungsempfehlungen in ambitionierte, teilweise Heilsbotschaften ähnelnde gesellschaftspolitische Utopien einrahmten. Furusten (1998) hat die Konstruktionsprinzipien populärer Managementtexte an zwei Beispielen analysiert und deren normativen und ideologischen Charakter herausgearbeitet: klar, einfach und viel versprechend müssen die Botschaften sein. Wichtig wäre auch eine genauere Analyse der Gemeinsamkeiten und Unterschiede zwischen technologischen und organisatorischen Visionen. Was die Phase der Pfadausbildung betrifft, so wäre auch bei der Durchsetzung von Organisationskonzepten nach den sich selbst verstärkenden Mechanismen hinsichtlich der Akteursinteressen wie der kognitiven Mechanismen zu fragen. Diese Mechanismen sind unter dem Stichwort „mimetischer Isomorphismus" im Anschluss an DiMaggio und Powell (1983) bereits vielfach analysiert worden. Dabei ist deutlich geworden, dass auch Organisationskonzepte nur dann erfolgreich eingeführt und praktiziert werden können, wenn die Beteiligten selbst an ihre Erfolgsträchtigkeit glauben, und sich darin gegenseitig bestärken. Externe Experten, insbesondere Wissenschaftler und Unternehmensberater, können dabei eine wichtige Rolle als Vermittler, Verstärker und sogar als Initiatoren dieser Resonanz spielen (Kipping und Engwall 2002; Faust 2000; Alvarez 1998; Walgenbach und Beck 2000). Hinsichtlich der Phase der „Verriegelung" wäre der Selektivität der jeweiligen Konzepte und den daraus resultierenden ungeplanten Folgewirkungen – ein Beispiel ist die durch den Taylorismus hervorgebrachte Bürokratisierung des Managements – besondere Aufmerksamkeit zu widmen. Organisationskonzepte fokussieren stets bestimmte Aspekte des System-Umweltverhältnisses der Organisation und blenden andere aus. Die Kumulation dieser ausgeblendeten Wirkungen unterhöhlt den Erfolg des geltenden Leitbildes und dürfte bei der Erklärung der Transformation von institutionalisierten Organisationskonzepten eine wichtige Rolle spielen.

c) Das dritte Feld, dem wir uns zuwenden, sind Muster des Konsumverhaltens. Konsumgüter erfüllen keineswegs nur die in wirtschaftswissenschaftlicher Sicht betonte Funktion der materiellen Bedürfnisbefriedigung. Nicht weniger wichtig sind ihre gesellschaftlichen Funktionen als Symbole für soziale Zugehörigkeit, Status und damit auch für das Selbstbild der Akteure. Bereits in der ständischen Gesellschaft wurde die Standeszugehörigkeit jedes Individuums durch spezifische, teilweise präzise vorgeschriebene Muster und Charakteristika der Kleidung, Wohnung, Nahrung usw. zum Ausdruck gebracht. In modernen Gesellschaften gewinnt der „symbolische Konsum" aufgrund des gestiegenen Lebensstandards breiter Schichten der Bevölkerung weiter an Bedeutung. Noch charakteristischer ist freilich die *Dynamisierung* der Muster des symbolischen Konsums. Eine „klassische" Modellierung dieser Dynamik ist der von McCracken (1985) so bezeichnete „trickle-down"-Mechanismus, der bereits im 18. und 19. Jahrhundert von verschiedenen Autoren (Smith, Malthus, Simmel) beobachtet wurde (Stihler 1998, S. 183): Die mittleren und unteren Schichten streben nach sozialem Aufstieg und suchen dieses Ziel zu erreichen, indem sie die Lebensstile und Konsumgewohnheiten der höheren Schichten antizipieren und imitieren. Die Folge ist, dass Konsumgüter, die ursprünglich exklusive Statussymbole der Eliten darstellten, zunehmend nach „unten" diffundieren und damit ihren exklusiven Charakter verlieren. Die sozial höher stehenden Schichten reagieren darauf, indem sie ihre alten Symbole aufgeben und neue Vorlieben entwickeln, durch die sie sich wiederum von der Masse differenzieren können. So kommt ein sich selbst perpetuierender Mechanismus der Kreation und Diffusion immer neuer Konsummoden in Gang. Auch Konsummuster, so zeigt sich hier, können nur in evolutionärer Perspektive angemessen analysiert werden; Ansätze einer solchen Betrachtungsweise liegen in der Konsumforschung schon lange, seit den Untersuchungen von Veblen, Katona und Duesenberry vor.

Obwohl der Prestigekonsum auch in der Gegenwart eine unbestritten wichtige Rolle spielt, hat sich die neuere Konsumsoziologie freilich von der Konzentration auf den „trickle-down"-Mechanismus als zentralem Pfadmuster der Konsumdynamik verabschiedet. In der „postindustriellen" Gesellschaft – so lautet eine verbreitete These – orientieren sich Moden und Lebensstilaspirationen nicht mehr nur auf die vertikale Sozialdimension, sondern lassen auch in der horizontalen Dimension einen Pluralismus von Milieus und Lebensstilen entstehen. Über den Status- und Prestigekonsum hinaus werden weitere Muster der Konsumsymbolik, wie der expressive Konsum, der kompensatorische Konsum, der Erlebniskonsum usw. (Stihler 1998, S. 202 f.) entdeckt. Aber auch diese Pluralisierung der Konsummuster- und Symbole ändert nichts an ihrem dynamischen Charakter und an der Relevanz evolutionärer Theorieansätze. Notwendig erscheint allerdings eine Generalisierung der Theorie über den „trickle-down"-Mechanismus hinaus, die zugleich der Differenzierung der verschiedenen Milieus Rechnung trägt.

Ein wegweisender Ansatz hierfür ist die von Campbell (1987) entwickelte Theorie des „Imaginativen Hedonismus". Symbolischer Konsum, so die zentrale These Campbells – wurzelt in „Imaginationen" und „Traumwelten". Was den Konsumenten antreibt, sind nicht nur profane „Bedürfnisse", sondern vage Illusionen des Wohlbefindens, die durch bestimmte Güter und Dienstleistungen aktualisiert und stimuliert, aber niemals definitiv befriedigt werden können. Die Dynamik des Konsumverhaltens ergibt sich aus der Spannung zwischen den Tagträumen des Konsumenten und der Realität. Kaufentscheidungen werden durch Traumwelten und Sehnsüchte gelenkt, aber weil zwischen dem gekauften Gut und der zugrunde liegenden Illusion notwendigerweise eine Diskrepanz besteht, führt jeder Kauf zur Enttäuschung, und die Enttäuschung lässt ihrerseits neue Traumwelten entstehen. Sehnsucht – Kauf – Gebrauch – Desillusionierung – erneute Sehnsucht: das ist die Formel nach der sich Campbell zufolge der moderne hedonistische Konsum entwickelt.

Was an diesem Modell auffällt, ist zunächst die Parallele zu den Pfadmodellen der Technikgenese und Organisationsgestaltung. Wie bei jenen sind Utopien und „Visionen" für die Pfadkreation des Konsumentenverhaltens konstitutiv. Was bei Campbell freilich unterbelichtet erscheint, ist die Phase der Pfadausbildung. Die neuere Milieu- und Lebensstilforschung (Schulze 1993 und die an ihn anschließende Literatur) hat gezeigt, dass auch die Imaginationen der Konsumenten sich zu kollektiven, milieustrukturierenden Foci verdichten und damit sich selbst verstärkende Anschlusshandlungen auslösen können. Konsumverhalten gewinnt damit die Funktion, die individuelle Zugehörigkeit zu Milieus zu signalisieren, die durch spezifische expressive, ästhetische und sozialstrukturelle Symboliken definiert sind. Dadurch gewinnt es auch eine gewisse Berechenbarkeit und Stetigkeit. Die Milieubildung ist ihrerseits nicht unabhängig von den strukturierenden Kommunikationsangeboten der Anbieterseite des Konsumgütermarktes. Hier spielen die Werbung und, wie Hellmann (2003) herausgearbeitet hat, Marken eine zentrale Rolle. Marken reduzieren die unüberschaubare Komplexität des Warenangebots und stellen Orientierungsangebote für die Konsumenten bereit, an denen ihre Selbstbilder anschließen können. Wenn Unternehmen eine Marke aufzubauen versuchen, so zielen sie damit auf Kontrolle und Beherrschung des Marktes. Marken bergen insofern eine Tendenz zur „Verriegelung", vor allem dann, wenn die Pflege einer Marke zur „Routine" erstarrt (Hellmann 2003, S. 339). Je weiter die Verriegelung voranschreitet, desto mehr wird sie aber auch gegenläufige soziale Distinktionsbedürfnisse auf der Seite der Konsumenten wecken und damit einen Raum für neue, alternative Angebote schaffen.

6.5 Schlussfolgerungen

Meine Ausgangsfrage war, wie es gelingen kann, die Koexistenz von Unsicherheit und Institutionen zu entparadoxieren, d. h. die institutionelle Einbettung von Märkten in einer Weise zu konzeptualisieren, die die zugrunde liegende Unsicherheit nicht negiert, sondern positiv an ihr anschließt. Evolutionäre Theoriekonzepte bieten eine Lösung dieses Problems an. Eine Wirtschaftssoziologie, die wirtschaftliche Institutionen in einer solchen Perspektive analysiert, kann dadurch systematisches Profil gewinnen und fruchtbare Ergänzungen zu den entsprechenden Ansätzen wirtschaftswissenschaftlicher Provenienz liefern. Besonders viel versprechend ist, wie ich zu zeigen versuchte, eine Anwendung des Pfadkonzeptes in der Techniksoziologie, der Organisationsgestaltung und der Konsumforschung. Indem das Pfadkonzept die kreativen Leistungen wirtschaftlicher und sozialer Akteure in allen diesen Bereichen systematisch berücksichtigt, erfüllt es auch

6.5 Schlussfolgerungen

ein Desiderat, das der ökonomischen Neoklassik mit Recht immer wieder als Manko vorgehalten wird: die zentrale Bedeutung von Unternehmertum und unternehmerischem Handeln für kapitalistische Systeme angemessen zu würdigen. Die Bildung wirtschaftlicher Institutionen kann als ein Prozess interpretiert werden, der durch das Handeln unternehmerischer Individuen vorangetrieben wird. Zugleich kommt es aber nie zu einer definitiven Verfestigung von Institutionen im Sinne des „starken" Institutionsbegriffs von Berger und Luckmann, denn eine solche Verfestigung würde Verriegelung, Stagnation und Krise bedeuten und damit den Boden für neue pfadkreierende Innovationen schaffen.

Wichtig ist es, die Möglichkeiten, aber auch die Grenzen des skizzierten Ansatzes im Blick zu behalten. Der Vorteil des Pfadkonzepts liegt darin, dass pfadgebundene Institutionalisierungsprozesse präziser und empirisch gehaltvoller erklärt werden können als dies im Rahmen statisch-komparativer Theorieansätze möglich ist. Pfadtheoretische Erklärungen sind nicht nur, wie hier skizziert, auf der Mikro- und Meso-Ebene, sondern auch auf der Makro-Ebene möglich; auch das Esser'sche Konzept der soziologischen Erklärung lässt sich, wie angemerkt, in diesem Rahmen fruchtbar machen. Das gilt jedoch nur für die Phasen der Pfadausbildung wie der Verfestigung, und auch dies nur in einer auf die historischen Besonderheiten des jeweiligen Pfades bezogenen Weise. Die Kreation wie auch die Brechung von Pfaden (zumindest grundlegender Pfadentscheidungen) entzieht sich der Subsumtion unter allgemeine Erklärungen. Hier kann keine Theorie weiterhelfen, sondern nur das historische Urteilsvermögen des Forschers. Die Verbesserung der Erklärungskraft der Theorie im Hinblick auf pfadgebundene Entwicklungen muss mit einer Beschränkung ihrer Reichweite, mit dem Verzicht auf „allgemeine" Theorie erkauft werden. Die Historisierung der Theorie ist der Tribut, den sie selbst der Unsicherheit und Kreativität menschlichen Handelns zollen muss. Erklärungen und Prognosen sind nur im Rahmen von Pfaden möglich, nicht aber über sie hinaus. Keine Technologie, kein Organisationskonzept, kein Konsummuster kann die Totalität der Potenziale gesellschaftlicher Arbeit abbilden. Alle sind dem Druck des Vergleichs mit potenziell besseren Alternativen ausgesetzt, die sich in ihrer Gesamtheit durch keine Theorie erfassen lassen. Was sich aus dynamischen Konzepten gewinnen lässt, ist daher gerade keine allgemeine Theorie der Institutionen, sondern im Gegenteil ein geschärftes Bewusstsein über die Einbindung der Theorie und ihrer Gegenstände in die Geschichte. Das bestätigt die ungebrochene Aktualität der methodologischen Positionen Max Webers, seiner Kritik an allgemeinen Theorien und seines Plädoyers für Idealtypen als historisch reflektierter Form der Theoriebildung.

„Kapitalismus" und „Geist des Kapitalismus" 7

Anmerkungen zum theoretischen Ansatz von Boltanski und Chiapello

7.1 Einleitung

Vor nicht allzu langer Zeit schien das Wort „Kapitalismus" in den Sozialwissenschaften aus der Mode gekommen zu sein. Wer es dennoch in den Mund nahm, setzte sich dem Verdacht des intellektuellen Hinterwäldlertums aus. Luc Boltanski und Eve Chiapello (2003) haben sich nicht nur diesem Zeitgeist entgegengestellt; sie haben auch einen wichtigen Beitrag zur historischen Aktualisierung der Kapitalismustheorie geleistet, der breite Aufmerksamkeit gefunden hat. Und wenn die Zeichen nicht trügen, gehen wir Zeiten entgegen, in denen Kapitalismustheorie und Kapitalismuskritik wieder breiteres wissenschaftliches und politisches Interesse finden. Das spricht zusätzlich dafür, sich intensiv mit diesem Buch zu beschäftigen und seine Thesen zu diskutieren.

Die Autoren erheben mit ihrer Studie einen doppelten Anspruch. Auf der einen Seite wollen sie mit dem Konzept des „kapitalistischen Geistes" einen Beitrag zur Weiterentwicklung der Kapitalismustheorie leisten. Sie knüpfen dabei an den Theoriedebatten innerhalb der französischen Soziologie der siebziger Jahre an. Ein Angelpunkt dieser Debatten war die Kontroverse zwischen einer strukturtheoretischen bzw. szientistischen Interpretation des Kapitalismus, wie sie insbesondere durch Althusser vertreten wurde, und einer auf praktisch wirksame Kritik orientierten Position, für die Touraine und Bourdieu standen. Boltanski und Chiapello möchten mit ihrem Konzept des kapitalistischen Geistes einen theoretischen Rahmen entwickeln, der den Gegensatz zwischen beiden Sichtweisen überwindet. Auf der anderen Seite möchten die Autoren einen Beitrag zur zeitgeschichtlichen Analyse leisten, nämlich zu dem in den 1970-er Jahren einsetzenden Umbruch der industriellen Organisationsmodelle von der großindustriellen Produktion zu netzwerk- und projektförmigen Strukturen. Im Sinne der besten Traditionen marxistischer Theorie bestehen Boltanski und Chiapello darauf, dass eine gute Theorie immer konkrete Theorie ist, d. h. die historische Situation, aus der sie erwächst, reflektiert. Man wird diesem Entwurf also nur dann wirklich gerecht, wenn man ihn als Ganzes diskutiert. Ich werde das allerdings hier nicht leisten können, sondern mich auf den ersten Teil des Buches und den dort entwickelten theoretischen Ansatz konzentrieren und der Frage nachgehen, ob es den Autoren gelungen ist, den von ihnen erhobenen Anspruch einzulösen, nämlich den Widerspruch zwischen einer struktur- und einer handlungstheoretischen Lesart der Kapitalismustheorie zu überwinden. Mein Eindruck und meine These ist, dass das nicht oder nur sehr begrenzt gelungen ist, und ich werde einen Weg skizzieren, um die bei Boltanski und Chiapello offen gebliebenen Probleme einer Lösung näher zu bringen.

7.2   Das Problem der Identität kapitalistischer „Esprits"

Ein Punkt, der mir vor allem diskussionsbedürftig erscheint, ist die Unterscheidung von „Kapitalismus" und „Geist des Kapitalismus". Die Autoren interessieren sich, wie schon der Titel deutlich macht, vor allem für das zweite. Unter dem Geist („Esprit") des Kapitalismus verstehen sie eine „Ideologie, … die das Engagement für den Kapitalismus rechtfertigt" (2003, S. 43). Mit dieser Ideologie verknüpft sind je spezifische Gerechtigkeitsnormen („Cités"), sowie Kriterien und Regeln, die richtiges Verhalten belohnen und falsches bestrafen („Epreuves" oder „Bewährungsproben"). Die Leistung dieser Systeme besteht darin, die für den Fortgang der Kapitalakkumulation notwendigen Motivationen der Akteure zu gewährleisten sowie ihre Sicherheits- und Legitimationsbedürfnisse zu erfüllen. Der Kapitalismus ist nun allerdings nicht durch einen einzigen, unveränderlichen „Esprit" charakterisiert, sondern die ideologischen und institutionellen Systeme verändern sich. Ganz unterschiedliche Ideologien folgen im Verlauf der kapitalistischen Entwicklung aufeinander. Für den französischen Kapitalismus, auf dessen Entwicklung Boltanski und Chiapello sich konzentrieren, unterscheiden die Autoren drei „Esprits": Den „Familienkapitalismus" im späten 19. Jahrhundert, den „organisierten Kapitalismus" im Zeitraum etwa 1930 bis 1960 und den Projekt- und Netzwerkkapitalismus, eben den „neuen" kapitalistischen Geist der Gegenwart, der im Mittelpunkt der Analysen der Autoren steht. Die maßgeblichen Organisationsstrukturen, Erfolgskriterien, Karrieremöglichkeiten, Gerechtigkeitsnormen sind in den drei Regimes ganz unterschiedlich (siehe die Übersicht in Boltanski und Chiapello 2001, S. 464). Aber so radikal die Wechsel zwischen den drei Regimes auch sind, muss es über sie hinweg dennoch so etwas wie eine historische Identität des Kapitalismus, eine sich durchhaltende Struktur geben, die die Bezeichnung der „Esprits" als *kapitalistische* rechtfertigt.

Worin besteht diese übergreifende Struktur? Boltanski und Chiapello äußern sich dazu nur recht knapp in Form einer „Minimaldefinition des Kapitalismus". Ihr zufolge sind es drei Elemente, die die Natur des Kapitalismus ausmachen: Die unbegrenzte Kapitalakkumulation durch den Einsatz formell friedlicher Mittel, die Konkurrenz zwischen den Kapitalisten und das Lohnarbeitsverhältnis (salariat). Die drei Elemente werden nur additiv nebeneinander gestellt, worin ihr Zusammenhang besteht, wird nicht

7.2 Das Problem der Identität kapitalistischer „Esprits"

erläutert. Als viertes kommt – wiederum rein additiv – die „Notwendigkeit" einer moralischen Legitimation hinzu. Es wird nicht erklärt, in welcher Weise die verschiedenen Legitimationen bzw. „Esprits" des Kapitalismus sich auf die Kernstruktur beziehen. Im Gegenteil: Die Autoren betonen, dass es sich bei der Kernstruktur um ein in vieler Hinsicht „absurdes" und „amoralisches" (2003, S. 42, 58) System handle, das aus sich selbst heraus weder legitimationsfähig sei, noch die notwendigen Anreize hervorbringen könne. Die Rechtfertigung des Kapitalismus müsse daher auf soziale Normen und Überlieferungen anderer Art als die des Profitprinzips zurückgreifen. Dabei kann es sich sogar um Ideen handeln, die ursprünglich aus kapitalismuskritischen sozialen Bewegungen hervorgegangen sind. Es ist die Absicht der Autoren, die enorme Fähigkeit des kapitalistischen Systems zur Absorption und Funktionalisierung gerade solcher kritischer Ideen, wie etwa der von ihnen so bezeichneten „künstlerischen Kritik" aufzuzeigen. Die Pointe des Buches liegt darin, dass es aufzeigt, wie problemlos die systemkritischen und emanzipatorischen Ideen von 1968 durch die modernen Managementideologien vereinnahmt worden sind.

Aber wenn es keine innere, sondern nur eine äußerliche Beziehung zwischen den „Esprits" und der kapitalistischen Kernstruktur gibt, woher rührt dann die von Boltanski und Chiapello gleichwohl behauptete „Notwendigkeit" der Rechtfertigung dieser Kernstruktur? Es zeigt sich hier ein fragwürdiger funktionalistischer Zug in dem Theorieansatz der Autoren, in dem genau jener Gegensatz zwischen Handlungs- und Strukturtheorie wieder durchschlägt, den sie doch gerade überwinden wollten. Wie ehedem tut sich zwischen der Welt der gesellschaftlichen Praxis und den „ehernen Gesetzmäßigkeiten" der Kapitalakkumulation eine unüberbrückbare Kluft auf. Ebenso wenig wie die Autoren die „Notwendigkeit" einer Reproduktion der Kernstruktur durch die „Esprits" erklären, geben sie eine Begründung dafür, warum diese Funktion nicht nur durch eine gleich bleibende Ideologie, sondern nur durch historisch wechselnde Legitimationssysteme erfüllt werden kann. Theoretisch könnte man ja erwarten, dass sich im Verlauf der kapitalistischen Entwicklung entsprechend der identischen Kernstruktur auch eine kohärente und identische Ideologie herausbildet. Stattdessen ist der schon erwähnte Prozess immer neuer Umwälzung von Institutionen und Wertsystemen, der Transformation der Kritik in eine affirmative Macht, die neue Kritik hervorruft, zu beobachten. Welchen Sinn aber hat eine Kritik, die den Charakter einer Sisyphusarbeit hat, die nur immer wieder durch das System vereinnahmt wird? Es scheint, dass die Autoren das Problem der Koexistenz der die Identität des kapitalistischen Systems verbürgenden Kernstruktur mit wechselnden „Esprits" ebenso wenig durchdacht haben, wie den Mechanismus der Transformation der „Esprits" durch „Kritik". Trotz ihrer gegenteiligen Beteuerungen bleibt der Eindruck, dass sie sich im Grunde nur für den kapitalistischen „Geist", nicht aber für den Kapitalismus selbst interessieren.

Wie lässt sich der begriffliche Hiatus zwischen „Kapitalismus" und „Geist des Kapitalismus" überwinden, ohne die zweifellos fruchtbaren Erkenntnisse der Autoren über den Wandel der normativen Strukturen im Kapitalismus preiszugeben? Hier sind unterschiedliche Lösungen denkbar. Ein nahe liegender Gedanke wäre, das antiquiert erscheinende kapitalismustheoretische Vokabular Boltanski und Chiapellos einfach beiseite zu schieben und auf die einschlägigen system- bzw. differenzierungstheoretischen Denkfiguren zurückzugreifen. Die Unterscheidung von „Kapitalismus" und „Geist des Kapitalismus" könnte dann als Ergebnis funktionaler Differenzierungsprozesse interpretiert werden, in denen der Markt einerseits, die Kultur andererseits sich als Teilsysteme der Gesellschaft auf der Basis je spezifischer Kommunikationsmedien herausgebildet haben. Für den Markt würde man das Kommunikationsmedium „Geld", für den „Geist" das Medium der „Wertbindung" (nach Parsons) oder vielleicht das der „Wahrheit" (nach Luhmann) einsetzen. Da es sich um ein Verhältnis funktionaler Differenzierung handelt, könnten beide Systeme trotz ihrer Heterogenität als komplementär begriffen werden. Dies wäre ein heute gängiger Weg, um die Konstruktionsprobleme im Ansatz von Boltanski und Chiapello zu lösen.

Aber diese scheinbar nahe liegende Lösung ist, wie ich im Folgenden zeigen möchte, kurzschlüssig. Denn in einem zentralen Punkt haben Boltanski und Chiapello durchaus Recht: Marktwirtschaft ist nicht gleich Kapitalismus. Das systemtheoretische Konzept des Geldes als Kommunikationsmedium, das seine Affinität zu neoklassischen Marktmodellen nicht verleugnen kann, unterschlägt genau diese kritische Differenz. Natürlich ist Kapitalismus immer *auch* Marktwirtschaft, gleichwohl sind Marktwirtschaft und Kapitalismus scharf voneinander zu unterscheiden. Diesen Unterschied genau herauszuarbeiten, bedarf freilich intensiverer begrifflicher Anstrengungen als sie von Boltanski und Chiapello selbst geleistet worden sind. Statt die einzelnen Elemente der Definition des Kapitalismus – Akkumulation, Konkurrenz, Lohnarbeit, Ideologie – einfach aneinanderzureihen, müsste der *Zusammenhang* dieser Elemente aufgezeigt werden. Dies kann hier nur skizzenhaft versucht werden (ausführlich Deutschmann 2001; siehe auch die Beiträge in Teil I dieses Bandes).

7.3 Die Differenz von Marktwirtschaft und Kapitalismus

Ich beginne mit dem dritten Element der Definition von Boltanski und Chiapello, dem Lohnarbeitsverhältnis („salariat"). Ein kapitalistisches System entsteht dadurch, dass der Geldnexus von fertigen Gütern und Dienstleistungen auf die Voraussetzungen der Produktion selbst übergreift: die menschliche Arbeitskraft und den Boden; Karl Polanyi (1978) hat dafür bekanntlich den Begriff der „Great Transformation" geprägt. Die Bedeutung der Großen Transformation lag vor allem darin, dass der Arbeiter nun nicht mehr nur objektiv Ware ist (wie in der Form der Sklaverei), sondern als Eigentümer seiner Arbeitskraft auch persönlich in den Geldnexus einbezogen wird. Mit der Kommodifizierung auch der Produktionsvoraussetzungen kam es zu einer Universalisierung und selbstreferenziellen Schließung des Geldnexus, die wie Polanyi argumentierte, eine „selbstregulierte" Marktwirtschaft entstehen ließ.

Es handelt sich bei der Arbeitskraft nicht um eine Ware neben anderen. Im Gegensatz zu fertigen Gütern und Dienstleistungen ist sie kein Objekt mit beobachtbaren

Eigenschaften, sondern ein mit kreativen Eigenschaften ausgestattetes und daher niemals abschließend bestimmbares Potenzial. Arbeit ist nicht bloß körperliche, sondern auch geistige Arbeit, nicht bloß industrielle Arbeit, sondern auch Dienstleistungs- und soziale Beziehungsarbeit, nicht nur Männer-, sondern auch Frauenarbeit, nicht nur zivile, sondern auch militärische Arbeit – die Reihe der Arbeitsbegriffe könnte endlos fortgesetzt werden. Arbeit ist gesellschaftliche Tätigkeit, die die spezifisch menschliche Wirklichkeit erst hervorbringt. Sie ist als Totalität nicht von außen her beobachtbar und daher mit „unbestimmbarer Komplexität" im Sinne Luhmanns behaftet. Was bedeutet es, wenn diese Tätigkeit aktuell oder potenziell dem Regime des Geldes geöffnet wird, wie es im Zuge der „Great Transformation" geschah?

Die Folge ist zunächst eine beispiellose Mobilisierung von Produktivität und Kreativität[1]. Als freier Arbeiter ist der Lohnarbeiter an der Vermarktung seiner eigenen Arbeitskraft interessiert und ist daher, wie schon Adam Smith erkannte, zu ganz anderen Leistungen bereit und fähig als der Sklave oder Leibeigene. Die Organisation und Mobilisierung der produktiven Potenziale der Lohnarbeit ist die Mission des kapitalistischen Unternehmers. Lohnarbeiter sind nicht nur produktiv, sondern auch kreativ: Unter der Ägide des Unternehmers können sie „schöpferische Zerstörung" betreiben, Neues „aus dem Nichts" heraus erfinden und realisieren – und *nur* Arbeiter, nicht Maschinen und auch nicht Computer sind dazu in der Lage. Während eine nichtkapitalistische Marktwirtschaft mit bestimmbaren Größen (Mengen/Preisen) operieren kann, ist der Kapitalismus durch ein *endogenes* Potenzial an Kreativität (was zugleich heißt: Unsicherheit) charakterisiert, das nur dynamisch erschlossen werden kann und nur temporäre Strukturbildungen erlaubt. Es wird nie eine Theorie geben, die die Möglichkeiten gesellschaftlicher Arbeit umfassend definieren könnte, denn eine solche Theorie müsste ja nicht nur intelligenter sein als alle früheren und gegenwärtigen, sondern auch als alle zukünftigen Erfinder und Unternehmer. Was Arbeit leisten kann, wird man immer nur historisch kontextabhängig abschätzen können, und auch diese Einschätzungen sind immer mit Ungewissheit behaftet. Eine kapitalistische Ökonomie funktioniert daher ganz anders als eine einfache Marktwirtschaft, wie sie den neoklassischen Gleichgewichtsmodellen zugrunde liegt: Unsicherheit, nicht Gleichgewicht, Dynamik und nicht Statik sind ihre Charakteristika.

Die andere Folge der Herstellung des Geld-Arbeitskraft-Nexus ist eine unerhörte Aufwertung des Geldes selbst. Geld, das Arbeitsvermögen kontrolliert, ist nicht länger nur ein harmloses Tauschmedium, sondern *Geldvermögen* oder Kapital. Die Unbestimmbarkeit des Arbeitsvermögens überträgt sich auf das Geld, das nun selbst zu einer dynamischen Größe als sich selbst verwertendes Kapital wird, und der Verwertungszwang des Kapitals treibt seinerseits die Ausschöpfung des Arbeitsvermögens voran. Der Akkumulationszwang des Kapitals ist – dies übersehen Boltanski und Chiapello – nur

---

[1]Folgt man den Schätzungen von Angus Maddison (2001), so nahm das Pro-Kopf-Weltsozialprodukt im Zeitraum 1000 bis 1820 um etwa 50 % zu. In dem deutlich kürzeren Zeitraum 1820 bis 1998 stieg es um den Faktor 8,5. (zit. nach Berger 2007, S. 10).

die logische Kehrseite des Lohnarbeitsverhältnisses. Die Möglichkeiten gesellschaftlicher Arbeit lassen sich durch keine gegebene Summe Geldes jemals abschließend einlösen; denkbar ist die Einlösung nur als ein nie endender *Prozess*. Was einzelne Arbeitskräfte oder Arbeitskollektive zu einem bestimmten Zeitpunkt oder in einer bestimmten Situation leisten können, bleibt stets „defizient" und kann jederzeit durch andere überboten werden. Daraus ergibt sich auch die Verknüpfung mit dem dritten Glied der Definition, der Konkurrenz, das für sich allein auf eine bloße Tautologie – ich laufe schneller, weil Du schneller läufst, etc.- hinauslaufen würde. Die Konkurrenz der Kapitalien stellt, wie schon Marx erkannte, nur die äußere Form dar, in der sich der innere Akkumulationszwang des Kapitals realisiert.

Geldvermögen kann deshalb auch nicht als bloßes „Kommunikationsmedium" im systemtheoretischen Sinn (Baecker 1988, 1995; Luhmann 1988) betrachtet werden. Medien sind symbolische Konstrukte, die Informationen aus der Umwelt in einer bestimmten Weise codieren und dadurch systembildend wirken. Wenn aber der durch das Kapital eröffnete Möglichkeitsraum gesellschaftlicher Arbeit unbestimmbar komplex ist, wird die Herstellung einer solchen geordneten System-Umwelt-Beziehung unmöglich. Richtiger wäre es deshalb, für das Geld statt der Kategorie des Mediums die von Luhmann (1992) selbst in seiner Religionssoziologie entwickelte Kategorie der „Chiffre" einzusetzen. Religiöse Formeln bzw. „Chiffren" repräsentieren zwar wie Symbole Anderes. Aber weil dieses Andere jede Erfahrung übersteigt, können sie es nicht bezeichnen, sondern gleichsam nur an seine Stelle treten, eben „chiffrieren". Sie symbolisieren und verbergen es zugleich, so wie die Geheimdienste es bei der Verschlüsselung von Informationen tun. Im gleichen Sinne, wie Luhmann von religiösen Formeln als Chiffren spricht, müsste auch vom Kapital als einer Chiffre gesprochen werden. Wie bei der Religion ist das Andere, auf das es verweist unbestimmbar, wie bei der Religion symbolisiert es dieses Andere nicht, sondern *ist es selbst*. Als „allgemeines Mittel" (Simmel), das die Gesamtheit der Möglichkeiten gesellschaftlicher Arbeit repräsentiert, wird es selbst zum höchsten Gut und kann daher wie Gott auch keinen anderen Zweck kennen als sich selbst, d. h. die eigene Verwertung und Vermehrung. Es wird nicht mitgeteilt, sondern in genau fixierten Summen von einem Konto auf das andere übertragen. Es symbolisiert nicht irgendwelche „Güterknappheiten", sondern nur seine eigene inhärente Knappheit. „Knapp" ist Geldvermögen immer nur in Bezug auf sich selbst, d. h. zu alternativen Verwertungschancen; es ist also immer zu wenig da. Dieser dem Geldvermögen inhärente Widerspruch zwischen qualitativer Unbestimmtheit und quantitativer Bestimmtheit kann nur dynamisch, eben durch kontinuierliche Kapitalakkumulation, die „rastlose Bewegung des Gewinnens" (Marx 1988, S. 168), überwunden werden.

Die Bestimmung des Kapitals als Chiffre liefert einen Ansatzpunkt, um den begrifflichen Hiatus von „Kapitalismus" und „Geist des Kapitalismus" bei Boltanski und Chiapello zu überwinden. Als Chiffre für die Unbestimmbarkeit der Potenziale gesellschaftlicher Arbeit steht Geldvermögen keineswegs so weit jenseits der Welt der menschlichen Motive und Affekte, wie Boltanski und Chiapello behaupten. Im Gegenteil, es birgt in sich eine „Utopie", wie sie stärker nicht sein könnte: Die Utopie individueller

7.3 Die Differenz von Marktwirtschaft und Kapitalismus

Verfügung über die Totalität menschlicher Möglichkeiten. Dieser Utopie hängen keineswegs nur die Kapitalisten an, sondern auch die Lohnarbeiter, die zwar die Ansprüche der Vermögenseigentümer einlösen müssen, zugleich aber als Eigentümer ihrer Arbeitskraft selbst in den Geldnexus einbezogen sind. Sie können deshalb die Hoffnung hegen, sich hochzuarbeiten und auf die andere Seite überzuwechseln, auch wenn die reale Chance, dass dies gelingt, recht gering sein mag. Es ist genau die durch dieses Aufstiegsmotiv motivierte „Zusatzarbeit" der Lohnarbeiter, die die Verwertung des Kapitals sichert und die kapitalistische Dynamik in Gang hält. Die industriesoziologische Forschung hat mit ihren Befunden zur „Verbürgerlichung" der Arbeiterschaft vor allem in der zweiten Hälfte des 20. Jahrhunderts reichlich Evidenz für diese Prozesse der Verinnerlichung des Geldnexus durch die Arbeiter geliefert; die Belege reichen von der Instrumentalismus-These von Goldthorpe und Lockwood (1968) bis hin zu Baethges These der „normativen Subjektivierung der Arbeit" (1991). Die Hoffnung auf Einkommensverbesserung und sozialen Aufstieg stellt auch ein zentrales Motiv von Migrationsbewegungen dar, wie die einschlägige Forschung (im Überblick Pries 2001) aufgezeigt hat.

Das Problem ist also nicht etwa, dass der Kapitalismus die Menschen nicht motivieren könnte, im Gegenteil: Er überwältigt sie geradezu mit dem Traum individueller Freiheit inmitten der Gesellschaft, und sei es nur in Form einer kleinen bürgerlichen Existenz. In Anlehnung an Cornelius Castoriadis – ein Autor, den Boltanski und Chiapello bedauerlicherweise kaum beachten – könnte man die im Geldvermögen angelegte Utopie individueller Freiheit als das „Radikal Imaginäre" (Castoriadis 1984, S. 218) der modernen Gesellschaft bezeichnen. In seiner Institutionentheorie unterscheidet Castoriadis zwischen den Konzepten des Symbolischen und des Imaginären. Institutionen – und dazu gehören auch die von Boltanski und Thévenot (1991) so genannten „poleis" – sind symbolische Ordnungen sozialen Handelns, die spezifische soziale Erwartungen vorgeben und begründen. Aber diese Ordnungen ruhen nicht in sich selbst, wie Castoriadis betont, sondern verweisen auf Ideen und Vorstellungsinhalte, die nicht symbolischer, sondern „imaginärer" Art sind. Er versteht darunter religiöse oder utopische Sinngehalte, die nicht etwas anderes meinen, sondern nur noch sich selbst. Institutionen enthalten stets einen solchen vorsymbolischen bzw. imaginären Kern, der ihre Einheit konstituiert.[2] Aber gleichzeitig muss das Imaginäre „das Symbolische benutzen, nicht nur um sich ‚auszudrücken' – das versteht sich von selbst –, sondern um überhaupt zu ‚existieren', um etwas zu werden, das nicht mehr bloß virtuell ist" (Castoriadis 1984, S. 218). Auch dieser Gedanke lässt sich auf die Geldutopie übertragen. So, wie sie sich unmittelbar darbietet, muss die im Geld angelegte Utopie individueller Verfügung über die Totalität menschlicher Möglichkeiten konkrete Individuen überfordern, denn sie ist, wie Boltanski und Chiapello mit Recht feststellen, „unersättlich" (2003, S. 519). Daraus folgt freilich nicht, dass sie durch ihre fremden Rechtfertigungsordnungen gleichsam von außen her

---

[2] In ähnlicher Weise sprechen auch Berger und Luckmann von einer „nomischen Funktion" symbolischer Sinnwelten (Berger und Luckmann 1980, S. 105).

„ergänzt" werden müsste, wie die Autoren meinen. Der imaginäre Kern muss vielmehr, wie Castoriadis argumentiert, in „sekundäre" Imaginationen und symbolische Ordnungen übersetzt und so in eine durch Handeln zu bewältigende Form gebracht werden. Die Notwendigkeit der Symbolisierung ergibt sich also von innen heraus – ganz genau so, wie auch der religiös Gläubige in der Regel (von wenigen mystischen Virtuosen abgesehen) die unmittelbare Präsenz Gottes nicht aushalten kann, sondern in seiner Lebensführung auf die Anleitung durch Propheten, Priester und Heilige Schriften angewiesen ist.

Ich denke, mit der hier nur skizzierten Argumentation sollte es möglich sein, den bei Boltanski und Chiapello nicht transparenten inneren Zusammenhang zwischen dem Lohnarbeitsverhältnis und dem Akkumulationszwang des Kapitals deutlich zu machen. Und gleichzeitig eröffnet sich ein Weg, den bei Boltanski und Chiapello unüberwindlich erscheinenden begrifflichen Hiatus zwischen „Kapitalismus" und „Geist des Kapitalismus" zu überwinden. Weil Kapital die Unendlichkeit der Möglichkeiten gesellschaftlicher Arbeit nur chiffrieren kann, kann es keine Orientierungen für soziales Handeln bieten. Die roten Zahlen, um eine Formulierung Günther Ortmanns (1995, S. 181) zu paraphrasieren, schweigen sich darüber aus, wie sie zu schwarzen werden können, und die schwarzen wiederum darüber, warum sie sich morgen vielleicht in rote verwandeln werden. Es müssen Situationsdeutungen, Regeln, Strategien und Entscheidungskriterien entwickelt werden, die den Akteuren bei ihrem Streben nach schwarzen Zahlen Orientierung bieten. Wie ist das möglich? Wie kann die durch das Geld nur chiffrierte Unendlichkeit der Möglichkeiten gesellschaftlicher Arbeit durch eine symbolische Ordnung erschlossen werden, die bestimmte Möglichkeiten auswählt und andere ausschließt, die zeigt, wie rote sich in schwarze Zahlen verwandeln lassen? Hier nun stoßen wir auf die von Boltanski und Chiapello so bezeichneten „Esprits", d. h., Rechtfertigungsordnungen und Regeln, die sinnhaftes und sozial aufeinander abgestimmtes Handeln von Managern, Unternehmern und Beschäftigten erst möglich machen.

Derartige symbolische Strukturierungen spielen, wie gleich näher zu erläutern sein wird, in *allen* Feldern ökonomischer Aktivität eine zentrale Rolle, d. h. nicht nur, wie Boltanski und Chiapello argumentieren, im Bereich des Managements, sondern auch in dem der Technikentwicklung und dem des Konsums. Aber Managementmodelle sind ebenso wie technologische Paradigmen und Konsummoden notwendigerweise selektiv. Kein einzelnes von ihnen wird je die Totalität der Potenziale des gesellschaftlichen Arbeitsvermögens ausschöpfen können; alle sind dem beständigen Druck des Vergleichs mit anderen Möglichkeiten ausgesetzt. Die Religion hat, wie Luhmann (1992) gezeigt hat, ein ganz ähnliches Problem: Wie bringt man unbestimmbare Komplexität in eine Form, an der sinnhafte Operationen anschließen können? Aber im Gegensatz zur Religion versucht der Kapitalismus nicht länger, dieses Problem der Unbestimmbarkeit der Welt durch eine allgemeine Kontingenzformel zu lösen, die der Reflexion entzogen ist und damit das Risiko der Inflationierung des Glaubens heraufbeschwört. Das Problem wird vielmehr durch Temporalisierung und Dynamisierung gelöst – eben durch den Zyklus der Ideologien bzw. „Esprits", um mit Boltanski und Chiapello zu sprechen. Auf diese Weise kann man auch erklären, warum es keinen einheitlichen kapitalistischen Esprit gibt, sondern die Esprits wechseln.

7.4 Die Dynamik kapitalistischer Mythen

Als Zwischenresümee halte ich zwei Punkte fest. *Erstens:* Die durch die Kapitalform des Geldes chiffrierte Totalität der Möglichkeiten gesellschaftlicher Arbeit ist als solche unbestimmbar und muss durch symbolische Ordnungen erschlossen werden. *Zweitens:* Jede dieser Ordnungen ist selektiv. Sie ist daher notwendigerweise defizient und kann sich höchstens temporär etablieren, bevor sie durch eine neue Ordnung bzw. einen neuen „Geist" abgelöst wird. In Bezug auf beide Punkte sind die Ausführungen Boltanski und Chiapellos ergänzungs-, korrektur- und präzisierungsbedürftig.

Zu 1. Das Problem der symbolischen Erschließung des gesellschaftlichen Arbeitsvermögens stellt sich, wie oben schon angedeutet, umfassender dar, als es bei Boltanski und Chiapello zum Thema gemacht wird. Die Perspektive ihrer Untersuchung ist einseitig auf die Sozialdimension der Organisation der Unternehmen, d. h. auf die Fragen der Legitimation und Motivation gerichtet. Es geht in der kapitalistischen Entwicklung jedoch nicht nur um das Problem der Gerechtigkeit, sondern um das der Konstruktion gesellschaftlicher Wirklichkeit in einem umfassenderen Sinn. Die Unsicherheit, mit der kapitalistische Unternehmen konfrontiert sind, reduziert sich nicht darauf, wie Kooperation und Arbeitsmotivation gewährleistet werden können, sondern umfasst auch die kognitive Dimension und die Zeitdimension. Welche Märkte sind Erfolg versprechend, welche nicht? In welche Techniken, in welche Produkte, auf welche Zeithorizonte hin soll investiert werden? Nicht nur in der Sozialdimension, sondern auch in der Sach- und Zeitdimension müssen begründete Entscheidungen getroffen werden, und das setzt in allen Fällen eine diskursiv geprüfte und von den einschlägigen gesellschaftlichen Instanzen (Experten, Wissenschaftler, Berater) beglaubigte Deutung der Situation voraus. Das heißt, auch Entscheidungen über Techniken und Produkte sind nicht etwa Ausdruck irgendwelcher objektiver Gesetzmäßigkeiten der Kapitalakkumulation, sondern bedürfen nicht minder der Vermittlung durch einen kapitalistischen „Geist" wie die organisatorische Gestaltung. Es ist verkürzt, wenn die Autoren ihren Blick allein auf das Feld der Managementideologien richten. Der Wandel der technologischen „Paradigmen" (im Überblick zuletzt Peine 2006) – von der Dampfmaschine, dem Automobil bis hin zum Mikrochip – und darüber hinaus der der Konsummoden hätten die gleiche Aufmerksamkeit verdient. Die Entwicklung des „kapitalistischen Geistes" vollzieht sich nicht allein auf dem Feld der Managementideologien, sondern (mindestens) auf diesen drei Feldern. Es geht auch nicht nur um das Handeln von Managern und Beschäftigten, sondern auch um das von Wissenschaftlern, Erfindern, Experten und Konsumenten. Das Konzept des „kapitalistischen Geistes" müsste entsprechend differenziert und ausgeweitet werden – eine Aufgabe, die zweifellos noch zu leisten ist.

Zu 2. Jeder kapitalistische „Geist" ist notwendigerweise selektiv. Er gibt einen spezifischen Horizont technologischer Entwicklungsmöglichkeiten, ein bestimmtes Modell der Organisation von Arbeitsprozessen oder einen Konsumstil vor. Er liefert damit der – wie ich versucht habe zu zeigen: strukturell in der Kapitalform des Geldes angelegten – Suche nach dem Neuen eine Orientierung. Während dadurch auf der einen Seite koordiniertes

Handeln der Akteure erst möglich wird, werden andererseits alternative Technologien, Organisationsstrukturen, Konsummuster, die in jeder gegebenen Situation *auch* denkbar sind, ausgeschlossen.

Ein kapitalistischer „Geist" fällt nicht fertig vom Himmel. Er ist zunächst nur in Form vager Projektionen und Szenarien präsent, die aber die Aura des Neuen und Zukunftsweisenden ausstrahlen, Aufmerksamkeit erregen und zum Gegenstand gesellschaftlicher Auseinandersetzungen werden können. Man denke etwa an die von Intellektuellen und Journalisten entwickelten Szenarien einer informationstechnisch vernetzten Welt, wie sie der Entwicklung des Internet vorausgingen. Die verschiedenen Spielarten der „Kritik", nämlich nicht nur die ökonomische und technische Konkurrenz, sondern auch die soziale und künstlerische Kritik des Kapitalismus, können als Promotoren der neuen Ideen eine wichtige Rolle spielen. Hier ist Boltanski und Chiapello zuzustimmen, auch wenn sie die Autonomie der sozialen und künstlerischen Kritik gegenüber der ökonomischen Konkurrenz sicherlich überbetonen. Der Verdacht liegt ja doch nahe, dass es sich auch bei dieser Kritik um eine Symbolisierung der kapitalistischen Basisutopie handelt. Wie anders soll die Entfaltung der durch diese Kritik beschworenen Ideale von individueller Autonomie und Kreativität *in Gesellschaft* möglich sein als – durch Geld? Wenn das zutrifft, würde es auch die von Boltanski aufgezeigte problemlose Inkorporation dieser Kritik in den neuen kapitalistischen Geist erklären. Wichtig ist auch – und auch hier kann man den Autoren folgen – dass es keine Garantie für den Erfolg der neuen Konzepte gibt. Eine rationale Rechtfertigung ist ex ante nicht möglich; entscheidend ist der „Glaube" der Protagonisten an das neue Konzept und ihre Fähigkeit, eine kritische Masse von Akteuren in den relevanten Bereichen der Gesellschaft zu mobilisieren. Der Unternehmer muss, sieht man seine Rolle aus diesem Blickwinkel, sehr wohl auch über „Charisma" im Weber'schen Sinne verfügen, er darf gerade nicht bloß als Agent rationaler Kalkulation auftreten. Nur dann kann sich ein selbst bestätigender und verstärkender sozialer Prozess entwickeln, der den Erfolg der neuen Ideen ermöglicht. Statt von den „Esprits" des Kapitalismus zu sprechen, ziehe ich daher das aus der neoinstitutionalistischen Organisationsforschung stammende Konzept der „Mythen" vor; allerdings müsste dieses Konzept im Sinne eines dynamischen Verständnisses umgearbeitet und erweitert werden (siehe die Beiträge 5 und 6 in diesem Band).

Ein kapitalistischer Mythos ist z. B. die Erfindung des Automobils oder das Internet. In der Phase ihrer Entstehung sind diese Konstrukte zunächst vage und unbestimmt, haben z. B. die Form futuristischer Szenarien oder populärer Metaphern (man denke z. B. an die „Datenautobahn"). In seiner elementaren Form enthält ein Mythos drei Elemente: Ein basales technologisches Artefakt, eine Projektion möglicher konkreter Weiterentwicklungen des basalen Artefakts und schließlich eine „kulturelle" Rahmung (Rammert 2000, S. 87) dieser Weiterentwicklungen in Form einer Antizipation eines anderen und „besseren" Lebens der Nutzer, in dem die neue Technologie eine zentrale Funktion erfüllt. Im Fall des Automobils wäre die Erfindung des Benzinmotors das basale Artefakt, der mögliche Einbau dieses Motors in einen Wagen die technologische Projektion, die Vision einer individuell mobilen Lebensweise die kulturelle Rahmung.

Erst dank der kulturellen Rahmung können Innovationen Fantasien stimulieren, den Blick auf neue Horizonte des Handelns öffnen und dadurch mobilisierend wirken. Entscheidend dabei sind nicht die Ideen allein, sondern das Handeln charismatischer Erfinder und Unternehmer, die die Neuerungen propagieren, weiterentwickeln und über die Grenzen funktional ausdifferenzierter Teilsysteme hinweg kommunizieren. Je besser die Kommunikation der Innovation gelingt, desto mehr entfaltet sie eine sich selbst bestätigende Wirkung, indem sie Akteure aus *ganz unterschiedlichen* Subsystemen zu Investitionen und Kooperationsleistungen motiviert. Was ursprünglich nur eine fantastische Spekulation gewesen sein mochte, kann so zu einem realistischen Ziel werden.

Aber je mehr sich diese Erwartungen erfüllen, je mehr die in dem Mythos anvisierten Möglichkeiten praktisch realisiert und ausgearbeitet werden, desto mehr verliert der Mythos auch seine innovative Aura. Am Ende nimmt er die Form institutionalisierten Standardwissens an. Dies ist häufig der Punkt, an dem ein Mythos bzw. ein kapitalistischer „Esprit" in eine Krise gerät. Wiederum ist die Krise jedoch nicht die Folge einer von außen kommenden Kritik, sondern sie ergibt sich aus der inneren Erschöpfung der Verweisungshorizonte des Mythos, die seine ursprüngliche Selektivität sichtbar macht. Die im Automobil, im Taylorismus, im Internet angelegten Möglichkeiten sind irgendwann ausgearbeitet, aber dadurch wird nur klar, dass die Potenziale gesellschaftlicher Arbeit selbst mit keinem der drei Mythen am Ende sind. Es entsteht eine Situation, die die Suche nach prinzipiell neuen Ideen stimuliert.[3] Die Dynamik der Mythen oder „Esprits" ist also – dies ist gegen Boltanski und Chiapello zu betonen – nicht in erster Linie das Werk von außen kommender kritischer Kräfte, sondern die Folge der *immanenten* Inkongruenz zwischen dem notwendigerweise begrenzten Möglichkeitshorizont jedes spezifischen Produktions-, Organisations- oder Konsummythos und der durch das Geld nur chiffrierten Unbestimmbarkeit der Potenziale gesellschaftlicher Arbeit. Die linken Ideen von 1968 z. B. waren antiautoritär, d. h. sie richteten sich gegen den damals noch herrschenden Geist des organisierten Kapitalismus. Sie waren aber überwiegend nicht antikapitalistisch.

7.5 Ein neuer Geist des Kapitalismus?

Eine letzte Frage möchte ich noch diskutieren, nämlich die nach der genaueren Einschätzung des von Boltanski und Chiapello analysierten „neuen Geistes" des Kapitalismus. Handelt es sich hier wirklich um einen neuen Mythos? Oder drückt sich darin nicht vielmehr – dies wäre die alternative These – eine allgemein abnehmende Fähigkeit des Kapitalismus zur Bildung von Mythen und Institutionen aus, die die Akteure immer

---

[3] Eine solche dynamische, an dem so genannten „Pfadmodell" orientierte Interpretation von innovativen Prozessen gewinnt auch in der betriebswirtschaftlichen Managementforschung an Einfluss (vgl. Schreyögg und Sydow 2003).

direkter mit den Paradoxien des Geld-Arbeit-Nexus konfrontiert und dadurch gerade nicht mobilisierend, sondern eher blockierend wirkt? Ich halte die zweite Einschätzung (die üblicherweise auch unter Begriffen wie „Entgrenzung" oder „Subjektivierung" diskutiert wird) für plausibler und möchte das begründen.

Zu den lesenswertesten Kapiteln des Buches gehört zweifellos das zweite, das die „Entstehung einer projektbasierten Polis" beschreibt und die Essenz der Interpretation der neuen Managementliteratur durch die Autoren zusammenfasst. Es werden hier die Fähigkeiten und Tugenden dargestellt, über die Individuen verfügen müssen, die in einer durch Netzwerke und Projekte bestimmten Welt leben. Der Schlüsselbegriff des neuen Wertesystems ist, wie die Autoren feststellen, *Aktivität* (2003, S. 155). Die Mitarbeiter in Projekten müssen danach streben, immer neue Kontakte zu knüpfen und müssen zugleich bereit sein, sich ohne Zögern aus nicht mehr nützlich erscheinenden Engagements zu lösen. Verpflichtungen und Bindungen werden allenfalls auf Zeit, nämlich maximal für die Lebensdauer eines „Projekts", anerkannt. Die Fähigkeit, ein neues Projekt ins Leben zu rufen, wird zur entscheidenden „Bewährungsprobe". Dafür müssen die Akteure sich in jeder Hinsicht, sachlich, räumlich und sozial als polyvalent und flexibel erweisen. Sie müssen nicht nur bereit sein, ihren Wohnort, ihr berufliches Tätigkeitsfeld, ihre sozialen Bezugsgruppen je nach der sich verändernden Konstellation im Netzwerk zu wechseln, sondern auch ihre persönliche Identität und Selbstdarstellung chamäleonartig anpassen. Im Netz zu bleiben und seine Netzwerkkontakte zu erweitern ist alles, wer heraus fällt, fällt ins Nichts. Die Autoren identifizierten diese Verhaltensregeln als verwandelte und adaptierte Form der „künstlerischen" Kapitalismuskritik der 1968-er Jahre. Es fällt auf, dass in der Managementethik, wie Boltanski und Chiapello sie beschreiben, negative Imperative dominieren. Positiv erscheint zwar die Forderung, sich durch eigene Aktivität im Netzwerk zu halten und dieses dadurch selbst zu erhalten und zu erweitern. Aber der Sinn dieser Aktivität ist allein negativ definiert: Der Sinn eines Projekt liegt allein in einem neuen Projekt, der Sinn einer Verbindung allein in den neuen Verbindungen, die man dadurch eröffnet. Die neue „Polis" ist weitgehend frei von institutionellen, das heißt: kontextunabhängig definierten Regeln und Bewertungsmaßstäben; ihre wichtigste „Regel" ist der Erfolg selbst.

Es stellt sich jedoch die Frage, wie diese Ethik die ihr von den Autoren zugeschriebene Funktion erfüllen kann, nämlich ein der Kapitalakkumulation förderliches individuelles Handeln zu strukturieren und zu motivieren. Gerade im Bereich des Managements sind klare, das Handeln strukturierende Ordnungen unabdingbar, wie Boltanski und Chiapello mit Recht betonen: „Die Firmenvorstände, die Unternehmensberater und die zukünftigen bzw. nach neuen Herausforderungen strebenden Manager müssen sich zur Deutung der sozialen Wirklichkeit auf einfache Gewissheiten stützen können. Besonders die nachwachsende Managergeneration muss die neuen Formeln erfolgreichen Handelns und die neuen Spielregeln der Wirtschaftswelt klar erkennen können, um so ihre Kinder großzuziehen und vorzubereiten" (2003, S. 147). Welche Orientierung kann aber eine Ethik bieten, die alle Regeln sofort reflexiv unterläuft, die den Individuen suggeriert, sie müssten überall gleichzeitig alles sein? Dauert unter

7.5 Ein neuer Geist des Kapitalismus?

solchen Prämissen nicht auch schon ein „Projekt" immer zu lange? Muss eine solche Ethik die Individuen nicht in rettungslose Paradoxien verstricken, sobald mit ihr praktisch Ernst gemacht wird? Reale Akteure sind existierende Individuen, die an eine bestimmte Position in Raum und Zeit gebunden sind und nicht beliebig die sozialen Seiten und Identitäten wechseln können. Sie können nicht gleichzeitig Vertrauen haben und kein Vertrauen haben, eine Sache tun und gleichzeitig schon etwas anderes. Boltanski und Chiapello setzen sich mit diesem Problem nicht systematisch auseinander. Das hängt mit einer methodischen Einseitigkeit ihrer Studie zusammen, nämlich damit, dass ihr Blick sich auf Management*texte* konzentriert, aber die dazugehörige *Praxis* nicht detailliert untersucht.

Von Texten kann nicht unmittelbar auf eine damit korrespondierende Praxis geschlossen werden. Wie die Anforderungen des neuen kapitalistischen Geistes tatsächlich durch die Individuen interpretiert und bewältigt werden, wäre Aufgabe eines eigenen Untersuchungsschritts, der bei Boltanski und Chiapello fehlt. Soweit es Studien zur Praxis der neuen Managementmodelle gibt, z. B. Minssen (1999) und Kühl (2000) haben diese gezeigt, dass die faktische Wirkung dieser Modelle vor allem in der Konstruktion von Paradoxien zu bestehen scheint. Stefan Kühl bringt es wie folgt auf den Punkt: „Motto: Jeder sucht sich seinen eigenen Weg, aber alle sitzen in einem Boot. Einerseits sollen die Unternehmer im Unternehmen die Regelwerke verletzen, andererseits aber auch auf die vom Unternehmen vorgegebenen Strukturen achten. Motto: Tue was Du willst, aber verletze ja nicht die geschriebenen und ungeschriebenen Gesetze." (Kühl 2000, S. 827). Praktisch bewältigt werden diese Paradoxien, wie die genannten Studien gezeigt haben, häufig durch eine Strategie der „Entkoppelung" von Rhetorik und Handeln: Man macht die neue Rhetorik bereitwillig mit, tut aber faktisch etwas ganz anderes, und das heißt in vielen Fällen: Die alten Hierarchien und ihre sozialen Ordnungen bleiben stillschweigend, aber höchst wirksam in Kraft.

Der von Boltanski und Chiapello benutzte Begriff des „neuen Geistes" ist vor diesem Hintergrund missverständlich. Die Managementethiken der 90-er Jahre bringen keinen „neuen Geist" des Kapitalismus zum Ausdruck, sondern eher die abnehmende Kraft des Kapitalismus, überhaupt neue handlungsorientierende Strukturen, Institutionen und Ideologien hervorzubringen. Die Folge ist, dass die Akteure unmittelbar mit den Paradoxien von Arbeit und Kapital konfrontiert werden. Dies mag die Fähigkeiten zur Rhetorik, zur geschickten Selbstvermarktung befördern, der sachliche Handlungsimpetus dagegen wird eher blockiert. Der lange Atem, den der Schumpeter'sche Unternehmer hatte, seine Fähigkeit, dicke Bretter zu bohren und seine Ideen gegen Widerstände durchzusetzen, brachte in früheren Zeiten den kapitalistischen Wachstumsprozess voran. Der heutige Projektmensch dagegen nutzt seine Tugenden der Flexibilität und Polyvalenz primär nur zu seinem persönlichen Fortkommen. Es ist daher nicht nachzuvollziehen, wie Boltanski und Chiapello zu der Behauptung kommen, der „neue Geist" habe den Kapitalismus revitalisiert. In der Rhetorik mag das zutreffen; in der Praxis freilich sprechen die im Vergleich zur fordistischen Ära wesentlich niedrigeren und weiter sinkenden

Wachstumsraten (nicht nur) des französischen Kapitalismus während der letzten 30 Jahre eher für das Gegenteil[4]. Der „neue Geist" entpuppt sich als ein auf Dauer gestellter Zustand allgemeiner Unsicherheit, der den kapitalistischen Prozess eher lähmt als vorantreibt und dadurch Krisen ganz neuer Art und Dimension heraufbeschwören könnte.

---

[4]Das jährliche Wachstum des Weltsozialprodukts, das im Zeitraum 1950 bis 1973 knapp 3 % betrug, sank in der neoliberalen Epoche zwischen 1973 und 1998 auf 1,3 % (Afheld 2003, S. 127).

Der Typus des Unternehmers in wirtschaftssoziologischer Sicht

8.1 Einleitung: Die Vernachlässigung der Figur des Unternehmers in der ökonomischen Theorie

Will man die Begriffe „Unternehmer" und „Unternehmertum" genauer klären, so stößt man zunächst auf reichhaltiges historiografisches Anschauungsmaterial. Es treten heroische wirtschaftliche Führerpersönlichkeiten in den Blick, von James Watt, Alfred Krupp, Andrew Carnegie, Henry Ford, Friedrich Flick bis hin zu Bill Gates (über Krupp z. B. Mühlen 1965; Gall 2000, 2002; über Carnegie Wall 1970; Nasaw 2006). Sie bauen ganze Unternehmensimperien aus dem Nichts heraus auf, setzen technische Innovationen, neue Produkte oder neue Organisationskonzepte durch. Diese Innovationen verändern die Struktur ganzer Wirtschaftszweige und treiben das wirtschaftliche Wachstum voran. Es handelt sich bei den Unternehmern häufig um soziale Aufsteiger, die ein ungewöhnlich hohes Maß an Intelligenz, Kreativität, Durchsetzungsvermögen, nicht selten auch Skrupellosigkeit mitbringen. Sie rechnen keineswegs immer genau, haben aber ein Gespür für wirtschaftliche Chancen und erfolgsträchtige soziale Koalitionen; sie lassen sich auch durch Rückschläge nicht entmutigen. Innovation und kapitalistische Dynamik erscheinen undenkbar ohne den Typus des Unternehmers. Wirtschaftsgeschichte – so viel steht fest – wird genauso wenig wie politische Geschichte einfach durch Individuen „gemacht"; Individuen finden ihre Rolle stets nur im Kontext spezifischer historisch-gesellschaftlicher Situationen. Aber ebenso steht fest, dass Wirtschaftsgeschichte – wiederum ebenso wenig wie die politische Geschichte – nicht *ohne* Rekurs auf die Rolle von Individuen und hier speziell: unternehmerischer Individuen geschrieben werden kann.

Nun ist die Wirtschaftsgeschichte keineswegs die für unser Thema allein relevante akademische Disziplin. Als eigentlichen Ansprechpartner würde man vielmehr die Wirtschaftswissenschaft vermuten. Welche Rolle spielt der Unternehmer in der ökonomischen Theorie? Die für Fachfremde etwas überraschende Auskunft lautet: Er kommt hier praktisch nicht vor. „It is by now notorious that for many decades economic theorists virtually ignored the entrepreneurial role", stellte Kirzner (1982, S. 281) fest, und ein damals durch Ronen unternommener Versuch einer Bestandsaufnahme ökonomischer Forschungsansätze zur Rolle des Unternehmers konnte dieses im Wesentlichen negative Ergebnis nur bestätigen (Ronen 1982; mit ähnlichem Tenor bereits Redlich 1964 und Blaug 1986, insbes. S. 219 f.). Bereits seit Adam Smith taucht zwar der Produktionsfaktor „Kapital" in den ökonomischen Textbüchern auf. Aber diese Konzeptualisierung reduziert den Unternehmer auf den Kapitalgeber. Er erscheint als Marionette der „invisible hand" des Marktes – so, als ob der Produktionsprozess von allein ablaufen würde, wenn nur genügend Kapital zur Verfügung gestellt wird. Eine ähnlich objektivistische Sichtweise kennzeichnet, wie Blaug mit Recht anmerkt, auch den Ansatz von Marx, der den Unternehmer nur als „Personifikation" des Kapitals, bzw. als bloßen Agenten objektiv bestimmbarer „Bewegungsgesetze" der Kapitalakkumulation interpretiert. Nicht viel anders ist es schließlich in der Neoklassik. Sie konzeptualisiert den Unternehmer als informationsverarbeitende Maschine, die Entscheidungen nach einer formalen Regel, der der Profitmaximierung, trifft – ironischerweise mit dem Ergebnis, dass es im Marktgleichgewicht zwar Zinsen, aber keinen Unternehmergewinn gibt, und der Unternehmer insofern auch hier keine Spuren hinterlässt. Alle diese Interpretationen blenden systematisch genau das aus, was den Unternehmer zu einer historisch gewichtigen Figur macht: seinen Wagemut, seine Weitsicht ebenso wie seine Fehler und sein Scheitern; seine innovativen Leistungen ebenso wie die durch die gleichen Leistungen angerichteten Zerstörungen – kurz: alle Momente seines Handelns, die sich nicht in einem Algorithmus abbilden lassen und daher in der ökonomischen Perspektive nur als „Rauschen" oder Oberflächengekräusel registriert werden können.

In den neueren Ansätzen von Kirzner (1983) und Casson (1982) wird die objektivistische Schlagseite in der Definition der Unternehmerrolle nur abgemildert, aber keineswegs aufgehoben. Diese Modelle erscheinen wirklichkeitsnäher, indem sie auf die Annahme vollständiger Information verzichten und Handeln unter der Bedingung von Unsicherheit zulassen. Das Spezifikum der Unternehmerrolle wird hier in Informationsvorsprüngen und besonderen kognitiven Fähigkeiten unternehmerischer Individuen gesehen. Der Unternehmer ist diejenige Instanz, die aufgrund ihrer „alertness to opportunities" (Kirzner 1983, S. 8) jene Anpassungsprozesse des Marktes, die in der neoklassischen Gleichgewichtstheorie immer schon als abgeschlossen vorausgesetzt werden, erst ermöglicht. Der Profit wird als Kompensation für die Leistung des Unternehmers bei der praktischen Vermittlung des Gleichgewichts – Blaug spricht von einer „rent of ability" (1986, S. 228) – erklärt. Aber auch hier wird der Unternehmer nur als „Arbitrageur" interpretiert. Sein Wissen bildet die Marktdaten nur besser ab als das anderer Akteure, es transformiert sie jedoch nicht. Die Möglichkeit, dass der Unternehmer nicht nur Gelegenheiten erkennen, sondern genuine Innovationen und Strukturveränderungen durchsetzen kann, ist nach wie vor nicht vorgesehen.

Natürlich wird man mir hier sofort vorhalten, dass ich den vielleicht wichtigsten Namen, nämlich Schumpeter, noch gar nicht erwähnt habe (Schumpeter 1952, 1993; zur Diskussion von Schumpeters Ansatz zuletzt Immerthal 2007). Die bisher referierten Einwände gegen die ökonomische Theorie treffen auf Schumpeters Interpretation des Unternehmers als Agent „schöpferischer Zerstörung" und Pionier „neuer Kombinationen" in der Tat nicht zu. Aber was Schumpeter vorgelegt hat, ist keine Theorie im Sinne des strengen Theoriebegriffs der Neoklassik, sondern eher eine Typologie, die das historiografische Verständnis der Unternehmerrolle in zentralen Aspekten zusammenfasst. Es ist daher kein Wunder, dass die Schumpeter'sche Analyse der Unternehmerrolle innerhalb der ökonomischen Zunft bis heute nur als eine Außenseitermeinung gilt. „In the Schumpeterian models of business fluctuations and economic development, the entrepreneur is neither an object of analysis nor of research, but is rather a deus ex machina of economic change", so lautet das harsche Urteil von Harold Demsetz (1982, S. 275). Die Analyse Schumpeters ist aber auch aus soziologischer Sicht unbefriedigend. Schumpeter hebt zwar die kreativen Leistungen des Unternehmers bei der Entwicklung neuer Produkte und Technologien hervor, die in rationalistischen Modellen wirtschaftlichen Handelns systematisch unterbelichtetet werden. Aber seine Analyse ist zu stark auf die Person des Unternehmers fixiert. Dass der Unternehmer nicht nur Widerstände in seiner sozialen Umwelt überwinden, sondern zugleich auch Resonanz und Unterstützung finden und geeignete Koalitionen herstellen muss, wird zu wenig berücksichtigt. Ob der Unternehmer Erfolg hat oder nicht, hängt nicht allein von seinen persönlichen Fähigkeiten ab, sondern vor allem davon, wie er seine Projekte kommuniziert. Schumpeter fehlen die begrifflichen Mittel, um Innovation als einen auf Kommunikation und Wissen gestützten sozialen Prozess zu analysieren.

Die wirtschaftstheoretischen Konzeptualisierungen der Figur des Unternehmers pendeln zwischen einer objektivistischen und einer personalistischen Sichtweise, ohne zu einer befriedigenden Lösung des Konflikts zwischen diesen konträren Positionen zu gelangen. In der neueren Wirtschaftssoziologie, aber auch in der an Schumpeter anschließenden „evolutionären Ökonomie" (Nelson und Winter 1982; Nelson 2002) sowie in der so genannten „Pfadforschung" (im Überblick Schreyögg und Sydow 2003) liegen Ansätze vor, die die Chance bieten, diesen Diskussionsstand zu überwinden und eine überzeugendere wirtschaftssoziologische Typisierung des Unternehmers zu entwickeln. Diese Ansätze, die auch gegenseitig in hohem Maße anschlussfähig sind, möchte ich zusammenfassen und kommentieren. Eine soziologische Analyse unternehmerischen Handelns darf sich aber nicht allein auf seine Bedeutung für das Wachstum von Unternehmen und Märkten beschränken. Die Unternehmerrolle hat nicht nur eine wirtschaftliche, sondern eine gesellschaftliche Dimension. Die durch unternehmerische Aktivität vorangetriebene wirtschaftliche Dynamik ist auch mit weit reichenden sozialstrukturellen Umwälzungen verknüpft, die Konsequenzen für nahezu alle Bereiche der Gesellschaft haben. Dazu sollen abschließend einige Thesen formuliert werden.

8.2 Die Kreativität der Arbeit als Basis der Leistung des Unternehmers

Welchen Beitrag kann die Wirtschaftssoziologie zur Klärung der Rolle des Unternehmers leisten? Die Wirtschaftssoziologie versteht sich als empirische Disziplin; ihr Ausgangspunkt ist die reale Welt, in der Entscheidungen unter der Bedingung von „Unsicherheit" stehen: Die Akteure sind nicht in der Lage, die Wahrscheinlichkeit des Eintretens bestimmter Handlungsfolgen zu kalkulieren, oder auch nur die Gesamtheit der möglichen Handlungsfolgen selbst einzuschätzen (Knight 1921; Choi 1993; Beckert 1997). Damit fehlt die Basis für eine Erklärung individueller Entscheidungen aufgrund genereller Optimierungsregeln: „The very word *uncertainty* stands for the absence of any universally valid rule of inference" (Choi 1993, S. 28).

Um zu zeigen, wie Akteure in der sozialen Praxis gleichwohl in der Lage sind, mit dem Problem der Unsicherheit umzugehen, greift die Soziologie bekanntlich auf den Begriff der Institution zurück. Institutionen sind Erwartungs-Erwartungen, die dem Handeln der Individuen immer schon vorausgehen und es ermöglichen, zugleich aber durch eben jenes Handeln stabilisiert oder verändert werden. Auch Institutionen können das Problem der Unsicherheit des Handelns nur temporär und partiell bewältigen. Institutionalisierte Regeln gelten nicht universell, sondern immer nur in bestimmten historischen Kontexten oder gesellschaftlichen Teilsystemen. Im Unterschied zu Naturgesetzen wirken sie auf das individuelle Verhalten nicht unmittelbar ein, sondern qua Entscheidung, d. h. vermittelt durch die sinnhaft strukturierte Selbstreferentialität des Handelns. Sie können schematisch oder intelligent befolgt oder auch missachtet werden. Sie können schließlich nur auf dem Wege interpretierender Rekonstruktion aus der Teilnehmerperspektive, nicht aus der Perspektive eines vermeintlich „objektiven" Beobachters wissenschaftlich erschlossen werden.

Auch wirtschaftliche Rationalität, wie immer man sie definieren mag, hat danach nicht den Status einer allgemeinen Gesetzmäßigkeit, sondern einer sozialen Norm. Seit Weber und Parsons ist es in der Soziologie üblich, den Markt als dasjenige Teilsystem der modernen Gesellschaft zu betrachten, in dem die Norm der Rationalität institutionalisiert ist (Kraemer 1997; Schmid und Maurer 2003). Diese Interpretation verbindet die ökonomische mit der soziologischen Sichtweise: Unter der Voraussetzung, dass eine elementare Reziprozität sozialer Handlungen durch geeignete kulturelle und institutionelle Rahmenbedingungen gewährleistet ist – mindestens müssen z. B. die Eigentumsrechte garantiert sein, darüber hinaus sind Leistungsprinzip, Wettbewerb u. a. wichtig –, kann das Geschehen auf den Märkten sinnvoll in der von der ökonomischen Theorie vorgeschlagenen Weise analysiert werden: „Markets are social arenas that exist for the production and sale of some good or service, and they are characterized by structured exchange. Structured exchange implies that actors expect repeated exchanges for their products and that, therefore, they need rules and social structures which guide and organize exchange." (Fligstein 2001a, S. 30).

Dieser Ansatz dürfte heute, insbesondere nach den schon seit längerer Zeit zu beobachtenden Annäherungen zwischen ökonomischem und soziologischem Neoinstitutionalismus (Beckert 2002b), nicht mehr nur soziologisch, sondern auch ökonomisch zunehmend konsensfähig sein. Aber der Unternehmer kommt in ihm noch immer nicht vor, denn, um es zu wiederholen, unternehmerisches Handeln passt nicht in die Schablone rationalen Markthandelns, das stets von gegebenen Präferenzen und Restriktionen ausgehen muss, während es dem Unternehmer gerade um deren Veränderung geht. Für rationale Rechenhaftigkeit mögen Manager, Ingenieure und Kaufleute zuständig sein. Ein Unternehmer jedoch, der nur kalkulierend handelt und nichts wagt, wird immer zu spät kommen und kaum Erfolg haben können. In der Wirtschaftssoziologie sind Versuche unternommen worden, die Rolle des Unternehmers auf der Ebene des institutionellen Rahmens zu verorten. Der Unternehmer wird als „institutional entrepreneur" (DiMaggio 1988; Beckert 2002b) gesehen, der gegebene institutionelle Ordnungen infrage stellt und neue Strukturen und Regeln durchsetzt. Aber dieser Ansatz ist mit der gerade von soziologischer Seite betonten Unverzichtbarkeit der Ordnungsfunktion von Institutionen schwer zu vereinbaren. Der Unternehmer mag zwar – nach dem bekannten Satz Schumpeters – der „Revolutionär der Wirtschaft" sein, aber er ist doch alles andere als ein sozialer und politischer Revolutionär. Sein Handeln richtet sich keineswegs gegen die gegebene rechtliche und politische Ordnung der Gesellschaft, sondern bleibt im Gegenteil auf sie angewiesen. Wie unternehmerisches Handeln als *institutionalisiertes* Wirtschaftshandeln denkbar ist – darauf liefert auch die Wirtschaftssoziologie keine wirklich befriedigende Antwort.

Um aus dieser Sackgasse herauszukommen, empfiehlt es sich, einen Umweg zu gehen und eine andere Prämisse ökonomischer Modelle in den Blick zu nehmen, nämlich: dass es sich bei den am Markt getauschten Gütern um Objekte oder Leistungen mit beobachtbaren Eigenschaften handelt. Bei manchen Gütern bzw. Leistungen mögen diese Eigenschaften unmittelbar transparent sein, bei anderen nicht, sodass bei den Käufern Informations- oder Suchkosten entstehen. Entscheidend ist aber, dass es zumindest *einen* möglichen Beobachter gibt, der in der Lage ist, die Eigenschaften derartiger „idiosynkratischer" Güter zu beurteilen. Andernfalls käme es zu einem Wiedereintritt des Unsicherheitsproblems in den Marktprozess, mit der Folge, dass weder ein „Optimum", noch ein „Gleichgewicht" bestimmbar sind.

Nun sind kapitalistische Ökonomien dadurch definiert, dass es neben Märkten für Güter (Konsumgüter und Produktionsgüter) und Dienstleistungen einen dritten Typus von Märkten gibt: Arbeitsmärkte. Ist die menschliche Arbeitskraft ein „Produktionsfaktor" mit beobachtbaren und bestimmbaren Eigenschaften? Die ökonomische Grenzproduktivitätstheorie behandelt die verschiedenen Produktionsfaktoren als gegeneinander substituierbar und suggeriert damit, der Beitrag der Arbeit zur Produktion sei ebenso beobachtbar und messbar wie der von Boden und Maschinen. Eine andere Argumentation versucht das Problem der Bestimmbarkeit des Faktors Arbeit durch Gleichsetzung der Lohnarbeit mit einer Dienstleistung zu lösen. Das Unternehmen wird als Nexus von Leistungsverträgen (Alchian und Demsetz 1972) und der Arbeitsvertrag als eine Kette von „impliziten" oder „relationalen" Verträgen (Williamson 1985) interpretiert. Damit wird unterstellt, der Inhalt von Arbeitsleistungen lasse sich in gleicher Weise objektivieren und vertraglich fixieren wie der von Dienstleistungen.

Der in der Organisationstheorie (vgl. March und Simon 1958) beschriebene Aspekt der konstitutiven Offenheit des Arbeitsvertrages wird in beiden Konzeptualisierungen vernachlässigt. Der Arbeitsvertrag beinhaltet die zeitlich und sachlich begrenzte Übertragung der Dispositionsfreiheit über das Leistungsvermögen des Arbeitnehmers an den Arbeitgeber. Der Arbeitsvertrag ist offen in einem doppelten Sinn: Von Arbeitnehmern wird nicht nur vorschriftsmäßige Aufgabenerfüllung, sondern auch die Bereitschaft zum Lernen und zur Anpassung an vorher nicht vereinbarte Aufgaben erwartet. Sie sind darüber hinaus in der Lage, genuin neue Ideen, Produkte und Problemlösungen zu entwickeln, d. h. gegebene Wissensbestände nicht nur nachzuvollziehen, sondern kreativ zu reorganisieren. Wie will man die „Produktivität" einer solchen Reorganisation messen, die sich ja in einer beliebigen Zahl physischer Artefakte oder Transformationen materialisieren kann? Es mag zwar technisch oder organisatorisch stark standardisierte Arbeitsplätze geben, bei denen die geforderte Arbeitsleistung weitgehend objektiviert und für einen externen Beobachter transparent zu sein scheint. Aber dieser Eindruck trügt schon hier. Selbst „taylorisierte" Arbeitsvorgänge lassen sich entgegen dem Anschein eben doch nicht perfekt „planen" und verlangen nicht selten komplexes Erfahrungswissen (Thomas 1964; Burawoy 1979; Böhle et al. 2004). Arbeiter werden nicht beschäftigt, um formale Anweisungen perfekt auszuführen (dazu wären Maschinen oder Computer besser in der Lage), sondern um den erfolgreichen Ablauf von Operationen zu *gewährleisten* – wenn notwendig auch durch intelligente Abweichungen von den Vorschriften[1]. Derartige Abweichungen geschehen ihrer Natur nach unvorhergesehen, nicht selten stillschweigend und unwillkürlich. Sie können daher auch nicht Gegenstand irgendwelcher „Verträge" sein, erst recht nicht „angeordnet" oder technisch bewirkt werden. Gänzlich unhaltbar wird die Theorie der relationalen Verträge dort, wo es um Arbeitsplätze geht, bei denen genuin innovative Leistungen erbracht werden. Niemand kann sich per Vertrag verpflichten, eine Erfindung zu machen oder eine bislang unbekannte Problemlösung zu entdecken. Unentbehrlich bleibt vielmehr die kooperative Selbststeuerung der Beschäftigten: Sie sind zu kreativen Leistungen fähig, können neue Produkte entwickeln und Probleme lösen – oder auch nicht. Sie können den erfolgreichen Ablauf von Prozessen gegen Störungen und Kontingenzen gewährleisten – oder auch nicht. Was von Arbeitskräften erwartet wird, sind kreative Wissensleistungen (einschließlich der durch Michael Polanyi 1966 beschriebenen „impliziten" Leistungen), die sich durch

---

[1] „Vorschriften und Regeln der Arbeit zu befolgen ist im Interesse der Verlässlichkeit, der Arbeitssicherheit, der Routinisierung etc. genauso wichtig wie sich nicht auf jeden Fall und um jeden Preis – quasi ritualistisch – an Regeln und Vorschriften zu klammern, auch wenn der Fortgang, der Erfolg der Arbeit oder auch das Arbeitsklima dadurch deutlich beeinträchtigt oder gefährdet werden. Sogar Sicherheitsvorschriften müssen situationsspezifisch interpretiert werden." (Strauß und Kruse 2004, S. 159).

keine Regel und keinen Vertrag formalisierbaren lassen. Gerade in der solche Leistungen ermöglichenden konstitutiven Offenheit liegt der komparative Vorteil von Arbeits- gegenüber Dienstleistungsverträgen.

Das bedeutet: Mit der Kommodifizierung der menschlichen Arbeitskraft kommt es zu einem Wiedereintritt des Problems der Unsicherheit in den Markt, das in dem Parsons'schen Marktmodell bereits institutionell „hinauskonstruiert" erschien. Es handelt sich hier um eine Art von Unsicherheit, die nicht etwa nur, wie etwa auf einem Gebrauchtwagenmarkt, durch „unvollständige Information" der Beteiligten bedingt ist. Sie resultiert vielmehr daraus, dass es *keinen möglichen Beobachter gibt,* der in der Lage wäre, kreative und intelligente Arbeitsleistungen vorauszusehen: Niemand kann heute wissen, welche neuen Produkte, Verfahren oder Problemlösungen Ingenieure, Entwickler, Techniker, Designer usw. morgen ersinnen werden – nicht einmal sie selbst. Die Arbeitskraft ist kein „Produktionsfaktor" mit messbaren Effizienzeigenschaften, sondern ein (in bestimmten Grenzen) mit kreativen Fähigkeiten ausgestattetes Potenzial, das für eine im Voraus nicht vollständig bestimmbare Vielfalt von Einsatzmöglichkeiten offen ist. Als solches kommt sie in der ökonomischen Theorie ebenso wenig vor wie der Unternehmer.

Es liegt nahe, die beiden Defizite, d. h. die Vernachlässigung sowohl der Unternehmer wie der Arbeitnehmerrolle, als komplementär zu betrachten. Anders formuliert: Weil die ökonomische Theorie über eine angemessene Konzeptualisierung der Arbeitnehmerrolle nicht verfügt, fehlt auch das Gegenstück: die Theorie des Unternehmers. Diese Verknüpfung liegt schon aus historischen Gründen auf der Hand. Die Figur des Unternehmers war zwar schon in der vorindustriellen Ära nicht unbekannt; bereits im Jahr 1697 beschrieb Daniel Defoe den Unternehmer – mit abwertendem Unterton – als „Projektemacher" (Redlich 1964; Bröckling 2005). Das unternehmerische Genie schon der oberitalienischen und flandrischen Kaufleute und protoindustriellen Verleger sollte nicht unterschätzt werden. Zu großer Form auflaufen konnte der Unternehmer historisch jedoch zweifellos erst in dem Augenblick, als er nicht mehr bloß als Kaufmann oder Verleger agierte, sondern dank der Institutionalisierung eines Arbeitsmarktes direkten Zugriff auf das Potenzial freier Lohnarbeit (nicht Sklavenarbeit) bekam, d. h. in Europa um die Wende des 18. zum 19. Jahrhundert. Die von Schumpeter so gerühmten kreativen Leistungen des Unternehmers entstammen nicht allein den Tiefen seiner individuellen Seele, sondern haben ihre institutionelle Grundlage in der Herstellung eines freien Arbeitsmarktes. Erst auf der Basis der Disposition über das innovative Potenzial organisierter Lohnarbeit ist der Unternehmer in der Lage, gewinnträchtige technische Innovationen und neue Produkte zu entwickeln und zu vermarkten. Nur aufgrund seiner Herrschaft über die lebendige Arbeit kann sein Wissen eine nicht nur registrierende, sondern transformierende Funktion gewinnen. Damit soll nicht einer auf die Kontrolle des Arbeitsprozesses verkürzten Definition der Unternehmerrolle das Wort geredet werden, wie sie in marxistischen Analysen verbreitet ist. Vielmehr umfasst die Unternehmerrolle ein soziales Feld, das über den Arbeitsprozess hinaus auch die Beziehungen zu einer Vielzahl anderer sozialer Instanzen – Lieferanten, Kunden, Kapitalgeber, Erfinder,

Politik, Medien – einschließt. Es ist die Aufgabe des Unternehmers, dieses Feld im Sinne seiner Interessen zu organisieren und zu strukturieren. Die direkte Herrschaft über organisierte Arbeit bildet dafür jedoch die notwendige Voraussetzung; nur unter dieser Bedingung ist der Unternehmer *Unternehmer* und nicht nur Händler, Broker oder Finanzier.

8.3 Kreatives Handeln und Social Skills: Paradigmen und ökonomische Mythen

Wie kann es dem Unternehmer gelingen, die innovativen Potenziale der Beschäftigten zu mobilisieren und so eine Führungsrolle in dem von ihm reklamierten sozialen Feld zu übernehmen? Die klassischen Organisationstheorien hatten ebenso wie die durch Braverman (1977) und Edwards (1981) initiierten marxistischen Beiträge zur anglo-amerikanischen „Labour Process Debate" die kontrollierenden Funktionen der Unternehmerrolle und die Machtungleichheit zwischen Unternehmern und Beschäftigten betont. Das war, wie in der Organisationsforschung seit langem erkannt worden ist, nicht falsch, aber verkürzt. Die Verkürzung liegt zunächst darin, dass die der Kontrollfunktion vorausgehenden und ihr zugrunde liegenden Strukturierungsleistungen des Unternehmers ausgeblendet werden. Es ist der Unternehmer, der eine „Strategie" des Unternehmens vorgibt, über Produkte, Technologien, Personal, Organisationsstrukturen entscheidet, Märkte und Bezugsquellen erschließt, kurz: die Unerschöpflichkeit der Potenziale des gesellschaftlichen Arbeitsvermögens auf ein Format bringt, das in der gegebenen Situation durch organisiertes Handeln zu bewältigen ist. Diese Strukturierungsleistung muss in einer Situation der Unsicherheit erbracht werden, in der es immer mehr Unbekannte als Gleichungen gibt und jede denkbare Lösung sofort unter den Druck anderer, besserer Lösungen geraten kann. Dazu sind Intuition und Gespür für die möglichen Entwicklungen des Marktes notwendig. Das Kriterium der Rationalität allein, das immer hinreichend bekannte Strukturen voraussetzt, kann in einer solchen Situation keine Orientierung bieten.

Der Kurzschluss des kontrolltheoretischen Ansatzes liegt – zum anderen – in der einseitigen Analyse der organisatorischen Umsetzung unternehmerischer Strategien. Denn ungeachtet der Machtasymmetrie in den Arbeitsbeziehungen ist der Erfolg von Unternehmen – ich hatte es schon betont – gerade nicht in der möglichst regelkonformen und daher durch formale Kontrolle evozierbaren Arbeitsleistung der Beschäftigten begründet. Entscheidend ist vielmehr der intelligente, situationsgerechte und kreative Umgang mit Vorschriften und Zielen. Dieser aber kann seiner Natur nach nicht im Modus bürokratischer oder technischer Kontrolle, sondern nur auf der Basis einer Selbststeuerung der Belegschaften erreicht werden (ausführlich Deutschmann 2002a; vgl. auch Beitrag 9 in diesem Band). Die Qualifikation des Unternehmers beruht entscheidend auf seiner Fähigkeit, eine solche Selbststeuerung der abhängig Beschäftigten ins Werk zu setzen. Es ist der Unternehmer, der Ziele und Strategien vorgibt. Aber der Erfolg dieser

Strategien hängt daran, dass es ihm gelingt, die Beschäftigten, und darüber hinaus auch die Lieferanten, Kunden und Finanziers, von ihrer Erfolgsträchtigkeit zu überzeugen und in einem mehr als nur formalen Sinn einzubinden. Niemand darf sich „fremdgesteuert" fühlen; die Beschäftigten und die anderen Akteure müssen sich zu den Zielen des Unternehmers so verhalten, als ob es ihre eigenen wären.

Wie lässt sich eine derart komplexe und paradoxe Aufgabe bewältigen? Eine Antwort darauf setzt zunächst eine begrifflich präzise Beschreibung der Aufgabe selbst voraus. Ich beschränke mich im folgenden darauf, einige neuere, eng miteinander verknüpfte Beiträge dazu vorzustellen, die teils aus der Wirtschaftssoziologie, teils aus der evolutionären Ökonomie stammen. Zunächst sollen das Konzept des kreativen Handelns und die daran anschließende Theorie der „social skills" von Fligstein (2001b) (vgl. Abschn. 8.3.1) und daran anschließend der evolutionsökonomische Begriff des „Paradigmas" und ausgewählte empirische Fallstudien aus der so genannten „Pfadkreationsforschung" vorgestellt werden (vgl. Abschn. 8.3.2).

8.3.1 Pragmatismus und unternehmerisches Handeln

Das aus der pragmatistischen Philosophie (Mead, Dewey) stammende Konzept der Kreativität des Handelns ist in neuerer Zeit durch Hans Joas (1992) und vor allem durch Jens Beckert (1997, 2002b, 2003) in die wirtschaftssoziologische Debatte eingeführt worden. Das Hauptanliegen von Beckert ist es, das normative Konzept der Ziel-Mittel-Rationalität ökonomischer Entscheidungen durch eine wirklichkeitsnähere Konzeptualisierung zu ersetzen, die der Komplexität realer Entscheidungsvollzüge besser Rechnung trägt. Ziele und Präferenzen sind danach nicht einfach „gegeben" und gehen der Handlung auch nicht voraus, sondern entwickeln sich erst im Prozess der Handlung selbst. Handlung wird als ein Prozess kontinuierlicher gegenseitiger Korrektur von zunächst präreflexiven Zielen und situativen Bedingungen interpretiert: Kreativität entsteht in praktischen Problemsituationen, die routinisierte Handlungsvollzüge blockieren und die Handelnden zu einer Reflexion nicht nur der gewählten Mittel, sondern ihrer Ziele selbst zwingen. Die Handelnden sind genötigt, innezuhalten, die Situation, die geltenden Regeln und Lösungswege zu überdenken und neu zu interpretieren. Im Fall von Zielkonflikten muss geklärt werden, welches Ziel Priorität hat. Es kann auch zu gänzlich neuen Situationsdeutungen und zur Erfindung darauf bezogener neuer Ziele und Regeln kommen. Das bedeutet keine prinzipielle Abkehr vom Konzept der Rationalität, wohl aber eine Abkehr von der Vorstellung situationsunabhängiger Rationalitätsmaßstäbe: Was „rational" ist und welche Regeln und Maximen daraus folgen, verändert sich in Abhängigkeit von der Situation. Prozesse der Kooperation und Innovation lassen sich, wie Beckert zeigt, auf der Basis eines solchen pragmatischen Handlungskonzepts besser als durch das teleologische Modell verstehen. Kreativität bedeutet, dass Menschen Entscheidungen nicht nur gemäß geltenden kognitiven und normativen Arrangements treffen, sondern *mit ihren Entscheidungen diese Arrangements selbst interpretieren, überprüfen oder verändern.* Kreativität ist nicht mit Anomie, Dilettantismus oder Inkompetenz zu verwechseln, sondern setzt stets Regeln und Normen voraus. Das Handeln ist den Strukturen jedoch nicht „subsumiert", sondern entwickelt sich in einem Prozess wechselseitiger Konstitution von Strukturen und Handlungen: Handlungen basieren auf Strukturen, Strukturen wiederum werden durch Handlungen generiert[2].

Mit der „Situation" ist nicht nur der sachliche, sondern auch der soziale und kulturelle Handlungskontext gemeint. Handelnde müssen nicht nur die Konsistenz ihrer Ziele mit ihren eigenen Interessen, sondern auch mit den Zielen und Situationsdefinitionen Anderer fortlaufend überprüfen. Wie dies geschieht, wird durch Fligstein in seinem Konzept der „social skills" genauer analysiert. Social skill kann als die „ability to induce cooperation among others" (Fligstein 2001b, S. 112) definiert werden. Handelnde sind weder bloß Marionetten institutionalisierter „skripts", noch strategisch kalkulierende Monaden. Mit dem Konzept der „social skills" geht es Fligstein darum, die institutionelle mit der strategischen Sichtweise zu verbinden. Akteure verfolgen stets ihre Interessen, aber ihre Chance, sich gegen Andere durchzusetzen, hängt keineswegs allein von den ihnen verfügbaren Machtmitteln ab, sondern auch von ihrem Einfluss auf die Selbstbilder und Situationsdeutungen ihrer Mitspieler. Fligstein geht mit der interaktionistischen Sozialtheorie (Mead, Goffmann) davon aus, dass die Identitäten der Akteure selbst nicht einfach „gegeben" sind, sondern sich erst in dem Prozess der sozialen Interaktion formieren. Soziale Interaktion ist, wie Fligstein betont, stets auch durch strategische Kalküle der Akteure bestimmt. Aber es geht dabei nicht einfach um die Durchsetzung egoistischer Ziele, sondern um die Konkurrenz um die Festlegung gemeinsamer Situationsdefinitionen, die jedem der beteiligten Akteure selbst eine spezifische Identität zuweisen. „Socially skilled" sind Akteure, denen es gelingt, die „Deutungshoheit" in einer bestimmten sozialen Arena zu gewinnen. Sie setzen gemeinsame Situationsdefinitionen durch, die ihre Ziele den Mitspielern als mit deren eigenen Interessen identisch oder kompatibel erscheinen lassen. Die Mitspieler sind davon überzeugt, ihre ureigenen Interessen zu verfolgen, wenn sie die ihnen zugedachten Rollen wahrnehmen. Die Verfügung über Machtressourcen ist dabei zwar keineswegs unwichtig, aber es gibt keinen Automatismus der Übersetzung finanzieller, administrativer oder politischer Macht in „social skills". Entscheidend sind vielmehr kommunikative Strategien. Akteure müssen „stories" (Fligstein 2001b, S. 113) entwickeln, um die Anderen zur Kooperation zu bewegen. Es macht dabei einen wichtigen Unterschied aus, ob es darum geht, ein neues Feld aufzubauen oder ein gegebenes Feld nur zu konsolidieren. Akteure, die den Status quo eines Feldes verteidigen wollen, müssen nur darauf bedacht sein, die Legitimität der geltenden Regeln zu bekräftigen. Akteure dagegen, die ein neues Feld aufbauen oder bestehende Felder transformieren wollen, müssen in besonderem Maße über social skills verfügen. Sie müssen neue

---

[2]Anthony Giddens (1984) formuliert mit seinem Prinzip der „Dualität" von Strukturen bekanntlich einen ähnlichen Gedanken.

kulturelle Rahmungen entwickeln, die die geltenden Regeln und Identitäten infrage stellen und die Motive aktueller oder potenzieller Dissidenten artikulieren, oder sie müssen zumindest „Nischen" aufbauen, die ihnen das Überleben gestatten. Dort, wo es konkurrierende Gruppen von Dissidenten gibt, muss ein gemeinsamer Nenner zwischen den jeweiligen Situationsdeutungen gefunden werden. Erfolgreiche Neuerungsbewegungen tendieren dazu, sich ihrerseits zu etablieren und zu institutionalisierten Formen kultureller Hegemonie zu verfestigen.

Der Mead'sche Ansatz (Mead 1973), auf den Joas, Beckert und Fligstein sich beziehen, betont den sachlichen und sozialen Situationskontext kreativen Handelns. Dagegen ließe sich einwenden, dass problemlösendes Handeln nur *eine* Form kreativen Handelns ist. Es kann mit ihm aber nicht schlechthin gleichgesetzt werden, denn dadurch würde ja das wichtige Moment des Spielerischen, der freien Fantasie vernachlässigt. Kreativ zu sein heißt keineswegs nur, Probleme auf neue Weise zu lösen, sondern auch, sie überhaupt erst zu entdecken und zu definieren. Popitz (1997) erblickt den Ursprung der Kreativität in der Fähigkeit von Menschen, erfahrene Wirklichkeiten zu transzendieren und das Gegebene zu verändern. Die kreative Fantasie entwickelt sich Popitz zufolge in drei Richtungen: Erkundung (Suche nach neuem Wissen), Sinnstiftung (Deutung, Begründung) und Gestaltung (Bildung neuer Objekte). Es gibt, „spontane", nicht situativ induzierte Formen von Kreativität, die nicht nur in der Kunst, sondern auch in der wirtschaftlichen Innovation eine wichtige Rolle spielen. Auch für Popitz jedoch bleibt die sinnhaft strukturierte Selbstreferentialität menschlichen Handelns der Ausgangspunkt. Kreativität ist schließlich von Lernen zu unterscheiden: Kreativität meint die *Erfindung,* Lernen die *Kommunikation* neuer symbolischer Muster.

Die skizzierten Konzepte „Kreativität" und „social skills" sind grundlegend für ein angemessenes Verständnis nicht nur der Unterschiede zwischen Arbeitskräften und sachlichen Produktionsfaktoren, sondern auch der Unternehmerrolle. Der Unternehmer, so können wir an sie anschließend festhalten, ist nicht nur ein rationaler Arbitrageur im Sinne Kirzners oder Cassons, der aufgrund überlegener Informationsquellen oder kognitiver Fähigkeiten besser als andere Akteure in der Lage ist, Marktdaten und Gewinnchancen zu erkennen. Entscheidend sind vielmehr seine „kreativen" Fähigkeiten – nicht nur bei der Erfindung neuer Problemlösungen, sondern in gewisser Weise auch bei der Entwicklung der diesen Lösungen zugrunde liegenden Problemdefinitionen, Bedürfnisse, kognitiven Strukturierungen selbst[3]. Was er mit seinem Handeln leistet, ist keineswegs nur eine bessere Abbildung des wirtschaftlichen Datenkranzes, sondern eine *Transformation* des Datenkranzes, d. h. der Präferenzstrukturen und kognitiven Orientierungen

---

[3]Neue Produkte oder Produktionstechniken lösen keineswegs nur die Probleme, die ihre Erfindung motivierten, sondern erzeugen häufig an die Potenziale der neuen Technologien geknüpfte sekundäre Bedürfnisse: Mit der Erfindung der Eisenbahn entstehen gänzlich neue (z. B. touristische) Formen des Reisens, mit der Erfindung des Internets oder des Mobiltelefons neue kommunikative Erwartungen.

der Gesellschaft. Wenn es dem Unternehmer im Erfolgsfall gelingt, in der von Schumpeter beschriebenen Weise ein gewinnträchtiges temporäres Monopol aufzubauen, so mag dies auf den ersten Blick lediglich als eine Form rationalen Wirtschaftshandelns erscheinen. Aber das gilt immer nur in der ex-post-Perspektive. Ex ante dagegen handelt der Unternehmer unter Bedingungen von Unsicherheit. Sein Ziel kann, wie auch Schumpeter betonte, nicht der Gewinn allein sein – das unterscheidet den Unternehmer vom bloßen Kapitalrentier –, sondern die Kreation einer neuen Struktur, die gewinnorientierte Kalkulationen erst ermöglicht. Der Unternehmer ist nicht bloß ein rational handelnder Wirtschaftsakteur, auch nicht nur ein dynamischer Selbstvermarkter, wie es ein heute weit verbreitetes, aber verkürztes Verständnis des „unternehmerischen Individuums" (Bude 2000; Boltanski und Chiapello 2003; Bröckling 2007) suggeriert. Die transformierende Rolle des Unternehmers ist vielmehr an seine Fähigkeit gebunden, lokale Ordnungen aufzubauen und soziale Arenen zu beherrschen. Diese Ordnungen können über die lokale Ebene hinauswachsen und in einzelnen Fällen die Dimension ganzer „Imperien" erreichen.[4] Das von Kotthoff und Reindl (1990) entwickelte Konzept der „betrieblichen Sozialordnung" knüpft an diesen Befund an und ist von den Autoren als Leitfaden für eine Reihe von aufschlussreichen Fallstudien in kleinen und mittleren Betrieben fruchtbar gemacht worden.

8.3.2 Evolutionäre Ökonomie und Unternehmertum

Die Konzentration auf die kommunikativen und symbolischen Aspekte wirtschaftlicher Innovation ist ein zentrales Anliegen auch der evolutionären Ökonomie. So erblickt Dopfer den Hauptmangel der Analyse Schumpeters in der mangelnden Unterscheidung zwischen den „energetischen" und den „kommunikativen" Seiten der Unternehmerrolle: „He viewed the individual one sidedly only as an *energetic* personality, not as a knowledge and information processing agent. Though active, the agent he described is not involved in any systematic way in knowledge creation, knowledge adoption or knowledge communication." (Dopfer 2006, S. 23). Die Hauptleistung des Unternehmers ist nicht in der bloß physischen Realisierung neuer Kombinationen, sondern in der Entwicklung und Kommunikation neuer „generic rules" (Dopfer 2006, S. 16) zu sehen. Statt von „generic rules" sprechen andere Autoren auch von „Paradigmen" (Choi 1993; Peine 2006) wirtschaftlicher Innovation. Es geht in beiden Fällen um eine Analyse der sozialen Strukturierung von Prozessen der Wissenserzeugung.

---

[4]Eines der eindrucksvollsten Beispiele ist zweifellos die Geschichte der Krupp-Dynastie (Gall 2000). Es ist bezeichnend, dass Alfred Krupp den Aufbau seines Imperiums kurz nach der Gründung des Deutschen Reiches mit dem Erlass eines „Generalregulativs" krönte, einer Art „Firmenverfassung", die Rechte und Pflichten aller Firmenmitglieder für alle Zeiten, auch über den Tod des Firmengründers hinweg, regeln sollte. Im Jahr 1958 wurde dieses Regulativ unter der Ägide des Urenkels, Alfried Krupp, modernisiert und erneuert (Mühlen 1965).

Der Begriff des Paradigmas geht vor allem auf die wissenschaftssoziologischen Untersuchungen Thomas Kuhns (1967) zurück, die ihrerseits durch eine ältere Studie Ludwik Flecks aus dem Jahr 1935 beeinflusst waren. Er hat vor allem in der Techniksoziologie und Technikgeneseforschung (Dosi 1988) Resonanz gefunden. Alexander Peine (2006, S. 48) weist darauf hin, dass Kuhn selbst den Begriff nicht eindeutig verwendet hat, sondern zwei Interpretationen unterscheidet: Unter einem „Paradigma" ist zum einen eine beispielhafte Problemlösung zu verstehen, zum anderen eine Konstellation von Meinungen, Werten und Methoden, die von einer wissenschaftlichen Gemeinschaft geteilt werden. Die techniksoziologische Literatur geht von der These aus, dass die von Kuhn beschriebenen Mechanismen der Wissenserzeugung und -transformation nicht nur im Rahmen der Wissenschaft wirksam sind, sondern auch in technischen und industriellen Innovationsprozessen. Allerdings sind die Begriffsinterpretationen und auch die verwendete Terminologie selbst heute recht vielfältig; neben dem Begriff des Paradigmas tauchen Konzepte wie „Leitbilder", „Visionen", „technological frames", „dominant designs" auf. Unter einem technologischen Paradigma wird in der Regel eine mit einer Entwicklungsvision verknüpfte exemplarische Erfindung oder Problemlösung verstanden. Ein Paradigma enthält folglich zwei Elemente:

1. Es handelt sich nicht um eine bloße Idee, sondern um ein *Beispiel,* d. h. um eine exemplarische Lösung konkreter technischer Probleme in Form eines symbolischen oder materiellen Artefakts. Diese Lösung muss einerseits vorbildlich und originell sein, andererseits ein Potenzial für weitere Entwicklungen in sich bergen.[5]
2. Das Paradigma enthält eine Entwicklungsprojektion, die den Innovationsprozess in sachlicher, zeitlicher und sozialer Hinsicht strukturiert. Es gibt einen Komplex sachlicher Themen, Probleme und Optimierungskriterien vor. Es verbindet Gegenwart und Zukunft und weist der Suche nach dem Neuen eine Richtung (Dosi 1988, S. 224) Das Paradigma wirkt schließlich sozial integrierend, indem es die Kooperation von Akteuren aus heterogenen Funktionsbereichen vermittelt und für die „soziale Einbettung" (Halfmann 1997) des innovativen Prozesses sorgt.

Der wirtschaftliche Erfolg technischer Innovationen kann freilich durch die gemeinsame Orientierung der beteiligten Akteure an einem Paradigma allein nicht sichergestellt werden. Am Markt durchsetzen können Innovationen sich nur, wenn sie soziale Resonanz über die Kreise der Unternehmen und der technischen Experten hinaus gewinnen. Dafür ist, wie Rammert (2000, S. 87) gezeigt hat, die Verknüpfung von Paradigmen mit „kulturellen Modellen" wichtig, die die Interessen, Fähigkeiten und Lebensentwürfe

---

[5]Ein berühmtes „Paradigma" dieser Art ist die so genannte „Standuhr", d. h. das im Stuttgarter Mercedes-Museum ausgestellte, von Gottlieb Daimler entwickelte erste Modell eines schnell laufenden Benzinmotors. Die drei Äste des Mercedes-Sterns symbolisieren das Entwicklungspotenzial: Motorisierung zu Lande, zu Wasser und in der Luft.

potenzieller Nutzer antizipieren und einen kommunikativen Zusammenhang zwischen Produzenten und Nutzern herstellen. So konnte die Erfindung des Telefons erst dort zu einem ökonomischen Erfolg werden, wo sich in breiteren Schichten der Bevölkerung moderne, auf informell-egalitäre Kommunikationsformen orientierte Lebensstile durchgesetzt hatten (Rammert 1993, S. 231). Auf große Nachfrage können neue Technologien und Produkte erst dann stoßen, wenn sie in alltägliche Lebensroutinen eingebaut werden und dort eine unentbehrliche Funktion gewinnen. Das setzt entsprechende Veränderungen auf der Ebene der individuellen Lebensstile und ihren kulturellen Rahmungen voraus.

Unternehmer und Erfinder sind deshalb über die Vermarktung neuer Produkte und Technologien hinaus bemüht, auch Lebensentwürfe und kulturelle Visionen zu kommunizieren, in deren Kontext die Neuerungen ihre Funktion haben. Diesem Zweck dienen Werbung, Öffentlichkeitsarbeit und Produktdemonstrationen. Wie dabei vorgegangen wird, hat Lampel (2001) in einigen Fallstudien (u. a. zu Edisons elektrischem Beleuchtungssystem, zur „Jungfernfahrt" der ersten Diesellokomotive in den USA von Denver nach Chicago, sowie zur Vermarktung des NeXT-Computers durch Steve Jobs im Jahr 1988) untersucht. Produktdemonstrationen sind, wie er zeigt, besonders wichtig in der Phase der Markteinführung einer neuen Technologie, in der es darauf ankommt, im Publikum eine Einstellungsänderung von der Haltung des kritisch-distanzierten Beobachters zu der des überzeugten Parteigängers zu erreichen. Dabei geht es gerade nicht um sachliche Information über den meist noch recht unzulänglichen aktuellen Stand der neuen Technologie. Im Zentrum steht vielmehr die Verbreitung mythisch angereicherter Botschaften über ihr Entwicklungspotenzial:

> „Whereas an emphasis on the factual discounts the credibility of information that is not directly verifiable, an emphasis on the mythical lends credibility to attribution about the capability of the technology. Thus, attention is not confined to technology as an artifact designed to perform a specific task; it extends to technology as a vehicle of social transformation capable of satisfying unmet desires and generating untold wealth". (Lampel 2001, S. 309)

Technologieinszenierungen müssen, wie Lampel betont, in der Lage sein, Assoziationen mit utopischen Archetypen herzustellen; z. B. „aus Nacht zum Licht durch elektrischen Strom" oder „von Unwissenheit zum Wissen durch Informationstechnologien". Die Wirkung solcher *Rahmungen* ist, dass die immer drohende Kritik von Experten und Konkurrenten von vorn herein in eine defensive Position gebracht wird. In den untersuchten Fällen gingen die Akteure dabei nach einem sorgfältig durchdachten, an Goffmans Analysen erinnernden Schema vor: Bevor die eigentliche Show stattfindet, muss die Bühne vorbereitet und müssen Erwartungen geweckt werden. Effektvoll war insbesondere die Regie Thomas A. Edisons: Zunächst wurden nur einzelne Zeitungsartikel lanciert und Vorführungen veranstaltet, dann wurden handverlesene Journalisten in das Versuchsgelände in Menlo Park eingelassen, deren Artikel die Gerüchteküche anheizten; erst danach wurde Menlo Park für das breite Publikum geöffnet. Lampels These vom

Unternehmer als Kommunikator utopischer Botschaften ließe sich auch an anderen Beispielen belegen. So sah Henry Ford sich nicht nur als Pionier der industriellen Massenproduktion von Automobilen, sondern auch als Wegbereiter einer neuen, individuell mobilen Lebensweise breiter Schichten der Bevölkerung: „Ich beabsichtigte" – so drückte es Ford selbst aus – „ein Automobil für die Menge zu bauen. Es wird groß genug sein, um die Familie mitzunehmen, aber klein genug, dass ein einzelner Mann es lenken und versorgen kann. Es wird aus dem allerbesten Material gebaut, von den allerersten Arbeitskräften gefertigt und nach den einfachsten Methoden, die die moderne Technik zu ersinnen vermag, gebaut sein. Trotzdem wird sein Preis so niedrig gehalten werden, dass jeder, der ein anständiges Gehalt verdient, sich ein Auto leisten kann, um mit seiner Familie den Segen der Erholung in Gottes freier, reiner Luft zu genießen." (Ford 1923, S. 84). Um diese Vision zu verbreiten, betrieb Ford eine gezielte Öffentlichkeitsarbeit, u. a. durch Einrichtung einer eigenen Zeitung (Deutschmann 2007a).

Pointiert könnte man behaupten: Utopien sind mitnichten, wie häufig unterstellt wird, eine Spezialität „linker" politischer Bewegungen. Die Erfindung und Kommunikation immer neuer *Utopien* des *„guten Lebens"* ist ein wichtiges Moment gerade der Rolle des Unternehmers. Der Ausdruck „Utopien" ist freilich nicht ganz präzise, denn die durch den Unternehmer in Umlauf gebrachten Visionen sind, wie gezeigt, im Unterschied zu genuinen Utopien gerade nicht im Nirgendwo angesiedelt, sondern bauen auf existierenden Paradigmen auf. Um z. B. die Vision der „Informationsgesellschaft" zu entwickeln, muss die Miniaturisierung von elektrischen Schaltkreisen technisch erst einmal gelungen sein. Die Verknüpfung eines Paradigmas mit einer neue Lebensformen antizipierenden Vision möchte ich (in Anlehnung an die neoinstitutionalistische Terminologie) als einen ökonomischen *Mythos* bezeichnen. *Kapitalistische Entwicklung* wird durch unternehmerisch initiierte zyklische Prozesse des Aufbaus, der Verbreitung und Verriegelung *ökonomischer Mythen* strukturiert. Die Notwendigkeit der Produktion solcher Mythen erstreckt sich auf alle Bereiche wirtschaftlicher Aktivität, nicht nur auf die Produktion, Technik und Organisation, sondern auch den Konsum. Die durch Werbung und Marketing kommunizierten Konsummythen verleihen dem Kapitalismus auch „romantische" Züge (Campbell 1987; Illouz 2003). Diese Prozesse können in ihrer Gesamtheit nicht durch allgemeine Gesetzmäßigkeiten erklärt werden, auch nicht durch das Prinzip zweckrationalen Handelns, denn zumindest die Genese ökonomischer Mythen kann keineswegs auf zweckrationale Kalküle zurückgeführt werden. Innovationen lassen sich ihrer Natur nach nicht planen und kalkulieren. Das gilt sowohl für die Erfindung selbst als auch für die ersten Entwicklungsstadien eines technologischen Mythos, in denen die Neuerung nur als eine waghalsige Spekulation erscheinen mag.

Interpretiert man Innovation als einen pfadabhängigen Prozess, so lassen sich typischerweise vier Phasen unterscheiden (Schreyögg et al. 2003): *Erstens* die Phase der *Pfadkreation* (Windeler 2003; Garud und Karnoe 2001a, b), in der basale Erfindungen gemacht und neue Paradigmen entwickelt werden. Ideen und Utopien, die der Entdeckung „Sinn" verleihen und Entwicklungsperspektiven aufzeigen, spielen in dieser Phase eine zentrale Rolle. Die Kreativität von Erfindern und Unternehmern kommt hier ebenso zum Tragen, wie ihre „social skills", d. h. ihre Fähigkeit, andere für ihre Visionen zu gewinnen. Die Risiken sind in dieser Phase hoch, die potenziellen Gewinne freilich auch. Gelingt es, eine kritische Masse von Akteuren zu mobilisieren und zu Investitionen in den Mythos zu motivieren, beginnt die zweite *Phase der Pfadausbildung,* in der die Selbstverstärkungseffekte eines einmal eingeschlagenen Pfades im Mittelpunkt stehen. Der Anschluss an das Paradigma verspricht Gewinnchancen für die Akteure, und je mehr Akteure sich anschließen, desto mehr ergibt sich ein „Schneeballeffekt" weiterer Gewinnchancen. Was ursprünglich als waghalsige Spekulation erschien, kann nun dank der Kumulation von Investitionen zu einem realistischen Projekt werden. Die dritte Phase ist die der *Institutionalisierung,* in der das Paradigma zum allgemeingültigen Standard wird, dabei seine innovative Aura freilich einbüßt. Der Markt gewinnt in diesem Stadium eine zunehmend kalkulierbare Form, gleichzeitig sinken die Profitchancen. Die Endphase ist die der *Verriegelung* bzw. des *lock-in,* in der die ursprüngliche Erfindung ausgereizt und jede Weiterentwicklung blockiert erscheint. Paradoxerweise kann jedoch gerade der Zustand des „lock-in", indem er die Grenzen des ursprünglichen Paradigmas sichtbar macht, die Entstehung gänzlich neuer Ideen stimulieren und zum Ausgangspunkt neuer pfaderzeugender Erfindungen werden. Was sich für die Mehrheit der ökonomischen Akteure als Sackgasse darstellt, kann von Minderheiten als Chance wahrgenommen werden; damit entsteht die Möglichkeit eines neuen Zyklus. Historisch eingebettete Pfadmodelle scheinen die angemessene Form der Analyse derartiger Prozesse zu sein (vgl. auch Beitrag 6 in diesem Band).

8.3.3 Fazit

Mein Ziel war es zu klären, wieweit die neuere Wirtschaftssoziologie dazu beitragen kann, die personalistischen Verkürzungen in Schumpeters noch immer wegweisender Analyse des Unternehmertums zu überwinden. Die ältere, auf Parsons zurückgehende Interpretation des Marktes als institutionalisierter Form rationalen Wirtschaftshandelns ist dazu, wie ich gezeigt habe, wenig geeignet. Der Unternehmer kommt in ihr ebenso wenig vor wie in dem neoklassischen Modell des Marktes selbst, das Parsons mit seinem Ansatz soziologisch-systemtheoretisch nur einzurahmen versucht hatte. Voraussetzung, um über diesen unbefriedigenden Diskussionsstand hinauszugelangen ist, wie ich argumentiert habe, die Abkehr von einem objektivistischen Verständnis des Marktes, das alle getauschten Güter als objektivierbare Quantitäten behandelt und die grundlegenden Unterschiede zwischen der Arbeitskraft und den sachlichen Gütern und Produktionsmitteln ignoriert. Nur ein theoretischer Ansatz, der dem Wissenscharakter der Ware Arbeitskraft systematisch Rechnung trägt, bietet auch Raum für eine Theorie des Unternehmers. Durch die Einbindung der freien menschlichen Arbeitskraft in den Geldnexus kommt es zu einem Wiedereintritt des Unsicherheitsproblems in den Markt. Die Bewältigung dieses Problems und die Organisation der kreativen Potenziale der Lohnarbeit machen den Kern der Rolle des Unternehmers aus. Damit rücken die kommunikativen Momente der Unternehmerrolle sehr viel stärker als in traditionellen Ansätzen in den Blick. In der neueren Wirtschaftssoziologie, aber auch in der evolutionären Ökonomie und in der Pfadforschung liegen, wie ich gezeigt habe, eine Reihe von Ansätzen vor, die eine genauere Konzeptualisierung der kommunikativen Dimensionen unternehmerischen Handelns ermöglichen: Das Konzept des kreativen Handelns, Fligsteins Analyse der „social skills", die Theorie technologischer Paradigmen und Rammerts Analyse kultureller Modelle. Die Leistung dieser Konzepte scheint mir darin zu bestehen, dass sie die Entwicklung einer dynamischen Theorie wirtschaftlicher Institutionen ermöglichen, die den traditionellen „Dualismus" von Struktur und Handlung überwindet, indem sie die Zeitdimension systematisch einbezieht. Nur eine solche dynamische Theorie der Institutionen erlaubt eine Lösung des Rätsels, wie der Unternehmer gleichzeitig Revolutionär der Wirtschaft sein, gleichzeitig aber eine anerkannte soziale Position einnehmen kann.

8.4 Thesen zur gesellschaftlichen Dimension der Unternehmerrolle

Die bisherigen Überlegungen beschränkten sich auf die *Rolle des Unternehmers* im Wirtschaftssystem und als Promotor wirtschaftlicher Dynamik. Diese Rolle erstreckt sich auf alle Bereiche des Wirtschaftslebens, von der Entwicklung neuer Produktionstechniken über die organisatorische Restrukturierung von Unternehmen und ganzer Branchen bis hin zur immer neuen Umwälzung der Konsumgütermärkte, Konsumstrukturen und Lebensstile. Gerade dadurch hat die Unternehmerrolle aber nicht nur eine wirtschaftliche, sondern eine gesellschaftliche Dimension. Die immer neuen Umwälzungen der Technologien, Organisations- und Konsumstrukturen können die Verfassung der anderen Teilsysteme der Gesellschaft nicht unberührt lassen. Sie führen zu einer *Dynamisierung gesellschaftlicher Strukturen* auch auf der Makro-Ebene und setzen diese Dynamisierung ihrerseits voraus. Der Wandel des liberalen Rechtsstaats des 19. Jahrhunderts zum Interventions- und Wohlfahrtsstaat des 20. Jahrhunderts und wiederum zum heutigen „Wettbewerbsstaat", die langfristigen Transformationen der Systeme sozialer Sicherung und die Prozesse der Expansion und Öffnung der öffentlichen Bildung stellen viel diskutierte Veränderungen dieser Art dar. Diese Strukturtransformationen sind nicht das direkte Ergebnis unternehmerischer Aktivitäten, wie das oben erwähnte Konzept des „institutional entrepreneurs" unterstellt, indirekt gehen sie jedoch zu einem guten Teil auf gesellschaftliche Anforderungen und Problemlagen zurück, wie sie durch die immer neuen wirtschaftlichen „Revolutionen" erzeugt wurden.

Eine soziologische Analyse des Unternehmertypus kann diese gesellschaftliche Dimension unternehmerischen Handelns nicht unbeachtet lassen. In diesem Beitrag sollte es vor allem um die Rolle des Unternehmers im Wirtschaftssystem gehen. Dennoch sollen abschließend einige Thesen zu dem gesamtgesellschaftlichen Aspekt des Themas formuliert werden.

1. Die vielleicht wichtigsten makrogesellschaftlichen Strukturveränderungen, die durch das Auftauchen der Figur des Unternehmers *direkt* bewirkt werden, sind die Veränderungen in der Struktur sozialer Ungleichheit und Mobilität. Das Interesse am sozialen Aufstieg ist, wie Schumpeter betont hatte (vgl. auch Casson 1982, S. 347) eine zentrale Triebkraft unternehmerischer Karrieren. Darüber hinaus führt das Auftreten des Unternehmers selbst zur Eröffnung eines prinzipiell neuen, in ständischen Gesellschaften nicht vorgesehenen Kanals vertikaler sozialer Mobilität: Aufstieg auf der Basis von Markterfolg und des aus dem Markterfolg resultierenden privaten Vermögens. Das heißt zwar keineswegs, dass der viel zitierte „Aufstieg vom Tellerwäscher zum Millionär" in massenhaftem Umfang möglich war und ist. Seit dem Beginn der Industrialisierung bis zur Mitte des 20. Jahrhunderts stammte in Deutschland die Mehrheit der Unternehmer selbst schon aus dem mittleren und unteren Bürgertum, teils auch aus den Familien höherer Beamter. Die Zahl der aus Arbeiterfamilien stammenden Unternehmer blieb verschwindend gering. Erst seit den späten 1960er Jahren lässt sich in Westdeutschland eine gewisse Zunahme der Rekrutierung von Unternehmern aus der Arbeiterschicht (wenn auch noch immer auf sehr niedrigem Niveau) feststellen (Kaelble 1983, S. 104). In England stellten im Zeitraum 1870 bis 1914 die Unterschichten nur 6 % der Väter der Unternehmer, womit „der soziale Aufstieg vom Arbeitersohn zum Unternehmer als untypische Randerscheinung eingestuft werden muss" (Berghoff 1991, S. 75). Selbst in den USA kamen im gleichen Zeitraum nur ca. 10–20 % der „business elite" aus den unteren Schichten (Martinelli 1994, S. 485). Das Auftauchen des Unternehmertums bedeutet aber eine nachhaltige gesellschaftliche Aufwertung des Wirtschaftsbürgertums gegenüber dem Bildungsbürgertum und den traditionellen ständischen Eliten. Vor allem aber bedeutet es die Entstehung eines neuen gesellschaftlichen Leitbildes, dem viele Menschen gerade auch der unteren Schichten nacheifern, auch wenn ihre reale Chance auf eine unternehmerische Karriere so gering sein mag wie ein Lotteriegewinn. Schon die ökonomisch irrationale Popularität von Lotterien selbst (Beckert und Lutter 2007) kann als Indiz für die Anziehungskraft dieses Leitbildes interpretiert werden.
2. In dieser Entwicklung wiederum drückt sich eine Veränderung des Modus gesellschaftlicher Integration selbst aus, nämlich die Erhebung des Geldes zum dominanten gesellschaftlichen Inklusionsmedium. Weder Adels- noch Bildungstitel entscheiden letztlich über die gesellschaftliche Position eines Individuums, sondern der Erfolg am Markt und die Höhe von Einkommen und Vermögen. Der Markterfolg mag seinerseits durch Bildungstitel erleichtert werden, diese stellen aber, wie man an Fernseh- oder Fußballstars sehen kann, keine notwendige Voraussetzung für jenen dar. Umgekehrt sichern hohe Einkommen und Vermögen einen privilegierten (teils fast exklusiven) Zugang insbesondere zur höheren Bildung und darüber hinaus zu den meisten anderen Formen gesellschaftlicher Teilhabe, von politischer Beteiligung bis hin zum Rechtssystem und zur Gesundheit. „Ökonomisches Kapital" und die in ihm begründeten monetären und zeitlichen Dispositionsspielräume ermöglichen erst den Erwerb „kulturellen" und „sozialen" Kapitals – die These von einer latenten Dominanz des ökonomischen

Kapitals zieht sich auch durch das Werk Bourdieus hindurch, wie Volkmann und Schimank (2006) gezeigt haben. Die Erosion ständischer Barrieren infolge der Aufwertung des Geldnexus hat auch eine Erosion der traditionellen Arbeiterschichten zu Folge, wie die industriesoziologischen Befunde zu den Prozessen der „Verbürgerlichung" und „Individualisierung" auch innerhalb der Arbeiterschaft in den sechziger und siebziger Jahren des 20. Jahrhunderts gezeigt haben (repräsentativ Goldthorpe und Lockwood 1968). Auch Arbeiter scheinen zunehmend zu „Arbeitskraft-Unternehmern" zu mutieren, wie die bekannte, auf Voß und Pongratz (1998) zurückgehende Diagnose lautet. Schließlich kommt es auch zu einer (wenn auch begrenzten) Neutralisierung der ethnischen bzw. religiösen Zugehörigkeit als Inklusionsmerkmal, wie das Phänomen des „ethnic entrepreneurship" zeigt. Unternehmerisch motivierte Individuen können auch in einem fremden ethnischen oder religiösen Kontext Erfolg haben, vor allem, wenn es ihnen gelingt, unterstützende Netzwerke aus dem Kreis der eigenen Landsleute oder Familien aufzubauen (Redding 1990; Portes und Min 1992). Das historisch vielleicht eindrucksvollste Beispiel für einen solchen Erfolg stellt der Aufstieg der Familie Rothschild aus dem Frankfurter Judenghetto zum führenden Bankhaus Europas und der Welt im 19. Jahrhundert dar (Ferguson 1998).[6] Bis heute treibt die Hoffnung auf marktbasierten ökonomischen Aufstieg Ströme von Migranten nach den „Metropolen" in Europa, Nordamerika und Asien.

3. Die soziale Inklusionswirkung des Marktes tendiert dazu, sich selbst zu verstärken. Dieser Selbstverstärkungseffekt kann entweder expansiver Art sein, d. h. in Richtung einer zunehmenden Dynamik und Inklusion gehen, oder kontraktiv in Richtung einer abnehmenden Dynamik und wachsenden Exklusion. Eine Ausdehnung von Eigentumsrechten auf größere Kreise der Bevölkerung und ein Abbau von Mobilitätsbarrieren schaffen Anreize für wirtschaftliche Aktivität und können die unternehmerische Initiative sowie individuelle soziale Aufstiege fördern. Diese treiben das wirtschaftliche Wachstum voran, was wiederum die Inklusion weiterer Individuen in den Markt fördert. Die Marktinklusion kann einen positiven Selbstverstärkungseffekt haben – hier ist der Argumentation der Property-Rights-Ansätze (North 1990; Kasper und Streit 1998) ein gutes Stück weit zuzustimmen. Umgekehrt gilt aber auch: Werden Eigentumsrechte und marktbasierte Aufstiegswege, aus welchen Gründen auch immer, eingeengt oder blockiert, kommt es zu einer Entmutigung des Aufstiegsmotivs. Diese wirkt sich negativ auf das wirtschaftliche Wachstum aus, mit der Folge weiter eingeschränkter Chancen des Marktzugangs und zunehmender Bedeutung ethnischer oder ständischer Segmentierungen und Netzwerke. Bereits Max Weber hatte diesen Zusammenhang zwischen dem Hervortreten des Marktnexus gegenüber ständischen Bindungen und dem Tempo ökonomisch-sozialer Umwälzungen gesehen: „Zeitalter

---

[6] „Geld ist der Gott unserer Zeit, und Rothschild ist sein Prophet" – so hatte Heinrich Heine die Position der Rothschilds seinerzeit charakterisiert (zit. nach Ferguson 1998, S. 228). Dass die Rothschilds anders als viele ihrer Glaubensgenossen die Konversion zum Christentum ablehnten, bildete für ihren Erfolg kein Hindernis.

und Länder vorwiegender Bedeutung der nackten Klassenlage sind in der Regel ökonomische Umwälzungszeiten, während jede Verlangsamung der ökonomischen Umschichtungsprozesse sobald zum Aufwachsen „ständischer" Bindungen führt und die soziale „Ehre" wieder in ihrer Bedeutung restituiert." (Weber 1972, S. 539).

4. Von den Verfechtern der liberalen Position bzw. der Property-Rights-Ansätze wird übersehen, dass der Umschlag von einer expansiven zu einer kontraktiven Richtung der wirtschaftlichen Inklusionsdynamik aus *endogenen* Gründen erfolgen kann. Es wäre ein Trugschluss, würde man annehmen, dass die beschriebene positive Selbstverstärkung der Inklusionsdynamik des Geldes sich beliebig fortsetzen kann. Das von den Property-Rights-Theoretikern vernachlässigte Problem liegt in den sozialstrukturellen Folgen gerade einer *gut funktionierenden* Marktinklusion. Wenn vielen Individuen der intra- oder intergenerationale Aufstieg in die mittleren und höheren Einkommenskategorien gelingt, bedeutet das nicht nur eine Zunahme der Zirkulationsmobilität, sondern eine strukturelle Verschiebung der Gesellschaft nach oben: Die Besetzung der mittleren und oberen Statusgruppen nimmt absolut oder relativ auf Kosten der unteren zu. An die Stelle der herkömmlichen Statuspyramide tritt eine „Zwiebel" mit mehr oder weniger ausgeprägtem „Mittelschichtbauch" und am Ende vielleicht wiederum eine Pyramide, allerdings eine auf den Kopf gestellte. Der Anteil der wohlhabenden Schichten nimmt zu, die privaten Vermögen wachsen. Das bedeutet zugleich eine Veränderung in der Verteilung der Marktchancen: Der Anteil der Unterschichten, deren Mitglieder von der Marktinklusion noch etwas zu erwarten und zu gewinnen haben, nimmt ab. Der Kampf um den sozialen Aufstieg wird für sie gleichwohl schwieriger, da viele der privilegierten Positionen aufgrund der allzu schnellen Erfolge der Vorgängergeneration und wegen der von vornherein günstigeren Startposition der Nachkommen dieser Generation bereits besetzt sind. Der Anteil derjenigen, die etwas erreicht und somit auch etwas zu verlieren haben, jedenfalls nicht länger um jeden Preis nach oben streben, nimmt dagegen zu. Auch die Nachkommen dieser Arrivierten wachsen in einem gut gepolsterten Nest auf und müssen um ihren sozialen Erfolg nicht mehr kämpfen. Ungleichheiten des Vermögensbesitzes werden ebenso wie Bildungsungleichheiten in hohem Maße „vererbt", mit der Folge, dass die sozialen Polarisierungen sich intergenerational weiter verstärken (Schupp und Szydlik 2004). Die Attraktivität des Geldes als Inklusionsmedium wird durch den sich in den oberen Schichten akkumulierenden Reichtum zwar keineswegs geschmälert, denn vom Geld kann man, wie schon Aristoteles wusste, nie genug bekommen. Geschwächt wird jedoch der Nexus von Geld und Arbeit, denn für die Arrivierten wächst die Chance arbeitsloser finanzieller Gewinne auf der Basis von Renten- bzw. Kapitalvermögen. Die Zahl der Kapitalrentner nimmt zu, die der Unternehmer und Arbeiter dagegen sinkt.[7]

---

[7]Ein Modell für eine solche zyklische Verschiebung des gesellschaftlichen Machtverhältnisses zwischen Unternehmern einerseits („Spekulanten") und Rentiers andererseits findet sich schon bei Pareto (vgl. Eisermann 1962, S. 181 f., 204 f.).

Vermögen sind Kontrakte zwischen Gläubigern und Schuldnern. Wenn die Finanzvermögen im Zuge einer wirtschaftlichen Prosperitätsphase stärker wachsen als das Sozialprodukt, dann müssen auch entsprechend mehr Schuldner gefunden werden, die bereit und in der Lage sind, die Verbindlichkeiten zins- bzw. gewinnträchtig abzuarbeiten. Aufgrund der genannten sozialstrukturellen Verschiebungen wird genau dies jedoch immer schwieriger. Denn „gute" Schuldner (und um die geht es allein) sind Personen, die auf die Zukunft hin leben, die sich aus als zu eng oder klein empfundenen Verhältnissen heraus sozial nach „oben" arbeiten wollen, die Marktchancen sehen und realisieren wollen, kurz: „unternehmerisch" denkende und handelnde Individuen. Aber solche Individuen werden in einer Gesellschaft immer seltener, die sich zunehmend in zwei Klassen geteilt sieht, von denen die eine vom Markt gar nichts mehr erwartet und zu erwarten hat und die andere nur das schon Erreichte befestigen will. Die Anlagemöglichkeiten im Inland nehmen daher im Verhältnis zu den wachsenden Mengen anlagesuchenden Kapitals ab. Eine Störung des Gleichgewichts an den Vermögensmärkten kann dann nur noch über das Ventil des Kapitalexports vermieden werden. Arbeitsplätze werden damit zunehmend nur noch im Ausland geschaffen; im Inland dagegen verdrängen Finanzgeschäfte produktive unternehmerische Aktivitäten. Die wachsende Finanzlastigkeit der Wirtschaft unterbricht den Selbstverstärkungseffekt der Geldinklusion. Höhere Gewinne bedeuten jetzt nicht länger mehr Arbeitsplätze und wirtschaftliches Wachstum, sondern zunehmend das Gegenteil. Die Inklusionsspirale wird in eine negative Richtung umgelenkt; Exklusion führt nun zu weiterer Exklusion. Die wirtschaftlichen und sozialstrukturellen Krisenphänomene in den entwickelten kapitalistischen Ökonomien seit dem Ende des 20. Jahrhunderts bieten reichliche empirische Evidenz für diese Annahmen (näher dazu Deutschmann 2009).

Gerade ein erfolgreiches kapitalistisches System, das zahlreichen Individuen einer Generation marktbasierte Aufstiege ermöglicht, kann damit die Fortsetzung des gleichen Prozesses in den folgenden Generationen erschweren oder gar blockieren. Mit dem wachsenden Reichtum der mittleren und oberen Schichten und der damit verknüpften Zurückdrängung der Figur des Unternehmers zugunsten des Rentiers ergibt sich ein kollektiver „Buddenbrooks-Effekt", der die Aufstiegschancen für die nachfolgenden Kohorten beeinträchtigt und damit einen Umschlag der Dynamik in eine kontraktive Richtung bewirken kann.

8.5 Zusammenfassung

Die wirtschaftssoziologische Typisierung der Unternehmerrolle, die ich vorgeschlagen habe, setzt an der Stellung des Unternehmers im Arbeitsprozess an. Die These lautet, dass die gesellschaftliche Leistung des Unternehmers darin besteht, die Potenziale des organisierten Arbeitsvermögens zu mobilisieren und sozial zu strukturieren. Mit dem Unternehmertypus entsteht eine Marktwirtschaft historisch gänzlich neuer Art: eine kapitalistische Wirtschaft, deren Ratio nicht bloß der Marktaustausch fertiger Produkte und Dienstleistungen, auch nicht bloß die „Rationalisierung" der Produktion, sondern die Aktualisierung der Möglichkeiten gesellschaftlicher Arbeit ist. Um die Logik dieses Prozesses und die Spezifika unternehmerischen Handelns zu erfassen, reichen, wie im ersten Teil des Beitrages gezeigt wurde, klassische Konzepte ökonomischer Rationalisierung nicht aus. Weiter scheinen pragmatistische Handlungskonzepte (kreatives Handeln, social skills), sowie historisch eingebettete Pfadmodelle des innovativen Prozesses zu führen, die eine Rekonstruktion der Dynamik wirtschaftlicher Institutionen ermöglichen. Im zweiten Schritt wurden die über das Wirtschaftssystem hinausreichenden gesellschaftlichen Dimensionen dieser Dynamik aufgezeigt. Das Unternehmertum verkörpert einen neuen, auf Geld und Markterfolg gegründeten Typus sozialer Aufwärtsmobilität, der zum Motor nicht nur wirtschaftlicher, sondern gesamtgesellschaftlicher Transformationen wird und einen anhaltenden institutionellen Veränderungsdruck bewirkt. Von dieser Seite her gesehen, erweist sich der Unternehmer als Schlüsselfigur nicht nur wirtschaftlicher, sondern auch gesamtgesellschaftlicher Dynamik. Es ist gleichwohl unwahrscheinlich, dass diese Dynamik grenzenlos anhalten kann. Vielmehr scheinen, wie ich im letzten Abschnitt des Beitrags zu zeigen versucht habe, die positiven Selbstverstärkungseffekte von Marktinklusion und Marktaufstieg eine endogene Gegenbewegung zu erzeugen, indem sie eine progressive Verdrängung des Unternehmers durch den Rentier bewirken. Auch die Bäume des Unternehmertums wachsen nicht in den Himmel.

Teil III
Aktuelle Transformationsprozesse der Arbeitswelt

9 Industriesoziologie als Wirklichkeitswissenschaft

9.1 Einleitung

Seit den späten achtziger Jahren hat die Geschwindigkeit des Umschlags neuer Paradigmen, Theorien und empirischer Befunde in der Industriesoziologie beträchtlich zugenommen. Kaum eine Publikation kommt in ihrem Titel mehr ohne Stichworte wie „Umbruch", „Wandel" oder „Transformation" aus. Grundlegende historische Neuerungen – vom Internet zur Globalisierung bis hin zum „Arbeitskraftunternehmer" und zur „Wissensarbeit" – werden in immer rascherer Folge entdeckt, und diese Entdeckungen pflegen regelmäßig auch die Forderung nach einem theoretischen „Paradigmenwechsel" auszulösen. Die Beschleunigung des Theorieumschlags ging ursprünglich weniger von der Industriesoziologie als von der allgemeinen Soziologie aus. Schon in den siebziger Jahren hatte Daniel Bell die „Postindustrielle Gesellschaft" ausgerufen. In den neunziger Jahren nahm das Angebot neuer Paradigmen beträchtlich zu: Peter Drucker proklamierte die „postkapitalistische Gesellschaft", Robert Reich die „Informations-", Nico Stehr die „Wissens-" und Manuel Castells die „Netzwerkgesellschaft".

Die Forderung nach grundlegenden Neuorientierungen griff auch auf die Industriesoziologie über. So kritisierte Werner Rammert, dass die überkommenen theoretischen Ansätze der Industriesoziologie den mit den modernen Informationstechnologien verknüpften Veränderungen von Arbeit, Wissen und Kommunikation nicht länger gerecht werden könnten. An die Stelle der herkömmlichen Branchenanalysen müsse eine Untersuchung der durch die Informationstechnologie geschaffenen Vernetzungen treten; der Maschinenbegriff der Kinematik müsse durch den der Informatik, der instrumentalistische Arbeitsbegriff der Industriesoziologie durch ein interaktionistisches Verständnis von Arbeit ersetzt werden (Rammert 1993). „Revolutionäre" Veränderungen wurden nicht nur auf der Ebene von Wissen und Kommunikation, sondern auch auf der der Arbeitsorganisation entdeckt: Günter Voß und Hans Pongratz (1998) traten mit ihrem Modell des „Arbeitskraftunternehmers" hervor, den sie als prinzipiell neuen Typus der Nutzung von Arbeitskraft jenseits des Fordismus charakterisierten.[1] Mit der Beschleunigung der Theorierevolutionen nimmt auch die Radikalität, mit der das vorhandene Wissen über Bord geworfen wird, zu. Einen vorläufigen Höhepunkt dieser Tendenz markieren die Arbeiten von Helmut Willke (2001, 2002), der die territorial gebundene Gesellschaft und mit ihr große Teile der konventionellen Soziologie überhaupt für obsolet erklärt. Nur Luhmann wird als „vielleicht einziger" Soziologe, der eine dem 20. Jahrhundert angemessene Gesellschaftstheorie vorgelegt habe, in Schutz genommen (Willke 2001, S. 109). Für das 21. Jahrhundert freilich möchte Willke dieses Verdienst für sich selbst und sein Modell einer „atopischen" Wissensgesellschaft reklamieren.

Nach außen mag so der Eindruck entstehen, dass das Fach sich darum bemüht, auf der Höhe der Zeit zu bleiben. Aber die Probleme, die der immer raschere Theorieumschlag für die Industriesoziologie (und die Soziologie überhaupt) als wissenschaftliche Disziplin mit sich bringt, liegen auf der Hand: Sie präsentiert sich als eine Wissenschaft, die immer wieder von vorn anfängt und intellektuell von der Hand in den Mund lebt. Sie droht, ihre Fähigkeit zur Kritik, zur Unterscheidung von gesichertem und ungesichertem Wissen einzubüßen und verspielt so ihren Kredit. Auf eine historisch tiefenscharfe Begriffsbildung, die dem Alten im Neuen und dem Neuen im Alten nachgeht, scheint sie keinen Wert mehr zu legen. An die Stelle historischer Reflexion treten abstrakte Phasenschemata. Die älteren Theorien, so heißt es, seien eben nur für die Phase der „industriellen" Gesellschaft gültig gewesen; die heutige postindustrielle „Wissensgesellschaft" dagegen verlange nach ganz anderen Ansätzen. Theorie und Empirie stützen sich so gegenseitig, mit der Folge, dass beide bis zur Unkenntlichkeit miteinander verschmelzen. Zugleich stehen „alte" und „neue" Theorien nicht in einem Verhältnis des Widerspruchs zueinander, das Kontroversen und Lernprozesse stimulieren könnte, sondern beziehungslos nebeneinander. Der Bruch zwischen Alt und Neu scheint vollkommen. Das muss den Vorwurf provozieren, die Industriesoziologie laufe nur noch Moden nach und habe mehr als intellektuelle Eintagsfliegen nicht zu bieten.

Es wäre freilich verkürzt, würde man die zunehmende Volatilität industriesoziologischer Theoriebildung nur auf einen Mangel an Professionalität des Fachs oder auf die Eitelkeit der Theoretiker zurückführen. Sie geht auch auf die Bewegung des Feldes selbst zurück. Die seit den neunziger Jahren sich häufenden „Revolutionen" im Management – von der „Lean production", dem „Business Reengineering", dem „Shareholder Value" bis hin zur „New Economy" konnten die Industriesoziologie nicht unberührt lassen. Das gilt umso mehr, als die Nähe zur betrieblichen Praxis und die Offenheit für die historische Erfahrung ja immer ihre Stärke gewesen war. Die Industriesoziologie will nicht nur Modelle konstruieren und ihre Eigenschaften analysieren, sondern strebt nach empirisch gehaltvollen Aussagen und Diagnosen, die Antworten auf

---

[1]Der Versuch einer genaueren empirischen Überprüfung durch die Autoren selbst fiel freilich eher ernüchternd aus (Pongratz und Voß 2002).

Gegenwartsprobleme anbieten. Die Industriesoziologie ist *Soziologie;* sie weiß, dass ihre „Objekte", die Akteure, genau über diejenige Fähigkeit, die der Forscher für sich reklamiert, selbst verfügen, nämlich denken zu können, Theorien zu bilden und ihr Handeln an ihnen auszurichten. Sie weiß, dass alle ihre Theorien, wie man in Anlehnung an Schütz formulieren könnte, nur Theorien „zweiter Ordnung" sind, nämlich Rekonstruktionen der in die historische Wirklichkeit der Handelnden schon immer eingelassenen Theorien „erster Ordnung". Die für die Industriesoziologie relevanten Theorien „erster Ordnung" haben sich im Zuge der industriellen Reorganisationsprozesse nach dem Ende der Ära der fordistischen Massenproduktion und des Aufstiegs und Niedergangs der New Economy zweifellos stark verändert. Der Einfluss der Beratungsindustrie in diesen Reorganisationsprozessen hat zusätzlich dazu beigetragen, dass auf die Dramatisierung des Neuen zielende Situationsdeutungen sich verbreitet haben.

Wie soll die Industriesoziologie sich zu dem immer rascheren Wandel des Feldes verhalten? Ihre wissenschaftliche Legitimation hängt davon ab, wie sie ihre Aufgabe der Rekonstruktion des primären Wissens versteht. Sie kann die Theorien erster Ordnung nicht ignorieren, weil sie dann die empirische Bodenhaftung verlieren und ihre Fähigkeit zur Gegenwartsdiagnose einbüßen würde. Rekonstruktion kann aber auch nicht heißen: bloße Reproduktion. Die schlichte Wiedergabe dessen, was die Akteure im Feld denken und tun, ist noch keine Wissenschaft. Die Industriesoziologie muss die soziale Welt der Akteure ernst nehmen und darf sich nicht durch Konstruktion abstrakter Modelle über sie hinwegsetzen. Gleichwohl muss sie versuchen, eine dritte Perspektive einzunehmen, die sie davor bewahrt, die primären Wirklichkeitskonstruktionen nur zu verdoppeln. Diese Forderung gewinnt umso größeres Gewicht, je flüchtiger die primären Wirklichkeitskonstruktionen selbst werden. Wie kann sie eingelöst werden?

Wir stoßen hier auf das zentrale methodische Problem einer verstehenden Soziologie, das bekanntlich schon Max Weber gesehen und mit seinem Verfahren der idealtypischen Begriffsbildung zu lösen versucht hatte. Idealtypen sind gedankliche Konstruktionen „zur Messung und systematischen Charakterisierung von individuellen, d. h. in ihrer Einzigartigkeit bedeutsamen Zusammenhängen" (Weber 1973, S. 201). Sie sind nicht bloße historische Deskriptionen, sondern Rekonstruktionen des aktuell Beobachteten unter dem Gesichtspunkt seiner „Kulturbedeutung". Indem die idealtypische Begriffsbildung das empirische Geschehen nicht nur beschreibt, sondern aus einem umfassenderen historischen Horizont beleuchtet, kann sie die Zeitgebundenheit sozialer Phänomene sichtbar machen. Als „Wirklichkeitswissenschaft" geht es der Soziologie darum, Kontinuitäten in den Brüchen und Brüche in den Kontinuitäten der empirischen Phänomene aufzuzeigen. Der von Weber gewiesene Weg ist auch für die Industriesoziologie unvermindert aktuell. Nur wenn sie es wieder lernt, in größeren historischen Bögen zu denken,[2] wird sie den Gefahren der Verabsolutierung des

---

[2] Als ein inspirierendes aktuelles Beispiel sei nur Robert Castels groß angelegte historische Studie über die „Metamorphosen der sozialen Frage" (Castel 2000) genannt.

jeweils Neuen und der Vermischung von Theorie und Empirie entgehen können. Der gegenwärtig zu beobachtende Zerfall der Disziplin in mehr oder weniger selbstgenügsame Empirie einerseits, sich verselbstständigende Schulen und „Paradigmen" andererseits zeigt, dass sie weit hinter das von Weber gewiesene Niveau methodischer Reflexion zurückgefallen ist.

In diesem Beitrag soll die von verschiedenen Autoren verfochtene These eines grundlegenden Strukturbruchs von der „Industrie"- zur „Informationsgesellschaft" unter den skizzierten methodischen Gesichtspunkten kritisch überprüft werden. Wir wollen versuchen, die zeitgeistabhängige Spreu vom Weizen industriesoziologischen Wissens zu trennen – eine Aufgabe, die nach dem Niedergang der New Economy dringlicher denn je ist. Zunächst werden wir auf die Unterscheidung von „Arbeit" und „Wissensarbeit" eingehen. Dass die Arbeitsprozesse sich im Zuge der Verbreitung der modernen Informations- und Kommunikationstechniken stark verändert haben, wird niemand bestreiten wollen. Aber wie „revolutionär" sind diese Veränderungen wirklich? Was sich verändert hat und was gleich geblieben ist, wird mit größerer Sorgfalt geklärt werden müssen als bislang in der Soziologie üblich.

9.2 Arbeit und „Wissensarbeit"

Dass wir Zeugen eines grundlegenden Wandels der Arbeit in der gegenwärtigen Gesellschaft seien, ist eine in der Industriesoziologie weit verbreitete These. „Normale" Lohnarbeit werde zunehmend überflüssig, nur noch die „Wissensarbeit" oder „Kommunikationsarbeit" habe Zukunft. Amerikanische Autoren (Reich, Rifkin, Drucker) traten mit dieser Behauptung schon in den frühen neunziger Jahren hervor; auch in Deutschland hat sie breiten Widerhall gefunden (Knoblauch 1996; Willke 1998; Heidenreich und Töpsch 1998; Degele 2000). Wieweit der Übergang zur Wissensgesellschaft empirisch fortgeschritten ist, ist freilich schwer zu beantworten, weil noch immer die Frage ungeklärt ist, nach welchen begrifflichen und statistischen Kriterien Wissensarbeiter von anderen Arbeitern genau zu unterscheiden sind: Nach der Tätigkeit, dem Beruf, der Organisation, der Branche? Auch das Problem der Begriffsbestimmung selbst ist von einer befriedigenden Lösung weit entfernt. Ist Wissensarbeit nicht immer auch *Arbeit* und setzt Arbeit nicht stets *Wissen* voraus? Helmut Willke räumt ein, dass nahezu jede menschliche Tätigkeit wissensbasiert in dem Sinne sei, dass Erfahrung und Wissen eine Rolle spielen. Der Begriff der Wissensarbeit jedoch meine

> „etwas anderes: Er kennzeichnet Tätigkeiten (Kommunikationen, Transaktionen, Interaktionen), die dadurch gekennzeichnet sind, dass das erforderliche Wissen nicht einmal im Leben durch Erfahrung, Initiation, Lehre, Fachausbildung oder Professionalisierung erworben und dann angewendet wird. Vielmehr erfordert Wissensarbeit im hier gemeinten Sinn, dass das relevante Wissen (1) kontinuierlich revidiert, (2) permanent als verbesserungsfähig angesehen, (3) prinzipiell nicht als Wahrheit, sondern als Ressource betrachtet wird und (4) untrennbar mit Nichtwissen gekoppelt ist, sodass mit Wissensarbeit spezifische Risiken verbunden sind" (Willke 1998, S. 21).

9.2 Arbeit und „Wissensarbeit"

Ähnlich definiert Castells die „informationstechnologische Revolution" durch den *reflexiven* Gebrauch von Information zur Generierung neuen Wissens: „What characterizes the current technological revolution is not the centrality of knowledge and information, but the application of knowledge and information to knowledge generation and information processing/communication devices, in a cumulative feedback loop between innovation and the uses of innovation" (Castells 2000, S. 31).

Diese Definitionen sind historisch alles andere als trennscharf. Wirft man einen Blick auf frühere Perioden der kapitalistischen Entwicklung, so bereitet es keine Schwierigkeiten, „Wissensarbeit" im Sinne von Willke und Castells auch dort zu finden. Man denke nur an die Figur des modernen Ingenieurs, dessen Beruf seit dem 19. Jahrhundert zwar zunehmend verwissenschaftlicht wurde, der aber im Kern ein technischer „Künstler" blieb (Wengenroth 1997). Seine Erfolge gingen auf genau jenen praktisch gerichteten, experimentellen und innovativen Habitus zurück, den Willke und Castells erst dem heutigen Informationsarbeiter zuerkennen wollen. Der tayloristische Arbeitsstudienfachmann – war er nicht „Wissensarbeiter" par excellence, insofern er alle vorgefundenen Abläufe, Tätigkeiten und die in ihnen inkorporierten Wissensbestände systematisch zu problematisieren, zu analysieren und in ihre kleinsten Elemente zu zerlegen hatte, um sie dann nach dem Prinzip größter Effizienz immer neu zu synthetisieren? Betrachtete nicht auch er schon das vorhandene Wissen als eine Ressource, aus der es Gewinn zu ziehen galt? Diejenigen, *deren* Tätigkeit analysiert und synthetisiert wurde, die ausführenden Arbeiter, scheinen keine „Wissensarbeiter" gewesen zu sein – aber nur auf den ersten Blick. Sieht man genauer hin, so zeigt sich, dass auch ihre eigentliche Leistung keineswegs in erster Linie in der schlichten Befolgung der vorgeschriebenen Routinen bestand, sondern gerade in der intelligenten und situationsgerechten *Abweichung* von ihnen (vgl. etwa Thomas 1964). Gerade die immer perfekteren Planungen der Wissensarbeiter in den technischen Büros erzeugten „Nichtwissen" in Gestalt von Störungen, Reibungen, ungeplanten Kontingenzen, die dann durch die freilich nur im Untergrund stattfindende und offiziell nicht anerkannte Wissensarbeit der ausführenden Arbeiter bewältigt werden mussten. Mit anderen Worten: Der von Willke beschriebene Zirkel der gleichzeitigen Erzeugung von Wissen und Nichtwissen ist keineswegs ein Spezifikum der „Wissensgesellschaft", sondern war schon in der Ära des Taylorismus und Fordismus in vollem Gange. Schließlich zeichnet Willke ein einseitiges und hinter soziologische Professionalisierungstheorien zurückfallendes Bild professioneller Tätigkeiten, wenn er es als bloße „Anwendung" eines einmal durch Fachausbildung erworbenen Wissens charakterisiert. Professionelles Handeln ist ja durch seinen *Fallbezug* charakterisiert, und jeder Fall ist anders und möchte individuell zu seinem Recht kommen. Gefordert ist nicht die schlichte Anwendung, sondern die beständige Reflexion und Weiterentwicklung professionellen Wissens.

Vieles spricht dafür, dass die Stilisierung der „Wissensarbeit" zum neuen „Paradigma" auf einer selektiven, künstlich vereinfachten Wahrnehmung konventioneller Arbeitsformen beruht. Ohne den reflexiven und auf praktische Verwertung orientierten Umgang mit überliefertem Wissen, ohne die kreative Durchbrechung bestehender

Produktions- und Vermarktungsroutinen durch den kapitalistischen Unternehmer, seine Ingenieure, Manager, Techniker, Kaufleute, Finanziers usw. hätte der moderne Kapitalismus wohl kaum entstehen können. Es sollte nicht vergessen werden, dass die angeblich so strukturkonservative Industriegesellschaft des 19. und frühen 20. Jahrhunderts, aber auch die der fünfziger und sechziger Jahre des 20. Jahrhunderts, hält man sich an die messbaren wirtschaftlichen Daten, erheblich dynamischer war als die angeblich so „revolutionäre" Gegenwartsgesellschaft. Die Arbeit, die den modernen Kapitalismus schuf, ist schon immer „Wissensarbeit" im Sinne von Willke und Castells gewesen.

Eine historisch gehaltvolle Begriffsbildung sollte sich zunächst um die Vermeidung konzeptueller Redundanzen und Tautologien bemühen. Arbeit ist ohne Wissen nicht denkbar, folglich sollte es zunächst schlicht um eine Bestimmung von „Arbeit" gehen. Eine solche Bestimmung kann die Soziologie aber, will sie dem von Weber vorgeschlagenen Verfahren folgen, nicht aus sich selbst heraus entwickeln. Im ersten Schritt muss sie vielmehr beobachten, wann und unter welchen Umständen die Akteure *selbst* die Kategorie der „Arbeit" erfinden und beginnen, damit zu operieren. Im zweiten Schritt geht es darum, den „Sinn" dieses Sprachgebrauchs und der mit ihm verknüpften Praxis soziologisch zu rekonstruieren. Nur eine Vorgehensweise, die diese beiden Schritte bewusst unterscheidet, bietet die Chance, die Frage nach dem Verhältnis von Kontinuität und Differenz in den aktuellen „Umbrüchen" in einer historisch differenzierten und intersubjektiv nachprüfbaren Weise zu beantworten.

Wir brauchen die beiden Schritte gleichwohl hier nicht im Einzelnen nachzuvollziehen. Sie sind ein klassisches Thema der Soziologie und Sozialgeschichte; die Befunde sind bekannt und die im Hinblick auf unser Problem zu ziehenden Schlussfolgerungen sind klar und sollen hier nur knapp resümiert werden (ausführlicher Deutschmann 2002a, S. 53 f.). Die Erfindung der Kategorie der Arbeit war bekanntlich die Folge des Vordringens des Geldnexus von den fertigen Produkten auf die menschliche Arbeitskraft, das in Europa gegen Ende des 18. Jahrhunderts in breitem Umfang einsetzte. Die Entwicklung eines freien Arbeitsmarktes ließ den industriellen Kapitalismus entstehen und löste die von Karl Polanyi als „Great Transformation" bezeichnete gesellschaftliche Umwälzung aus. Erst dadurch, dass die menschliche Arbeitskraft aus feudaler und zünftiger Abhängigkeit freigesetzt wurde und nicht mehr als Zimmermann, Schumacher, Bauer etc., sondern als freier *Arbeiter* in Erscheinung trat, wurde die Erkenntnis der *Arbeit* als Quelle allen Reichtums möglich (Biernacki 1995, S. 214; Castel 2000, S. 151 f.). „Es war ein ungeheurer Fortschritt von Adam Smith, jede Bestimmtheit der reichstumerzeugenden Tätigkeit fortzuwerfen – Arbeit schlechthin, weder Manufaktur-, noch kommerzielle, noch Agrikulturarbeit, aber sowohl die eine wie die andere", stellte Karl Marx (1953, S. 24) im Jahr 1858 fest, und aus heutiger Sicht hätte er Anlass gehabt, hinzuzufügen: „Arbeit schlechthin, weder Manufaktur-, noch kommerzielle, noch Agrikulturarbeit, noch Wissensarbeit." Die Entdeckung der Arbeit in ihrer denkbar abstraktesten Form war bereits das Ergebnis der Great Transformation, nicht erst der heutigen „Wissensgesellschaft". Die Radikalität dieser Transformation – dies erkannt zu haben, ist die bleibende Leistung von Karl Marx – ist unüberbietbar. Sie hat nicht nur die

Grundlagen für die folgende Kette technologischer und gesellschaftlicher Umwälzungen des Kapitalismus gelegt, von denen die aktuelle informationstechnische Revolution ja nur eine ist, sondern auch für eine Reihe von historischen „Konstanten", die über diese Revolutionen hinweg ihre Gültigkeit behalten.

Die erste dieser Konstanten ist abstrakte Arbeit selbst. Arbeit ist keine „Substanz", wie Marx meinte, auch nicht bloß „instrumentelles Handeln" im Sinne von Gehlen und Habermas, sondern die dreiseitige Beziehung zwischen einer beliebigen Zahl vergesellschafteter Akteure und einem Gegenstand. Sie ist stets *auch* Kommunikation, aber nicht *nur* Kommunikation, sondern tätige Kommunikation, die sich auf einen Gegenstand bezieht und sich selbst vergegenständlicht. Als solche birgt sie ein grenzenloses, durch keine Theorie je erschöpfend definierbares Potenzial und sie erzeugt ein ebenso grenzenloses Ausmaß an Unsicherheit. Arbeit ist nicht nur kreativ, sondern auch zerstörerisch, wie Clausen (1988) mit Recht betont. Es geht nicht bloß um die harmlose Tätigkeit des Handwerkers an der Werkbank, sondern auch um die des Soldaten (des historisch ersten „Lohnarbeiters"!), des Ingenieurs, des Unternehmers, des Künstlers, des Politikers, des Wissenschaftlers, um manuelle wie intellektuelle Arbeit, Männer- und Frauenarbeit, industrielle Arbeit und soziale „Beziehungsarbeit" – die Reihe könnte ohne Ende fortgesetzt werden.

Arbeit wird beobachtbar dadurch, dass sie von freien Lohnarbeitern geleistet wird, die ihre Arbeitskraft auf einem Markt gegen Geld tauschen. Das Geld selbst verändert durch diesen Austauschakt und die Möglichkeiten, die ihm durch ihn zuwachsen, seinen Charakter. Es ist nicht länger harmloses Tauschmittel, sondern Kapital, das heißt: Geldvermögen, das dazu bestimmt ist, einen Gewinn zu erzielen. Kapital ist also die zweite historische Konstante. Willke (2001, S. 129) und mit ihm andere Autoren behaupten zwar, in der heutigen Gesellschaft verliere nicht nur Arbeit, sondern auch Kapital und darüber hinaus Land „dramatisch" an Bedeutung gegenüber dem Faktor „Wissen". Aber auch Wissensarbeiter wollen finanziert werden. Die Eigentümer jedoch, so leichtgläubig sie sich auch in den Jahren des New Economy-Booms durch die Wissensarbeiter abkassieren ließen (Kühl 2003b), können auf die Dauer nicht nur von der Freude über ihren eigenen Optimismus leben. Das Geld muss zurückfließen, und zwar nicht nur einfach, sondern vermehrt. Im Rausch der New Economy-Revolution mag diese alte Wahrheit zeitweilig in Vergessenheit geraten sein, nicht nur in der Wirtschaft, sondern auch in der Wissenschaft. Aber der Ende 2000 einsetzende Absturz der internationalen Börsen hat sie unmissverständlich wieder in Erinnerung gebracht.

9.3 Idealtypische Charakteristika des Arbeitsverhältnisses

Wer dafür plädiert, an der Unterscheidung von Kapital und Arbeit festzuhalten, läuft heute in der Soziologie Gefahr, als intellektueller Hinterwäldler dazustehen. Aber der große Vorteil dieser Kategorien ist, dass sie nicht von Soziologen erfunden worden sind. Es handelt sich unbestreitbar um elementare Wirklichkeitskonstruktionen erster

Ordnung im oben definierten Sinn, die alle kapitalistischen Revolutionen einschließlich der jüngsten überdauert haben. Eine Soziologie, die Wert auf ihren Kontakt zur Wirklichkeit legt, kommt um die Aufgabe der Entschlüsselung dieser Kategorien heute so wenig herum wie zu Marx' Zeiten. Wer ihr nachgeht, stößt auf hartnäckige Besonderheiten des Arbeitsverhältnisses, die durch die Marktmodelle der ökonomischen Lehrbücher systematisch ausgeblendet werden und auch in Willkes „Atopia" und Castells „Netzwerkgesellschaft" nicht vorkommen. Die Ausleuchtung dieser blinden Flecken bleibt die zentrale und legitime Aufgabe der Industrie- und Arbeitssoziologie.[3] Sie hat dabei Erkenntnisse von bleibender Bedeutung gewonnen, die heute, nach dem Ende des New Economy-Rauschs, wieder neu zu entdecken sind. Ich fasse die wichtigsten dieser Lehrstücke in sechs Thesen zusammen:

1. Die Arbeitskraft ist schon deshalb keine gewöhnliche Ware, weil sie nicht zum Zweck ihres Austauschs in die Welt gesetzt wurde und bei einem Angebotsüberschuss nicht einfach verschrottet oder entsorgt werden kann. Das Angebot an Arbeitskraft wird daher, anders als bei allen anderen Waren, bei sinkenden Löhnen nicht zurückgehen, sondern zunehmen, mit der Folge eines nicht negativen, sondern positiven Rückkoppelungseffekts: Die Löhne sinken weiter und die Ungleichheit der Verteilung der Einkommen zwischen Kapital und Arbeit nimmt zu.[4] Zur sozialen Konstruktion der Lohnarbeit gehört daher auch die moderne Erfindung des Sozialstaates, der allein diesen Effekt unterbinden und damit so etwas wie einen „Markt" für Arbeit überhaupt erst herstellen kann. Schon dieser bekannte Sachverhalt sollte daran hindern, mit Willke voreilig das „Ende des Wohlfahrtsstaats" auszurufen. Es trifft zwar zu, dass der Wohlfahrtsstaat sich heute in vielen Ländern in der Defensive befindet. Ein radikaler Abbau ist jedoch keineswegs in Sicht, und die politischen Akteure schrecken mit guten Gründen vor ihm zurück. Eine völlige Abschaffung des Wohlfahrtsstaates würde ein liberal nur noch verbrämtes System der Zwangsarbeit entstehen lassen. Mit dem „reinen Markt" stünde die reine Klassengesellschaft[5] auf der Tagesordnung; Marx' Visionen würden eine späte Rechtfertigung erhalten. Ist Willke ein heimlicher Marxist?

---

[3]Die Industrie- und Arbeitssoziologie reiht sich mit dieser Zielsetzung in den breiteren Strom der sich bereits seit einiger Zeit in den USA, zunehmend aber auch in Deutschland entwickelnden „neuen Wirtschaftssoziologie" (Smelser und Swedberg 1994; Beckert 1997, 2002a) ein.
[4]Beispielhaft kann dieser Effekt an der Entwicklung in den Vereinigten Staaten seit der Mitte der Siebziger Jahre studiert werden (Zweig 2000, S. 61 f.). Aufschlussreich ist auch Barbara Ehrenreichs auf teilnehmende Beobachtung gestützte Studie über die amerikanische Dienstleistungswirtschaft (Ehrenreich 2001).
[5]Es ist wohl kein Zufall, dass die Diskussion über den Klassenbegriff gegenwärtig gerade in den USA und Großbritannien, wo die Demontage des Wohlfahrtsstaates relativ weit fortgeschritten ist, wieder auflebt (Siehe z. B. Zweig 2000; Crompton et al. 2000).

9.3 Idealtypische Charakteristika des Arbeitsverhältnisses

2. Die Konstruktion der Ware Arbeitskraft bleibt eine gesellschaftliche „Fiktion" (Polanyi 1978), mit der die Betroffenen sich nicht umstandslos identifizieren können. Sie unterstellt eine Trennung zwischen der Ware und der Person ihres Anbieters, die faktisch nicht gegeben ist. Der Anbieter von Arbeitskraft ist in den Umsatz seiner Ware persönlich, leiblich und psychisch involviert. Daran ändert sich auch bei informationstechnisch gestützter Arbeit nichts, im Gegenteil: die Einbindung der Person wird unentbehrlicher denn je, denn nur durch face-to-face-Kommunikation zwischen leibhaftig anwesenden Personen lässt sich letztlich entscheiden, ob die über den Bildschirm vermittelten, oft fehlerhaften und widersprüchlichen Signale authentisch sind oder nicht (Knoblauch 1996). Andererseits bleibt auch der fleißigste „Arbeitskraftunternehmer" der Informationsgesellschaft nur ein begrenzt rationales, sterbliches und mit körperlichen Schwächen geschlagenes Individuum. Er ist zu jenem konsequent strategischen Verhalten seinem Körper gegenüber nicht fähig, das eine konsequente Nutzung seiner Marktchancen von ihm fordern würde. Auch die Informationsarbeit verlangt ihren körperlichen Tribut in Gestalt von Burn-out-Syndromen, Herz/Kreislauferkrankungen und Depressionen (Kalkowski et al. 2001).
3. Eine weitere Besonderheit besteht darin, dass der Gebrauchswert der Arbeitskraft, anders als beim Kauf einer Dienstleistung, nicht unmittelbar konsumiert werden kann. Der Käufer kauft zunächst nichts als die „Katze im Sack". Der mit dem Kauf erworbene Leistungsanspruch muss in einem zweiten Akt in einer separaten Arena jenseits des Marktes eingelöst werden: dem „Betrieb" oder der „Organisation". Der Arbeitsvertrag enthält ein Element der „Unbestimmtheit"; er lässt sich der bekannten Definition Herbert Simons zufolge als eine Übereinkunft charakterisieren, die die Arbeitskraft des Arbeitnehmers für eine bestimmte Zeit und zu bestimmten Konditionen zur Disposition des Unternehmers stellt. Die Frage der Angemessenheit des Verhältnisses zwischen Leistung und Vergütung, die Formen und das Ausmaß unternehmerischer Kontrolle bleiben Quellen latenter oder offener Interessenkonflikte, die durch individuelle oder kollektive Verhandlungen gelöst werden müssen. Auch hieran hat sich in der modernen Informationswirtschaft prinzipiell nichts geändert: Gewerkschafts- und betriebsratsfrei sind die Neugründungen und Kleinunternehmen, aber dies war auch schon in der alten Ökonomie kaum anders. Mit wachsender Größe des Unternehmens und zunehmender Lebens- und Berufserfahrung der Beschäftigten, vor allem aber unter dem Einfluss der Wirtschaftskrise sinkt häufig das Vertrauen in die individuellen Chancen und wächst das Interesse an traditionellen Formen kollektiver Mitbestimmung und Interessenvertretung. Das gilt verständlicherweise vor allem für die von Entlassung Bedrohten oder durch Aktienoptionen Betrogenen, auch wenn die Zustimmung zu den traditionellen Gewerkschaften und die Verbreitung von Tarifverträgen nach wie vor gering sind (McLoughlin 1996; Trautwein-Kalms 1995; Dörre 2002; Boes und Baukrowitz 2002; Ittermann und Abel 2002).
4. Die Unbestimmtheit des Arbeitsvertrages ist durch die relative Offenheit des menschlichen Arbeitsvermögens selbst bedingt. Im Unterschied zu fertigen Waren und Dienstleistungen müssen seine Eigenschaften nicht schon zum Zeitpunkt des Kaufs

definitiv feststehen bzw. vereinbart werden. Die Arbeitskraft ist ein Produktionsfaktor besonderer Art, der mit Lernfähigkeit ausgestattet ist und sich im Prozess seines Einsatzes selbst entwickeln kann. Arbeitskräfte können nicht wie Maschinen oder Computer programmiert werden. Qualifizierung ist vielmehr ein sozialer Prozess, der sich in Interaktionen zwischen den Beteiligten (Arbeitskollegen, Ausbilder, Führungskräfte) entfaltet. Die Schließung der Unbestimmtheitslücke des Arbeitsvertrages kann nicht Sache des Arbeitgebers allein sein. Je mehr die Unternehmen von ihren Beschäftigten nicht nur „normale", sondern „besondere Leistungen" erwarten, desto mehr müssen auch die Beschäftigten bereit sein, „mitzuspielen"; die Schließung der Unbestimmtheitslücke des Arbeitsvertrages erfordert ihre aktive Mitwirkung und Kooperationsbereitschaft (Berger 1999, S. 155 f.). Die Funktion von Ausbildungszertifikaten, Rekrutierungsverfahren und Einstellungstests besteht zu einem wichtigen Teil darin, Aufschlüsse über das latente Kooperations- und Qualifizierungspotenzial von Bewerbern und Bewerberinnen zu liefern. Insofern Lohnarbeiter ein Minimum an Fähigkeit zur Selbstorganisation mitbringen müssen – dies bleibt bei Voß und Pongratz unterbelichtet – sind sie schon immer „Arbeitskraftunternehmer" gewesen. Was sich im Zuge der organisatorischen Dezentralisierungsprozesse geändert hat, ist nicht der Tatbestand faktischer Mitverantwortung der Beschäftigten für die Lösung des unternehmerischen Transformationsproblems, sondern das Ausmaß, in dem diese Mitverantwortung ihnen auch formal zugewiesen wird.

5. Arbeitsprozesse stellen divergierende kognitive, soziale und zeitliche Anforderungen. Sie enthalten sehr unterschiedliche Mischungen von einfachen und komplexen Aufgaben, Routinefunktionen und spezifischen Leistungen. „Tacit skills", Erfahrungswissen, implizite, nicht formal abrufbare Fertigkeiten spielen eine zentrale Rolle. Daraus ergeben sich Grenzen für die Steuerung der Arbeit durch Organisationen und ihre Ersetzung durch Maschinen. Arbeitsfunktionen können insoweit „organisiert" oder „technisiert" werden, wie sie sich in einem Algorithmus abbilden lassen. Organisierung oder Technisierung bedeutet die Objektivierung jenes Algorithmus in Form organisatorischer Regeln, beziehungsweise mechanischer oder symbolischer Maschinen (Heintz 1993). Der Computer und das Internet sind universale Maschinen, die die Objektivierung von Wissen und Fertigkeiten über die Mechanisierungsfortschritte des Fordismus hinaus auf ein historisch nie erreichtes Niveau getrieben haben. Durch die Objektivierung verwandelt sich das an eine Person gebundene Wissen in unmittelbar gesellschaftlich verfügbare Information. Informatisierung und Globalisierung sind insoweit komplementäre Begriffe.

Die Folge der Technisierung ist jedoch nicht einfach die Verdrängung der menschlichen Arbeitskraft aus dem Produktionsprozess, sondern eine immer stärkere Entmischung von technisierbaren und nicht technisierbaren, d. h. nicht in Algorithmen darstellbaren Arbeitsfunktionen. Dieser Entmischungsprozess ist bereits in der älteren industriesoziologischen Automationsforschung – erinnert sei an Bahrdts (1968) These von der „Krise der Hierarchie" – beobachtet und analysiert worden. In der heutigen Informationswirtschaft mit ihren hochgradig flexiblen und individualisierten

9.3 Idealtypische Charakteristika des Arbeitsverhältnisses

Arbeitsformen erreicht er freilich seinen vorläufigen Höhepunkt. Es ist gerade die fortschreitende Technisierung und informationstechnische Durchdringung der Arbeitsprozesse, die das Management gezwungen hat, die faktisch schon immer entscheidenden impliziten Fähigkeiten und Kooperationsleistungen der Arbeiter auch formal anzuerkennen und einzubinden. Die Verbreitung „neuer Produktionskonzepte" und selbstregulierter Arbeitsformen ist vor diesem Hintergrund zu erklären (Schumann 2003).

6. Der Computer und das Internet als Universalmaschinen des Informationszeitalters lassen spezifische Potenziale der menschlichen Arbeitskraft hervortreten, die nicht technisch oder organisatorisch steuerbar sind und an die Person gebunden bleiben. Unter ihnen sind vor allem drei zu nennen:

   a) Die Fähigkeit menschlicher Arbeitskräfte zur „Gewährleistung" von Prozessen. Nur menschliche Individuen, nicht Organisationen, Maschinen, oder Computerprogramme sind in der Lage, Verantwortung für den erfolgreichen Abschluss von Produktionsprozessen und Dienstleistungen zu übernehmen, nicht vorhergesehene Störungen und situative Kontingenzen zu bewältigen. Diese Leistung lässt sich weder technisch, noch organisatorisch oder juristisch erzwingen. Niemand kann „angewiesen" werden, ein Problem zu lösen.

   b) Die Fähigkeit und Bereitschaft zur Kooperation. Nur Menschen sind in der Lage, einander zu vertrauen, d. h., ihr Verhalten in einer Situation genuiner Unsicherheit reziprok an den Erwartungen des Anderen zu orientieren (Beckert 1997). Dadurch werden Leistungen möglich, die die Möglichkeiten einer bloßen Aggregation von Einzelleistungen qualitativ übersteigen; man denke nur an das Beispiel des Fußballs. Auch diese Fähigkeit bzw. Bereitschaft dazu lässt sich, wie die mikropolitische Schule (Ortmann 1995) klargemacht hat, weder organisatorisch noch technisch kontrollieren. Kein einzelner Akteur kann Kooperation beschließen oder erzwingen. Arbeiter können ihre Handlungen aufeinander abstimmen, Wissen und Information weitergeben, sich in kritischen Situationen gegenseitig unterstützen – oder eben auch nicht.

   c) Die kreativen Eigenschaften des menschlichen Arbeitsvermögens. Menschen sind nicht nur lernfähig, sondern auch in der Lage, Neues aus dem Nichts zu schaffen – und *nur* menschliche Individuen, nicht Organisationen, auch nicht Informationstechnologien sind dazu in der Lage. Kreativität bedeutet auch die Fähigkeit, zu spielen, zu träumen, Probleme nicht nur zu lösen, sondern sie überhaupt erst zu entdecken. Nur Menschen können technische und soziale Routinen durchbrechen und etwas Sinnhaftes hervorbringen, für das es keine Vorbilder gibt. Wiederum gilt: Kreativität lässt sich nicht anordnen. Noch nicht einmal die Akteure selbst können sich „vornehmen", eine Erfindung zu machen, auch wenn harte Arbeit die Voraussetzung dafür sein mag.

Wenn Unternehmen Arbeitskräfte einstellen (und nicht fertige Produkte oder Dienstleistungen kaufen) sind sie in erster Linie an der Mobilisierung jener Fähigkeiten und

Leistungen interessiert. In der modernen Informationswirtschaft hängt der Erfolg der Unternehmen mehr denn je davon ab, dass dies gelingt. Unter welchen Voraussetzungen kann es gelingen? Wir kommen damit zur anderen Seite unserer Unterscheidung, dem Kapital.

9.4 Idealtypische Charakteristika von Kapital, Unternehmertum und Innovation

Der Kapitalismus ist die „revolutionäre" Produktionsweise par excellence. Eine historische Theorie des Kapitalismus muss in der Lage sein, über die Beschreibung einzelner technologischer Revolutionen hinaus ihren gesellschaftlichen *Mechanismus* zu erklären. Kapital ist Geldvermögen, das dazu bestimmt ist, einen Mehrwert zu erzielen und sich so zu „verwerten". Im Normalfall geschieht dies durch Investition in reale Ressourcen und Güter, insbesondere Arbeitskräfte, Produktionsmittel, Boden und deren Verwertung; es kann aber auch durch spekulative Käufe und Verkäufe finanzieller Vermögenswerte erfolgen. Auch Kapital kommt in neoklassischen Marktmodellen nicht vor; vorgesehen ist hier nur das Geld in seiner Eigenschaft als Tauschmittel, nicht aber als Geldvermögen. Kapital muss wachsen und sich verwerten: Dieser für kapitalistische Gesellschaften konstitutive Imperativ erklärt, warum private Unternehmen sich nicht auf die Reproduktion bestehender Strukturen beschränken können, sondern wachsen, neue Technologien entwickeln und neue Märkte erobern müssen. Mit der Kapitaleigenschaft des Geldes vernachlässigen die Marktmodelle auch die Rolle des Unternehmers und der Unternehmen, die den Wachstumsimperativ des Geldvermögens ja auszufüllen und zu gewährleisten haben. Innovative Prozesse und wirtschaftliches Wachstum werden durch Unternehmen, nicht durch Märkte in Gang gebracht. Das Marktmodell ist, wie Lazonick mit Recht kritisiert, blind für die sozialen Strukturen, die wirtschaftliches Wachstum hervorbringen (Lazonick 2003).

Mit der Verfügung über das Arbeitsvermögen und seine kreativen Potenzen wird Geld erst zu Kapital. Eine unendliche Vielfalt von Optionen, aus Geld mehr Geld zu machen, eröffnet sich. Diese Utopie[6] auf die Erde herabzuholen, nämlich konkrete Wege der Verwertung des Kapitals aufzuzeigen und zu erschließen, ist die Mission des Unternehmers. Nach der bekannten Analyse Schumpeters erreicht der Unternehmer sein Ziel durch die Erfindung und Durchsetzung „neuer Kombinationen": neue Produktions- und

---

[6]Willkes Hinweise auf die „Utopie des Marktes" sind irreführend. Märkte sind ein höchst irdisches, nicht im Singular, sondern im Plural auftretendes Phänomen: Märkte für Obst, Elektrizität, Lastwagen, Therapiestunden, Computer usw. Es ist allein das Geld, das die Märkte miteinander verbindet, kommensurabel macht und „den" Markt erst herstellt. Diese Universalität des Geldes war es ja, die mit der „Great Transformation" praktisch zum Durchbruch gekommen war. Es handelt sich folglich um die Utopie des zum „absoluten Mittel" (im Simmel'schen Sinn) herangewachsenen Geldes, das sich selbst zum höchsten Zweck wird (vgl. auch Deutschmann 2001).

Organisationstechniken, neue Produkte, Neuerschließung von Märkten und Bezugsquellen. Die neuen Kombinationen sichern ihm ein – freilich nur temporäres und durch die Aufholjagd der Konkurrenz ständig gefährdetes – Monopol, das die Grundlage des Kapitalgewinns ist. Der Unternehmer handelt gerade nicht unter Bedingungen vollständiger Information und Konkurrenz. Das Lebenselixier des Unternehmers ist vielmehr Unsicherheit. Welche Kombinationen die „richtigen" sind, kann er nicht im Voraus zuverlässig wissen. Die Signale des Marktes können gerade keine Orientierung bieten, denn es geht ja darum, nicht bloß eine gegebene Marktnachfrage zu bedienen, sondern zukünftige, „in der Luft" liegende, in der aktuellen Marktentwicklung aber noch nicht sichtbare Trends zu erfassen. Unternehmerische Qualität entwickeln Strategien und Ideen dadurch, dass sie aus der Unendlichkeit der Verweisungen des Geldvermögens spezifische Optionen auswählen und ihnen eine Form geben, die Prozesse gemeinsamen Lernens und Handelns motiviert. Wie kommen solche Strategien zustande?

Der individuelle „Instinkt" der unternehmerischen Persönlichkeit, auf den Schumpeter so großen Wert legte, ist zwar unverzichtbar; aber er allein reicht für die Erklärung innovativer Prozesse nicht aus. Die Entwicklung neuer Produkte und Technologien in modernen Unternehmen ist ein von komplexen Voraussetzungen abhängiger sozialer Prozess. Nicht nur die „große Idee" des Unternehmers ist wichtig, sondern auch die tausend „kleinen" Ideen der Arbeiter, Ingenieure, Erfinder, Lieferanten, Kunden. Der Unternehmer ist viel stärker von der Kreativität seiner Arbeiter abhängig, als Schumpeter meint. Überdies hängt der Erfolg nicht nur von der Verfassung und Sozialordnung der Organisation, sondern auch von ihren Umweltverhältnissen und Netzwerkbeziehungen ab.

Mit Lazonick (2003, S. 27) lassen sich zunächst drei binnenorganisatorische Voraussetzungen nennen, die er mit den Stichworten „organizational integration", „financial commitment" und „strategic control" umschreibt. Mit der ersten Voraussetzung werden integrierte Arbeitsstrukturen – typischerweise nach dem Modell der internen Karriere – beschrieben, die den Beschäftigten und Führungskräften eine langfristige Entwicklungsperspektive und Anreize für kollektives und individuelles Lernen bieten. „Financial commitment" als zweite Voraussetzung meint die Verfügung über interne Finanzressourcen und die Fähigkeit, externe Kredit- und Kapitalgeber auf die eigenen Ziele zu verpflichten. Darüber hinaus muss die Kontrolle über die personellen, sachlichen und technischen Mittel sichergestellt sein („strategic control"). Um die mit der Entwicklung neuer Produkte und Technologien immer verknüpften Unsicherheiten aufzufangen und das für die Profitabilität unabdingbare temporäre Monopol abzusichern, müssen Unternehmen über ein hinreichendes Maß an Autonomie gegenüber den externen Markt verfügen.

Das bedeutet freilich nicht – hier ist der Ansatz Lazonicks ergänzungsbedürftig –, dass das innovative Unternehmen sich von seiner gesellschaftlichen Umwelt isolieren könnte. Wichtig ist auch die Fähigkeit, Koalitionen mit Lieferanten, politischen Akteuren, Forschungsorganisationen, potenziellen Kunden zu bilden. Innovative Prozesse finden nicht nur in Organisationen, sondern zunehmend im Rahmen von Netzwerken statt, weil die Komplexität der Forschungs- und Entwicklungsaufgaben die Ressourcen und

Steuerungskapazitäten selbst von Großunternehmen überfordert (Rammert 1997). Netzwerke sind soziale Konfigurationen besonderer Art, die im Gegensatz zu Organisationen nicht hierarchisch koordiniert sind, was beträchtliche Machtungleichgewichte zwischen den Netzwerkteilnehmern nicht ausschließt. Gleichzeitig unterscheiden sie sich von Marktbeziehungen durch längerfristige Zeithorizonte und erhöhte Erwartungen hinsichtlich sozialer Reziprozität (Powell 1996). Netzwerke sind nicht neu, sondern stellen eine traditionsreiche Form ökonomischer Koordinierung dar; man denke nur das 19. Jahrhundert charakteristischen Subkontraktsysteme (Tilly und Tilly 1998, S. 137 f.) oder an die durch dichte regionale Kooperationsbeziehungen geprägten „industriellen Distrikte". Aber Castells' These, dass mit der Verbreitung des Internets netzwerkförmige Koordinationsbeziehungen an Bedeutung gewonnen haben, trifft zweifellos zu. Neu ist vor allem der Aufbau von Netzwerken von globaler Reichweite, für die das „Cisco-Modell" exemplarisch ist (Castells 2000, S. 163 f.; Lüthje 2001). Jedoch scheint das von Lazonick formulierte Prinzip der Autonomie auch für innovative Netzwerke zu gelten. Netzwerke funktionieren wie Kartelle: Traditionelle regionale Netzwerke schirmen sich durch informelle Marktbarrieren gegen Außenseiter ab, Informationsnetzwerke durch Rechte an geistigem Eigentum und technische Beschränkungen des Datenzugangs.

Mit der wachsenden Zahl der an innovativen Prozessen beteiligten Akteure gewinnt die Frage nach den Bedingungen und Formen der Kommunikation von Innovationen an Bedeutung. In diesem Zusammenhang haben Konzepte wie „technologisches Paradigma" oder „Leitbild" (Dosi 1983; Freeman und Perez 1988; Dierkes et al. 1996) Einfluss gewonnen (vgl. auch Deutschmann 2002a, S. 74 f.). Leitbilder sind symbolische Konstrukte zur Kommunikation technischer Neuerungen. Sie verknüpfen die Beschreibung einer konkreten Technologie mit einer Projektion von Möglichkeiten ihrer weiteren Entwicklung. Darüber hinaus rahmen sie diese Projektion mit Vorstellungen idealer Lebensweisen, gleichsam mit Bildern des „guten Lebens". Beispiele wären die Assoziationsketten: Verbrennungsmotor-Automobil-mobile Gesellschaft, oder: digitaler Schaltkreis-Computer-Wissensgesellschaft. In Anlehnung an den bekannten neoinstitutionalistischen Ansatz von John Meyer und Brian Rowan (1977) lassen sich diese Konstruktionen auch als „Mythen" bezeichnen. Sie machen das mit jedem neuen Wissen verknüpfte Nichtwissen unsichtbar und machen so Handeln überhaupt erst möglich. Sie selbst jedoch entbehren der rationalen Grundlage. Wie religiöse Mythen machen sie das Unbestimmbare fassbar, indem sie „Geschichten" über es erzählen. Was über ihren Erfolg entscheidet, ist nicht die a priori völlig unsichere „Effizienz" eines an ihnen orientierten Handelns, sondern allein der Glaube, die soziale Resonanz, die sie finden oder nicht. Unternehmerische Mythen entfalten sich nach dem Prinzip der „self-fulfilling prophecy": Gelingt es, eine kritische Masse von Akteuren zu mobilisieren und zu Investitionen in das gemeinsame Projekt zu motivieren, so kann sich der Erfolg ex post einstellen, so waghalsig das Projekt auch ursprünglich erscheinen mochte. Der Erfolg eines Mythos ist durch keinen der beteiligten Akteure direkt „machbar", sondern ein emergentes Phänomen.

Der Aufbau unternehmerischer Mythen braucht Zeit und entwickelt sich *in* der Zeit. Mythen sind einem Zyklus von Entstehung, Verbreitung und Niedergang unterworfen und können sich niemals auf Dauer etablieren. Ein Mythos bedeutet immer eine Selektion: Eine bestimmte Option (Technologie, Organisationskonzept, Konsummuster) wird ausgewählt, ist aber zunächst nur in Form vager Ideen und Entwürfe von Unternehmern, Erfindern oder Experten präsent. Gelingt es, eine hinreichend große und einflussreiche Koalition von Protagonisten zu bilden, so kommt es zur Verbreitung der Idee. Ihr Erfolg nährt dann den weiteren Erfolg, und damit entwickelt sich die Idee zum Mythos. Experten und Berater spielen als Resonanzverstärker in dieser Phase eine wichtige Rolle. Setzt sich der Mythos auf breiter Front durch, nähert er sich der *Institutionalisierung* in dem Sinne, dass das in ihm zusammengefasste Wissen nun zum gesellschaftlich verbindlichen Standard wird, der in Schulen und Ausbildungsinstitutionen gelehrt wird. Aber mit der Institutionalisierung nähern sich schon die Krise und das Ende des Mythos. Als etabliertes Wissen kann er keine neuen Horizonte mehr weisen, kein Wachstum mehr erzeugen; die innovative Aura ist dahin. Die nach den Vorschriften des Mythos gestaltete Produktion mag hocheffizient sein, kann aber nicht mehr zur Vermehrung des Kapitals beitragen und ist nicht mehr profitabel. Die ursprüngliche Selektivität des Mythos, seine „blinden Flecken" werden sichtbar und stimulieren die Suche nach gänzlich neuen Lösungen, die wiederum den gleichen Zyklus durchlaufen usw.

Der Mythenzyklus erfasst alle Bereiche ökonomischer Aktivität, die Technikentwicklung, die Gestaltung von Organisationen ebenso wie den Konsum. Er entwickelt sich auf verschiedenen Ebenen, von den alltäglichen Operationen in Firmen und Organisationen bis hin zu den Strukturen ganzer Wirtschaftszweige. Über das Wirtschaftssystem hinaus bezieht er den Arbeitsmarkt, das Bildungssystem, die Politik, die gesellschaftlichen Institutionen ein, erzeugt dort soziale Konflikte und einen permanenten Druck zu Anpassungen und Reformen. Nur wenn er in Gang bleibt, kann der innovative Prozess und mit ihm das Wachstum des Kapitals gewährleistet werden.

9.5 Institutionen und Anerkennung

Mit den dargestellten Schritten haben wir die begrifflichen Mittel erarbeitet, um das Konzept der Wissensgesellschaft als einen kapitalistischen „Mythos" zu fassen und damit das Allgemeine der aktuellen industriellen Transformationsprozesse genauer von seinen historischen Spezifika zu unterscheiden, als es bisher in der Industriesoziologie geschehen ist. Mythen sind eine durchgehende Erscheinung der kapitalistischen Entwicklung. Nicht „Bewegungsgesetze" regieren die kapitalistische Dynamik, wie Marx meinte, sondern soziale Prozesse der Konstruktion und Dekonstruktion kapitalistischer Mythen. Unmittelbar mit der Unendlichkeit der Möglichkeiten des mit dem gesellschaftlichen Arbeitsvermögen gekoppelten Geldvermögens konfrontiert, wären die Akteure grenzenlos überfordert. Sie brauchen Bilder und Mythen, um diese Möglichkeiten auf ein durch Handeln zu bewältigendes Format klein zu arbeiten. Diese Mythen sind in allen Bereich ökonomischer Aktivität von der Produktion bis zum Konsum wirksam. Sie bauen sich in einem sich selbst verstärkenden Prozess auf, verbreiten sich, etablieren sich – und machen genau dadurch ihre blinden Flecken sichtbar, was die Krise hervorruft.

Dieses idealtypische Muster ist auch in der Dynamik des Mythos der Wissensgesellschaft unschwer wieder zu erkennen, nicht nur in der Phase des Aufstiegs und der Institutionalisierung, sondern auch, wie wir heute über Willke und Castells hinaus wissen, in der Krise. Die Schlüsselerfindungen des Transistors, der Mikroelektronik und des Computers (in den vierziger und fünfziger Jahren) und des „Arpanet" als Vorläufer des Internet (Ende der sechziger Jahre) in den USA ließen Expertenkulturen entstehen, die Ideen grenzenlos verfügbarer Information und einer kommunikativ vernetzten Welt entwickelten. Nach einer längeren Inkubationszeit begannen diese Ideen, weitere gesellschaftliche Kreise zu ziehen, zogen Wissenschaftler, Experten, Berater, Journalisten in ihren Bann und avancierten so zu Mythen. Die wachsende gesellschaftliche Resonanz auf die mit neuen Technologien verknüpften Mythen ermunterte private Unternehmer zu Investitionen in die Weiterentwicklung der Technologien, die sich dadurch aus der ursprünglichen massiven Abhängigkeit von dem Budget des Pentagon löste (vgl. den Überblick bei Castells 2000, S. 28 f.). Die Ausrüstung der privaten Haushalte mit Personalcomputern und seit den neunziger Jahren auch mit Internetanschlüssen nahm sprunghaft zu. So erreichten die neuen Technologien das Stadium der Institutionalisierung und gingen in die Routinen des gesellschaftlichen Lebens ein. Damit verloren sie ihre innovative Aura; eine zunehmend nüchterne Sicht ihrer Möglichkeiten – z. B. in Form der Klagen über den „Informationsmüll" – verbreitete sich. Die Krise folgte auf dem Fuße.

Auf der anderen Seite haben die informationstechnische Revolution und die mit ihr verknüpften Mythen aber auch ihre historischen Spezifika, die sich nur idiografisch fassen und in allgemeinen Typisierungen nicht abbilden lassen. Diese Spezifika bestehen zum einen, wie wir gesehen haben, in einem historisch nie erreichten Grad der Objektivierung und Vergesellschaftung algorithmisch abbildbarer Arbeitsfunktionen, der in der Ausbildung globaler informationstechnischer Vernetzungen gipfelt. Das bedeutet – zum anderen – eine Konzentration der menschlichen Arbeitskraft auf ihre „eigentlichen" Potenzen der Gewährleistung, Kooperation und Innovation. Nur für diese genuin personalen Leistungen wird Arbeit letztlich noch gebraucht. Einfache Qualifikationen nehmen in ihrer Bedeutung ab; auch höhere Qualifikationen werden in immer rascherem Tempo entwertet. Wer nicht permanent lernt, kann bald überflüssig werden und auf die Verliererseite des Arbeitsmarktes geraten. Das Individuum wird unentbehrlicher, aber zugleich mehr gefordert und belastet denn je; eine Entwicklung, die in der Industriesoziologie auch unter dem Stichwort „Subjektivierung der Arbeit" beschrieben worden ist. Der Kreativitätsdruck des Kapitalismus wird allgegenwärtig und lässt immer weniger Nischen übrig. Richard Sennett hat diese Situation in seinem bekannten Buch über den „flexiblen Menschen" anschaulich dargestellt.

9.5 Institutionen und Anerkennung

Aber lässt sich Kreativität dann überhaupt noch als personale, unreduzierbar individuelle Leistung interpretieren? Sind die Individuen nicht doch, wie Willke behauptet, längst unmittelbar an die „Systeme" angeschlossen und damit als Personen bedeutungslos geworden? Um darauf eine Antwort zu geben, muss die oben schon angeschnittene Frage erneut aufgenommen werden: Wie ist es dem kapitalistischen Unternehmer möglich, die Arbeiter persönlich einzubinden und ihre gewährleistenden, kooperativen, kreativen Fähigkeiten zu mobilisieren? *Dass* er dazu in der Lage ist, zeigt die eindrucksvolle Produktivitäts- (und Destruktivitäts)explosion des industriellen Kapitalismus im 19. und 20. Jahrhundert;[7] die Frage kann also nur lauten wie.

Die Antworten, die die Industriesoziologie auf diese zentrale Frage anzubieten hat, sind spärlich und nicht sehr klar. Lange Zeit erblicken viele Industriesoziologen in betrieblichen Strategien der Rationalisierung, Taylorisierung und Technisierung den zentralen Hebel unternehmerischer Leistungspolitik. Aber diese mit formalen Kontrollsystemen operierenden Strategien können auch nur formale Leistungen erfassen und beeinflussen. Verantwortlichkeit, Kooperation, Kreativität dagegen lassen sich weder hierarchisch anordnen, noch technisch steuern. Formale Organisationen haben, wie Barnard und Simon deutlich gemacht haben, keinen direkten Zugriff auf die Person der Arbeitenden, sondern können die Beiträge der Beschäftigten nur indirekt durch Anreize steuern. Lohnarbeiter sind keine Sklaven, sondern freie Rechtssubjekte. Der Arbeitsvertrag verpflichtet den Arbeitnehmer lediglich zur Fügsamkeit gegenüber den Anordnungen des Arbeitgebers, nicht aber zu besonderen Leistungen, die nur „freiwillig" erbracht werden können. Organisationen können zwar Raum für solche Beiträge bieten, können sie aber nicht direkt erwarten und anordnen; erst recht sind sie nicht selbst „kreativ". Besondere Leistungen können nur dort abgerufen werden, wo es dem Arbeitgeber gelingt, die Beschäftigten persönlich zu binden und zu verpflichten. Wie eine solche Verpflichtung unter modernen gesellschaftlichen Bedingungen zustande kommen kann, darauf bieten weder die Theorie formaler Organisation, noch Konzepte wie Taylorismus, Fordismus oder „reelle Subsumtion" eine Antwort.

Einen Schritt weiter führen hier Theorien des Unternehmenspaternalismus (Bendix 1956; Hartmann 1968; Fox 1974; vgl. Deutschmann 2002a, S. 126 f.). Ihre Grundannahme ist, dass der Arbeitsvertrag auch in den fortgeschrittenen Industrieländern bis weit in das 20. Jahrhundert hinein durch faktisch fortbestehende ständische, feudale und obrigkeitsstaatliche Herrschaftsverhältnisse unterlegt blieb. Durch die Bewahrung und Neuerfindung industriefeudalistischer Sozialordnungen gelang es den Unternehmen, zumindest die Stammarbeiterschaft persönlich einzubinden und zu außerordentlichen Leistungen zu mobilisieren. Auch diese Argumentation bleibt wegen ihrer offensichtlich begrenzten historischen Reichweite unbefriedigend. Der Unternehmenspaternalismus verlor im Zuge der fortschreitenden Demokratisierung und Modernisierung der

---

[7]Im Zeitraum zwischen 1500 und 1820 verdreifachte sich das Weltsozialprodukt; in der nur halb so langen Zeit zwischen 1820 und 1992 vervierzigfachte es sich (Lang 2000, S. 24).

westlichen Gesellschaften vor allem in der zweiten Hälfte des 20. Jahrhunderts stark an Boden; auch in Japan und in Südkorea scheint er heute zu erodieren.

Die Theorien des Unternehmenspaternalismus machen gleichwohl auf einen wichtigen Punkt aufmerksam: Was die Arbeiter zu außerordentlichen Leistungen motivierte, waren nicht Vorschriften, formale Anweisungen, technische Systemzwänge, auch nicht Lohnzuschläge oder andere finanzielle Anreize, sondern etwas anderes: *Anerkennung*. Der Paternalismus bedeutete für die Arbeiter zwar Unterdrückung und Bevormundung. Aber der Fabrikherr übte nicht nur Macht, sondern Herrschaft aus. Er erwartete Anerkennung und Loyalität und war seinerseits gehalten, diese Anerkennung in Form der Fürsorge für die Stammbelegschaften zurückzugeben. Ungeachtet aller Asymmetrien und Verzerrungen in der Struktur der Kommunikation war der Paternalismus eine Institution, die in der Tradition verankert war und persönlichen Identitäten eine gesellschaftliche Form verlieh. Daher war er in der Lage, die subjektiven Potenziale der Belegschaften zu mobilisieren; noch in den achtziger Jahren ließ sich diese Verbindung von absichtsvoll konserviertem Traditionalismus und ökonomischer Leistungsfähigkeit am „Modell Japan" beobachten (Deutschmann 1987).

Der Kampf der Arbeiterbewegung setzte an den Asymmetrien der paternalistischen Identitätsdefinitionen an und suchte sie – von Land zu Land unterschiedlich erfolgreich – durch Institutionalisierung individueller und kollektiver Arbeitnehmerrechte zu überwinden. Auch im Arbeitsverhältnis ist die von Hegel beschriebene Herr-Knecht-Dialektik wirksam und führt zu einer Bewegung reziproken Anerkennens. Vertrauen ist nach seiner Natur nach durch Macht nicht erzwingbar. Nolens volens wird der Arbeitgeber einer Einschränkung der Machtasymmetrie zu seinen Ungunsten zustimmen müssen, denn nur wenn das Abhängigkeitsverhältnis am Arbeitsmarkt nicht einseitig, sondern reziprok ist, kann das für besondere Leistungen unabdingbare Minimum an Vertrauen auf der Seite der Arbeiter entstehen. Nicht nur der Prinzipal, sondern auch die Agenten können (als Kehrseite des Vertrauens) nun auch täuschen und betrügen, und ironischerweise muss der Prinzipal sogar selbst ein objektives Interesse daran haben, sie in diese Lage zu versetzen. Aus den Auseinandersetzungen zwischen Kapital und Arbeit sind so im Einzelnen je nach nationaler Tradition unterschiedlich ausgestaltete institutionelle Regulierungen des Arbeitsverhältnisses – „Konfliktpartnerschaften" nach der treffenden Formulierung von Müller-Jentsch (1999) – hervorgegangen. Im groben Überblick lassen sich die Institutionen des Arbeitsrechts und des Arbeitsmarktes, der beruflichen Bildung und betriebsinternen Qualifizierung, der industriellen Beziehungen und der Sozialpolitik unterscheiden. Wenn es dem industriellen Kapitalismus auch über die paternalistische Phase hinaus gelungen ist, die Arbeitnehmerschaft subjektiv zu verpflichten, dann ist dies zu einem wichtigen Teil auf die Demokratisierung dieser Institutionensysteme und die Entfaltung der in ihnen verkörperten Anerkennungsverhältnisse zurückzuführen.

Die Industriesoziologie hat erst in neuerer Zeit damit begonnen, die aus der philosophischen und sozialphilosophischen Tradition stammende Kategorie der Anerkennung (Honneth 1992) aufzunehmen und in ihrer Bedeutung für die Struktur des kapitalistischen Arbeitsverhältnisses zu diskutieren (Holtgrewe et al. 2000; Voswinkel 2001).

9.5 Institutionen und Anerkennung

Institutionen, so haben diese Diskussionen gezeigt, können die Identitäten von Akteuren stärker binden als Organisationen. Während organisatorische Strukturen und Regeln nur einseitig durch das Management festgelegt werden, können Institutionen die Reziprozität von Anerkennung gewährleisten und eine Verpflichtung der Person sich selbst gegenüber begründen. Durch die gemeinsame Orientierung der Beteiligten auf die institutionelle Norm kann der aus der doppelten Kontingenz von Anerkennung resultierende Zirkel durchbrochen werden. Anerkennung ist zwar nicht notwendigerweise an Institutionen geknüpft, sondern kann auch aus informellen sozialen Austauschbeziehungen und Netzwerken hervorgehen. Sie bleibt dann aber an partikulare Kontexte gebunden und lässt sich nicht mehr ohne weiteres in allgemeine gesellschaftliche Wertschätzung übersetzen.

Weitgehend ungeklärt ist bislang die Frage, wie sich die Strukturveränderungen der Arbeit in der Informationswirtschaft auf Anerkennungsbeziehungen auswirken. Auf der einen Seite deuten empirische Untersuchungen (z. B. Baethge et al. 1995) darauf hin, dass persönliche Anerkennung als Motivationsquelle für die Beschäftigten in informatisierten Produktions- und Dienstleistungsprozessen wichtiger denn je ist. Auf der anderen Seite wird festgestellt, dass die Subjektivierung der Arbeit mit einer Aushöhlung der Institutionen der Arbeitswelt einhergeht. Die arbeitsrechtlichen und sozialpolitischen Grenzziehungen, die die persönliche Autonomie der Arbeitenden schützen sollen, erodieren. Die moderne Informationswirtschaft begünstigt netzwerkartige Kooperationsstrukturen und flexible, individualisierte Regulierungsformen. Sie unterminiert damit auch die Chancen der Individuen, von partikularen Kontexten unabhängige gesellschaftliche Anerkennung zu finden. Zwar wird die von vielen Autoren verfochtene These einer allgemeinen Entstrukturierung der Arbeitsmärkte in der Informationswirtschaft durch die empirische Evidenz keineswegs gedeckt. In den modernen Informations- und Dienstleistungsindustrien sind, wie Frenkel et al. (1999) in einer international vergleichenden Untersuchung gezeigt haben, interne Arbeitsmärkte und Qualifizierungssysteme sowie stabile Beschäftigungsverhältnisse nach wie vor weit verbreitet. Aber die Kritik an der Institution des Berufes, die nicht nur durch die Komplexität der Arbeitsanforderungen der Informationswirtschaft begründet, sondern auch ideologisch motiviert ist, gewinnt an Einfluss. Sie schlägt sich in politischen Programmen zur Flexibilisierung der Arbeitsmärkte, einer Erosion betrieblicher Qualifizierungssysteme und einer schleichenden Entwertung beruflicher Zertifikate nieder (vgl. hierzu auch der folgende Beitrag 9). Deutlicher noch ist die Tendenz zur De-Institutionalisierung im Bereich der industriellen Arbeitsbeziehungen. Mit dem nahezu überall zu beobachtenden, in verschiedenen Ländern und Wirtschaftszweigen allerdings recht unterschiedlich fortgeschrittenen Rückgang des Einflusses der Gewerkschaften verliert die Institution des kollektiven Arbeitsvertrages an Boden; das gleiche gilt für institutionalisierte Formen der Mitbestimmung auf betrieblicher Ebene. An ihre Stelle treten durch das Management gesteuerte Inszenierungen einer gemeinsamen „Organisationskultur", oder Angebote „direkter" Partizipation auf betrieblicher Ebene durch selbstregulierte Arbeitsformen oder individuelle Zielvereinbarungen. Die Paradoxien einer solchen gesteuerten Partizipation haben Andreas Wittel (1997) Heiner Minssen (1999) und Stefan Kühl (2001) in präzisen Fallstudien herausgearbeitet.

Wie weit der gegenwärtig zu beobachtende Prozess der De-Institutionalisierung der Arbeitsbeziehungen fortschreiten wird, ist schwer vorherzusagen. Ungeachtet der Flexibilisierungs- und Internationalisierungstendenzen der Informationswirtschaft sollte das Beharrungsvermögen der industriegesellschaftlichen Institutionen nicht unterschätzt werden. Ob es gelingen wird, funktionale Äquivalente für sie zu finden und wie sie beschaffen sein könnten, ist eine offene Frage. Wir müssen uns hier auf ein Gedankenexperiment beschränken: Gesetzt den Fall, die Propheten der Deregulierung, Entberuflichung und Flexibilisierung würden in vollem Umfang Recht bekommen, welches wären die Folgen?

Die Chance der Individuen, Anerkennung zu erhalten, würde sich in diesem Fall auf informelle wirtschaftliche und soziale Netzwerke beschränken und weitgehend von den Zufälligkeiten des Marktes abhängen. Als *allgemeines* Anerkennungsmedium bliebe nur der finanzielle Erfolg übrig. Der Erfolg, nicht die Leistung würde damit zum entscheidenden Anerkennungskriterium (Neckel 2001). Damit aber stiege nicht nur der Anpassungsdruck auf die Individuen, sondern gleichzeitig auch die Chance opportunistischer Ausweichstrategien. Eine radikale De-Institutionalisierung von Leistung und Qualifikation könnte leicht das Gegenteil des Beabsichtigten bewirken, nämlich statt der versprochenen Freisetzung von unternehmerischen Energien eine Aushöhlung des Leistungsprinzips. Mit dem Verschwinden des Berufes fehlte es der Gesellschaft und auch den Arbeitgebern selbst an institutionell anerkannten Kriterien, professionelle Kompetenz von durch Selbstvermarktungsinteressen motivierten Inszenierungen zu unterscheiden.[8] An der Stelle eines beruflich kompetenten Unternehmertums würde die Kunst der erfolgsträchtigen Selbstinszenierung bei allen Beteiligten geradezu herangezüchtet. Die vielen Skandale der New Economy insbesondere in der amerikanischen Wirtschaft (Windolf 2003) haben dafür bereits reichhaltiges Anschauungsmaterial geliefert.

Willkes Atopia ist offenbar dem nationalökonomischen Modell einer perfekt flexibilisierten Wirtschaft mit vollkommener Konkurrenz und vollkommener Information nachempfunden. Willke vergisst freilich die schon bei Walras nachlesbare Erkenntnis, dass eine solche Wirtschaft eine Wirtschaft ohne Wachstum und ohne Profite wäre. Allenfalls Arbitrageure, nicht Unternehmer könnten in ihr gedeihen. Die unmittelbare Konfrontation der Individuen mit der Utopie des Geldes würde sie überfordern und reale Innovationsprozesse, die Zeit, Sicherheit und institutionell gesicherte Anerkennung benötigen, unmöglich machen. Die unternehmerischen Kräfte würden nicht gefördert, sondern weiter untergraben. Die kapitalistische Dynamik müsste aus der realen in die virtuelle Welt auswandern, die der Beschleunigung in der Tat keine Grenzen setzt. Ein Mimikry-Kapitalismus würde entstehen, der schöpferische Zerstörung nur noch in

---

[8]Das heute überall wuchernde „Qualitätssicherungswesen" soll offenbar dieses Defizit kompensieren. Ob das gelingen kann und mehr erreicht wird als der Aufbau symbolischer Fassaden und kostspieliger Dokumentationsrituale darf als zweifelhaft gelten.

der „virtuellen Realität" (Castells 2000) des Bildschirms und der politischen Rhetorik betreibt, im übrigen aber auf ökonomischen Opportunismus und ordinäre Profitgier zurückfällt. Ließen die Individuen sich wirklich unmittelbar an das System anschließen, so wären die Aussichten für den Kapitalismus alles andere als rosig.

9.6 Zusammenfassung

Die seit den neunziger Jahren sich häufende Verkündung von „Paradigmenwechseln" in der Industriesoziologie und der Soziologie gefährdet die wissenschaftliche Glaubwürdigkeit der Disziplin. Die methodischen und sachlichen Probleme, die daraus für die Industriesoziologie entstehen, wurden in diesem Beitrag an dem von vielen Autoren behaupteten und zuletzt in den einflussreichen Arbeiten von Willke und Castells proklamierten Umbruch von der „Industrie"- zur „Wissens"- oder „Informationsgesellschaft" beleuchtet. Sie bestehen vor allem in dem Verlust einer historisch tiefenscharfen Begriffsbildung nach dem Vorbild der Weber'schen Idealtypen. Angesichts des Niedergangs der New Economy scheint es dringlicher denn je, zu einer historisch reflektierten Begriffs- und Theoriebildung zurückzukehren, die Webers Auffassung der Soziologie als Wirklichkeitswissenschaft gerecht wird. Ich habe eine Argumentationslinie skizziert, mit der dieses Desiderat eingelöst werden könnte.

Im ersten Schritt wurden die in der Unterscheidung von „Arbeit" und „Wissensarbeit" angelegten konzeptuellen Redundanzen aufgezeigt und kritisiert. In einer umfassenderen historischen Perspektive wird die Unüberbietbarkeit der Unterscheidung von Arbeit und Kapital deutlich, wie sie in der europäischen „Great Transformation" des frühen 19. Jahrhundert praktisch hergestellt wurde. Alle späteren kapitalistischen Umwälzungen einschließlich der sogenannten „informationstechnischen Revolution" sind Folgewirkungen der Great Transformation und basieren auf den durch sie geschaffenen Strukturen. In dieser Sichtweise lassen sich eine Reihe idealtypischer Charakteristika des Arbeitsverhältnisses benennen, die über die technologischen Revolutionen hinweg Bestand haben und als zentrale Lehrstücke der Industriesoziologie gelten können: Die Untrennbarkeit der Ware Arbeitskraft von der Person des Anbieters und der fiktive Charakter der Ware Arbeitskraft, die Unbestimmtheit des Arbeitsvertrages und des menschlichen Arbeitsvermögens selbst, der durch Prozesse der Technisierung und Organisierung bewirkte Dissoziationseffekt zwischen formalisierbaren und nicht formalisierbaren Arbeitsfähigkeiten. Die nicht formalisierbaren Arbeitspotenziale treten insbesondere in der modernen Informationswirtschaft hervor und lassen sich mit den Begriffen Gewährleistung, Kooperation und Kreativität umschreiben. Komplementär dazu stellt sich die Aufgabe, idealtypische Charakteristika von Kapital, Unternehmertum und Innovation zu beschreiben. Sie lassen sich in erster Annäherung in einer auf das Prinzip der Autonomie orientierten Verfassung innovativer Unternehmen und Netzwerke sowie in einer als „kapitalistische Mythen" beschreibbaren Form der Kommunikation von Innovationen fassen.

Vor diesem Hintergrund wird es möglich, die historischen Kontinuitäten und Brüche der informationstechnischen Umwälzung industriesoziologisch genauer zu bestimmen, als dies in den Theorien der „Wissensgesellschaft" geschieht. Auf der einen Seite fügen sich Aufstieg und Niedergang der Informationswirtschaft weitgehend in das vertraute Muster des kapitalistischen Mythenzyklus ein. Die Spezifika der modernen Informations- und Kommunikationstechnologien liegen – zum anderen – darin, dass sie die Objektivierung des Produktionswissens zu einem historisch nie erreichten Grad vorangetrieben haben. Dadurch wurde der Einsatz der Arbeitskraft stärker denn je auf die genuinen Arbeitsfunktionen der Gewährleistung, Kooperation und Kreativität konzentriert. Schließlich habe ich erörtert, wie eine solche Mobilisierung der subjektiven Potenziale der Arbeitskraft möglich war und ist. In früheren Phasen des Kapitalismus – so lautete die These – wurde sie möglich durch die Entwicklung institutionalisierter Arbeitsbeziehungen und der in ihnen kristallisierten Anerkennungsverhältnisse. Ob und in welcher Form institutionalisierte Anerkennungsverhältnisse auch in der informationstechnischen Ära Bestand haben können, bleibt freilich eine offene Frage.

10 Latente Funktionen der Institution des Berufs

10.1 Einleitung

In diesem Beitrag soll es um die aktuell zu beobachtenden Tendenzen einer Erosion der Berufsform der Arbeit und die augenscheinliche Entstehung neuer, nichtberuflicher Arbeitsstrukturen gehen. Es handelt sich hier um eine wichtige Debatte. Aber es gibt sie keineswegs erst seit den neunziger Jahren, sondern sie ist schon so alt, dass es gar nicht leicht ist, genau zu sagen, die wievielte Krise des Berufes hier eigentlich ausgerufen wird. Martin Baethge hat einmal darauf hingewiesen, dass Werner Sombart schon vor 100 Jahren das baldige Ende des dualen Systems der Berufsausbildung prophezeite (Baethge 2000, S. 97). Ich lasse die vielen ähnlich lautenden Krisendiagnosen im 20. Jahrhundert hier nur anhand weniger Beispiele Revue passieren. In den fünfziger Jahren sahen viele Industriesoziologen die Institution des Berufes durch die voranschreitende Differenzierung und Spezialisierung der Tätigkeiten und die Taylorisierung der Arbeit gefährdet. So meinte G. Friedmann: „Alle überlieferten Berufe, von den einfachsten bis hin zu den kompliziertesten, von den handwerklichen bis zu den technischen und wissenschaftlichen, zerfallen immer mehr in Spezialrichtungen und Spezialisierungen; das zeigt sich an zwei so auseinander liegenden Beispielen wie dem Schlosser und dem Arzt mit gleicher Eindeutigkeit." (Friedmann 1959, S. 98). In den siebziger Jahren war es Burkart Lutz (1978, 1987), der eine Auflösung der berufsfachlichen Arbeitsmarktstrukturen voraussagte, mit allerdings ganz anderer Begründung als bei Friedmann. Die technische Entwicklung, die Entwicklung des Arbeitsmarktes, die Tarifpolitik und Arbeitsgesetzgebung hätten – so Lutz – eine Situation geschaffen, in der immer mehr Betriebe ihre Arbeitskraftprobleme mit internen Mitteln zu lösen versuchen. Qualifizierung, Lohnfindung, Personalpolitik orientieren sich immer stärker an betrieblichen Strategien und werden nach betriebsspezifischen Erfordernissen gestaltet. Berufsfachliche Arbeitsmärkte und überbetrieblich zugeschnittene Fähigkeitsprofile verlieren damit an Relevanz und werden durch „betriebszentrierte Arbeitsmarktsegmentierung" (Lutz 1978) verdrängt.

Wiederum ein anderes Krisenszenario gewann in den achtziger Jahren unter dem Einfluss des „Modells Japan" an Bedeutung. Als eine Hauptursache des internationalen Markterfolges japanischer Unternehmen erkannte man damals ihre Fähigkeit zu effizienter Organisation von Fertigungsketten und zu prozessorientierter Kooperation innerhalb und zwischen Unternehmen. Diese prozessorientierte Produktionslogik passte offenbar nicht zu der funktional und hierarchisch gegliederten Organisationsstruktur deutscher Unternehmen, die ihre Grundlage wiederum in der beruflichen Form der Arbeitsteilung zu haben schien. Die Tugenden des deutschen Facharbeiters schienen zu „verblassen" (Kern und Sabel 1994). Wollte man also „von Japan lernen" und Organisationsprinzipien wie „just in time" oder „lean production" auch in Deutschland durchsetzen, so forderte dies offenbar die Überwindung der berufsfachlichen Form der Qualifizierung und die Entwicklung neuer, organisationsbezogener Qualifizierungssysteme.

Das Modell der „lean production" verbreitete sich indessen in Deutschland auch ohne radikale Reformen der beruflichen Bildung sehr rasch. Was dagegen verblasste, war das „Modell Japan", nachdem die japanische Wirtschaft in den neunziger Jahren in eine lang anhaltende Krise geriet. Dafür wurde wiederum eine neue Krise des Berufes ausgerufen, diesmal unter dem Schlagwort der „Wissensarbeit". Das Vordringen der modernen Informations- und Kommunikationstechniken – so lautete diesmal das Argument – habe einen gänzlich neuen Arbeitstypus geschaffen, der im Produktions- wie im Dienstleistungsbereich zunehmend dominant wird: die „Wissensarbeit". Als Kennzeichen der Wissensarbeit wird die gesteigerte Temporalisierung des Wissens betrachtet, der beruflich und professionell standardisierte Ausbildungsprogramme nicht mehr gerecht werden könnten. An die Stelle professionellen oder beruflichen Wissens trete das permanente Lernen, die unermüdliche Arbeit an der Reflexion, Revision und Verbesserung des Wissens selbst (Nonaka 1994; Stehr 1994; Willke 1998). Der Wissensarbeiter arbeite nicht länger in dauerhaft definierten Aufgabenfeldern, sondern nur noch in temporären „Projekten".

Parallel zur Temporalisierung des Wissens wird schließlich eine generelle Abnahme des Vertrauens der Klienten und der Öffentlichkeit in die Kompetenz professioneller Experten beobachtet. Die normative Überlegenheit professionellen Wissens werde durch zunehmend selbstbewusste Klienten und durch ein umfassendes Informationsangebot der Medien immer stärker infrage gestellt (Pfadenhauer 2003, S. 174 f.); die Grenzen zwischen professionellem und nicht professionellem Wissen erodieren im Prozess „reflexiver Modernisierung" (Beck et al. 1996). Auch am Arbeitsmarkt werde die Berufsform der Arbeitskraft daher – so wird behauptet – zunehmend anachronistisch. Der Wissensarbeiter werde zum „Arbeitskraft-Unternehmer" (Pongratz und Voß 2004), der das Geschäft der Vermarktung seiner eigenen Arbeitskraft selbstständig und ohne die institutionelle Stütze des berufsfachlichen Arbeitsmarktes besorgen müsse. Diese Positionen erhalten Verstärkung durch ökonomische Globalisierungstheorien. Das Argument lautet hier, dass der wachsende internationale Konkurrenzdruck am Arbeitsmarkt auf eine Beseitigung auch der Berufsform und der in ihr angelegten Monopolisierungen und Verkrustungen hinwirken müsse.

10.2 Das Konzept Freidsons

Wenn eine Institution so häufig und mit so überzeugenden Argumenten totgesagt worden ist wie die des Berufes, sollte man meinen, dass sie längst von der Bildfläche verschwunden sein müsste. Davon kann jedoch keine Rede sein. In Deutschland ist die Zahl der Auszubildenden im Rahmen des dualen Systems der beruflichen Bildung in den letzten 15 Jahren zwar etwas zurückgegangen und bleibt heute deutlich hinter der der Studierenden an wissenschaftlichen Hochschulen zurück. Aber es sind noch immer rund 1,6 Mio., und die Bereitstellung eines hinreichenden Angebots an Ausbildungsplätzen ist nach wie vor ein Politikum erster Ordnung. Auch die Ausbildung an Hochschulen ist zu einem großen Teil *berufliche* Ausbildung und wird es heute vielleicht mehr denn je. Der Anteil der beruflich ausgebildeten Bevölkerung hat tendenziell zugenommen. Die Einkommensrenditen beruflicher Zertifikate sind zwar gesunken, aber gleichzeitig sind diese Zertifikate mehr denn je zur unentbehrlichen Voraussetzung der individuellen Integration in das Erwerbssystem und der Chance kontinuierlicher und existenzsichernder Erwerbstätigkeit geworden (Kraemer und Bittlingmayer 2001; Allmendinger und Dietrich 2003). Den Betroffenen ist das auch bewusst. Ich zitiere dazu nur Erich Raab, der eine empirische Untersuchung über den Berufseinstieg Jugendlicher in Deutschland durchgeführt hat:

> „Der am Ende der Schule von uns festgestellten starken Arbeits- und Berufsorientierung entspricht bei allen Jugendlichen auch der Wunsch nach einer anerkannten Berufsausbildung, um die sie sich auch sehr bemühen. Es gibt fast keine Jugendlichen mehr und schon gar keine anhand bestimmter Merkmale wie Geschlecht, Nationalität oder soziale Herkunft beschreibbaren Gruppen, die von vorn herein auf eine qualifizierte Berufsausbildung verzichten." (Raab 1997, S. 9).

Die beruflichen Ausbildungsgänge selbst – nicht nur im Rahmen des dualen Systems, sondern auch an den Hochschulen – sind zwar ständig reformiert, modernisiert, flexibilisiert worden und diese Reformbemühungen werden weiter anhalten. An der Berufsform selbst ist jedoch nicht gerüttelt worden, und die Freiheit der Berufswahl und der Berufsausübung steht nach wie vor unter dem Schutz des Grundgesetzes (Art. 12). Und schließlich mag das Duale System der beruflichen Bildung eine deutsche Spezialität sein; die Berufsform selbst ist es jedoch keineswegs, auch wenn es zu ihr zweifellos funktionale Äquivalente gibt. Wir haben es also mit einer Institution zu tun, die angesichts der Modernisierungstendenzen der Wirtschaft schon seit langem unter Druck geraten ist, die sich aber trotzdem hartnäckig am Leben hält. Wie ist das zu erklären?

Ich möchte eine solche Erklärung vorschlagen und greife dazu auf das klassische Konzept der „latenten Funktionen" bei Robert K. Merton (1968, S. 114 f.) zurück. Der Grundgedanke von Merton lässt sich in zwei Aussagen zusammenfassen: Erstens: Soziale Institutionen haben spezifische Auswirkungen – Merton spricht von „Funktionen" – auf das umfassendere soziale System, dessen Teil sie sind; in unserem Fall also z. B.: Die Institution Beruf erfüllt bestimmte Funktionen im Rahmen des Arbeitsmarktes oder der Gesamtgesellschaft als übergeordnetes System. Zweitens: Bei diesen Funktionen lassen sich bewusste bzw. beabsichtigte von nicht bewussten, aber faktisch, d. h. aus der Sicht eines wissenschaftlichen Beobachters gleichwohl vorhandenen Funktionen unterscheiden. Im ersten Fall spricht Merton von manifesten, im zweiten Fall von latenten Funktionen. Dieses Konzept kann eine Begründung dafür liefern, warum Institutionen, deren manifeste Funktionen scheinbar völlig überflüssig geworden sind, manchmal dennoch weiter existieren: wenn nämlich ihre latenten Funktionen weiter in Kraft sind und man auf diese Funktionen nicht verzichten kann, und wenn es zugleich auch keine äquivalenten Institutionen gibt, die diese latenten Funktionen übernehmen könnten.

Der Ansatz Mertons hat in der Soziologie eine ausführliche Diskussion ausgelöst und ist auf z. T. erhebliche Kritik gestoßen. Kritisiert wurden die latent teleologischen Konnotationen des Funktionsbegriffs, auch wurde gezeigt, dass die von Merton formulierten hohen formalen Kriterien für eine funktionale Analyse sich in der Praxis kaum einhalten lassen (Elster 1987). Ich trage dieser Diskussion Rechnung, indem ich das Profil des von mir verwendeten Funktionsbegriffs bewusst niedrig ansetze und Funktionen der Einfachheit halber mit Wirkungen gleichsetze. Latente Funktionen des Berufes sind also den beteiligten Akteuren nicht oder nicht voll bewusste Wirkungen der Institution des Berufes auf den Arbeitsmarkt. Wenn man manifeste und latente Funktionen des Berufes voneinander abgrenzen will, so setzt das gemäß der Vorgehensweise Mertons zunächst eine Definition der Institution des Berufes voraus. Ich werde zunächst auf diesen Punkt eingehen und möchte dann folgenden Fragen nachgehen: Erstens: Wie lassen sich die latenten von den manifesten Funktionen des Berufes abgrenzen? Zweitens: Lässt sich von den latenten Funktionen des Berufes her erklären, warum die Institution des Berufes die vielen Krisendiagnosen überlebt und sich dem Reformeifer der Modernisierer bislang so hartnäckig widersetzt hat?

Zunächst also zur Definition des Berufs. Es würde den Rahmen dieses Beitrages sprengen, würde ich auf die lange Geschichte der Berufskonzepte von Max Weber, Talcott Parsons bis hin etwa zu Beck und Brater, Rudolf Stichweh oder Ulrich Oevermann auch nur kurz eingehen. Auch die Differenzen zwischen den Begriffen des Berufs und der Profession, sowie zwischen dem deutschen Berufsbegriff und dem angelsächsischen Konzept der „Professions" kann ich nicht diskutieren. Als Ausgangspunkt wähle ich einen Ansatz, der zwar von der deutschen Diskussion etwas entfernt ist, aber als einer der einflussreichsten in der heutigen internationalen Literatur gelten kann, nämlich das Professionskonzept von Eliot Freidson (2001). Freidson geht davon aus, dass es sich bei der Institution des Berufes um eine Regulierungsform eigener Art mit einer spezifischen „Logik" handelt, die sich sowohl von der Form der Bürokratie als auch von der des Marktes unterscheidet. Seine Definition lautet: „In the most elementary sense, professionalism is a set of institutions which permit the members of an occupation to make a living while controlling their own work" (Freidson 2001, S. 17).

Zwei Charakteristika zeichnen also die Institution des Berufes aus: Zum einen – hier knüpft Freidson an die klassische Definition Max Webers an – bietet sie ihren Mitgliedern die Chance kontinuierlicher Erwerbstätigkeit. Zum anderen bietet sie die

Chance, die Bedingungen der eigenen Erwerbstätigkeit kollektiv autonom zu kontrollieren. Das zweite ist offensichtlich die Voraussetzung des ersten, denn die autonome Kontrolle schafft ein Monopol am Markt und das Monopol wiederum begründet die Sicherheit des Erwerbs. Der Grad professioneller Autonomie kann gering oder hoch sein; am höchsten ist er in den freien Berufen, den eigentlichen „Professionen", am geringsten bei den so genannten ungelernten Arbeitern. Je geringer die „Beruflichkeit" einer Erwerbstätigkeit, also der Grad autonomer Kontrolle ihrer Mitglieder über sie, desto unsicherer ist auch die Position der Berufsmitglieder am Arbeitsmarkt. Kollektive Autonomie ist also das Basisprinzip.

Was bedeutet „Autonomie" aber genau? Es heißt keineswegs nur: machen zu können, was man will, und es bedeutet auch keineswegs nur Macht oder die Fähigkeit zur Durchsetzung der eigenen Interessen, selbst wenn das natürlich eine gewisse Rolle spielt. Im genuinen Wortsinn heißt Autonomie vielmehr: die Orientierung des Handelns an selbstgesetzten Normen. Im Zentrum jedes Berufes steht ein durch die Berufsgruppe definierter *Korpus spezialisierten Wissens,* der für die einzelnen Mitglieder verbindlich ist. Dieses Wissen besteht nicht nur aus theoretischen, wissenschaftlich begründeten Kenntnissen, sondern auch aus situations- und fallbezogenem Urteilsvermögen und praktischen Kompetenzen. Dabei lässt sich eine Hierarchie zwischen „reinem" und „angewandtem" Wissen beobachten. Je bedeutender die Komponente des „reinen", also wissenschaftlich, theoretisch begründeten Wissens ist, desto höher ist auch die Autonomie eines Berufes. Freidson (2001, S. 83 f.) unterscheidet drei Stufen von Autonomie. Die geringste Stufe sieht er im Typus des „craft", verkörpert, bei dem das angewandte Wissen dominiert, die nächsthöhere im „technician", bei dem das Anwendungswissen mit einer formalen Ausbildung kombiniert wird, die höchste schließlich im „professionalism", bei dem das theoretische Wissen im Zentrum steht.

Das berufliche Wissen muss überliefert und individuell eingeübt werden. Die *Ausbildung* hat wegen der genannten Doppelnatur des beruflichen Wissens immer eine theoretische und eine praktische Komponente. Je nach dem Gewicht dieser beiden Komponenten ist der Anteil der Ausbildung, der in vom Arbeitsprozess getrennten Institutionen (Schulen, Hochschulen, Universitäten) stattfindet, sehr unterschiedlich. Der erfolgreiche Abschluss der Ausbildung wird durch *formale Zertifikate* bescheinigt. Die Zertifikate haben zum einen die Funktion der *Anerkennung* der in der Ausbildung erworbenen Kompetenzen, zum anderen die Funktion der exklusiven *Berechtigung* des Zugangs zu Positionen des jeweiligen beruflichen Arbeitsmarktes. Zur Institution des Berufes gehört weiterhin eine „professionelle Ideologie" (Freidson 2001), d. h. zum einen ein System von übergeordneten *Werten,* die das berufliche Wissen legitimieren und zum anderen eine *Berufsethik,* die Normen für die praktische Berufsausübung festlegt. Auch die Einhaltung dieser Normen muss durch die Berufsgruppe selbst kontrolliert werden. Alle die bisher genannten Elemente – von der Definition des Wissenskorpus über die Ausbildung bis hin zur Kontrolle über den Arbeitsmarkt und die berufsethische Selbstkontrolle setzen schließlich die *kollektive Organisation* der Berufsgruppe in Form von Vereinigungen und Verbänden voraus.

Freidson versteht sein Konzept als „Idealtypus" im strengen, durch Max Weber definierten Sinn, das heißt: Es handelt sich nicht um eine empirische Verallgemeinerung, sondern um eine idealisierende Abstraktion, die selbst erst einen Leitfaden für empirische Analysen bieten soll. Diese Leitfadenfunktion gewährleisten Idealtypen vor allem durch ihre logische Kohärenz, nämlich dadurch, dass sie aufzeigen, inwiefern die einzelnen Elemente der Phänomene, die sie beschreiben, in einem nicht nur zufälligen, sondern notwendigen Zusammenhang miteinander stehen. Im Fall des gerade erläuterten Berufskonzepts heißt das knapp zusammengefasst: *Erstens:* Autonomie ist das Basisprinzip von Beruflichkeit. *Zweitens:* Berufliche Autonomie braucht einen spezifischen Inhalt, d. h. einen Korpus von selbstgesetzten Werten, Normen und Wissensbeständen. *Drittens:* Berufliche Normen und Wissensbestände stünden nur auf dem Papier, würden sie nicht in institutionalisierten Ausbildungsprozessen praktisch vermittelt und durch formale Zertifikate anerkannt. *Viertens:* Wissen und Ausbildung wiederum hätten keinen Sinn, würden sie nicht anerkannt und würden sie keine exklusiven Zugangschancen am Arbeitsmarkt eröffnen. *Fünftens:* Die Elemente eins bis vier könnten ohne kollektive Organisation der Berufsgruppe praktisch nicht gewährleistet werden.

Wichtig ist also festzuhalten, dass die einzelnen Elemente des Idealtypus analytisch zusammenhängen, das heißt: man kann nicht einzelne Elemente herauslösen, ohne die Gesamtkonstruktion zu negieren. Allerdings verbindet sich damit die Hypothese, dass die einzelnen Elemente auch *empirisch* einen Zusammenhang, eine „Logik" (Freidson 2001) eigener Art jenseits von Markt und Bürokratie bilden. Das schließt keineswegs aus, dass sie empirisch in ganz unterschiedlicher Ausprägung und auch in unterschiedlichen Kombinationen auftreten können. Aber der Idealtypus kann einen Maßstab liefern, um diese Ausprägungen zu messen. Dort, wo bestimmte Elemente der logischen Kette zu fehlen scheinen, ermöglicht er die Formulierung empirischer Forschungsstrategien für die Suche nach funktionalen Äquivalenten.

10.3 Unvollständige Krisendiagnosen: Das Beispiel der Theorie des „Arbeitskraftunternehmers"

Damit bin ich schon bei der zweiten Frage, nämlich: Wie lassen sich manifeste und latente Funktionen des Berufes voneinander unterscheiden? Auch diese Frage möchte ich zunächst pragmatisch beantworten: Manifeste Funktionen sind diejenigen, die in den öffentlichen Diskussionen um Berufsbildung und Arbeitsmarkt explizit angesprochen werden, latente Funktionen die, die nur implizit mitgedacht, aber kaum ausdrücklich thematisiert werden. Was jeweils explizit bzw. manifest ist und was implizit bzw. latent bleibt, muss natürlich für jede konkrete berufspolitische Reformdiskussion einzeln analysiert werden. Der Freidson'sche Idealtypus ermöglicht aber schon an diesem Punkt eine wichtige Erkenntnis: Wenn man die verschiedenen berufspolitischen Krisendiagnosen, die ich oben erwähnt habe, noch einmal Revue passieren lässt, dann fällt auf, dass in kaum einem Fall, wenn von einer „Krise des Berufes" die Rede war,

10.3 Unvollständige Krisendiagnosen ...

der Gesamtzusammenhang der Elemente des Berufstypus thematisiert wurde. Der Fokus der öffentlichen und wissenschaftlichen Diskussion richtete sich fast immer nur auf *einzelne* Elemente. Der *Kontext* dieser Elemente dagegen wurde ausgeblendet, sein weiteres Gegebensein stillschweigend unterstellt. Dadurch gewinnen die berufspolitischen Krisendiagnosen, wie ich zeigen möchte, einen selbstwidersprüchlichen Charakter: Man möchte sich gleichsam „waschen", d. h. sich von spezifischen, als überholt empfundenen Elementen der Beruflichkeit befreien, aber sich gleichwohl nicht „nass machen", d. h. auf weiterhin unentbehrliche latente Funktionen des Berufes verzichten.

Ich möchte das am Beispiel der jüngsten Krisendiagnosen, der behaupteten Krise des Berufes aufgrund des Vordringens der „Wissensarbeit" beziehungsweise der Figur des „Arbeitskraft-Unternehmers" verdeutlichen. Im Zentrum dieser Krisendiagnose steht – ich erinnere noch einmal daran – die Funktion der Berufe für die Normierung und Standardisierung des Wissens. In der „Wissensgesellschaft" beschleunige sich die Dynamik des Wissens so sehr, veralte überliefertes Wissen so rasch, dass es sich nicht länger in die Schablone des Berufs pressen lässt. Für die Unternehmen heißt dies, dass Qualifikationsanforderungen nicht beruflich, sondern prozessspezifisch und projektförmig zugeschnitten werden. Für die Beschäftigten bedeutet es den Zwang zum „lebenslangen Lernen" und zur individuellen Vermarktung der eigenen Arbeitskraft. Diese Entwicklungen sind zweifellos gut belegt und zeigen sich besonders deutlich in Branchen wie der Computer- und Softwareindustrie, dem Telekommunikationssektor, der Medienbranche, der Beratung, d. h. denjenigen Bereichen, die üblicherweise unter dem Stichwort „Wissensindustrien" zusammengefasst werden. Zumindest in Ansätzen werden sie aber auch in der konventionellen Wirtschaft sichtbar – ein Befund, aus dem Pongratz und Voß bekanntlich ihre These von dem „Arbeitskraft"-Unternehmer als Leittypus des postfordistischen Kapitalismus ableiten (im Überblick Pongratz und Voß 2004).

Wenn Pongratz und Voß den „entberuflichten" Arbeitskraft-Unternehmer dem „verberuflichten" Arbeitnehmer des fordistischen Zeitalters gegenüberstellen, dann vernachlässigen sie von Georges Friedmann, aber auch von Harry Braverman und anderen zeitgenössischen Autoren vielfach beschriebenen Tendenzen der „Entberuflichung" auch in der fordistischen Ära. Aber die Entwertung des Berufes war im fordistischen Kapitalismus der Zeit nach dem 2. Weltkrieg ganz anderer Art als heute. Im Fall des fordistischen Massenarbeiters bestand sie in der Degradierung des Arbeiters zum beliebig austauschbaren Lückenbüßer im mechanisierten Produktionsprozess. Der Arbeitskraft-Unternehmer dagegen soll gerade nicht bloß Flugsand des Arbeitsmarktes sein; seine Mobilität am Arbeitsmarkt ist vielmehr eine aktiv gesuchte und selbstgesteuerte. Entscheidend sind seine Fähigkeiten zur individuellen Erschließung neuer Chancen und zur autonomen Anpassung an wechselnde Anforderungen und Kontexte. Anders als der fordistische Massenarbeiter muss der Arbeitskraft-Unternehmer die Verwertung seiner eigenen Arbeitskraft weitgehend in eigener Regie bewältigen, d. h. er muss in der Lage sein, seine jeweilige Aufgabe als Teil eines größeren Ganzen zu sehen, sein Wissen nicht schematisch, sondern situationsgerecht anzuwenden. „Selbstkontrolle, Selbst-Ökonomisierung und Selbst-Rationalisierung" sind seine zentralen Tugenden nach Pongratz und Voß (2004, S. 12).

Aber wo sollen diese Tugenden herkommen? Wie soll die Fähigkeit zur Steuerung der eigenen Arbeitskraft gelernt und eingeübt werden? Es fällt auf, dass die inzwischen relativ umfangreiche Literatur zum Modell des Arbeitskraft-Unternehmers dieser Frage kaum Aufmerksamkeit widmet. Würde sie dies tun, dann wäre der Befund, wie ich behaupte, leicht vorauszusagen: Dass es nämlich zur *beruflichen* Bildung als Ort der Einübung eben nicht nur spezifischer „Qualifikationen", sondern des Habitus autonomen Arbeitshandelns selbst keine Alternative gibt. Ungeachtet der beschleunigten Entwertung und Umwälzung des Wissens liegt eine zentrale latente Funktion der beruflichen Bildung darin, dass sie gerade *mit* der Vermittlung des notwendigerweise spezifischen beruflichen Wissenskorpus auch das Lernen des Lernens selbst einübt. Nur an *spezifischen* Inhalten kann, wie ich oben unter Rückgriff auf Freidson betont hatte, das Basisprinzip Autonomie gelernt werden. Gerade der Arbeitskraftunternehmer benötigt deshalb eine solide berufliche Bildung dringlicher denn je. Bei den hoch qualifizierten Arbeitskraftunternehmern der IT- und Medienindustrien, die in der Regel über Hochschul- oder Fachhochschuldiplome verfügen (Eichmann 2004) ist das offensichtlich, aber auch in den traditionellen Industrien sind berufliche Qualifikationen eine unentbehrliche Voraussetzung auch für Arbeitskraftunternehmer-Karrieren (Kühn und Witzel 2004). Die latente Funktion beruflicher Bildungsgänge als Ort der Einübung autonomen Arbeitshandelns kann also das auf den ersten Blick paradoxe Phänomen erklären, warum trotz der angeblichen „Krise" des Berufes berufliche Qualifikationen und Zertifikate als Eintrittsbillett zum Arbeitsmarkt wichtiger denn je werden.

10.4 Die neoklassische Kritik des Berufs

Nun ist dies allein noch keine neue Erkenntnis. Dass Industriebetriebe Facharbeiter nicht wegen des spezifischen Inhalts ihrer Qualifikationen, sondern wegen der in der beruflichen Ausbildung erworbenen „Sekundärtugenden" einsetzen – der viel zitierte Bäcker in der Chemischen Industrie –, ist ein altbekanntes Phänomen. Mir geht es aber darum, die Aufdeckung von Diskrepanzen zwischen manifesten und latenten Funktionen der beruflichen Bildung, wie ich sie an diesem Beispiel aufgezeigt habe, als allgemeine heuristische Perspektive fruchtbar zu machen. Die idealtypische Rekonstruktion von Beruflichkeit, wie ich sie im Anschluss an Freidson dargestellt habe, ist dabei der Ausgangspunkt. Was sich daraus ergeben könnte, ist ein Verfahren zur Aufdeckung von Selbstwidersprüchen berufspolitischer Krisendiagnosen und Reformkonzepte. Die Vorstellung, dass man die schlechten, überholten Aspekte des beruflichen Basisprinzips der Autonomie abschaffen könne, während man zugleich selbstverständlich voraussetzt, dass die guten erhalten bleiben, scheint in der berufspolitischen Diskussion recht verbreitet zu sein. Als weiteres Beispiel für eine solche „Wasch-mich-aber-mach-mir-den-Pelz-nicht-nass"-Diagnose möchte ich die aus der neoklassischen ökonomischen Theorie kommende Kritik an der Institution des Berufes diskutieren.

10.4 Die neoklassische Kritik des Berufs

Auch diese Kritik operiert nach dem dargestellten Muster: Es wird ein bestimmtes Element der Institution des Berufes herausgegriffen, der Kontext dagegen wird ausgeblendet. Das Element, das herausgegriffen wird, sind in diesem Fall professionelle Zertifikate und ihre Funktion für die soziale Schließung des Arbeitsmarktes. Diese Schließung wird als ein marktwirtschaftlichen Grundsätzen widersprechendes Monopol am Arbeitsmarkt mit wohlfahrtsmindernden Konsequenzen angeprangert. Im Interesse der Konsumentensouveränität müsse dieses in einer globalen Dienstleistungsökonomie zunehmend anachronistische Monopol aufgebrochen werden. In den USA hat diese Kritik schon während der Reagan-Ära in den achtziger Jahren beträchtlichen politischen Einfluss gewonnen (Freidson 2001, S. 189). In Europa scheint sie gerade in der Gegenwart bei den politischen Entscheidungsträgern starke Resonanz zu finden, wie sich etwa in den Plänen der EU-Kommission für eine Liberalisierung der Dienstleistungsmärkte oder in den durch die Bundesregierung durchgesetzten Reformen der Handwerksordnung zeigt. Es wird dabei als selbstverständlich unterstellt, dass die Qualität professioneller Dienstleitungen unter der angestrebten Öffnung und Liberalisierung nicht leiden würde, im Gegenteil wird behauptet, dass der zunehmende Marktwettbewerb sogar zu einer Qualitätsverbesserung und/oder zu sinkenden Preisen führen müsse.

Was die neoliberale Kritik des Berufes ausblendet, ist die Funktion beruflicher Zertifikate für die Gewährleistung des Prinzips professioneller Autonomie. Diese Funktion besteht, wie ich oben in Anlehnung an Freidson ausgeführt hatte, in der formalen *Anerkennung* professioneller Kompetenz. Das Zertifikat bildet den Abschluss eines Prozesses beruflicher Sozialisation, in dem Anerkennung – nicht nur formale, sondern vor allem persönliche – insgesamt eine zentrale Rolle spielt. Berufliche Sozialisation heißt ja nichts anderes als die Weiterentwicklung persönlicher Identität; Identität aber bildet sich – dieser Punkt kann hier nicht vertieft werden – durch Anerkennung. Schüler entwickeln ihre Fähigkeiten, indem sie von ihren Lehrern gefordert werden und sich mit diesen Forderungen identifizieren. Indem sie diese Forderungen gegen sich selbst wenden, lernen sie und finden sie Anerkennung. Anerkennung ist das zentrale Motiv des Lernens. Für die Entwicklung *professioneller* Fähigkeiten ist entscheidend, dass Lehrer und Schüler, Anerkennende und Anerkannte der gleichen professionellen Gemeinschaft angehören, denn nur so kann die Autonomie der Profession gewährleistet werden.

Leistungsbereitschaft, Kompetenz, berufliche Identität können nur durch Anerkennung entstehen, und Anerkennung ist umso wichtiger, je komplexer die geforderten Fähigkeiten werden. Man kann zwar nicht behaupten, dass die neoliberale Berufskritik diesen Sachverhalt völlig ignoriert. Was sie aber fordert, ist eine Veränderung der anerkennenden Instanz: Der Kunde bzw. der Konsument sollen zur entscheidenden Anerkennungsinstanz erhoben und die professionsinternen Instanzen entsprechend abgewertet werden. Die „Kundenorientierung" wird großgeschrieben: Kranke werden so zu „Kunden" der Ärzte, Studierende zu „Kunden" der Professoren. Auch wenn man die Zertifikate vielleicht nicht abschaffen will, sollen sie jedenfalls nicht länger eine Monopolposition der Berufsorganisationen am Markt begründen. Bei wenig komplexen Produkten oder Dienstleistungen, deren Qualität durch den Kunden leicht durchschaut werden kann (z. B.: Pizzas oder Haarschnitte), ist gegen dieses Marktmodell gewiss nichts einzuwenden. Auch im Handwerk ist die Abschaffung der beruflichen Beschränkungen nicht überall völlig unvernünftig. Ein Problem tritt aber bei komplexen bzw. „idiosynkratischen" (Williamson 1985) Produkten und Dienstleistungen auf, für deren Beurteilung die in aller Regel (trotz Internet) laienhaften Kenntnisse des Kunden nicht ausreichen. Eine Entwertung professioneller Zertifikate würde hier dazu führen, dass der Kunde die „Katze im Sack" kauft. Problematisch wird die Entwertung von Zertifikaten erst recht bei solchen Dienstleistungen, bei denen der Klient sich in existenzielle Abhängigkeit von dem Anbieter begibt. Wer würde sich von einem Chirurgen operieren lassen, von dem man nicht weiß, ob sein guter Ruf wirklich auf seine solide Ausbildung und Berufserfahrung, oder nur auf seinen aktuellen Markterfolg zurückgeht? Wer würde zu einem Piloten ins Flugzeug steigen, über dessen Fähigkeiten nichts Zuverlässiges bekannt ist außer den Umsatzzahlen seiner Fluggesellschaft? Auf die eigentlich professionellen Leistungen in der Therapie oder Lehre lässt sich das Marktmodell schon deshalb nicht anwenden, weil es bei diesen Leistungen ja darum geht, die volle Souveränität des Klienten über sein Handeln überhaupt erst herzustellen (Oevermann 1999), die volle Handlungskompetenz der Akteure als zentrale Prämisse des Marktmodells somit nicht gegeben ist.

An dieser Stelle wird eine weitere wichtige latente Funktion beruflicher Anerkennung sichtbar. Sie liegt in dem Schutz gerade *gegen* den Markt, und zwar dem Schutz nicht nur der Professionsmitglieder, sondern auch der Klienten selbst. Eine Entwertung von beruflichen Zertifikaten würde eine Situation schaffen, in der es für die Klienten kaum möglich ist, zwischen der fachlichen Kompetenz der Anbieter und durch Vermarktungsinteressen motivierten Inszenierungen zu unterscheiden. Die Informationskosten der Klienten würden erheblich steigen. Auch Arbeitgeber müssten einen wesentlich größeren Aufwand betreiben, um die Kompetenzen von Bewerbern zu durchleuchten. Auf der anderen Seite würde der intensivierte Marktwettbewerb auch die Anbieter dazu zwingen, einen größeren Teil ihrer Ressourcen in die Selbstvermarktung zu investieren. Diese Ressourcen fehlen dann bei der Weiterentwicklung der eigenen fachlichen Kompetenz. Nur dank der Existenz eines vom Markt unabhängigen beruflichen Zertifizierungssystems ist es Dienstleistern und Arbeitnehmern möglich, sich auf die Entfaltung der eigenen fachlichen Fähigkeiten zu konzentrieren, ohne dabei ständig auf die aktuellen Markttrends schielen zu müssen. Sie werden von den Zwängen der Selbstvermarktung entlastet, weil sie auf ihre Anerkennung von dritter Seite, nämlich durch die eigene Profession verweisen können. Wie unentbehrlich ein solches drittes Zertifizierungssystem ist, zeigt sich unter anderem daran, dass man die berufliche Selbstkontrolle dort, wo man sie zurückgedrängt hat, in Form so genannter „Qualitätssicherungssysteme" von ISO 9000 bis hin zu den Akkreditierungsagenturen an den Hochschulen, wieder neu erfinden muss. Ob solche vornehmlich mit bürokratischen Mitteln operierenden Surrogate das leisten können, was professionelle Anerkennung leisten kann, ist aber äußerst zweifelhaft.

Es wäre nun gewiss naiv, auf der Seite der Professionsmitglieder eine völlig selbstlose, rein an der Aufgabe orientierte Haltung zu unterstellen. Dass sie von ihrem

Monopol am Markt auch ökonomisch profitieren, dass z. B. die ärztliche Ethik auch (in individuell unterschiedlichem Grad) mit „Monetik" infiltriert ist, ist nicht von der Hand zu weisen. Aber die Logik professionellen Handelns als solche zu negieren und *in toto* dem Monopolverdikt zu subsumieren, wie dies heute nicht mehr nur neoliberale Ökonomen, sondern auch immer mehr Politiker tun, heißt, weit über das Ziel hinauszuschießen. Es gehört keine große prophetische Gabe dazu, die negativen praktischen Folgen einer solchen Politik für das Angebot komplexer Dienstleistungen vorauszusagen. Das zu erwartende Ergebnis einer Aufhebung des Monopols der Berufsorganisationen über die Ausgabe von Zertifikaten wäre eben nicht höhere oder gleich bleibende Qualität der Dienstleistungen bei sinkenden Preisen, sondern eine Nivellierung der Qualität nach unten. Auch hier wird man sich nicht waschen können, ohne sich den Pelz nass zu machen.

10.5 Schlussfolgerungen

Ich habe an zwei Beispielen aufzuzeigen versucht, inwiefern das Merton'sche Konzept der „latenten Funktionen" in Verbindung mit dem Freidson'schen Idealtypus von Professionalität ein Instrument sein kann, um verborgene Inkonsistenzen berufspolitischer Krisendiagnosen und Reformprogramme aufzudecken. Zugleich kann auf diese Weise erklärt werden, warum die schon so oft totgesagte Institution des Berufes trotz aller Erosionserscheinungen bis auf den heutigen Tag eine hartnäckige Lebensfähigkeit bewiesen hat. Diese Erklärung ist natürlich noch lange nicht vollständig. Ginge man nach dem von Merton formulierten Regeln vor, so müsste im nächsten Schritt auch die Frage der Existenz funktionaler Äquivalente für den Beruf als Generator komplexer Qualifikationen geprüft werden. Ich kann auf diese Frage hier nur noch kurz eingehen.

Kandidaten für die Rolle des Berufsäquivalents gibt es durchaus. In den siebziger und achtziger Jahren – ich erinnere an die Beiträge von Burkart Lutz, Werner Sengenberger, Michael Piore, Richard Edwards und vielen anderen – wurden betriebsinterne Arbeitsmärkte als institutioneller Ort der Erzeugung komplexer betriebsspezifischer Qualifikationen hoch gehandelt. Für diese Sichtweise gab es damals, nicht zuletzt auch im Blick auf das „Modell Japan", gute Argumente. Heute gilt das jedoch nicht mehr in gleicher Weise. Obwohl interne Arbeitsmärkte selbst in den Hochtechnologieindustrien keineswegs völlig verschwunden sind (Frenkel et al. 1999), zeigen empirische Erhebungen, dass die relativ geschützte Position der Stammbelegschaften in vielen Großunternehmen erodiert (Sauer und Döhl 1996; Faust et al. 2000). Im Zuge der marktgesteuerten Dezentralisierung der Großunternehmen werden die innerbetrieblichen Karriereperspektiven auch der Stammbelegschaften zunehmend unsicher; gleichzeitig sinkt die Bereitschaft der Großunternehmen, in die Qualifizierung ihrer Belegschaften zu investieren. Vor diesem Hintergrund spricht vieles dafür, dass die These vom Betrieb als funktionalem Äquivalent für den Beruf als Qualifizierungssystem heute stark an Plausibilität verloren hat.

Statt von internen Arbeitsmärkten ist heute immer häufiger von einem neuen Typus von Qualifizierungssystemen die Rede: von Projekten, Beschäftigungsnetzwerken (z. B. Marsden 1999), oder auch so genannten „communities of practice" (Wenger und Snyder 2000). Die Grundidee ist hier, dass Experten einen nicht länger auf den Beruf, sondern auf ein spezifisches Projekt hin fokussierten Kooperationszusammenhang bilden, in dem gegenseitige Anerkennung und Lernen möglich sind. Im Unterschied sowohl zum Beruf wie zum Betrieb werden solche Netzwerke nicht auf Dauer gebildet, sondern lösen sich nach dem Ende des Projekts auf, oder konfigurieren sich neu. Wie sie konkret funktionieren und ob sich in ihnen so etwas wie ein Substitut für berufliche Identität ausbilden kann, das wage ich nicht abschließend zu beantworten; es besteht hier sicherlich noch Forschungsbedarf. Aber es bleibt doch die schon oben gestellte Frage, ob solche Experten-Netzwerke die Basisqualifikationen autonomen Arbeitshandelns, die sie voraussetzen, auch einüben können. Und es bleibt klärungsbedürftig, wie stabil solche in ständig wechselnden sachlichen und sozialen Zusammenhängen ausgebildeten persönlichen Identitäten sein können. Werden hier wirklich die viel beschworenen „sozialen Kompetenzen" entwickelt, oder nicht vielmehr die Kunst des individuellen Vorwärtskommens und der marktgerechten Selbstinszenierung?

Vorläufig spricht wenig dafür, dass Netzwerke über ihre unbestreitbare Rolle in spezifischen Wirtschaftszweigen (IT-Dienstleistungen, Medien, Beratung etc.) hinaus den Beruf als institutionellen Ort für Qualifizierungsprozesse ersetzen könnten. Es ist damit zu rechnen, dass diese Institution auch die aktuellen Krisendiskussionen überleben wird. Aber ich füge vorsichtshalber hinzu: Sollte es wirklich gelingen, sie zu ruinieren, wozu einflussreiche Kräfte nicht nur in der Wirtschaft, sondern auch in der Politik und sogar der Wissenschaft heute wild entschlossen scheinen, dann ergeben sich daraus keine rosigen Aussichten für eine Wirtschaftsordnung, die von der autonomen Kompetenz und Kreativität der Arbeitenden lebt.

Teil IV
Finanzmärkte und „Finanzialisierung"

Finanzmarkt-Kapitalismus und Wachstumskrise 11

11.1 Einleitung

Das Schlagwort von der „Globalisierung" der Wirtschaft trifft heute wohl auf keinen Bereich mehr zu als auf die internationalen Kapital- und Finanzmärkte. Nachdem das in der Nachkriegszeit zunächst geltende System fester Wechselkurse im Jahr 1973 abgeschafft worden war, wurden auch die mit diesem System verbundenen nationalen Kapitalverkehrskontrollen (im Überblick Huffschmid 2002, S. 116 f.) unter der Führung der G 7-Länder schrittweise abgebaut. Ein freier Handel mit Aktien, Anleihen, Staatspapieren, Devisen über die Grenzen hinweg werde – so lautete die stets wiederkehrende Begründung – Kreditnehmern den Zugang zu zinsgünstigem ausländischem Kapital und Investoren die Erschließung profitabler Anlagemöglichkeiten erleichtern. Er werde knappes Kapital rascher dorthin lenken, wo es am nötigsten gebraucht wird und so Wachstum und Wohlstand fördern.

Dreißig Jahre nach dem Ende des Systems von Bretton Woods spricht wenig dafür, dass diese Prognose sich bewahrheitet hat. Die Umsätze an den internationalen Finanzmärkten und die finanziellen Vermögensbestände und Vermögenseinkommen haben zwar in der Tat spektakulär zugenommen. Aber ein entsprechender Effekt auf das reale Produktions- und Arbeitsvolumen ist ausgeblieben. Die Blüte der „New Economy", die in den neunziger Jahren als Musterbeispiel finanzmarktgetriebenen Wirtschaftswachstums galt, hat sich weitgehend als Scheinblüte entpuppt. Das jahresdurchschnittliche Wirtschaftswachstum der G 7-Länder, das in den Jahren 1985 bis 1994 noch bei 2,8 % gelegen hatte, ging im Zeitraum 1995 bis 2002 auf 2,5 % zurück; in der Europäischen Union verharrte das Wirtschaftswachstum über den gesamten Zeitraum hinweg bei mäßigen 2,4 % (errechnet aus SVR 2003, S. 528). Die vorübergehend etwas höheren amerikanischen Wachstumsraten in der zweiten Hälfte der neunziger Jahre kamen, wie das Bureau of Economic Analysis nachträglich feststellen musste, mindestens zum

Teil durch überhöht angegebene Produktivitätszahlen der Unternehmen sowie durch den Übergang zur so genannten „hedonistischen", d. h. Investitionen in Informationstechnologien als Ergebnisverbesserung verbuchenden Sozialproduktmessung in der Mitte der neunziger Jahre zustande (Castells 2000, S. 90 f.). Auch die von den Protagonisten des gemeinsamen europäischen Binnenmarktes angekündigten spektakulären wirtschaftlichen Wachstumseffekte der Liberalisierung der Märkte[1] sind offensichtlich ausgeblieben.

Die übliche Antwort der Liberalisierungsbefürworter auf diese Einwände lautet: Es sei eben noch nicht genügend dereguliert und liberalisiert worden. Diese Antwort ist schon aus logischen Gründen problematisch, denn sie ist empirisch gehaltlos und kann *immer* zutreffen, wenn der prognostizierte Effekt sich nicht einstellt. Unter dem Eindruck der Finanzkrisen (Mexiko, Ostasien, Russland, Brasilien, Argentinien), der Börsenabstürze (1987 und 2001/2002), sowie der in den USA und in Europa aufgedeckten Bilanzierungsskandale hat eine kritische Sicht der Funktionsmechanismen der Finanzmärkte an Einfluss gewonnen. Den potenziell effizienzfördernden Wirkungen globalisierter Finanzmärkte stünden, so wird argumentiert, erhebliche Instabilitätspotenziale durch Informationsasymmetrien zwischen Gläubigern und Schuldnern, betrügerisches Verhalten von Schuldnern und irrationale „Herdentriebe" der Anleger gegenüber. Der Wettlauf der Nationalstaaten um Gunst der Anleger habe eine Tendenz zu Steuersenkungen und höheren Realzinsen mit negativen Auswirkungen auf das wirtschaftliche Wachstum erzeugt. Kritisch vermerkt werden auch die sozial polarisierenden Wirkungen des Wachstums der Vermögenseinkommen, die gestiegenen Finanzierungsprobleme mittlerer und kleinerer Unternehmen, sowie die zunehmenden Gefahren von Betrug, Geldwäsche und Geldbeschaffung durch die organisierte Kriminalität (vgl. den Überblick über die Diskussion durch die Enquete-Kommission des Deutschen Bundestages, Deutscher Bundestag 2002, S. 61 f.).

Vor dem Hintergrund dieser Diskussion erscheint eine genauere empirisch-soziologische Durchleuchtung der Funktionsmechanismen internationaler Finanzmärkte geboten. Dazu soll hier ein Beitrag geleistet werden. Ich beginne mit der Skizze eines idealtypischen Modells des Finanzmarkt-Kapitalismus und gehe dann den Zusammenhängen zwischen Finanzmärkten und Wirtschaftswachstum im Rahmen einer Mehrebenen-Analyse nach. Die These, die ich belegen will, lässt sich durch folgende Aussagen zusammenfassen: 1) Der Finanzmarkt-Kapitalismus betreibt eine erfolgreiche Mobilisierung privater Finanzvermögen und fördert ein im Vergleich zur allgemeinen Wirtschaftsentwicklung überproportionales Wachstum der Vermögen und Vermögenseinkommen. 2) Der Mobilisierung der Finanzvermögen steht eine strukturelle Schwäche des Finanzmarkt-Kapitalismus bei der Erschließung und Entwicklung profitabler Investitionsgelegenheiten in der Realwirtschaft gegenüber. Die daraus resultierenden negativen Wirkungen auf das wirtschaftliche Wachstum werden durch eine restriktive

---

[1] Der 1000-seitige „Cecchini-Bericht" der EG-Kommission sagte damals ein zusätzliches Wirtschaftswachstum von jährlich 4,5 % voraus.

Finanzpolitik der öffentlichen Haushalte verstärkt. 3) Aus den genannten Tendenzen folgen eine Neigung zur Bildung spekulativer Blasen und ein per saldo depressiver Effekt des Finanzmarkt-Kapitalismus auf die wirtschaftliche Entwicklung.

11.2 Das Konzept des Finanzmarkt-Kapitalismus

In den Sozialwissenschaften herrscht heute weitgehende Einigkeit darüber, dass der Fall des sozialistischen Systems nicht etwa die gesellschaftliche Systemkonkurrenz überhaupt beseitigte, sondern nur einen neuen Typus von Systemkonkurrenz entstehen ließ: die Konkurrenz „Kapitalismus contra Kapitalismus" (nach der bekannten Formel von Albert), d. h. die Rivalität zwischen unterschiedlichen institutionellen Ordnungen des Kapitalismus. Besondere Beachtung fand hierbei die Unterscheidung zwischen „liberalen" und „koordinierten" Ökonomien (Hall und Soskice 2001), für die auf der einen Seite die USA, Großbritannien, Australien, Kanada, Neuseeland, auf der anderen Seite Frankreich, Deutschland und Japan als Beispiele gelten. Die Frage, wie die neue Systemkonkurrenz ausgehen wird, wird intensiv und kontrovers diskutiert. Haben die „koordinierten" Ökonomien eine Chance, sich gegen den überlegen erscheinenden „liberalen" Kapitalismus zu behaupten? John Grahl (2001) beantwortet die Frage negativ und begründet dies mit der größeren Affinität des liberalen Modells zu den Strukturen globalisierter Finanzmärkte. Angesichts der weithin, selbst in den USA, zu beobachtenden Neigung der Kapitalgesellschaften zur Selbstfinanzierung von Investitionen wirke die These von der strukturprägenden Macht der Finanzmärkte auf den ersten Blick zwar wenig plausibel. Aber so marginal der Anteil der Börse an der Investitionsfinanzierung auch erscheine, sei es sehr wohl möglich, dass „the tail of external finance can wag the dog of internally generated funds" (Grahl 2001, S. 27). Die Fiskal- und Geldpolitik auch der „koordinierten Ökonomien" kann sich, wie Grahl argumentiert, dem disziplinierenden Druck der Finanzmärkte nicht entziehen. Ebenso wenig lässt sich, ganz unabhängig von der Art der Investitionsfinanzierung, der Machtvorsprung der Eigentümer gegenüber den Managern und sonstigen „stakeholdern" verhindern, den erstere aufgrund der ihnen neu zuwachsenden „exit"-optionen gewinnen. Auch ein möglicher Zusammenbruch des dollarbasierten Währungssystems würde, wie Grahl meint, nichts an dem absehbaren Ausgang der neuen Systemkonkurrenz ändern: An die Stelle des Nebeneinanders liberaler und koordinierter Ökonomien tritt ein einheitlicher globaler „Finanzkapitalismus".

Grahl steht mit seiner Auffassung nicht allein. Seine Vermutung, dass sich hinter der manifesten Konkurrenz unterschiedlicher institutioneller Ordnungen eine schleichende Transformation hin zu einem übergreifenden einheitlichen Systemtypus verbirgt, wird von vielen anderen Autoren geteilt. Auch wenn die für diesen Typus kursierenden Bezeichnungen zahlreich sind – „Casino-Kapitalismus" (Strange 1986), „Financialization" (Froud et al. 2000), „Exit-Kapitalismus" (Kühl 2003a), „institutioneller Kapitalismus" (Windolf 2003), „Shareholder-Kapitalismus" (Rappaport 1994) u. a. –, ist doch ein Kern gemeinsamer Vorstellungen über die Merkmale dieses Typus erkennbar. Ich rekapituliere im Folgenden diese Gemeinsamkeiten und wähle für den sich daraus ergebenden Idealtypus die Bezeichnung „Finanzmarkt-Kapitalismus".

Der Begriff „Finanzmarkt-Kapitalismus" erinnert an den vor knapp hundert Jahren von Rudolf Hilferding (1968) eingeführten Begriff des „Finanzkapitals" und ist gegen diesen abzugrenzen. Unter „Finanzkapital" versteht Hilferding durch die Banken kontrolliertes industrielles Kapital.[2] Hintergrund sind die von ihm und schon von Marx analysierten Prozesse der Vergesellschaftung des Kapitaleigentums durch Bildung von Aktiengesellschaften und Trennung von Eigentum und Kontrolle. Die Ablösung der Eigentumsrechte von der Unternehmerrolle führt bei Hilferding jedoch nicht zur Entstehung eines freien Kapitalmarktes. Sie wird im Gegenteil als Hebel einer Konzentrations- und Zentralisationsbewegung des Kapitals interpretiert, die eine Machtkonzentration bei dem durch das Finanzkapital beherrschten Staat zur Folge hat. Die Banken nützen ihre Schlüsselrolle bei der Aktienemission und der Gewährung von Kapitalkredit, um die Kontrolle über die von ihnen erworbenen Unternehmen zu gewinnen und die Konkurrenz zwischen ihnen auszuschalten. Ergebnis ist eine Schließung und Vermachtung der nationalen Produkt- und Kapitalmärkte, die mit aggressiver imperialistischer Expansion nach außen einhergeht.

Hundert Jahre später haben wir es mit einer ganz anderen Konstellation zu tun. Nicht Schließung, sondern internationale Öffnung und Liberalisierung der Produkt-, Kapital- und Arbeitsmärkte sind das Hauptziel des Finanzmarkt-Kapitalismus. Die technischen Voraussetzungen für diese Öffnung und für die erforderliche Effizienz und Geschwindigkeit der Finanzmarktoperationen werden durch die modernen digitalen Kommunikationsmedien hergestellt. Nicht Schutzzölle, Kartelle und imperialistische Expansion sind das Signum des Finanzmarkt-Kapitalismus, sondern die neoliberale Ideologien des freien Marktes und der „Aktionärsdemokratie". Der Besitz von Eigentumsrechten ist trotz weiterhin hoher Kapitalkonzentration sozial erheblich breiter gestreut als zu Hilferdings Zeiten. Die Geldanlage in Aktien und Fondsanteilen ist zu einem Massenphänomen geworden. Die Allgegenwart der Finanzprodukte in den Medien hat eine „mass investment culture" (Harmes 2001) entstehen lassen, die den Kauf von Aktien und Fondsanteilen als Akt persönlicher Emanzipation zelebriert (Frank 2001). Die Schlüsselrolle bei der Verwaltung der Vermögen spielen nicht länger die traditionellen Universalbanken, sondern international operierende Investmentfonds, Pensionsfonds und Versicherungsgesellschaften. Auch die Banken müssen sich, wenn sie mithalten wollen, auf das Kapitalmarktgeschäft umstellen. Die institutionellen Investoren betonen

---

[2] „Die Abhängigkeit der Industrie von den Banken ist also die Folge der Eigentumsverhältnisse. Ein immer wachsender Teil des Kapitals der Industrie gehört nicht den Industriellen, die es anwenden. Sie erhalten die Verfügung über das Kapital nur durch die Bank, die ihnen gegenüber den Eigentümer vertritt. Andererseits muss die Bank einen immer wachsenden Teil ihrer Kapitalien in der Industrie fixieren. Sie wird damit zu einem immer größeren Umfang industrieller Kapitalist. Ich nenne das Bankkapital, also Kapital in Geldform, das auf diese Weise in industrielles Kapital verwandelt ist, das Finanzkapital" (Hilferding 1968, S. 309).

11.2 Das Konzept des Finanzmarkt-Kapitalismus

ihre Rolle als Dienstleister für den Normalbürger und umgeben sich manchmal sogar mit populistischen Ideologien. Wollte Hilferding den Sozialismus noch durch die Enteignung der sechs Berliner Großbanken herbeiführen, so scheint der Sozialismus sich nun zwang- und geräuschlos als „pension fund socialism" (P. Drucker) durchzusetzen. Man mag die Formulierung Druckers als ironische Übertreibung bewerten, die sie zweifellos auch ist. Für die Lösung des Grundproblems kapitalistischer Demokratien – wie kann der faktisch plutokratische Charakter der Macht mit der demokratischen Form in Einklang gebracht werden? – scheint der Finanzmarkt-Kapitalismus jedenfalls ein erfolgträchtiges Rezept gefunden zu haben: die Verwandlung der politisch tonangebenden gesellschaftlichen Mittelschichten in Aktionäre und Fondsanteil-Besitzer.

Der Fortbestand der plutokratischen Struktur der Macht steht gleichwohl außer Zweifel. Wie das Finanzkapital ist der Finanzmarkt-Kapitalismus alles andere als ein machtfreies Gebilde. Die Konzentration des Besitzes an Finanzvermögen ist ungeachtet der breiteren Verteilung mindestens ebenso stark wie zu Hilferdings Zeiten. In den USA verfügte das reichste ein Prozent der Bevölkerung im Jahr 2000 über rund 40 % der Haushaltsvermögens – ein Wert der den in den Jahren 1905/1906 und 1929 erreichten historischen Spitzenwerten der Vermögenskonzentration nahe kam. Im gleichen Jahr gab es 298 US$-Vermögensmilliardäre und vier bis fünf Millionen Millionäre (Philipps 2003, S. 158). Der freilich auf recht lückenhaften statistischen Daten beruhende Armuts- und Reichtumsbericht der deutschen Bundesregierung schätzt den Anteil der reichsten 10 % der Bevölkerung am gesamten Nettovermögen[3] in Westdeutschland (1998) auf etwa 42 %; die Zahl der DM-Vermögensmillionäre betrug rund 1,5 Mio. Wie auch in den USA (Hacker 1997) verfügen die ärmeren 50 % der Bevölkerung über kein nennenswertes Nettovermögen (BMAS 2001, S. 48 f.). Das Machtgefälle zwischen den Eigentümern spiegelt sich auch in der Struktur der Fonds wieder: Die besonders wohlhabenden Anleger investieren ihr Geld nicht in den so genannten „Publikumsfonds", sondern in exklusiven „Spezialfonds", die eine prohibitiv hohe Mindestanlagesumme als Eintrittsbillett vorsehen. Das Anlagevolumen der Spezialfonds überschreitet heute bei weitem das der Publikumsfonds (Huffschmid 2002, S. 9).

Gegenüber dem Hilferding'schen Finanzkapital bedeutet der Aufstieg der Fonds einen weiteren Schritt in dem historischen Prozess der Vergesellschaftung der Funktionen des Kapitaleigentums. Die Eigentümer delegieren nicht mehr nur die unternehmerische Leitungsfunktion, sondern auch die Investorenfunktion. Neben den industriellen Managern entsteht ein neuer Typus von Fondsmanagern, die zu neuen Schlüsselfiguren im Machtspiel der „Corporate governance" werden und ihre Position nutzen, um stattliche Gehälter und Erfolgsbeteiligungen zu einzustreichen[4]. Der direkte Anschluss der

---

[3] Einschließlich Immobilienvermögen.
[4] Die Deutsche Bank schüttete an ihre Spitzenkräfte für das Jahr 2003 Aktien im Wert von 1,4 Mrd. EUR als Erfolgsprämie aus. Nach Abzug dieser Prämie bleiben dem Konzern noch 1,4 Mrd. EUR Gewinn, von denen 800 Mio. als Dividende ausgeschüttet werden sollten. Die Commerzbank zahlte ihren Investmentbankern für das verlustreiche Jahr 2003 eine Erfolgsprämie von 130

Finanzvermögen an den Markt bietet neue Möglichkeiten der Unternehmenskontrolle, insofern die Fondsmanager nun nicht mehr allein auf die Option „Voice" angewiesen sind, sondern mit „Exit" drohen oder auch die Optionen „Exit" und „Voice" kombinieren können.[5]

Darüber hinaus entstehen gänzlich neue Möglichkeiten spekulativer Kapitalverwertung. Im traditionellen Unternehmerkapitalismus und auch noch im organisierten Finanzkapitalismus vollzog sich die Verwertung des Kapitals vorwiegend ex post, d. h. über die Anlage des Geldkapitals in Produktionsmitteln und Arbeitskräften und den anschließenden Verkauf der hergestellten Produkte am Markt. Nun muss der zeitraubende Umweg über den Arbeitsprozess und den Produktmarkt nicht länger abgewartet werden. Durch die Liberalisierung der Kapitalmärkte, die Verbriefung der Vermögenswerte und dank der technischen Unterstützung durch digitale Kommunikationsmedien entstehen gänzlich neue Möglichkeiten, Investitionen ex ante durch den Markt zu bewerten und Bewertungsdifferenzen profitträchtig zu nutzen. Es kommt zu einer „Entkoppelung von Produkt- und Kapitalmarkt" (Kühl 2003a, S. 78). Anleger können in ein Unternehmen investieren, nicht mit der Absicht, aus seinen Operationen einen Gewinn zu erzielen, sondern mit dem Ziel profitablen Wiederverkaufs nach einem erwarteten Anstieg der Kurse.[6] Bewertungsdifferenzen können ihrerseits bewertet und zur Basis neuer Finanzmarktinstrumente (Derivate) gemacht werden. Neben dem primären, produktiven Verwertungsprozess entsteht so ein sekundärer, spekulativer Verwertungsprozess, der sich weiter reflexiv vervielfältigt. Er ist zwar von dem primären Verwertungsprozess nicht gänzlich unabhängig, entwickelt jedoch ein beträchtliches Eigengewicht. Sein Funktionieren setzt die Existenz einer globalen Infrastruktur von Rating-Agenturen, Beratern und Analysten voraus, die die für die Anlageentscheidungen notwendigen Informationen und Signale liefern. Die „Wissensindustrie", die sich hier etabliert hat, bildet ein weiteres zentrales Strukturelement des Finanzmarkt-Kapitalismus.

Die durch die institutionellen Investoren verwalteten Vermögensbestände sind in den letzten Jahrzehnten rapide angestiegen. Die dabei akkumulierten Summen – bereits 1996 waren es weltweit 21 Billionen US$ (Huffschmid 2002) – machen die Versicherungskonzerne,

---

Mio. EUR; die Aktionäre gingen leer aus (Benedikt Fehr in: Frankfurter Allgemeine Zeitung vom 12.3.04). In seiner Analyse der Praktiken britischer und amerikanischer Pensionsfonds kommt Blackburn zu dem Ergebnis, dass „much of the gain reaped by these funds, if not all of it, goes to these intermediaries, rather than to the holders of pension plans who face a bemusing array of choices and whose legal rights to their ‚pot' are very much less clear cut than the right of the wealthy individuals to their investments and assets." (Blackburn 2002, S. 7).

[5] Wie die Kombination von „Voice" und „Exit" funktioniert, haben Tainio et al. (2003) an Fallstudien über finnische Kapitalgesellschaften aufgezeigt. Bei der direkten Einflussnahme auf die Unternehmensführung nutzten die Investoren, wie die Autoren zeigen, nicht die offiziellen Kanäle und Gremien, sondern bevorzugten informelle Kontakte.

[6] Stefan Kühl hat dafür die Bezeichnung „Exit-Kapitalismus" vorgeschlagen (Kühl 2003a).

Pensionsfonds und Investmentfonds zu entscheidenden Akteuren auf den Finanzmärkten. Das Anlagevolumen der Fonds überschreitet in vielen Ländern deutlich das jährliche Bruttosozialprodukt: In den USA und Großbritannien betrug es im Jahr 2000 mehr als das Doppelte, in Luxemburg das 41-fache, in Deutschland immerhin 80 % des Bruttosozialprodukts (OECD 2001).

Es ist evident, dass auch die Regierungen gleich welcher politischen Couleur, eine derartig geballte Kapitalmacht nicht ignorieren können. Um ihre Anlageoptionen zu optimieren, drängen die Fonds unermüdlich auf weitere Liberalisierungen des internationalen Kapitalverkehrs und auf Verbesserungen der steuerlichen und gesetzlichen Bedingungen zugunsten der Anleger. Manche Autoren, so etwa Martin und Schumann, halten den Regierungen zwar vor, ihre Ohnmacht gegenüber den Finanzmärkten sei „frei gewählt und keineswegs zwingend" (Martin und Schumann 1996, S. 119). Die Politiker selbst hätten durch ihre Zustimmung zu den Deregulierungsmaßnahmen die Geister gerufen, die sie nun nicht mehr loswürden. Faktisch hatten sie aber schon bei der Freigabe der Wechselkurse im Jahr 1973 kaum eine andere Wahl. Bereits damals waren die bestehenden Kapitalverkehrsbeschränkungen durch den Eurodollar-Markt weitgehend unterhöhlt worden. Die Möglichkeiten nationaler Politik, sich gegen den Druck der international operierenden Vermögensinteressen zu behaupten, sind begrenzt. Unliebsame Regulierungen werden durch die Investoren umgangen oder unterwandert. Wo dies nicht möglich ist, tun die Hebel des Lobbyismus und der Korruption ein Übriges, um verbleibende Widerstände zu überwinden oder missliebige Pläne der Politik zu blockieren. Einmal begonnen, hat die Deregulierung der Märkte und die mit ihr verknüpfte Entmachtung der Politik einen sich selbst verstärkenden Effekt. Ihre gestiegene Beweglichkeit auf den internationalen Märkten erlaubt es den Investoren, die Regierungen immer weiter unter Druck zu setzen und weitere Konzessionen – Steuersenkungen, arbeitsmarkt- und sozialpolitische „Reformen" – zu erzwingen. Die Regierungen sind nicht länger, wie bei Hilferding, die obersten Machtzentren des Finanzkapitals, sondern werden selbst zu Getriebenen der Finanzmärkte.[7]

11.3 Ein Mehrebenen-Modell

Meine zentrale Hypothese ist, dass die Strukturen des Finanzmarkt-Kapitalismus einen tendenziell depressiven Effekt auf das wirtschaftliche Wachstum haben. Sowohl bei dem Explanans als auch dem Explanandum dieser Hypothese handelt es sich um hoch

---

[7]Norbert Walter, der Chefökonom der Deutschen Bank, bezeichnete die Finanzmärkte als „vierte Gewalt" im Staate. Der frühere Bundesbankpräsident Tietmeyer klagte auf dem Weltwirtschaftsforum 1996 in Davos darüber, dass „sich die meisten Politiker noch nicht darüber im klaren sind, wie sehr sie bereits unter Kontrolle der Finanzmärkte stehen und sogar von diesen beherrscht werden." (zitiert bei Martin und Schumann 1996, S. 90).

aggregierte makrogesellschaftliche Variablen. Für eine handlungstheoretisch ansetzende soziologische Erklärung ergibt sich daraus die Notwendigkeit, die Zusammenhänge zwischen der Bewegung der Aggregatgrößen und der situativen Handlungslogik der Akteure herauszuarbeiten. Dazu müssen so genannte „Brückenhypothesen" gebildet werden, die die Wechselbeziehungen zwischen individuellen Handlungen, ihren situativen Prämissen und kollektiven Effekten beschreiben. In der Regel sind bei dieser Disaggregierung von Kollektivgrößen nicht nur zwei, sondern mindestens drei Ebenen – Makro-, Meso- und Mikroebene – involviert (Coleman 1990; Esser 1993).

Das ist auch bei unserem Thema der Fall. In unserem Modell wird die Makro-Ebene durch die Variablen Kapitalmärkte (a), staatliche Geld- und Fiskalpolitiken (b) sowie Wirtschaftswachstum (c) repräsentiert. Die Meso-Ebene wird durch die Einheiten „Institutionelle Investoren" (d) und „Unternehmen" dargestellt (e), die Mikro-Ebene durch die Einheiten „Individuelle Kapitalanleger" (f) und „Manager und Beschäftigte" (g). Im Folgenden werde ich die Brückenhypothesen unseres Modells zunächst im Überblick darstellen. In den anschließenden Abschnitten sollen sie ausführlicher erläutert und, soweit möglich, auch an den vorliegenden statischen Daten überprüft werden.

Die Ebenen und Hypothesen im Überblick

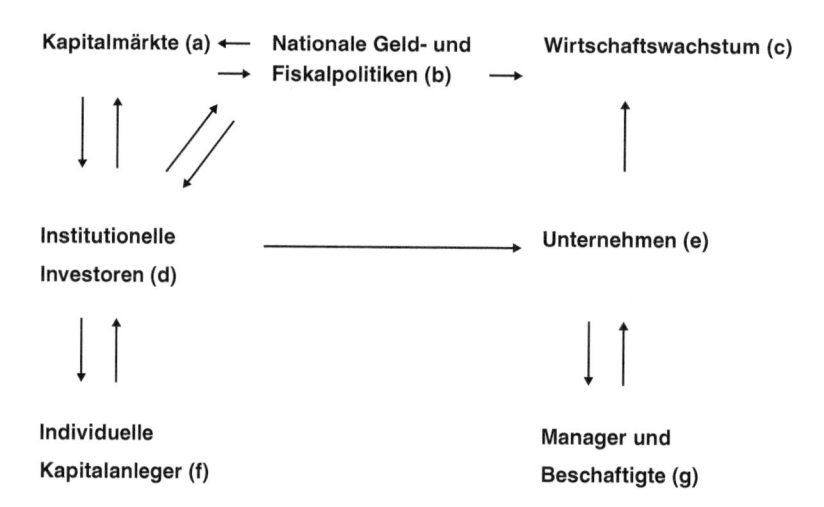

Die Liberalisierung der Kapitalmärkte (a) als Makro-Explanans geht nach meiner Vermutung, wie bereits betont, nicht auf genuin politische Entscheidungen zurück, sondern auf den Druck der institutionellen Investoren (d), deren Verhalten wiederum vor dem Hintergrund der Interessen der individuellen Kapitalanleger (f) zu sehen ist. Zunächst sind also die Wechselbeziehungen zwischen den Variablen d und f zu betrachten. Meine Hypothesen dazu lauten:

Hypothese 1 (f-d): Das Wachstum der privaten Vermögen in der Nachkriegszeit lässt bei einer immer größeren Zahl von Anlegern (nicht nur bei Spitzenverdienern, sondern zunehmend auch in den Mittelschichten) einen Bedarf nach professionellem Vermögensmanagement entstehen. Sie vertrauen ihr Kapital daher in zunehmendem Maß institutionellen Investoren (Banken, Investmentfonds, Pensionsfonds, Versicherungsgesellschaften) an. Diese werden dadurch zu einflussreichen Kollektivakteuren auf den Kapitalmärkten.

Hypothese 2 (d-f): Die institutionellen Fonds konkurrieren um die Gunst der Anleger und müssen ihnen daher möglichst hohe, nicht selten unrealistisch hohe Renditen versprechen. Die Einlösung dieser Versprechen gelingt umso besser, je erfolgreicher die Einwerbung von Kapital funktioniert und die steigenden Aktiennotierungen zu Kursgewinnen führen. Umgekehrt: Wenn die Fonds ihre Renditeversprechen einhalten, ist das ein Motiv für die Anleger, ihnen noch mehr Kapital zur Verfügung zu stellen; es fließt noch mehr Geld ins System. *Einwerbung* ist daher ein zentraler Imperativ des Fondsgeschäfts.

Hypothese 3 (d-e): Nun ist der genannte Feedback f-d-f inhärent instabil, denn offensichtlich handelt es sich um nichts anderes als eine Art Kettenbriefsystem. Die profitable *Anlage* der eingeworbenen Mittel ist daher der zweite Imperativ des Fondsgeschäfts. Das führt zu einem Drängen der Fonds, die Marktkapitalisierung der Wirtschaft zu erhöhen und Anteile an möglichst vielen profitablen Unternehmen zu erwerben.

Ergänzende Hypothese 4 (d-e): Dort, wo die Fonds die Kontrolle über die Unternehmen gewonnen haben, versuchen sie häufig, deren Leitungsstrukturen so umzubauen, dass ihnen als Eigentümern der größtmögliche Einfluss auf das Management des Unternehmens zukommt (Shareholder-Value-Prinzip).

Diese Einflussnahme läuft jedoch, wie wir vermuten, den organisationsstrukturellen Voraussetzungen erfolgreicher innovativer Projekte zuwider. Ergebnis ist, dass der innovative Prozess behindert und mit ihm die Wachstumschancen und Wertschöpfungspotenziale der Unternehmen beeinträchtigt werden.

Auch diese Hypothese muss durch zwei weitere Brückenhypothesen an die Mikro-Ebene (g) rückgebunden werden, nämlich:

Hypothese 5 (e-g): Um ihre Kontrolle über das Unternehmen zu erhöhen, versuchen die Eigentümer, das Verhalten der Manager und Beschäftigten durch detaillierte Kennziffernsysteme, Zielvereinbarungen und Gewinnvorgaben zu steuern. Sie bevorzugen eine eher kurzfristige, auf Messbarkeit individueller Leistungen und höhere Ausschüttungen an die Eigentümer hin orientierte Politik, die dem kumulativen, kollektiven und unsicheren Charakter der für das Kapitalwachstum wesentlichen innovativen Arbeitsprozesse nicht gerecht wird.

Hypothese 6 (g-e): Auf die Unsicherheit und den Verlust an Kontrolle, den die Politik der Eigentümer für sie mit sich bringt, reagieren die Manager mit einem doppelbödigen Verhalten: Auf der einen Seite pflegen sie die Kunst der Selbstinszenierung und nehmen auf die Konstruktion der Leistungsdaten des Unternehmens in einem für sie möglichst günstigen Sinne Einfluss. Auf der anderen Seite suchen sie Risiken zu mindern und sich durch Vermeidung fixer Investitionen ein Höchstmaß an Flexibilität zu sichern. Durch die Auslagerung der Risiken wird jedoch auch das Wertschöpfungs- und Innovationspotenzial der Unternehmen beschnitten.

Die Auswirkungen auf das Wirtschaftswachstum sind negativ (e-c).

Drei weitere Hypothesen beziehen sich auf die Interaktion zwischen Meso- und Makroebene:

Hypothese 7 (d-a): Um ihr Geschäft zu optimieren, drängen die institutionellen Investoren auf den Abbau von nationalen Kapitalverkehrskontrollen und auf Veränderungen der steuerlichen und gesetzlichen Rahmenbedingungen zugunsten der Anleger. Die Politik kann sich dem Druck der Investoren nicht entziehen; es kommt zu einer fortschreitenden Liberalisierung der Kapitalmärkte.

Hypothese 8 (a-d): Die Zunahme der internationalen Kapitalmobilität wiederum stärkt die Position der institutionellen Investoren und ermöglicht es ihnen, weitere Liberalisierungen der Kapitalmärkte durchzusetzen.

Hypothese 9 (a-b-d): Unter dem Druck der Kapitalmärkte entwickelt sich zwischen den Regierungen ein Wettlauf um die Gunst der Investoren: Steuern, Sozialabgaben, Staatsausgaben werden gesenkt, Zinsen erhöht, gesetzliche Rahmenbedingungen verändert, um den Investoren möglichst attraktive Bedingungen zu bieten. Es kommt zu einem Feedback zwischen a, b und d.

Wegen der restriktiven Auswirkungen des Feedback a-b-d auf die gesamtwirtschaftliche Nachfrage ergibt sich ein weiterer negativer Effekt auf das Wirtschaftswachstum auf der Makro-Ebene (b-c).

Sowohl von der Meso- wie der Makro-Ebene her sind die Wirkungen der Strukturen des Finanzmarkt-Kapitalismus auf das wirtschaftliche Wachstum somit negativ. Schon hier soll betont werden, dass meine Argumentation nicht darauf zielt, die Investmentfonds als Alleinschuldige der aktuellen Wachstumskrise an den Pranger zu stellen. Auch ohne die institutionellen Investoren könnten weder das wirtschaftliche Wachstum noch die privaten Finanzvermögen in den Himmel wachsen. Konstante Wachstumsraten würden auf eine exponentiale Zunahme der Produktion hinauslaufen, die aus verschiedenen Gründen wenig wahrscheinlich ist (Afheldt 1994, 2003). Die Strukturen des Finanzmarkt-Kapitalismus scheinen die Tendenz zur Abflachung des Wachstums jedoch zu verstärken.

11.4 Einwerbung und Anlage: Zur Dynamik des Finanzmarkt-Kapitalismus (Hypothesen 1 bis 3)

Es wurde bereits betont, dass der „Volkskapitalismus" und „Sozialismus" der institutionellen Investoren nicht für bare Münze genommen werden sollte. Einige der Investoren sind „gleicher" als der große Rest der anderen; das Machtgefälle zwischen den großen und kleinen Kunden ist beträchtlich. Gleichwohl handelt es sich bei den institutionellen Investoren und ihren Kunden keineswegs um eine verschworene Clique von Finanzmagnaten und Großkapitalisten. Dass die Investmentgesellschaften Dienstleister sind, die nur die Aufträge ihrer Kunden ausführen, lässt sich ungeachtet ihrer gleichwohl im Spiel befindlichen Eigeninteressen nicht von der Hand weisen. Der Kundenkreis hat sich in den letzten Jahrzehnten, vor allem aber in der zweiten Hälfte der neunziger Jahre, weit in die Mittelschichten hinein ausgeweitet. Die Investmentgesellschaften segeln im

Wind einer gewinnfreudigen gesellschaftlichen Grundstimmung, die breite Teile der gesellschaftlichen Mitte einschließlich Gewerkschafts-, Partei- und Kirchenvorständen erfasst hat und die sie selbst nach Kräften weiter anzufachen versuchen. Selbst die schwere Börsenkrise in den Jahren 2001/2002 hat dieser Stimmung, wie es heute scheint, nicht dauerhaft Abbruch getan.

Gleichzeitig sind die Fonds selbst den Gesetzen des Marktes unterworfen. Die Konkurrenz um die Gunst des Anlegerpublikums treibt sie dazu, ihre Renditeversprechen die Höhe zu schrauben.[8] Dadurch werden die Fondsmanager ihrerseits zu Getriebenen in einer selbsterzeugten Dynamik, die der Logik eines Kettenbriefsystems nicht unähnlich ist. Weil die versprochenen Renditen aus der normalen Verwertung des investierten Kapitals nicht zu bedienen sind, muss dafür gesorgt werden, dass ständig frisches Geld ins System fließt und die Kurse nach oben treibt. Die beständige Einwerbung zusätzlicher Anlagemittel ist deshalb der erste Imperativ des Fondsgeschäfts. Mit neuen Einlagen entstehen aber auch neue Verpflichtungen, die nur erfüllt werden können, wenn zusätzliche rentable Investitionsgelegenheiten und solvente Kreditnehmer gefunden werden. Gelänge dies nicht, so würden die spekulativen Elemente des Unternehmens überhand nehmen; das Kettenbriefsystem müsste über kurz oder lang auffliegen. Die Erschließung neuer Sphären für profitable Kapitalanlagen ist daher ein zweiter Imperativ für das Fondsmanagement. Diese beiden Imperative – wir nennen sie kurz *Einwerbung* und *Anlage* – bestimmen die Dynamik des Finanzmarkt-Kapitalismus; sie sollen im Folgenden näher betrachtet werden.

Einwerbung: Der Hauptstoß zur Mobilisierung neuer Mittel setzte – und setzt bis heute – auf dem Feld der Altersvorsorge an. Die Strategie der Fondsgesellschaften richtete sich darauf, die in der staatlichen Rentenversicherung gebundenen Ersparnisse in den Kapitalmarkt zu leiten. Der Durchbruch gelang zunächst in den angelsächsischen Ländern (Australien, Neuseeland, Kanada, USA, Großbritannien), aber auch in den Niederlanden mit ihren „puritanischen" Traditionen der Selbstvorsorge. In den USA waren kapitalgedeckte betriebliche Pensionsfonds schon zu Beginn des 20. Jahrhunderts in vielen großen Firmen eingeführt worden. Nach dem zweiten Weltkrieg setzten sie sich, inzwischen auch mit massiver Unterstützung der Gewerkschaften, auf breiter Front durch. Neben den betrieblichen entstanden immer mehr überbetriebliche Fonds (O'Sullivan 2000, S. 156 f.). In Großbritannien senkte die Regierung Thatcher die Leistungen und Beiträge der öffentlichen Rentenversicherung drastisch ab. An ihrer Stelle wurden den Arbeitnehmern steuerbegünstigte kapitalgedeckte Privatversicherungen – so genannte „defined contribution schemes" – angeboten, die Kurs- und Inflationsrisiken weitgehend auf die Versicherten abwälzen. Ihr Erfolg ließ die britischen und amerikanischen Fonds nach „new grazing pastures" (Blackburn 2002, S. 238) auf dem europäischen Kontinent Ausschau halten. In Deutschland, Frankreich und anderen Ländern wurde eine Kampagne gegen die umlagefinanzierten Rentenversicherungssysteme

---

[8]Manchmal, wie man in Zeitungsanzeigen lesen kann, in Größenordnungen über 20 %.

organisiert, an der sich Beratungsfirmen (insbesondere McKinsey), Wissenschaftler, Politiker, Journalisten beteiligten. Schützenhilfe erhielten die Investoren auch durch die Weltbank. Sie veröffentlichte 1994 eine einflussreiche Studie mit dem Titel „Averting the Old Age Crisis; Policies to Protect the Old and to Promote Growth", die die umlagefinanzierten Systeme für die wirtschaftliche Stagnation in Europa verantwortlich machte und den baldigen Zusammenbruch der staatlichen Rentenversicherung aufgrund der demografischen Strukturveränderungen voraussagte. Kaum verhohlen wurden hier die Besorgnisse über die Zukunft der staatlichen Rentensysteme genutzt, um das Geld der privaten Haushalte auf die Konten der Fonds zu leiten. Während die Kampagne in den postkommunistischen Ländern Mittel- und Osteuropas rasch Wirkung zeigte und die Fonds mithilfe der Weltbank starken Einfluss auf den Neuaufbau der sozialen Sicherungssysteme gewannen, blieb ihr in Deutschland und Frankreich ein durchgreifender Erfolg bisher versagt.

Eine weitere Kampagne der Fonds zielt auf die Mobilisierung nicht marktgängig (d. h. in traditionellen Sparformen wie Sparbuch, Staatsobligationen u. a.) angelegter Ersparnisse der Haushalte. Eine breite, nicht selten speziell auf Frauen zielende Werbeoffensive soll das Investmentsparen popularisieren und als Markenzeichen eines modernen, emanzipierten Lebensstils verkaufen. In Kalifornien wurden schon 1984 finanzielle „Supermärkte" gegründet, die das Massengeschäft mit Fondsanteilen im Stil von Hamburger-Ketten betreiben. Eine allgegenwärtige Weiterbildungsindustrie bemüht sich darum, die „financial literacy" der Bevölkerung durch Kurse, Seminare, Fernsehsendungen zu wecken und den Teilnehmern das Investmentsparen schmackhaft zu machen; sogar Kinder sind bereits zur Zielgruppe geworden (Harmes 2001). Flankierend dazu wird der Kampf um die Erweiterung der steuerlichen Vergünstigungen für das Fondssparen geführt.

Diese Bemühungen der Investmentbranche waren offensichtlich von Erfolg gekrönt, nicht nur in den traditionell aktienfreundlichen USA, sondern auch in Europa. In der zweiten Hälfte der neunziger Jahre kam es, zweifellos auch unter dem Einfluss des Börsenbooms, in der gesamten EU zu einer deutlichen Umschichtung der privaten Finanzvermögen von Bargeld und Einlagen zugunsten vor allem von Aktien und Fondsanteilen, deren Anteil an den Gesamtvermögen von 24 auf 34 % stieg (Eurostat 18/2002). Selbst in einem Land wie Deutschland, in dem die Präferenz des Publikums für Aktien traditionell eher gering war, überschreitet die Zahl der Besitzer von Akten und Fondsanteilen heute mit 10,4 Mio.[9] erheblich die der Gewerkschaftsmitglieder.

Anlage: Die Anlagestrategien der Investoren zielen vor allem in drei Richtungen: Privatisierung öffentlicher Dienstleistungen (1), Restrukturierung des privaten Unternehmenssektors (2) und Entwicklung von Zukunftstechnologien und -märkten (3).

---

[9]Nach den Angaben des Deutschen Aktieninstituts (DAI) besaßen kurz nach dem Höhepunkt des Börsenbooms im 1. Halbjahr 2001 sogar 13,4 Mio. Deutsche Aktien oder Fondsanteile. Bis 2004 sank ihre Zahl auf 10,6 Mio. (Frankfurter Allgemeine Zeitung vom 29. 7. 2004).

1. Die Investoren drängen auf die Privatisierung öffentlicher Dienstleistungen und ihre Öffnung als Feld für Kapitalanlagen. Betroffen waren in den neunziger Jahren die bis dahin meist öffentlichen Unternehmen vor allem in den Bereichen Verkehr, Energie- und Wasserversorgung, Telekommunikation, sowie Banken und Versicherungen. Die Erlöse aus den Verkäufen staatlichen Eigentums haben zwischen 1990 und 1997 weltweit von rund 33 Mrd. US$ auf 153 Mrd. Dollar zugenommen und sich damit fast verfünffacht; seither ist die Privatisierungswelle freilich abgeebbt (Huffschmid 2002, S. 79). Gleichwohl sind weitere Sektoren, etwa das Bildungs- und Gesundheitswesen, ins Visier genommen und Gegenstand der von der WTO angestrebten Verhandlungen über eine weitere Deregulierung der Dienstleistungsmärkte.
2. Zweitens geht es um die Restrukturierung des privatwirtschaftlichen Sektors mit dem Ziel der Erweiterung der Marktkapitalisierung und der Steigerung der Profitabilität der Unternehmen. Dazu gehören zunächst Maßnahmen zur Erleichterung des Börsenzugangs. Nicht notierte, aber gewinnträchtige Unternehmen sollen an den Kapitalmarkt angeschlossen werden. Darüber hinaus müssen die bestehenden Märkte für Unternehmenskontrolle von Kartellen und Verkrustungen befreit, dereguliert und liberalisiert werden. Unternehmensnetzwerke werden durch freundliche und feindliche Übernahmen sowie Fusionen aufgebrochen. Dort, wo die institutionellen Investoren die Kontrolle übernommen haben, werden die bekannten Maßnahmen zur „Effizienzsteigerung" ergriffen: Zerschlagung von Konglomeraten, Konzentration auf das „Kerngeschäft", Herstellung von Transparenz aller Ergebnisse und internen Prozesse durch Einführung geeigneter Informationssysteme, „Benchmarking", Vorgabe von Gewinnzielen und Verpflichtung der Manager auf die Ziele der Investoren durch Umgestaltung der Vergütungssysteme, Entwicklung der „investor relations" und andere Eingriffe. Es ist selbstverständlich, dass die Fondsgesellschaften und die mit ihnen verbundenen Berater ihren politischen Einfluss geltend machen, um arbeits- und sozialpolitische „Reformen" mit dem Ziel der Lohnkostensenkung und der Zurückdrängung der Gewerkschaften durchzusetzen.
Auch mit diesen Strategien waren die Investoren in den neunziger Jahren recht erfolgreich. So konnte die Marktkapitalisierung, d. h. der Kurswert der an den Börsen gehandelten Aktiengesellschaften in den Ländern der europäischen Währungsunion zwischen 1990 und 2000 von 21 auf 89 % des Bruttoinlandsprodukts gesteigert werden, auch wenn die Marktkapitalisierung in den einzelnen Ländern noch sehr unterschiedlich ist (Huffschmid 2002, S. 41) und der Börsenabsturz in den Jahren 2001/2002 Rückschläge brachte. Das Aufbrechen der Märkte für Unternehmenskontrolle wurde von den Investoren mit großer Energie betrieben, wie die Verneunfachung des Wertes der Fusionen und Übernahmen in den Jahren 1992 bis 2000 zeigt; auch hier folgte 2001 ein starker Rückgang (Huffschmid 2002, S. 81). Wie stark das Regime der institutionellen Investoren in den neunziger Jahren in die Unternehmensstrukturen auch einer so hoch koordinierten Wirtschaft wie der deutschen eingegriffen hat, auch wenn es verfrüht sein mag, von einem Ende der „Deutschland AG" zu sprechen, ist inzwischen durch eine Reihe von Fallstudien belegt (z. B. Menz et al. 1999; Jürgens et al. 2000; Beyer 2003; Höpner 2003; Streeck und Höpner 2003).

3. Schließlich wird eine Entwicklung gewinnträchtiger neuer Technologien und so genannter „emerging markets" angestrebt. Unternehmensgründer, die viel versprechende Projekte in derartigen Bereichen – die „New Economy" der neunziger Jahre und die Bio-Technologie sind bekannte Beispiele – vorweisen können, werden durch Risikokapital gefördert. Aufgrund der Entkoppelung von Produkt- und Kapitalmärkten und der Anfälligkeit der Kapitalmärkte für „Herdentriebe" kann der Investitionsstrom in diese Bereiche auch dann lange anhalten, wenn – wie im Fall vieler New Economy-Unternehmen – nur Verluste gemacht werden. Nicht nur die technisch-ökonomischen Risiken, sondern auch die Betrugsgefahren sind besonders groß, wie der Absturz und die Aufdeckung der vielen Skandale nach 2000 gezeigt haben.

Es ist evident, dass die beiden beschriebenen Prozesse der Einwerbung und der Anlageexpansion nicht unabhängig voneinander ablaufen können. Expansion setzt Einwerbung voraus, die Einwerbung wiederum kann nur dann anhalten, wenn für die eingeworbenen Mittel auch profitable Anlagefelder gefunden werden. Die Aufrechterhaltung eines relativen dynamischen Gleichgewichts zwischen beiden Prozessen ist nicht nur für die Banken und Fondsgesellschaften selbst existenznotwendig, sondern entscheidend auch für das Schicksal der gesamten Wirtschaft. Wieweit ist ein solches Gleichgewicht tatsächlich erreicht worden?

Die Strategien der Einwerbung waren, wie bereits festgestellt, außerordentlich erfolgreich. Das von den institutionellen Anlegern verwaltete Gesamtvermögen ist allein zwischen 1985 und 1999 von 5,9 auf 36,1 Billionen US$ weltweit gestiegen; gleichzeitig hat der Anteil der institutionellen Investoren am Gesamtvermögen der Gesamtwirtschaft wie des finanziellen Sektors erheblich zugenommen (Huffschmid 2002, S. 87 f.). Damit haben die Fonds an dem schon lange zu beobachtenden Trend zu einem gegenüber dem Volkseinkommen stark überproportionalen Wachstum der Finanzvermögen[10] und Vermögenseinkommen nicht nur voll partizipiert, sondern diesen Trend noch forciert.

Auch auf der Seite der Expansion der Anlagen konnten die Investoren ihre Ziele verwirklichen – so schien es wenigstens bis zum Jahr 2000. Die danach einsetzende Krise hat indessen deutlich gemacht, dass es Grenzen für die Entkoppelung von Produkt- und Kapitalmärkten gibt. Die spekulativen Pirouetten auf den Kapitalmärkten können sich nicht unendlich verselbstständigen; es gibt einen Punkt, an dem die auf den Produktmärkten tatsächlich erzielten Renditen unmissverständlich sich geltend machen. Gerade die Produktmarktrenditen waren aber weit hinter den Erwartungen der Investoren zurückgeblieben. In den USA etwa waren die Nettoprofitraten der nicht-finanziellen Unternehmen selbst in der zweiten Hälfte der neunziger Jahre kaum über die Marge

---

[10]So sind die Nettogeldvermögen der privaten Haushalte in Westdeutschland zwischen 1970 und 1995 von 491,9 auf 4.275,5 Mrd. DM, d. h. um den Faktor 8,7 gestiegen (Faik und Schlomann 1997, S. 105). Das nominale Volkseinkommen stieg im gleichen Zeitraum nur um den Faktor 4,5.

von bescheidenen 4–8 % hinausgewachsen, in der sie die gesamten 30 Jahre davor geschwankt hatten (Brenner 2002, S. 103).

Erfolgreich waren die Anlagestrategien der Fondsgesellschaften also nur auf den spekulativ aufgeblähten Kapitalmärkten, nicht auf den Produktmärkten. Weil die Profitabilität der Unternehmen stagnierte, kam es nicht zu einem Anwachsen der Realinvestitionen, die die anwachsenden Finanzvermögen hätten verwerten und in den gesamtwirtschaftlichen Kreislauf zurücklenken können. Im Gegenteil nahm die Investitionsquote in den OECD-Ländern während der letzten Jahrzehnte des 20. Jahrhunderts überwiegend ab. Der im Vergleich zur Selbstfinanzierung ohnehin nur marginale externe Finanzierungsbedarf der Unternehmen sank damit weiter. „Das schnelle Wachstum der Finanzmärkte in den 80-er und 90-er Jahren ist also nicht auf wachsende Finanzierungsbedürfnisse des Unternehmenssektors zurückzuführen" folgert Huffschmid (2002, S. 4, ähnlich auch Höpner 2003). Umgekehrt bedeutet das: Den spekulativ aufgeblähten Finanzvermögen stand keine Zunahme realer Investitionen gegenüber die die sich anbahnende Krise hätte abfangen können.

Es zeichnet sich hier ein Dilemma des Finanzmarktkapitalismus und seiner zentralen Akteure, der institutionellen Investoren ab: Bei der Einwerbung von Geldmitteln des Publikums erweisen die institutionellen Investoren sich als außerordentlich erfolgreich. Weniger glänzend ist ihre Leistung bei der Anlage dieser Mittel und bei der Erschließung gewinnträchtiger Anlagefelder. Nicht nur fällt es ihnen offenbar schwer, die von den Finanzmärkten erzeugten spekulativen Signale von den „Fundamentaldaten" zu unterscheiden. Auch ihre Fähigkeit, Investitionskapital in wachstumsförderliche Verwendungen zu lenken, ist entgegen den Ankündigungen anscheinend nicht besonders groß. Die Folge dieses Dilemmas ist ein Aufblähen spekulativer Blasen bei tendenziell stagnierender oder schrumpfender realwirtschaftlicher Leistung.

11.5 Finanzmarkt-Kapitalismus, Management und Innovation (Hypothesen 4 bis 6)

Warum fällt es den institutionellen Investoren so schwer, Schein und Sein des wirtschaftlichen Erfolges zu unterscheiden und Unternehmen so zu restrukturieren, dass nachhaltige Profite erzielt werden? Um Missverständnisse zu vermeiden, sind einige knappe Bemerkungen zu dem allgemeinen Problem notwendig: Wie kommen Profite in einer kapitalistischen Wirtschaft zustande? Profite können entweder durch wirtschaftliches Wachstum oder durch Umverteilung einer gegebenen Wertschöpfung zugunsten der Kapitaleigentümer entstehen. Im ersten Fall handelt es sich um ein Positivsummenspiel, bei dem alle Beteiligten profitieren, im zweiten um ein Nullsummenspiel, bei dem die Gewinne der einen Verluste der anderen bedeuten. Ich gehe zunächst auf die erste Möglichkeit ein.

In vielen ökonomischen Lehrbüchern wird der Profit als Ergebnis einer „Umwegproduktion" erklärt: Individuen, die ihr Einkommen nicht vollständig konsumieren, sondern einen gewissen Teil des Einkommens sparen und in produktivitätssteigernde Techniken investieren, können mit geringeren Kosten produzieren. Sie ernten dann einen Gewinn als Prämie für ihr „Warten". Aber was ist „Produktivität"? Ein höherer Ausstoß des *gleichen* Produkts je Zeiteinheit – nur so verstanden hat der Begriff einen operationellen Sinn – kann nur dann profitabel sein, wenn die vermehrte Produktion auch durch den Markt aufgenommen wird, was keineswegs selbstverständlich ist. Das Ergebnis kann auch ein Sinken der Preise und der Erlöse pro Produkteinheit sein, die den Gewinn zunichtemacht. Neoklassische, neo- und postkeynesianische Wachstumsmodelle beschreiben die Bedingungen eines dynamischen Gleichgewichts zwischen der Entwicklung von Einkommen, Konsum und Ersparnissen sowie dem Einsatz von Kapital, Arbeit und natürlichen Ressourcen. Je nach den zugrunde gelegten Annahmen gelangen sie zu sehr unterschiedlichen Ergebnissen, was die Chancen eines stabilen Wachstumsregimes betrifft. Entweder ergibt sich die Profitrate endogen aus dem angenommenen Wachstumspfad, oder das Wachstum selbst wird aus der erreichten oder erwarteten Profitrate abgeleitet. Eine solche analytische Ableitung ist jedoch noch keine empirisch gehaltvolle Theorie, die reale Wachstumsprozesse erklären kann.

Schumpeter definiert den Gewinn als Prämie für die Kreativität des Unternehmers. Indem er „neue Kombinationen" – neue Techniken, neue Produkte, neue Organisationsmethoden – entwickelt und realisiert, neue Bezugsquellen und Absatzmärkte erschließt, erringt der Unternehmer ein temporäres Monopol, das die Grundlage des Kapitalgewinns ist. Da die Konkurrenz nicht träge ist, ist dieses Monopol und mit ihm der Kapitalgewinn immer gefährdet. Nur durch kontinuierliche Innovation lässt der Gewinn sich auf Dauer stellen. Diese Interpretation stellt die kreativen Fähigkeiten der Unternehmerpersönlichkeit in den Mittelpunkt der Erklärung des Kapitalgewinns. Aus soziologischer Sicht ist die subjektivistische Schlagseite dieses Ansatzes problematisch. Es kommt ja nicht allein auf die große Idee des Unternehmers an, sondern die tausend kleinen Einfälle seiner Arbeiter, Angestellten, Entwickler, Ingenieure und Kaufleute sind für den Erfolg innovativer Prozesse mindestens ebenso bedeutsam. Nicht nur die Beschäftigten, sondern auch die Kunden und Lieferanten müssen kooperieren und für die neuen Kombinationen empfänglich sein. Auch der weitere gesellschaftliche und institutionelle Kontext ist wichtig: Alternde Wohlstandsgesellschaften mit breiten saturierten Mittelschichten sind zurückhaltender gegenüber Innovation als Entwicklungsgesellschaften mit stark wachsender, jugendlicher und nach sozialem Aufstieg strebender Bevölkerung. Innovation – dieser Aspekt kommt bei Schumpeter zu kurz – ist nicht nur eine individuelle Leistung des Unternehmers, sondern ein sozialer Prozess, der in geeigneter Weise kommuniziert und koordiniert werden muss.

Obwohl die gesellschaftlichen Seiten des innovativen Prozesses von Schumpeter zu wenig berücksichtigt werden, liefert sein Ansatz gleichwohl eine wichtige Einsicht: Kreativität, nicht bloß Produktivität ist die Basis des Kapitalgewinns. Nur die menschliche Arbeitskraft (einschließlich der des Unternehmers) kann kreativ sein, nicht

11.5 Finanzmarkt-Kapitalismus, Management und Innovation …

Maschinen, Land oder Computer.[11] Kreativität schließt Produktivität ein, bedeutet aber mehr. Es geht nicht nur um die quantitative Steigerung des Outputs pro Zeiteinheit, sondern um die Fähigkeit von Unternehmern und ihren Mitarbeitern, neue Kombinationen zu erfinden, zu realisieren und zu vermarkten. Das Spektrum der möglichen neuen Kombinationen ist letztlich nicht definierbar. Es kann sich um neue Produkte, Techniken oder Dienstleistungen handeln, aber auch um Organisations-, Logistik- und Vermarktungskonzepte. Auch geht es nicht nur um die großen Ideen und Erfindungen, sondern auch um die „kleine" Kreativität bei der Bewältigung der vielfältigen Probleme des Alltags. Kreativität ist im Gegensatz zur Produktivität nicht messbar, planbar und steuerbar; sie ist mit dem Problem der Unsicherheit behaftet. Gleichwohl hängt die Chance von Unternehmen, Gewinne einzufahren, in hohem Maße von ihrer Fähigkeit ab, eben dieses unbestimmbare Potenzial ihrer Belegschaften zu mobilisieren. Unternehmen, nicht Märkte, sind der Ort, an dem sich Kreativität entfaltet und Innovationen überhaupt erst entstehen können. Teece et al. (1997) sprechen von „dynamischen Fähigkeiten", die entscheidend für das innovative Potenzial von Organisationen seien. Sie verstehen darunter situationsbezogene kooperative Kompetenzen, die nicht in individuellen Kosten-Nutzen-Kalkülen aufgehen und sich daher durch marktförmige Handlungsmodelle nicht erfassen lassen. Unter welchen Bedingungen können sich solche Kompetenzen entwickeln?

William Lazonick hat gemeinsam mit Mary O'Sullivan eine Reihe von international vergleichenden Studien zu dem viel diskutierten Thema des „innovativen Unternehmens" vorgelegt (Lazonick 2000, 2003; O'Sullivan 2000). Innovative Prozesse weisen, wie die Autoren argumentieren, verschiedene Charakteristika auf, die durch die marktorientierten Modelle des wirtschaftswissenschaftlichen „mainstreams" oft nicht hinreichend berücksichtigt werden: Sie sind kumulativ bzw. pfadabhängig; sie basieren auf kollektivem Lernen im Sinne einer Interdependenz individueller Lernprozesse; sie sind hinsichtlich ihrer Ergebnisse unsicher. Organisieren – so die zentrale These der Autoren – lassen sich derartige Prozesse nur durch Arbeitssysteme, die über ein hohes Maß an institutionell gesicherter funktionaler Autonomie verfügen. Das Unternehmensmodell, das die Autoren entwickeln, zeichnet sich durch drei Prinzipien aus, die sie mit den Begriffen *Financial commitment, Organizational integration* und *Strategic control* umschreiben. *Financial commitment* bedeutet, dass innovative Organisationen über hinreichende finanzielle Ressourcen verfügen müssen und über diese Ressourcen autonom, ohne Intervention externer Akteure, disponieren können. Das schließt die Freiheit ein, gerade in Projekte mit unsicheren Ergebnischancen und Rentabilitätsaussichten zu investieren. *Organizational integration* als zweite Dimension der Autonomie meint Strukturen, die den Mitarbeitern Anreize für Lernen und für Kooperation bieten. Innovationen werden durch Individuen hervorgebracht, die ihre Fähigkeiten einer Organisation zur Verfügung stellen, statt sie individuell auf einem allgemeinen Markt zu

---
[11] Darin liegt der wahre Kern der viel gescholtenen Marx'schen „Arbeitswerttheorie".

verwerten. Kumulative Lernprozesse in gemeinsamen Projekten spielen eine zentrale Rolle. Zu einem solchen Einsatz wird nur bereit sein, wer hinreichend sicher sein kann, auch an den Erfolgen partizipieren zu können. Der Schutz gegen willkürliche Kündigung und die Gewährleistung von Aufstiegschancen sind wichtige Bedingungen dafür, dass sich die Mitglieder mit der Organisation identifizieren können. Die erforderliche intensive Kooperation zwischen den Mitarbeitern setzt egalitär strukturierte, vertrauensgestützte Arbeitsbeziehungen voraus.[12] *Strategic control* schließlich meint, dass auch die Führung in der Lage sein muss, autonom über finanziellen, personellen und sachlichen Ressourcen der Organisation zu verfügen. Der komplexe und unsichere Charakter innovativer Prozesse verlangt es, dass Entscheidungen über Projekte aufgrund eigener Einschätzungen des Managements und der Mitarbeiter „vor Ort" und nicht aufgrund externer Vorgaben getroffen werden.

Die drei genannten Prinzipien umschreiben die interne Struktur des innovativen Unternehmens. Diese Struktur muss durch geeignete institutionelle Strukturen der gesellschaftlichen Umwelt unterstützt und gewährleistet werden. Die Eigentumsverhältnisse und Finanzierungsbedingungen sind hier ebenso von Bedeutung wie die rechtlichen Rahmenbedingungen, das Bildungssystem, die Verfassung des Arbeitsmarktes, die industriellen Beziehungen, die staatliche Wirtschafts- und Sozialpolitik.

Das von Lazonick und O'Sullivan entwickelte Modell bleibt zweifellos in einer Reihe Punkten klärungs- und konkretisierungsbedürftig. Aber es beschreibt die funktionalen Voraussetzungen innovativer Arbeitsprozesse hinreichend präzise, um sie mit den idealtypischen Formen kapitalmarktorientierter Unternehmensführung vergleichen zu können. Wieweit lassen sich die funktionalen Erfordernisse des innovativen Unternehmens mit den von den institutionellen Investoren bevorzugten Formen der Unternehmenskontrolle vereinbaren? Es scheint, dass die Antwort in Bezug auf alle drei Dimensionen negativ ausfällt.

Das Prinzip des *financial commitment* kollidiert mit der Logik des „shareholder-value"-Prinzips, denn den institutionellen Investoren geht es ja gerade darum, die Autonomie des Managements bei der Verfügung über interne Finanzressourcen einzuschränken. Nicht nur muss in aller Regel ein höherer Gewinnanteil an die Aktionäre ausgeschüttet werden (Beyer und Hassel 2003). Es wird auch eine Dauerberichterstattung über die finanziellen Ergebnisse und Ziele jedes einzelnen Subsystems des Unternehmens eingefordert, die das Management unter einen permanenten Begründungsdruck hinsichtlich seiner Investitions- und Finanzpolitik setzt. Eine weitere Einschränkung ergibt sich, wie Aglietta und Breton (2001) zeigen, aus der Konkurrenz der Investoren am Markt für Unternehmenskontrolle. Gerade erfolgreiche Unternehmen, die am Markt

---

[12]Die Thesen Lazonicks decken sich hier mit den Befunden aus Forschungen über „lernende Organisationen", in denen hierarchiearme und vertrauensgestützte Strukturen als wichtige Voraussetzung für individuelles und kollektives Lernen in Organisationen hervorgehoben werden (z. B. Wilkesmann 1999).

unterbewertet sind, müssen einen Teil ihrer Finanzmittel in liquider Form vorhalten, um eine drohende feindliche Übernahme gegebenenfalls durch Aktienrückkäufe abwehren zu können. Das schränkt ihr Potenzial für die Finanzierung innovativer Projekte zusätzlich ein. Die Folgerung der Autoren lautet: „The less active the market for control, the higher the growth rate" (Aglietta und Breton 2001, S. 455).

Die Befunde im Hinblick auf das Prinzip der *organizational integration* weisen in eine ähnliche Richtung. Zwar gibt es keine gesicherten Hinweise darauf, dass die institutionellen Investoren eine spezifische Form der Personalpolitik, etwa eine kurzfristige gegenüber einer eher langfristigen, favorisieren (Bahnmüller und Fisecker 2003, S. 80). Pensionsfonds, die auf eine langfristige Renditesicherung orientiert sind, scheinen partiell eine andere Linie zu verfolgen als die an kurzfristiger Gewinnmaximierung interessierten Investmentfonds. Es wäre auch unrealistisch, zu glauben, dass der Zugriff der institutionellen Eigentümer sich alle Details der Organisation eines so komplexen Systems erstrecken könnte, wie ein Großunternehmen es darstellt (Schreyögg 1999). Aber der segmentär orientierte, auf Trennung rentabler von unrentablen Unternehmensteilen zielende Ansatz finanzmarktorientierter Unternehmenskontrolle (Rappaport 1994) hat zweifellos auch Folgen für die Personalpolitik. Der Arbeitsprozess wird als eine Summe messbarer Leistungen von Individuen und Teilsystemen betrachtet, aus der profitable Elemente ausgewählt und unprofitable abgestoßen werden können. Das in dem Konzept der dynamischen Fähigkeiten betonte Prinzip der Synergie von Wissen und Kompetenzen wird ebenso vernachlässigt wie der kumulative und kollektive Charakter innovativer Prozesse. Die geforderte „Konzentration auf das Kerngeschäft" hat zur Folge, dass „in dieser Weise spezialisierte und in ihrem Funktionsumfang reduzierte Unternehmen zusätzlich in einzelne funktional und ökonomisch unabhängige Teilbereiche ausdifferenziert werden." (Hirsch-Kreinsen 1998, S. 206). Schumann (1999) vermutet, dass die in der zweiten Hälfte der neunziger Jahre in der deutschen Automobilindustrie zu beobachtenden Tendenzen einer Rückkehr tayloristischer Arbeitsformen mit dem zunehmenden Einfluss Shareholder Value-orientierter Kontrollkonzepte zusammenhängen. Das Personalwesen selbst und mit ihm die Fähigkeit der Unternehmen zu langfristiger Personalplanung gerät unter den Druck der Anteilseigner und Shareholder Value-orientierter Stimmen aus der Wissenschaft und der Beratungsbranche. Ihm wird vorgeworfen, es orientiere sich zu sehr an dem Ziel eines Interessengleichgewichts zwischen den „Stakeholdern" und vernachlässige die Interessen der Shareholder (Bahnmüller und Fisecker 2003, S. 66).

Auch mit der *strategic control* der Unternehmensführungen scheint es unter dem Regime der institutionellen Investoren nicht weit her zu sein. Zahlreiche Studien stimmen in dem Befund überein, dass die Investoren sich nicht auf die Ausübung der „Exit"-Option beschränken, sondern in nachdrücklicher Weise auf die Politik des Managements Einfluss zu nehmen versuchen. Die Fondsmanager stehen unter dem Druck der Forderung ihrer Kunden nach hoher Rendite und sie geben diesen Druck an das Unternehmensmanagement weiter. Durch kunstvolles Jonglieren zwischen den Optionen „Exit" und „Voice" versuchen sie, die Gewinnerzielung planbar zu machen.

Aber die grundlegende Unsicherheit des innovativen Prozesses selbst können sie nicht aus der Welt schaffen. Kreativität und Innovation lassen sich nicht von außen her planen und kommandieren.

Investoren und Manager sind sich zwar im Hinblick auf das Ziel der Gewinnmaximierung grundsätzlich einig. Aber welche Projekte und Produktlinien gewinnträchtig sind und welche nicht, können weder die Investoren, noch die Manager zuverlässig im Voraus wissen. Das Management, soweit es noch unternehmerische Ambitionen bewahrt hat, neigt dazu, die Entscheidung nicht nur aufgrund von Zahlen, sondern aufgrund seiner Intuition und seines personalen, technischen und geschäftsbezogenen Kontextwissens zu treffen. In den „Hausbank"-Systemen deutscher oder japanischer Prägung erhält es auch die Rückendeckung durch die Eigentümer dazu (Aglietta und Breton 2001). Den global operierenden institutionellen Investoren steht dieses Kontextwissen nicht zur Verfügung. Sie müssen sich auf formale Kennziffernsysteme stützen, die sie zu perfektionieren versuchen. Die fortschreitende Informatisierung der betriebswirtschaftlichen Steuerungssysteme (Pfeiffer 2004, S. 201 f.) leistet diesem Kontrollinteresse der Investoren Vorschub. Die Kehrseite ist eine Tendenz zur Standardisierung von Strukturen und Entscheidungen, die innovative Prozesse erschwert und die unternehmerische Initiative der Akteure vor Ort zurückdrängt. Gleichwohl können auch denkbar perfektionierte betriebswirtschaftliche Informationssysteme niemals die ganze Realität der Arbeitsprozesse eines Unternehmens abbilden. Von der Möglichkeit des Betruges (Windolf 2003) ganz abgesehen, handelt es sich unvermeidlich um soziale Konstruktionen, die der Einzigartigkeit der durch sie abgebildeten Sachverhalte nicht gerecht werden können. Weil die Investoren keinen direkten Zugang zum Prozess der Konstruktion der Daten haben, sind sie nicht in der Lage, zuverlässig zwischen Sein und Schein der Leistungen des Unternehmens zu unterscheiden.

Für die Lösung des sich hier abzeichnenden Kontrollproblems[13] gibt es kein Patentrezept. Das realistischste Szenario ist wohl, dass die Manager die Schwäche der Position der Eigentümer erkennen und lernen, sie zu ihrem eigenen Vorteil zu nutzen, indem sie symbolische Selbstdarstellung und praktisches Handeln tendenziell entkoppeln (Froud et al. 2000; Deutschmann 2002a). Rasch eignen sie sich die von den Investoren verordneten Sprachspiele an und verstehen es, die Leistungen und Zukunftsperspektiven des Unternehmens in ein für die Börsenbewertung günstiges Licht zu rücken. Die ihnen gewährten Aktienoptionen – inzwischen sind sie wegen der Börsenkrise und der zahlreichen Betrugsfälle allerdings teilweise wieder abgeschafft – sorgen dafür, dass die auch ein persönliches Interesse an derartigen Inszenierungen entwickeln. In der realen Unternehmenspolitik dagegen sind aufgrund der Unberechenbarkeit des Verhaltens der Investoren Risikovermeidung und Kostensenkung oberste Gebote. Die Fertigungstiefe wird verringert; fixe Personalbestände und Kapitalinvestitionen werden soweit wie möglich überhaupt vermieden. Idealerweise möchte man überhaupt nicht mehr die

---

[13]Vgl. den Überblick über die Diskussion dazu bei O'Sullivan 2000, S. 43 f.

11.5 Finanzmarkt-Kapitalismus, Management und Innovation …

Rolle des Produzenten, sondern nur noch die des „Dienstleisters" übernehmen, und so scheint die Wirtschaft sich in Richtung einer „weightless economy" (Coyle 1997) zu entwickeln. Selbst industrielle Produktionsanlagen werden nicht mehr gekauft, sondern „geleast": Man „kauft das Loch, nicht den Bohrer, die Druckluft, nicht den Kompressor, den Gütertransport, nicht den Gabelstapler." (Reindl 2002, S. 103) Übersehen wird dabei, dass mit dem Risiko auch das Wertschöpfungspotenzial ausgelagert wird. Wenn alle Innovation nur noch kaufen wollen, wer wird dann noch bereit sein, sie zu produzieren? Auch unter solchen Bedingungen können zwar noch Gewinne erzielt werden, aber nur noch durch Lohnsenkungen und Steigerung der Leistungsanforderungen, d. h. auf Kosten der abhängig Beschäftigten. Kapitalverwertung verwandelt sich – in anderen Worten – aus einem Positivsummenspiel in das oben erwähnte Nullsummenspiel, das kein wirtschaftliches Wachstum mehr hervorbringt, sondern sich in der Umverteilung der Lohn zugunsten der Kapitaleinkommen erschöpft.

Das Regime der institutionellen Investoren – so lässt sich resümieren – setzt den mit der Aktiengesellschaft begonnenen historischen Prozess der Trennung von Eigentum und Verfügungsgewalt fort und treibt ihn auf die Spitze. Damit werden aber auch die in diesem Prozess schon immer angelegten Paradoxien – nicht nur Schumpeter, sondern schon Adam Smith hatte ein klares Bewusstsein von ihnen – auf die Spitze getrieben. Wer delegiert, muss auch kontrollieren; er handelt sich das viel zitierte „principal-agent"-Problem ein. Kreativität und Unternehmertum als eine Form kreativen Handelns lassen sich im Kern jedoch weder delegieren, noch kontrollieren. Sie sind der ureigenste Besitz der individuellen Persönlichkeit und untrennbar mit ihrem „impliziten Wissen" (Polanyi 1966), und damit auch ihrer Leiblichkeit verknüpft. Das heißt nicht, dass Kreativität eine autistische Aktivität wäre. Kreative Individuen brauchen einander; Innovation ist ein Prozess kollektiven Lernens. Kooperation in der Produktion von Innovationen setzt jedoch Vertrauen und gegenseitige Anerkennung der Akteure voraus. Diese können sich, wie Lazonick und O'Sullivan gezeigt haben, am ehesten in netzwerkartigen Kooperationsstrukturen mit gering ausgeprägtem Machtgefälle zwischen den Akteuren entwickeln. Solche Strukturen sind geeignet, die Reziprozität der Leistungsbeziehungen sicherzustellen und die Beteiligten gegen eine Instrumentalisierung ihrer Beiträge durch andere zu schützen. Gleichzeitig neigen sie zu sozialer Schließung und tragen „partikularistische" Züge. Weder universalistische Märkte, noch formale Hierarchien stellen deshalb Sozialformen dar, die für die Produktion von Innovationen geeignet sind, erst recht nicht globale Märkte für Unternehmenskontrolle. Deren Hauptakteure – die institutionellen Investoren – sind ihren Kunden, den Anlegern, verpflichtet. An die Unternehmen, deren Eigentumsanteile sie erworben haben, bindet sie dagegen außer dem Gewinninteresse nichts. Der Finanzmarkt-Kapitalismus löst das Principal-Agent-Problem zwischen Managern und Eigentümern nicht, sondern verschärft es; darin ist Schreyögg (1999) zuzustimmen. Das muss auch die Zweifel an seinen produktiven Potenzialen verstärken.

11.6 Finanzmarkt-Kapitalismus und staatliche Geld- und Finanzpolitik (Hypothesen 7 bis 9)

Eine Analyse der Auswirkungen des Finanzmarkt-Kapitalismus auf das wirtschaftliche Wachstum wäre unvollständig, würde man nur die Unternehmensebene betrachten und die Konsequenzen globaler Finanzmärkte für die staatliche Geld- und Finanzpolitik und die makroökonomische Ebene ignorieren. Deren Rahmenbedingungen haben sich durch die von den institutionellen Investoren betriebene Liberalisierung und Internationalisierung der Finanzmärkte nicht weniger drastisch verändert wie die der Unternehmen. Mit der Liberalisierung treten die Funktionen des Geldes als Kreditgeld und den internationalen Handel vermittelndes Zahlungsmedium „zurück hinter seine Rolle als Anlagemedium, als Geldvermögen, das im Vergleich zu anderen Finanzvermögen einen relativen Preis hat." (Huffschmid 2002, S. 127) Durch die neu geschaffenen Möglichkeiten, Finanzvermögen frei zwischen den Märkten zu transferieren, erhalten die Investoren ein soziales und politisches Druckmittel ersten Ranges in die Hand, das nicht nur gegenüber Unternehmen wirkt, sondern auch gegenüber Nationalstaaten. Auch die Nationalstaaten geraten in die Rolle von Konkurrenten um die Gunst des immer beweglicheren „Produktionsfaktors Kapital". Selbst dann, wenn zusätzliches externes Kapital gar nicht benötigt wird, müssen die Regierungen versuchen, die Abwanderung des Kapitals durch geeignete steuer- und finanzpolitische Anreize zu verhindern. Dank seiner Beweglichkeit auf den Märkten und durch die spekulativen Pirouetten, die es auf ihnen drehen kann, kann das Kapital sich überall rarmachen – obwohl es in Wahrheit längst nicht mehr knapp ist, sondern im Gegenteil die überschüssige Liquidität an den Finanzmärkten zu einem immer drängenderen Problem wird.

Eine Folge dieser Konstellation war zunächst der seit Ende der siebziger Jahre in allen führenden Industrieländern zu beobachtende Kurswechsel der Geldpolitik hin zu hohen Zinsen und zu absoluter Priorität des Ziels der Inflationsbekämpfung. Die gleichzeitigen Prozesse der institutionellen Autonomisierung der Zentralbanken und der Entstehung einer dem nationalen parteipolitischen Kräftespiel enthobenen internationalen „financial and banking community" (Weinert 2002) haben diese Entwicklung gefördert. Wie die Enquete-kommission des Bundestages, gestützt auf eine Untersuchung von David Felix, gezeigt hat, stieg das Niveau der Realzinsen in den G 7-Ländern seit Beginn der achtziger Jahre über das der jährlichen Zuwachsraten des Bruttosozialprodukts. Trotz der starken Zinssenkungen in Japan zu Beginn der neunziger Jahre und in den anderen Ländern nach 2000 ist diese Konstellation bis über die Jahrhundertwende hinaus erhalten geblieben (Deutscher Bundestag 2002, S. 70).

Die Mehrheit der ökonomischen Sachverständigen, die zeitgleich mit der Liberalisierung der Finanzmärkte auf neoklassisch-monetaristische Positionen umschwenkte, begrüßte zwar die Hochzinspolitik und feierte ihre „disziplinierenden" Wirkungen auf die staatliche Finanzpolitik. Aber die keineswegs nur „disziplinierenden" sondern depressiven Auswirkungen einer so ausgedehnten Phase hoher Realzinsen lassen sich nicht länger leugnen: Die hohen Realzinsen haben Finanzanlagen gegenüber Investitionen in Sach- und Humankapital begünstigt. Sogar Großunternehmen in so traditionsreichen Industriezweigen wie der Automobilindustrie sind dazu übergegangen, einen wachsenden Teil ihres Kapitals in Finanzanlagen zu investieren und haben sich zu Finanzdienstleistern gewandelt. Der oben schon festgestellte Rückgang der realen Investitionsquoten und das Anwachsen der Arbeitslosigkeit in den OECD-Ländern seit 1980 dürften mit dieser Verschiebung des Investitionsverhaltens zusammenhängen. Die hohen Realzinsen haben das überproportionale Anwachsen der Finanzvermögen gefördert, damit aber auch die Spekulation einschließlich ihrer destabilisierenden Auswirkungen auf die Finanzmärkte. Statt einer Inflation der Verbraucherpreise ist nun eine der Vermögenswerte zu beobachten. Die Einkommensungleichheit zwischen Lohnempfängern und Kapitaleigentümern hat zugenommen. Während die realen Masseneinkommen in Deutschland und vielen anderen Ländern seit geraumer Zeit stagnieren oder zurückgehen (Ganßmann 2004), haben sich die Einkünfte aus Unternehmertätigkeit und Vermögen seit 1980 mehr als verdoppelt (Afheldt 2003, S. 34). Die lang anhaltende Stagnation auf den Konsumgütermärkten ist vor diesem Hintergrund nicht erstaunlich. Hohe Realzinsen haben schließlich die Kosten staatlicher Kreditaufnahme erhöht und dadurch die antizyklische und beschäftigungspolitische Manövrierfähigkeit der öffentlichen Haushalte zusätzlich eingeschränkt.

Der Wettbewerbsdruck, dem die Nationalstaaten vonseiten der Kapitalmärkte ausgesetzt sind, beschränkt sich nicht auf das Feld der Geldpolitik, sondern wirkt sich auch auf die Finanzpolitik aus. Zwischen den Staaten hat sich ein Subventions- und Steuersenkungswettlauf entwickelt, mit der Folge einer progressiven Umschichtung der Steuerlast zugunsten der Kapitaleigentümer und zuungunsten der Lohnempfänger, die deren Konsumneigung weiter dämpft. Da die zurückgehenden Steuereinnahmen keineswegs durch eine gesteigerte Wirtschaftsaktivität kompensiert werden, sehen sich die Regierungen zu Sparmaßnahmen und Kürzungen von Sozialleistungen gezwungen.

Der sich hier anbahnende circulus vitiosus scheint freilich durch die Krise von 2001/2002 in vielen Ländern auf eine politische Schmerzgrenze gestoßen zu sein, die die Zentralbanken und Regierungen schließlich zum Gegensteuern veranlasst hat. Die Zinsen wurden auf historische Tiefstände, in Japan sogar auf nahe Null gesenkt, die staatliche Neuverschuldung nahm erneut erheblich zu. Hinter der Kulisse der weiterhin offiziell verfolgten Spar- und Konsolidierungspolitik bahnt sich eine „Renaissance der diskretionären Finanzpolitik" (SVR 2003/2004, S. 13) an, freilich nur als politisch unumgängliche Notmaßnahme gegen die drohende Rezession. Neues Wirtschaftswachstum lässt sich so kaum erzielen, und der Preis ist ein weiterer Anstieg der Zinslasten der öffentlichen Haushalte sowie eine latente Inflationierung der Währungen und Vermögenswerte.

11.7 Schlussbemerkungen

Die Auswirkungen globalisierter Finanzmärkte auf das wirtschaftliche Wachstum können – dies war mein Ausgangspunkt – angemessen nur in einer Mehrebenen-Perspektive erfasst werden, die die Handlungslogik der individuellen Akteure in den Unternehmen und Haushalten ebenso berücksichtigt wie die Meso-Ebene der institutionellen Investoren und Unternehmen und die staatliche Finanzpolitik. Trägt man die Befunde zusammen, so ergeben sich daraus mehrere Indizien für einen depressiven Effekt des Finanzmarkt-Kapitalismus auf das Wirtschaftswachstum. Er entsteht aus einem den Expansionsstrategien der institutionellen Investoren innewohnenden strukturellen Ungleichgewicht: Auf der einen Seite waren die Investoren erfolgreich bei der Mobilisierung und Einwerbung privater Finanzvermögen. Basis dieses Erfolges waren die Privatisierung der Altersvorsorge in vielen Ländern, aber auch die Veränderungen der Lebensstile in den gesellschaftlichen Mittelschichten. Die durch die Zinseszinsautomatik ohnehin schon gegebene Tendenz zu einem überproportionalen Wachstum der Finanzvermögen wurde dadurch weiter verstärkt. Auf der anderen Seite ist eine komplementäre Ausweitung profitabler Investitionen und unternehmerischer Aktivitäten ungeachtet der durch die Investoren betriebenen Expansion der Anlagefelder ausgeblieben. Die durch die institutionellen Investoren durchgesetzten Reorganisationen auf Unternehmensebene erzeugen, wie ich aufgezeigt habe, ein eher ungünstiges Umfeld für innovative Prozesse und Projekte und mit ihnen für das Wachstum der Unternehmen. Darüber hinaus haben der durch die Finanzmärkte erzwungene Sparkurs der öffentlichen Haushalte und die Umschichtung der Steuerlast zuungunsten der Lohnempfänger eine kontraktive Wirkung auf die Investitions- und Konsumnachfrage. Ergebnis ist eine Tendenz zur Bildung überschüssiger Finanzvermögen, die zur Inflation der Vermögenswerte führt und spekulative Blasen entstehen lässt. Das unvermeidliche Platzen dieser Blasen erzeugt wirtschaftliche und gesellschaftliche Krisen.

Mit dieser Einschätzung soll nicht einer Dämonisierung der institutionellen Investoren als alleinigen Verursachern der aktuellen Krise das Wort geredet werden. Der Aufstieg der Fondsgesellschaften bringt nur einen tiefer liegenden gesellschaftlichen Prozess zum Ausdruck, der auch ohne sie stattfinden würde: das lang anhaltende, nunmehr seit fast sechzig Jahren durch keine großen Kriege und Inflationen mehr unterbrochene Wachstum der privaten Finanzvermögen. Schon seit den sechziger Jahren wuchsen diese Vermögen (wie oben angemerkt) in Westdeutschland fast doppelt so stark wie das Bruttosozialprodukt. Eine Gesellschaft aber, die einen immer größeren Teil ihres Reichtums in Form von Finanzvermögen anhäuft, müsste im Gegenzug auch ihre Investitionen steigern, um ein dynamisches Gleichgewicht zu wahren. Die Vermögen der einen sind die Schulden der anderen; die Schulden aber müssen inklusive Zinsen *realiter* abgearbeitet und eingelöst werden. Die Gesellschaft müsste, mit anderen Worten, immer mehr unternehmerische Energien mobilisieren, immer mehr schöpferische Zerstörung betreiben, ihre wirtschaftlichen und sozialen Strukturen in immer rascherem Tempo umwälzen.

11.7 Schlussbemerkungen

Die bisherige Geschichte des Kapitalismus zeigt zwar, dass dies unter bestimmten, auch in Industrialisierungs- und Modernisierungstheorien beschriebenen Bedingungen (der Wachstumstheoretiker Walt Rostow (1960) sprach von der Phase des „take-off") zeitweilig gelingen kann: solange es eine jugendliche, stark wachsende und zugleich arme Bevölkerung gibt, die nach Wohlstand und sozialem Aufstieg strebt und solange eine ungleiche, zugleich aber nicht ständisch oder ethnisch zementierte Verteilung der sozialen Chancen ihr dafür Anreize bietet. Aber kann die Dynamik schöpferischer Zerstörung auch dann weiter zunehmen, wenn der Wunsch nach Wohlstand und Aufstieg sich für breite Schichten erfüllt hat, wenn es – mit anderen Worten – immer mehr Menschen gibt, die durchaus etwas zu verlieren haben und dem Neuen gegenüber daher nicht mehr per se aufgeschlossen sind? Kann die kapitalistische Dynamik anhalten, auch wenn die Bevölkerung nicht mehr wächst, sondern altert und schrumpft?

Eine allgegenwärtige politische Rhetorik von Flexibilisierung und Unternehmertum möchte heute zwar suggerieren, dies sei möglich und realistisch. Mit der Wirklichkeit hat dies wenig zu tun. Reale Gesellschaften sind auf Kontinuität und Reproduktion angewiesen. Sie können nicht uferlos schöpferische Zerstörung betreiben, nur weil die Ansprüche der Eigentümer befriedigt werden müssen. Das gilt schon für Entwicklungsländer und erst recht für alternde Wohlstandsgesellschaften. Die Hypertrophie der privaten Finanzvermögen hat schon heute ein solches Ausmaß erreicht, dass eine Entschuldung kaum mehr denkbar erscheint. Das dazu notwendige Ausmaß an Innovation würde jede Gesellschaft selbst bei äußerster Anspannung ihrer Kräfte überfordern. Wohl zum ersten Mal in ihrer Geschichte sehen die kapitalistisch entwickelten Volkswirtschaften sich mit dem Problem lang anhaltenden, durch keine großen Kriege und Währungsschnitte mehr unterbrochenen exponentialen Wachstums der Finanzvermögen konfrontiert. Zu klären, wie dieses Problem bewältigt werden kann, d. h. wie die Forderungen der Gesellschaft an sich selbst in Einklang mit dem gebracht werden können, was sie vernünftigerweise leisten kann, ist zweifellos eine zentrale Herausforderung für die künftige Gesellschaftstheorie und -politik.

Die institutionellen Investoren aktualisieren und verstärken also nur ein Problem, das auch ohne sie virulent wäre. Unmittelbar gangbare politische Strategien zu seiner Bewältigung sind heute nicht erkennbar.[14] Jede nationale Regierung, die eine direkt gegen die Eigentumsrechte der Vermögensbesitzer gerichtete Politik versuchen würde, würde damit nicht nur eine massive Kapitalflucht auslösen, sondern sich auch in einen Konflikt mit wichtigen Wählerschichten manövrieren. Anders als der von Hilferding vor hundert Jahren analysierte „Finanzkapitalismus" stützt der heutige Finanzmarkt-Kapitalismus sich

---

[14]Die Anhänger der in manchen Ökonomenkreisen, etwa um die „Zeitschrift für Sozialökonomie", heute wieder verstärkt diskutierten Freigeld-Lehre Silvio Gesells benennen das Problem zwar richtig. Aber die vorgeschlagene Lösung (Einführung einer Umlaufsicherung des Geldes) ist technisch verkürzt. Das Problem der Hypertrophie der Finanzvermögen ist in erster Linie ein politisches und gesellschaftliches, kein nur geldtechnisch zu lösendes.

nicht auf eine repressive staatsmonopolistische Herrschaftsstruktur, sondern gründet sich auf den Konsens der politisch tonangebenden oberen Mittelschichten, gerade auch der mithilfe des sozialdemokratischen Wohlfahrtsstaates Aufgestiegenen. „Der gut bezahlte Mittelstandsbürger ist daher nur zu oft Opfer und Täter, Gewinner und Verlierer zugleich", betonen Martin und Schumann (1996, S. 103) mit Recht. Geld und Geldvermögen stellen zentrale Elemente des auf individuelle Autonomie orientierten Wertesystems moderner Gesellschaften dar (ausführlich Deutschmann 2001). Es wäre unrealistisch, zu erwarten, dass selbst schwere Krisen daran rasch etwas ändern. Der gerade in Mittelschichtkreisen so gern beklagte „Terror der Ökonomie" geht nicht auf finstere Mächte, sondern zu einem erheblichen Teil auf die gut entwickelten finanziellen Instinkte der gleichen Mittelstandsbürger selbst zurück. Solange die Einsicht in den Zusammenhang zwischen der eigenen Opfer- und Täterrolle so gering ist wie in der Gegenwartsgesellschaft, wird auch politisch über das Kurieren der Krisensymptome des Finanzmarktkapitalismus hinaus wenig getan werden können. Die Politik bleibt Getriebene der Finanzmärkte. Gewiss wird man versuchen, den Druck auf die arbeitende Bevölkerung durch Kürzung von Löhnen, Verlängerung der Arbeitszeiten, Abbau des Sozialstaats immer weiter zu erhöhen. Aber weil dies alles nicht ausreichen wird, wird man um opportunistische Konfliktlösungen in Form eines heimlichen Keynesianismus, d. h. finanzpolitischer Rettungsmaßnahmen für große Unternehmen, Banken und Fonds und insbesondere einer stetig weiter anwachsenden Staatsverschuldung weiterhin nicht herumkommen. Die Zuspitzung der Widersprüche des Finanzmarkt-Kapitalismus wird sich jedoch nicht endlos auf diese Weise aufschieben lassen.

12 Die Finanzmärkte und die Mittelschichten

Der kollektive Buddenbrooks-Effekt

12.1 Die aktuelle Finanzmarktkrise und ihre strukturellen Hintergründe

Täglich (im Herbst 2008) gibt es neue Nachrichten über Bankenzusammenbrüche und Abstürze der Börsen. Die öffentliche Empörung über gewissenlose Spekulanten, bodenlosen Leichtsinn der Banken, Versagen der Aufsichtsgremien, Korruption der Analysten, betrügerische Praktiken der Banken und Fondsgesellschaften ist groß. Von allen Seiten, allen voran von den verantwortlichen Vorständen selbst, erschallt der Ruf nach dem Staat als Retter, dem gleichen Staat, den man gerade eben noch am liebsten auf dem Müllhaufen entsorgt hätte. Der Staat sei nicht die Lösung, sondern das Problem – so hatte es Ronald Reagan gesagt, mit dem alles angefangen hatte. Nun ist er doch die einzige Lösung. Der Bankrott neoliberaler Politik und Wissenschaft könnte spektakulärer kaum sein.

Was ist dazu aus soziologischer Sicht zu sagen? Was ist vor allem *Neues* dazu zu sagen? Eine einschlägige Quelle zum Thema ist die vor 30 Jahren erstmals erschienene Studie von Charles P. Kindleberger und Robert Aliber über „Manias, Panics, und Crashes", die vor einigen Jahren (2005) in einer neuen Auflage erschienen ist. Obwohl die Autoren Ökonomen sind, handelt es sich um eine Untersuchung mit profundem soziologischem Gehalt. Wer diese Studie zur Hand nimmt, wird an der gegenwärtigen Krise zunächst nichts prinzipiell Überraschendes finden. Finanzmarktblasen und nachfolgende Abstürze sind, wie die Autoren zeigen, ein normales, regelmäßig auftretendes Phänomen der kapitalistischen Entwicklung. In ihrem den Zeitraum von 1618 bis 1998 umfassenden historischen Überblick zählen sie insgesamt 38 solcher Krisen. Ungeachtet aller historischer Spezifika lässt sich in diesen Krisen ein gemeinsames Muster erkennen, das sich in vier Befunden zusammenfassen lässt: 1) Finanzmärkte sind anfällig für externe Irritationen. Sie verarbeiten diese Irritationen aber nicht durch einen eingebauten Gleichgewichtsmechanismus, sondern durch positive oder negative

Verstärkung von Ungleichgewichten. Zunächst schaukeln die Akteure sich in ihren positiven Erwartungen gegenseitig hoch – die Phase der „mania". Irgendwann geht es nicht mehr weiter. Dann entsteht ein Verkaufsdruck, und der gleiche Vorgang wiederholt sich in negativer Richtung. Es kommt zur Panik und zum Crash. Finanzmärkte sind also inhärent instabil 2) Diese Tendenz zur Selbstverstärkung von Ungleichgewichten (positiv oder negativ) wird durch die Hebelwirkungen des Kredits zusätzlich forciert. 3) Der Aufbau und die anschließende Vernichtung von Finanzvermögen durch Finanzmarktkrisen ist mit beträchtlichen Umverteilungen verbunden. Gewinner sind dabei in der Regel die professionellen Spekulanten (Insider), die rechtzeitig ein- aber auch wieder aussteigen. Verlierer sind die „Outsider", d. h. das breite Publikum der Amateure, die regelmäßig zu spät einsteigen und dann ebenfalls zu spät und mit großen Verlusten aussteigen. 4) Ein viertes Merkmal ist die Lernunfähigkeit der Akteure. Natürlich wissen alle, dass es Finanzmarktkrisen gibt, genauer: es *gab* sie, nämlich in der Vergangenheit. Diesmal – so die allgemeine Überzeugung im Vorfeld einer Manie – sei alles anders: „The authorities recognize that something exceptional is happening in the economy and while they are mindful of earlier manias, ‚this time is different', and they have extensive explanations for he difference" (Kindleberger und Aliber 2005, S. 24).

Dieses Grundmuster lässt sich auch in den aktuellen Ereignissen ohne Weiteres wiedererkennen, und so ist man versucht zu folgern: Nichts Neues unter der Sonne. Ganz so ist es, wie ich argumentieren möchte, nun allerdings doch nicht. Neu ist nicht nur das Ausmaß und die globale Dimension der Krise. Meine These ist, dass sich jenseits des aktuellen Geschehens schon seit geraumer Zeit sozialstrukturelle Spannungen und Widersprüche aufgebaut haben, die das gesellschaftliche Krisenpotenzial von Finanzmarktblasen deutlich erhöht haben – erhöht haben jedenfalls im Vergleich zur Ära des sogenannten Bretton-Woods-Systems vom Ende des Zweiten Weltkrieges bis zum Jahr 1973, als dieses System aufgehoben wurde. Seit den achtziger Jahren sind die privaten Finanzvermögen weltweit dreimal stärker gewachsen als das aggregierte Sozialprodukt von 23 hochentwickelten OECD-Ländern, und das Volumen des Handels mit Devisen, Aktien und Anleihen stieg fünfmal rascher (Sassen 2005, S. 19/20). Damit ist ein immer stärkeres potenzielles und aktuelles Ungleichgewicht zwischen dem Volumen der anlagesuchenden Finanzvermögen und den Anlagemöglichkeiten entstanden. Nach der New Economy-Krise in den Jahren 2001–2003 scheint dieses Ungleichgewicht sich heute erneut und mit noch viel stärkerer Wucht zu entladen. Es muss nicht wieder so katastrophal kommen wie in der Weltwirtschaftskrise, aber auch das kann zurzeit niemand ausschließen. Mein Ziel ist es also, jenseits der konkreten Mechanismen des aktuellen Crashs nach den längerfristigen sozialstrukturellen Trends und Strukturveränderungen zu fragen, die hinter der heutigen Krise – sie ist ja nicht vom Himmel gefallen – stehen. Vor allem fünf Fakten bzw. Trends erscheinen mir relevant:

1. Das alle historischen Vergleiche sprengende Volumen der Finanzvermögen. Allein in Deutschland beliefen sich die privaten Finanzvermögen 2006, hält man sich an die Statistiken der Deutschen Bundesbank, auf einen Betrag von rund 4,5 Billionen EUR

12.1 Die aktuelle Finanzmarktkrise und ihre strukturellen Hintergründe

(brutto) bzw. 2,9 Billionen (netto). Weltweit waren es im gleichen Jahr nach einer Erhebung des McKinsey Global Institute 179 Billionen US$ (Roxburgh et al. 2011, S. 2). Die großen Kriege und Krisen, die bis in die Mitte des 20. Jahrhunderts immer wieder zu einer beträchtlichen Vermögensvernichtung geführt haben, sind seither ausgeblieben. Entsprechend nachhaltig sind die Vermögen gewachsen, und auch die Zahl der Besitzer von Finanzvermögen (Aktien und Fondsanteile) hat stark zugenommen. Selbst im traditionell aktienabgeneigten Deutschland sind es nach den Zahlen des Deutschen Aktien-Instituts zurzeit ca. 10, Mio. – deutlich mehr als die nur noch ca. 7 Mio. Gewerkschaftsmitglieder.

2. Obwohl die privaten Finanzvermögen extrem ungleich verteilt sind, sich stark auf die obersten Einkommensgruppen konzentrieren und die Konzentration auch zugenommen hat, haben sich in den oberen Mittelschichten, d. h. ungefähr in den oberen vier Einkommensdezilen, ebenfalls beträchtliche Vermögen gebildet. Ich gebe hier nur die Daten für Deutschland wieder (Tab. 12.1).

Schon im 19. Jahrhundert hat der Mittelstand – Kindleberger/Aliber nennen als typische Klientel „spinsters, widows, retired naval and army officers, magistrates, retired merchants, parsons and orphanages" (Kindleberger und Aliber 2005, S. 268) – sich rege an der Finanzspekulation beteiligt. Aber die Schicht der mittelständischen Vermögensrentiers und, wie man vermuten darf, der Einfluss der entsprechenden sozialen Interessenlagen, ist heute beträchtlich größer geworden. Die Geldanlage in Aktien und Fonds ist zu einem Massenphänomen geworden, wie man jeden Abend bei den Fernsehnachrichten erleben kann. Wir haben es mit sozialen Aufsteigern und

Tab. 12.1 Verteilung der privaten Finanzvermögen in Deutschland 1993–2003 (in Mrd. EUR (v. H.))

Dezile	1993	1998	2003
1	−2,1 (−0,2)	−3,9 (−0,3)	−7,9 (−0,6)
2	2,4 (0,2)	1,3 (0,1)	0,8 (0,1)
3	6,3 (0,6)	5,9 (0,5)	6,1 (0,5)
4	12,5 (1,2)	13,4 (1,2)	16,2 (1,2)
5	23,9 (2,3)	27,3 (2,4)	34,9 (2,6)
6	50,7 (4,8)	58,5 (5,1)	70,5 (5,3)
7	105,7 (10,0)	112,1 (9,9)	123,6 (9,3)
8	160,3 (15,1)	171,2 (15,1)	190,0 (14,2)
9	227,3 (21,4)	247,0 (21,7)	275,8 (20,7)
10	474,7 (44,7)	504,3 (44,4)	624,4 (46,8)

Quelle: 2. Armuts- und Reichtumsbericht der Bundesregierung. Anmerkung: Die Zahlen beruhen auf der Einkommens- und Verbrauchsstichprobe des Statistischen Bundesamtes, die die größten Vermögen nicht berücksichtigt. Sie fallen daher erheblich niedriger aus als die oben genannten Daten der Bundesbank

Gewinnertypen zu tun. Es handelt sich um Freiberufler und Selbstständige, höhere Beamten und Angestellte. Die reiferen Altersgruppen, Rentner und Pensionäre sind unter den Anlegern deutlich überrepräsentiert. Die Mehrheit von ihnen hat gehobene Bildungsabschlüsse vorzuweisen; hier an der Universität könnte man also fast sagen: Menschen wie Du und ich.

3. Es ist ein langfristiges und kontinuierliches Wachstum der Vermögensbestände und Vermögenseinkommen festzustellen und dieses Wachstum übertraf das der verfügbaren Einkommen bei weitem. Zwischen 1960 und 1990 sind die privaten Finanzvermögen in Westdeutschland etwa doppelt so stark wie das Volkseinkommen gewachsen (Stein 2004). Seither hat sich das überproportionale Wachstum der Finanzvermögen, wenn auch nicht mehr ganz so stark, fortgesetzt, trotz des Börsenkrachs nach 2001. Den Angaben der Deutschen Bundesbank zufolge beliefen sich die privaten Finanzvermögen in Deutschland im Jahr 1991 auf 199 % des verfügbaren Einkommens, im Jahr 2006 dagegen auf 300 %. Die noch starke Kluft des Vermögensbesitzes zwischen Ost- und Westdeutschland wird allmählich geringer. Mit den Vermögen wachsen auch die Vermögenseinkommen (Zinsen und Dividenden); jährlich dürften mindestens 300 Mrd. EUR an die Rentiers fließen. Während in der Öffentlichkeit lebhaft über die Höhe von Steuern, Sozialabgaben, Löhnen, Gehältern, selbst Managergehältern diskutiert wird, scheint die Legitimität der ständig wachsenden leistungslosen Einkommen aus Zinsen und Dividenden – trotz der durch sie verursachten Kostensteigerungen – jenseits jeder Diskussion zu stehen.

4. Die Zunahme der Vermögen und Vermögensbesitzer hat die Nachfrage nach professioneller Anlageberatung wachsen lassen. Im Zusammenhang damit hat sich, zunächst in den USA, in den letzten zwanzig Jahren auch in Europa, ein neuer Typus von kollektiven Akteuren an den Finanzmärkten durchgesetzt: die sog. „institutionellen Investoren" (Pensionsfonds, Hedge- und Investmentfonds). Die Bezeichnung „institutionelle Investoren" für diese Firmen ist insofern irreführend, als es sich nicht um Unternehmen handelt, die wirklich Arbeitskräfte und Maschinen kaufen. Sie betreiben vielmehr Finanzgeschäfte. Im Unterschied zu Banken leben sie aber nicht vom Kreditgeschäft, sondern sammeln das Kapital ihrer Kunden und investieren es in Aktien, Anleihen und andere Wertpapiere. Der Kunde braucht nur noch zwischen nach Risiko und Rendite differenzierten Paketangeboten zu wählen. Das Betätigungsfeld der Fonds beschränkt sich nicht längst mehr auf die Aktienmärkte, sondern greift dank der Entwicklung des außerbörslichen Beteiligungsmarktes („Private Equity") auch auf nicht börsennotierte mittelständische Unternehmen über, darüber hinaus auch auf Rohstoff- und Devisenmärkte.

5. Der Aufstieg der Fonds wäre undenkbar gewesen ohne die Globalisierung der Kapital- und Finanzmärkte seit dem Zusammenbruch des Systems von Bretton Woods im Jahr 1973 und die nachfolgende Deregulierung der Märkte auch in Europa durch den Maastricht-Vertrag. Ein weiterer entscheidender Faktor war die fortschreitende „Digitalisierung" der Märkte auf der Basis moderner Informationstechnologien, mit der das Volumen und die Geschwindigkeit der Transaktionen beträchtlich gesteigert

werden konnten und ein globaler Raum eigener Art entstand (Knorr-Cetina 2007). All dies brachte eine enorme Erweiterung der Anlageoptionen für die Fonds. Es entstand ein weltweiter „Markt für Unternehmenskontrolle" (Windolf 1994) und darüber hinaus ein Markt für Derivate und andere „sekundäre" Finanzprodukte mit spekulativem Charakter. Auf diesen Märkten konnten die Banken und Fondgesellschaften sich bewegen wie Fische im Wasser, besser gesagt: wie Hechte im Karpfenteich, denn mit dem Wegfall der nationalstaatlichen Regulierungen des Kapitalverkehrs haben nicht nur die Anlageoptionen, sondern die Gelegenheiten für Betrug und Korruption stark zugenommen (Windolf 2005; Blomert 2005).

12.2 Die Finanzmärkte und der kollektive „Buddenbrooks-Effekt": Skizze einer soziologischen Erklärung

Die genannten Entwicklungen stoßen nicht erst heute in der öffentlichen Diskussion auf zunehmende Kritik. Es wird vor einer Gefährdung der Demokratie durch die Macht der Fonds und der mit ihnen liierten Berater gewarnt, es ist vom Terror der Ökonomie und von Heuschrecken die Rede. Die Finanzkrisen haben in den Mittelschichten die Furcht vor dem sozialen Absturz geweckt. Es ist von gekauften Analysten, betrügerischen Managern und Banken die Rede, und die Gerichte werden – wie im Telekom-Prozess und aktuell im Zusammenhang mit dem Bankrott von Lehmann Brothers – angerufen, um den vermeintlich Betrogenen zu ihrem Recht zu verhelfen.

Der Feststellung, dass es Anlagebetrug, Bilanzfälschungen, Korruption der Analysten und Aufsichtsinstanzen in großem Umfang gibt, und dass derartige betrügerische Praktiken durch die Strukturen und Mechanismen der Finanzmärkte auch begünstigt werden, ist rundweg zuzustimmen. Aber dennoch empfinde ich hier ein Unbehagen: Haben nicht die sich heute als Opfer gerierenden Anleger mit ihrem Gewinnstreben den Aufstieg der Fonds erst ermöglicht, haben sie nicht die Konkurrenz unter ihnen angefacht und sie dadurch in riskante Operationen getrieben? Geht nicht der in Mittelschichtkreisen so gern beklagte „Terror der Ökonomie" zu einem guten Teil auf die gut entwickelten finanziellen Instinkte der gleichen Mittelstandbürger selbst zurück? Es drängt sich der Verdacht auf, dass die viel kritisierten negativen Erscheinungen des Finanzmarkt-Kapitalismus mindestens zum Teil nichts anderes sind als die ungeplanten kollektiven Folgen des Handelns der Kritiker selbst. Hier liegt, wie mir scheint, eine Situation vor, in der die Soziologie als Wissenschaft von den ungeplanten Folgen kollektiven Handelns gefragt ist. Sie kann einen Beitrag zur Aufklärung leisten, indem sie „soziologische Erklärungen" liefert, die zwischen kollektiven Strukturen, individuellen Handlungen und deren Aggregateffekten unterscheidet. Eine soziologische Erklärung gemäß den einschlägigen Konzepte von Coleman, Lindenberg und Esser ist natürlich selbst noch keine Theorie, sondern eher eine Art „Bauanleitung" für Theorien, deren Wert davon abhängt, was man daraus macht. Ich will hier versuchen, etwas daraus zu machen, indem ich das Konzept der soziologischen Erklärung auf das aktuelle Geschehen an den Finanzmärkten anwende.

Eine soziologische Erklärung besteht, ich erinnere hier nur kurz daran, im Prinzip aus drei Schritten (Esser 1993, 1999): *Erstens:* einer Rekonstruktion der sozialen Situation, in der die Akteure sich befinden („Logik der Situation" nach Esser); *Zweitens:* einer theoretisch begründeten Erklärung des Handelns der Individuen in der gegebenen Situation („Logik der Selektion"); *Drittens:* Einer Ableitung der neu konstituierten kollektiven Situation aufgrund der aggregierten Effekte der individuellen Handlungen („Logik der Aggregation"). Im folgenden skizziere ich, wie eine an diesen drei Schritten orientierte Analyse des Geschehens an den Finanzmärkten aussehen könnte; natürlich kann das nur eine sehr grobe Skizze sein. Die Frage, die ich damit beantworten will, lautet: Welches sind die kollektiven Folgen, wenn in einer modernen, kapitalistischen Gesellschaft Menschen in relativ großer Zahl sozial aufsteigen, zu Reichtum kommen und ihren Reichtum dann in Fondsprodukten anlegen? Wir müssen uns also im ersten Schritt mit der „Situation" der Anleger beschäftigen, mit ihrer sozialen Lage und damit, wie sie ihre eigene Situation und Lage wahrnehmen. Im zweiten Schritt wird es dann um ihr Handeln und ihre Entscheidungsmaximen gehen: Warum legen sie z. B. ihr Geld in Wertpapieren an, statt ihren Konsum auszuweiten oder es in selbstgenutzte Immobilien zu investieren? Und warum bevorzugen die einen riskante, aber potenziell hoch rentierliche, die anderen dagegen weniger riskante, aber auch weniger rentierliche Formen der Anlage? Schließlich wenden wir uns dann der Frage nach den kollektiven Folgen zu: Wie verändert sich die Struktur von Vermögensmärkten, wenn die Zahl der Rentiers in einer Gesellschaft nicht nur absolut, sondern auch relativ zunimmt? Und welche kollektiven Folgen hat es, wenn die Anleger die Verwaltung ihrer Vermögen an Kapitalfonds delegieren?

a) *Logik der Situation:* Zu den mit dem ersten Schritt verknüpften Fragen habe ich schon einiges ausgeführt und möchte dem hier nicht mehr sehr viel hinzufügen. Es handelt sich bei den Anlegern um sozial Erfolgreiche. Sie gehören den gehobenen oder höchsten Einkommensklassen an, verfügen überproportional häufig über gehobene Bildungsabschlüsse, üben einen Beruf als Angestellte oder Beamte im Bereich der höheren Dienstleistungen aus, bzw. sind als Führungskräfte, Selbstständige oder Freiberufler tätig. Vielfach handelt es sich um Personen, denen der Erfolg nicht in die Wiege gelegt wurde, sondern die ihn sich durch eigene Anstrengungen erarbeitet haben. Oft sind es soziale Aufsteiger, die sich beruflich und sozial weit über die Position ihrer Eltern hinaus hochgearbeitet haben. Wir müssen im Auge behalten, dass die Sozialstruktur Westdeutschlands – kaum allerdings die Ostdeutschlands – bis heute durch einen Trend zur intergenerationalen Aufwärtsmobilität bestimmt ist. Folgt man den Ergebnissen des „Datenreports 2006" (Statistisches Bundesamt 2006, S. 603), so kamen bei westdeutschen Männern im Zeitraum 1991–2000 auf einen Abstieg in der sozialen Positionshierarchie im Durchschnitt 2,4 Aufstiege, im Zeitraum 2001–2004 waren es noch 1,9. Auch bei den westdeutschen Frauen war der Saldo der Aufstiege seit 1991 positiv (1,3) und nahm im Zeitraum 2001–2004 deutlich auf 1,9 zu. Ohne diesen Positivsaldo der intergenerationalen sozialen Aufstiege in Westdeutschland wäre das oben festgestellte, stark überproportionale Wachstum der Finanzvermögen, das ja ebenfalls zum überwiegenden Teil ein westdeutsches Phänomen ist, nicht zu erklären. Ich spreche hier nur von der intergenerationalen Mobilität, nicht von der Karrieremobilität, bei der es neuerdings schon deutlich anders aussieht (mehr dazu weiter unten). Soziale Aufstiege spiegeln sich in der Zunahme des Geldeinkommens wider. Wer aufsteigt, steigert sein Einkommen nicht nur im Gleichschritt mit der allgemeinen Einkommens- und Tarifentwicklung, sondern realisiert einen zusätzlichen Bonus, der als Belohnung für die eigenen Anstrengungen erlebt wird.

Wir sind damit bereits bei den Faktoren der Situationswahrnehmung, und hier stoßen wir auf ein Phänomen, das schon von Georg Simmel beobachtet wurde und dem die heutige Geldpsychologie (im Überblick Haubl 2002) genauer nachgegangen ist. Geld ist nicht bloß „Indikator" der sozialen Position eines Individuums, sondern begründet diese Position selbst unmittelbar, indem es – in seiner Eigenschaft als „Vermögen" – umfassende Zugriffsrechte auf den gesellschaftlichen Reichtum eröffnet. Wer Geldvermögen hat, übt sozialen Einfluss nicht kraft seiner Reputation oder seines gesellschaftlichen Ranges aus, sondern verfügt über ein generalisiertes Machtpotenzial, das scheinbar gänzlich ohne soziale Vermittlungen auskommt. Vermögen heißt Können, und das im Geld objektivierte Können lässt den Vermögensbesitzer leicht den Unterschied zwischen seinen in der Regel sehr begrenzten persönlichen Fähigkeiten und dem Potenzial des Geldes vergessen. So wird das Geld zum Vehikel einer narzisstischen Selbstüberhöhung nach dem Motto: Was mein Geld kann, das kann und bin ich. Dem Vermögensbesitzer erscheint sein Geld als eine natürliche Erweiterung und Verlängerung seines Ego. Deshalb kann er, wenn die Börse abstürzt oder das Finanzamt sich meldet, dies nur Beschädigung des innersten Kerns seiner Persönlichkeit empfinden. Solche Selbstinszenierungen scheinen besondere Resonanz bei sozialen Aufsteigern zu finden, die ihr Geld als „sauer durch eigene Arbeit verdient" wahrnehmen.

b) *Logik der Selektion:* Ich komme nun zum zweiten Schritt: Wie verhalten sich Personen, die zu Geldreichtum gekommen sind, welche Kalküle verfolgen sie in ihren Entscheidungen? Rein theoretisch wäre denkbar, dass sie mit einem bestimmten Einkommen schlicht zufrieden sind, Überschüsse über dieses Einkommen für gute Zwecke spenden und für sich selbst höchstens eine Notreserve zurücklegen, die sie später wieder aufbrauchen. Aber das wäre eine nicht sehr plausible Hypothese, die allenfalls in Einzelfällen zutreffen mag; Andrew Carnegie war zwar steinreich, aber er hielt es für seine Pflicht, diesen Reichtum nicht persönlich zu verbrauchen und zu vererben, sondern in Form von Stiftungen an die Gesellschaft zurückzugeben (Nasaw 2006). Realistischer scheint die Annahme, dass die Wohlhabenden ihr Geld so einsetzen, dass dies ihrem weiteren sozialen Aufstieg dient. Bereits der sog. „symbolische Konsum" kann als eine solche aufstiegsorientierte Form der Geldverausgabung interpretiert werden: Man legt sich einen Mercedes der S-Klasse oder eine Rolex-Uhr zu und signalisiert damit gleichsam vorwegnehmend die Zugehörigkeit zu einem höheren sozialen Status, dem man zustrebt, faktisch aber noch gar nicht erreicht hat.

Aber hier soll es um die Motive der Geldanlage in Wertpapieren und anderen Vermögenswerten (z. B. Immobilien) gehen. Die Regieanweisung des Modells der soziologischen Erklärung sieht an dieser Stelle die Einführung einer „allgemeinen Gesetzeshypothese" vor. Aber eine solche allgemeine Gesetzeshypothese ist weit und breit nicht in Sicht. Die soziologische Lebensstilforschung hat zwar äußerst differenzierte Befunde über unterschiedliche Konsumstile und ihre Bedingtheit durch individuelle Lebenslagen, Milieuzugehörigkeiten und Kapitalausstattungen geliefert. Aber das Thema Geld und Geldanlage bleibt fast völlig unbeachtet. Nicht anders als die neoklassische Ökonomie scheint auch die Soziologie Geld als „bedeutungslos" zu betrachten. Besser erforscht scheint das Anlegerverhalten von der Seite der Geldpsychologie (Fischer et al. 1999) und der sog „Behavioural finance", aber nur unter dem relativ engen Gesichtspunkt der Wahl zwischen riskanten und weniger riskanten Anlagestilen oder des Herdenverhaltens, und eben nur psychologisch, nicht soziologisch.

Eine der wenigen soziologischen Untersuchungen ist die im Jahr 2002 durchgeführte Studie von Birenheide/Fischer/Legnaro (2005), die sich auf eine qualitative Befragung von 37 Kleinaktionären stützt. Gestützt auf diese Untersuchung lassen sich wenigstens Ansätze zur Hypothesenbildung skizzieren. Die These der Autoren ist, dass das Sparverhalten sich aus dem klassischen „deferred gratification pattern" gelöst hat: „Nicht das Sparen an sich ist verschwunden, aber seine primäre Bedeutung für einen auf die Zukunft verschobenen Konsum hat sich aufgelöst, und an dessen Stelle sind einerseits die Gegenwärtigkeit eines kreditfinanzierten Konsums, andererseits die spekulativ betonte Mehrung der finanziellen Ressourcen getreten" (Birenheide et al. 2005, S. 31). Geldanlage und Konsum haben – so lautet die These – ihren strikten Alternativcharakter verloren, sondern erfolgen sozusagen simultan. Die Motivation zur Geldanlage steht in engem Zusammenhang mit gesellschaftlichen Prozessen der Individualisierung. Die Autoren interpretieren sie als ein Vehikel der „Responsibilisierung", der Disziplinierung gerade durch Freiheit. Die Anleger sehen sich als Subjekte, die der gesellschaftlich geforderten „Selbstverantwortung" nachkommen. Das kann auf der einen Seite zu übersteigerten Kontrollüberzeugungen führen, indem der Anleger die sog. „Aktienperformance" unmittelbar als seine persönliche Leistung wahrnimmt, auf der anderen Seite zu rauschhaften Entgrenzungserlebnissen, in denen das Ego des Anlegers sich als allmächtig erfährt. Es beginnt mit Mahnungen von Freunden und Verwandten, man könne doch sein Geld nicht untätig herumliegen lassen, oder mit „Geheimtipps" von Verwandten und vertrauenswürdigen Freunden. Werbekampagnen, wie die für die Telekom-„Volksaktie", locken mit ungeahnten, die Möglichkeiten des normalen Erwerbslebens weit übersteigenden Gewinnen. Hat man sich einmal auf das Spiel eingelassen, stellen sich Erscheinungen wie „Gier" und „Fieber" ein: „Es ergibt sich dabei eine Art von faustischem Pakt zwischen einem anomischen Selbst, das auf die völlige Entgrenzung setzt, und dem rationalen Selbst, das die Risiken im Auge behält und eher langfristig denkt" (Birenheide et al. 2005, S. 96). Auch wenn die Kurse längst fallen, muss man die Papiere, auf die man einmal gesetzt hat, schon aus Gründen des Selbstwertgefühls behalten und handelt sich dann große Verluste ein. Das Problem des Anlegers ist, dass sein kalkulierendes Ego mit dem Objekt seiner Kalkulationen, dem Geld, auf eine diffuse Weise verschmilzt. Außer dem Blick auf den Gewinn und das Gewinnen scheint es für ihn keine weiteren relevanten sozialen Interessen mehr zu geben.

Eben durch seinen reinen „Mittelcharakter" – so hatte schon Simmel (1989) erkannt – wächst Geld über seinen Status als Mittel hinaus und wird dadurch zu einem das Handeln ganz bestimmenden Endzweck. In welchen Formen sich diese Entgrenzung geltend macht – Geiz, Gier oder Rausch – und von welchen biografischen und sozialen Faktoren sie beeinflusst wird, ist zweifellos noch kaum befriedigend erforscht. So viel kann aber gesagt werden, dass die von Coleman empfohlene Hypothese rationaler Nutzenmaximierung bei der Erklärung des Anlegerverhaltens nicht weit trägt.

c) *Logik der Aggregation*. Ich komme nun zu dem dritten Schritt des Konzepts der soziologischen Erklärung: Welche Folgen hat es für die makrogesellschaftliche Struktur und die Verfassung der Vermögensmärkte, wenn Individuen in großer Zahl sozial aufsteigen und den neu gewonnenen Geldreichtum am Kapitalmarkt anlegen? Die Frage gliedert sich in zwei Teilfragen: zum einen in die Frage nach makrostrukturellen Folgen des sozialen Aufstiegs selbst (ca.), zum anderen in die Frage nach den Folgen der Delegation der Anlageentscheidungen an einen neuen Typus kollektiver Akteure: die Kapitalmarktfonds (cb.).

ca.) Individuelle Anleger pflegen sich über das Problem der kollektiven Folgen des eigenen Handelns keine großen Gedanken zu machen. Weit verbreitet ist die Vorstellung, man habe so etwas wie ein „Naturrecht" auf Rendite. Stellen sich dann Verluste statt Gewinnen ein, so fühlt man sich betrogen und möchte seine Ansprüche vor Gericht durchsetzen. Woher der Gewinn eigentlich kommt: darüber denkt man nicht genauer nach oder verlässt sich auf die Auskünfte vermeintlich vertrauenswürdiger Freunde und Berater. Der Gewinn scheint aus dem Portfolio zu fließen wie der Strom aus der Steckdose. Das Geld selbst scheint es ja zu sein, das gemäß der populären Sparkassenreklame für den Anleger „arbeitet".

Demgegenüber ist an eine einfache Wahrheit zu erinnern: nämlich dass Vermögen stets Kontrakte zwischen Gläubigern und Schuldnern sind. Wertpapiere sind immer nur so viel wert, wie sich Schuldner finden, die bereit sind, das angebotene Kapital zu leihen und mit Zins und Zinseszins zurückzuzahlen. Die Schulden müssen eingelöst werden, das Geld muss zurückfließen, und das kann letztlich nur durch Arbeit geschehen: Entweder direkt durch die Arbeit des Kreditnehmers, der den durch ihn aufgenommenen Bank- oder Hypothekenkredit zurückzahlen muss, oder indirekt durch die abhängig Beschäftigten, deren Arbeit die Verwertung des durch den Unternehmer aufgenommenen Kapitals sicherstellt. Insofern ist die Finanzökonomie trotz aller spekulativen Pirouetten stets, wie indirekt auch immer, mit der „Realökonomie" verkoppelt.

In einer dynamischen Wirtschaft sind Unternehmen, die durch den Verkauf ihrer Produkte einen Gewinn erzielen wollen, auf eine Nachfrage angewiesen, die höher ist als die, die sie selbst mit ihren eigenen Kostenzahlungen geschaffen haben. Das heißt, es muss eine durch zusätzlichen Kredit finanzierte Nachfrage hinzukommen, um das Wachstum in Gang zu halten. Die in der wachstumspolitischen Rhetorik eingeforderte „Zukunftsorientierung" der Akteure hat einen harten Kern: Haushalte und Unternehmen müssen bereit sein, mehr auszugeben, als sie einnehmen; ohne die Verschuldung und die ihr entsprechende Produktions- und Lebensweise wäre kapitalistische Dynamik undenkbar. Die Bereitschaft zur Verschuldung ist naturgemäß dort höher, wo es viele Menschen gibt, die es noch nicht zu Reichtum und Vermögen gebracht haben. Ein idealer kapitalistischer Vermögensmarkt stellt sich als eine sozialstrukturelle Pyramide dar, mit wenigen Vermögensbesitzern an der Spitze und einer großen, möglichst jugendlichen, armen aber zugleich aufstiegswilligen Bevölkerung an der Basis. Das Interesse an sozialem Aufstieg und Geldreichtum motiviert die Vermögenslosen dazu, Kredite aufzunehmen, deren Rückzahlung sie dann zu außerordentlichen Arbeitsleistungen zwingt. Diese Leistungen wiederum stellen die Verwertung des Kapitals der Vermögenden sicher.

Dieses Spiel kann unter zwei schwer zu balancierenden Bedingungen funktionieren: Zum einen kann und muss es ein deutliches soziales Gefälle geben, einen Klassenunterschied zwischen Vermögenden und Vermögenslosen. Zum anderen aber darf dieser Klassenunterschied nicht ständisch oder ethnisch zementiert sein. Die Vermögenslosen müssen zumindest subjektiv eine hinreichende Chance sehen, für ihre Anstrengungen durch sozialen Aufstieg belohnt zu werden, auch wenn diese Chance objektiv nicht größer sein mag als bei einer Lotterie. Auf der anderen Seite darf aber auch nicht *zu vielen* der Aufstieg in die Klasse der Vermögenden gelingen. Um sich das klar zu machen, stelle man sich nur den Extremfall vor, dass alle Vermögenslosen ihre Aspirationen ungebremst befriedigen und in die Klasse der Vermögensbesitzer aufsteigen. Es entstünde dann eine auf den Kopf gestellte soziale Pyramide, in der es fast nur noch Rentiers gibt, aber kaum noch Schuldner, die die aus den Vermögen abgeleiteten Forderungen einlösen. Was sich so ergäbe, wäre ein kollektiver „Buddenbrooks-Effekt", der zur Vernichtung der Finanzvermögen führen müsste.

Betrachtet man nun die kollektiven Folgen der oben dargestellten intergenerationalen Aufwärtsmobilität in Westdeutschland, so lautet der Befund: Die deutsche Gesellschaft ist zwar von dem Endstadium des kollektiven Buddenbrooks-Effektes noch weit entfernt, hat aber auf dem Weg zu ihm durchaus schon ein gutes Stück zurückgelegt. Die kollektive Folge massenhafter individueller Aufstiege ist eine strukturelle Mobilität der Gesellschaft nach oben. Die Besetzung der mittleren und oberen Etagen der Sozialstruktur nimmt gegenüber der der unteren Etagen zu. Von dem Ausmaß dieser strukturellen intergenerationalen Mobilität kann man sich leicht ein Bild machen, indem man die Zeilensummen und die Spaltensummen einer einschlägigen Mobilitätstabelle miteinander vergleicht. Ich betrachte im folgenden nur die Männer (Tab. 12.2):

Die vier obersten Schichten machten danach bei den Vätern nur 21 %, bei den Söhnen dagegen 51 % der Befragten aus. Der Anteil der Arbeiter (Facharbeiter und An/Ungelernte) dagegen, der bei den Vätern noch 48 % betrug, ist bei den Söhnen auf 34 %

Tab. 12.2 Intergenerationale Aufstiegsmobilität in Westdeutschland (2000) (Anteile an der männlichen Bevölkerung in v. H., N = 3650)

Sozialstatus	Väter	Söhne im Jahr 2000
1. Selbstständige ab 10 Mitarbeitern	0,8	0,4
2. Freie Berufe	1,8	3,1
3. Höhere Dienstleister	10,1	22,2
4. Mittlere Dienstleister	8,4	25,5
5. Ausführende Dienstleister	14,5	3,0
6. Selbstständige bis 9 Mitarbeiter	6,9	7,5
7. Landwirte	4,6	3,1
8. Arbeiterelite	4,6	3,1
9. Facharbeiter	30,9	18,6
10. An- und Ungelernte	17,4	15,5

Quelle: Geißler (2006, S. 260), nach SOEP

zurückgegangen; stark zurückgegangen ist bei den Söhnen auch der Anteil der ausführenden Dienstleistungsberufe. Unter dem Blickwinkel der Vermögensmärkte bedeutet das eine Verschiebung in der Relation zwischen potenziellen Anlegern und potenziellen Schuldnern: Die Besetzung der oberen Statusgruppen nimmt zu, das heißt: Diejenigen, die sich nicht länger um jeden Preis weiter nach oben arbeiten müssen, werden zahlreicher, und mit dem wachsenden Reichtum dieser Gutsituierten wächst das Volumen des anlagesuchenden Kapitals an den Finanzmärkten. Die Vermögenslosen und mit ihnen das soziale Reservoir für den Nachwuchs an Schuldnern dagegen nehmen relativ ab.

Das Ungleichgewicht an den Vermögensmärkten, das sich daraus ergibt, wird durch einen weiteren Umstand verstärkt: Betrachtet man die dargestellte Aufwärtsverschiebung der Sozialstruktur in dynamischer Perspektive, so stellt sich die Frage nach den sozialen Chancen der nachfolgenden Kohorten. Wenn einer Kohorte oder einer ganzen Generation der soziale Aufstieg auf breiter Front gelungen ist, haben die folgenden Kohorten es dann leichter oder schwerer? Die neuere empirische Mobilitätsforschung hat herausgearbeitet, dass eher Letzteres zutrifft: Nicht nur ist es für die Jüngeren aus den unteren Schichten seit den Neunziger Jahren deutlich schwieriger geworden, Zugang zum regulären Arbeitsmarkt zu finden und beruflich aufzusteigen. Ein wachsender Teil der Armen, vor allem diejenigen mit geringer Qualifikation, scheint auch subjektiv kaum mehr Aufstiegsambitionen zu hegen (Blossfeld 2006).[1] Inzwischen liegt eine umfangreiche Literatur zum Phänomen der

---

[1] Sogar die SPD-Führung hat inzwischen die Existenz einer „Unterschicht" entdeckt. Der frühere SPD-Vorsitzende Kurt Beck hat das Charakteristikum dieser Schicht seinerzeit (2006) mit der Feststellung auf den Punkt gebracht: Die wollen gar nicht mehr nach oben kommen!

„sozialen Exklusion" vor (zuletzt Bude 2008). Ethnische Segmentierungen und die sozialen Selektionswirkungen des Bildungssystems werden meist als Hauptursachen der Exklusion der Armen genannt. Noch wichtiger ist aber, dass nicht nur Bildungskapital, sondern auch wirtschaftliche Vermögen vererbt werden (Szydlik 2004) und damit den Nachkommen der Bessergestellten einen von „unten" her kaum mehr einzuholenden sozialen Vorsprung sichern. Diese Sachverhalte sind auch unter dem Blickwinkel der Vermögensmärkte von Bedeutung. Denn gefragt an den Vermögensmärkten sind ja nur „gute", d. h. solvente Schuldner, und gute Schuldner sind allein die hart arbeitenden Armen, die auf die Zukunft hin leben oder die Hoffnung auf Erfolg und sozialen Aufstieg zumindest noch nicht aufgegeben haben. Zwar herrscht auch unter den sozial Marginalisierten kein Mangel an Schuldnern, aber es sind typischerweise die „schlechten" Schuldner, denen das Wasser schon bis zum Halse steht, die sich hier sammeln. Das sich anbahnende Ungleichgewicht an den Vermögensmärkten wird folglich nicht nur durch das relative Schrumpfen des sozialen Reservoirs potenzieller Schuldner beeinträchtigt, sondern auch durch die zunehmende Blockierung vertikaler Mobilität und die resultierende Entmutigung des Aufstiegsmotivs bei den nachfolgenden Generationen.

Es ist vor diesem Hintergrund nicht erstaunlich, dass es in Deutschland und in anderen entwickelten Industrieländern einen chronischen Überfluss an anlagesuchenden Geldvermögen gibt. In einem geschlossenen System würde dies zur Blasenbildung und anschließender Kapitalentwertung führen. In einem offenen System sind die Neigung zum Kapitalexport und die Globalisierung der Kapitalanlage die unvermeidliche Konsequenz. Man versucht, die Schuldner, die es in der Binnenwirtschaft nicht mehr gibt, woanders zu finden. Aber auf globaler Ebene wiederholt sich das Problem; auch hier kann es zur Entstehung von Blasen kommen, wie die gegenwärtige Krise zeigt. Der kollektive Buddenbrooks-Effekt ist ja kein ausschließlich deutsches bzw. westdeutsches Phänomen. Seine Charakteristika – stark überproportionales Wachstum der privaten Finanzvermögen, strukturelle Mobilität der Gesellschaft nach oben – lassen sich in allen entwickelten westlichen Industrieländern sowie in Japan beobachten. Die Tendenz zur exzessiven Spekulation, das leichtfertige Anlageverhalten der Investmentbanken sollte nicht allein als ein Problem der persönlichen Moral der Banker betrachtet werden. Sie hat eine strukturelle Ursache in dem globalen Überfluss an anlagesuchenden Finanzvermögen, das die Banken zwingt, das Kapital ihrer Kunden um nahezu jeden Preis in den Markt zu drücken.

Nicht erst der heutige Crash, sondern schon in Deutschland und anderen entwickelten Ländern seit langem festzustellende Netto-Kapitalexport hat einen depressiven Effekt auf die Binnenwirtschaft. Er fördert den Abbau von Arbeitsplätzen und die Umverteilung von unten nach oben aufgrund des überproportionalen Wachstums der Vermögenseinkommen. Als Folge der Wachstumsschwäche ist es, wie die viel zitierte aktuelle Studie des DIW (Grabka und Frick 2008) gezeigt hat, zu einem Schrumpfen der gleichen Mittelschichten gekommen, die ursprünglich die Profiteure der Entwicklung zu sein schienen. Die Häufigkeit der sozialen Abstiege aus den

Mittelschichten in die armutsgefährdeten Bereiche hat in den Jahren 2002–2006 deutlich gegenüber der zweiten Hälfte der neunziger Jahre zugenommen; zugleich wachsen die wirtschaftlichen Zukunftssorgen auch in den Mittelschichten.

cb.) Finanzielles Kapital ist, wie ich schon betont habe, entgegen der gängigen Rhetorik längst nicht mehr „knapp". Allerdings lässt sich dieser Sachverhalt sehr viel leichter als bei „realen" Gütern verschleiern, insbesondere durch spekulative Geschäfte, in denen das Geld für sich selbst zum Anlageobjekt wird, oder durch politische Inszenierung von Knappheit, indem Fondsgesellschaften Regierungen für ihre unliebsame Steuer- oder Fiskalpolitik durch Kapitalverschiebungen „bestrafen". Mit der faktischen Knappheit des Kapitals entfällt auch die Basis für den Renditeanspruch der Eigentümer; Keynes hat daraus schon vor mehr als siebzig Jahren die Forderung nach einer „Euthanasie des Rentiers" abgeleitet. Dazu ist es aber bisher nicht gekommen. Im Gegenteil haben die Anleger mit den Investmentfonds einen neuen Typ kollektiver Akteure herangezüchtet, der – neben seinen bekanntlich nicht bescheidenen Eigeninteressen – die Interessen der Rentiers in der ganzen Gesellschaft mit nie gekanntem Nachdruck zur Geltung bringt.

Der Einfluss der Fonds auf die Politik ist vielfältig, direkt und indirekt. Allein aufgrund des schieren Volumens der von ihnen kontrollierten Vermögen – ihr Wert überschreitet in vielen Ländern den des jährlichen Bruttoinlandsprodukts bei weitem – schaffen die Fonds mit ihren Anlageentscheidungen Fakten, die keine Regierung ignorieren kann. Diese Auswirkungen erstrecken sich auf die Geldpolitik, die Steuerpolitik, die Finanzpolitik. Durch die Abwanderungsdrohung ist es den Fondsgesellschaften speziell in Europa und nach den EU-Erweiterungen gelungen, einen Wettlauf der Nationalstaaten um die Senkung von Steuern und Sozialabgaben auszulösen; im gesamten OECD-Bereich zeigen die Unternehmenssteuersätze schon seit 20 Jahren einen sinkenden Trend (Ganßmann 2004; OECD 2005). Neben diesen indirekten Auswirkungen gibt es auch einen direkten Einfluss der Fonds auf die Politik, nämlich in der Form einer ganzen Armada von Beratern, Lobbyisten und Professoren, die nicht selten direkt bei den Fonds unter Vertrag stehen. Ihre Aufgabe besteht darin, den Fonds politischen Flankenschutz zu gewähren, indem Eingriffe wie Steuersenkungen, Kürzung sozialer Leistungen etc. als richtig, unvermeidlich und wirtschaftlich vernünftig hingestellt werden. Die Berater – ich zitiere aus einem Buch des Wirtschaftsjournalisten Werner Rügemer – „beeinflussen die Politik und Verwaltung nicht nur, sondern sie wollen und sollen dem Staat die Kompetenz erschließen, die dieser selbst tatsächlich oder angeblich nicht hat und vor allem auch bekommen soll: Wirtschaftskompetenz. Diese Berater wollen und sollen den Staat und die Sozialsysteme nach privatwirtschaftlicher Logik grundsätzlich und nachhaltig umstrukturieren" (Rügemer 2004, S. 8).

Der Einfluss der Fonds wirkt sich aber auch auf der Ebene der Unternehmen und damit der Arbeitsplätze aus. Die durch die Fonds kontrollierten Unternehmen müssen die vereinbarten Renditeziele erfüllen, andernfalls werden sie verkauft oder geschlossen. Das führt häufig zu einer kurzfristigen Gewinnorientierung des

Managements; nicht kurzfristig rentable Innovationsprojekte und die Substanzsicherung des Unternehmens werden vernachlässigt. Gewinne sind nicht länger nur „Residualeinkommen", wie es früher in den Lehrbüchern der Betriebswirtschaftslehre hieß, sie werden zunehmend zu einer neuen Art von Kontrakteinkommen in Form von Zielvereinbarungen zwischen den Eigentümern und dem Management. Die Löhne und Gehälter dagegen sind nicht länger „Kontrakteinkommen", tarifliche und arbeitsvertragliche Regelungen verlieren ihre Verbindlichkeit. Die Beschäftigten bekommen nur noch, was übrig bleibt, nachdem die Anteilseigner ihre Ansprüche befriedigt haben. Die sog. „kapitalmarktorientierte Unternehmensführung" zielt darauf, den Gewinn so weit wie möglich in eine planbare, vom Risiko abgekoppelte Größe zu verwandeln. Auch Forschung und Entwicklung werden „ökonomisiert", mit Zielvereinbarungen überzogen, finanziell rechenschaftspflichtig gemacht, immer enger an die Anforderungen der Produktion und des Marktes gebunden; sie verliert die notwendige funktionale Autonomie (Grewer et al. 2007).

Geht aber die Innovationsfähigkeit der Wirtschaft zurück, während gleichzeitig die den Unternehmen durch die Eigentümer abgeforderten Gewinnausschüttungen nicht nur nicht zurückgehen, sondern womöglich noch gesteigert werden, so bedeutet das, dass die Gewinne durch Einschnitte in die Substanz finanziert werden müssen. Gewinne entstehen dann nicht länger aus der wachstumsfördernden Entwicklung neuer Kombinationen, sondern durch Umverteilung zulasten der Löhne, Gehälter und Steuern; Gewinnmaximierung verwandelt sich aus einem Positivsummenspiel in ein Nullsummenspiel, bei dem die Beschäftigten und der Staat die Verlierer sind. Deshalb sinkt nicht nur das wirtschaftliche Wachstum, sondern auch die Fähigkeit der Wirtschaft, die anderen Subsysteme- von der Wissenschaft, dem Gesundheitswesen bis hin zur Kunst und Kultur – durch Transferzahlungen zu finanzieren. Die Folge ist, dass diese Systeme ihrerseits unter zunehmenden Druck geraten, für den Rückfluss der zu ihrer Finanzierung nötigen Gelder selbst zu sorgen. Tendenziell werden sie sogar selbst zur Anlagesphäre für das vagabundierende, stets renditehungrige Kapital. Insofern ist die von Uwe Schimank und Ute Volkmann (2008) analysierte „Ökonomisierung" der nichtwirtschaftlichen Subsysteme der Gesellschaft – Bildung, Wissenschaft, Forschung, Gesundheit, Kultur – nichts anderes als das Ergebnis der Verdrängung des Unternehmers durch den Rentier in der Wirtschaft selbst. Der Finanzmarkt-Kapitalismus hat nicht die unternehmerischen Kräfte in der Gesellschaft befördert, wie oft behauptet worden ist. Im Gegenteil, es scheint, dass die Fonds eine Herrschaft der Rentiers *über* die Unternehmer errichtet haben, die die spekulative Verselbstständigung der Finanzsphäre vorantreibt, zugleich die reale wirtschaftliche Dynamik lähmt und Unternehmen wie Staat zur Beute der Rentiers macht (ausführlicher: Deutschmann 2008, S. 150 f.).

12.3 Schlussfolgerungen

Mein Fazit lautet: Wir haben es mit einem in hohem Grade selbstwidersprüchlichen Handeln der Vermögensbesitzer zu tun, nicht nur der Superreichen, sondern auch der zahlreichen Anleger in der Mittelschicht. Die Anleger glauben, ein Naturrecht auf Gewinne zu haben. Sie geben sich der egozentrischen Illusion absoluten Reichtums hin, während sie mit ihrem faktischen Handeln bzw. mit den kollektiven Folgen dieses Handelns die Bedingungen für die Produktion realen Reichtums zerstören. Der heutige Finanzmarkt-Kapitalismus hat Eigentum und unternehmerische Tätigkeit in einem historisch beispiellosen Maß entkoppelt. Millionen von Aktien- und Fondsanteilbesitzer erwarten „Erträge" auf ihr Geld, ohne sich die geringsten Gedanken darüber zu machen, wo die Schuldner herkommen sollen und ohne selbst ein unternehmerisches Risiko zu übernehmen. Das hohe Lied der unternehmerischen Tugenden predigt man lieber den anderen. Dass es dort, wo es keine schöpferische Zerstörung mehr gibt, auch keinen Kapitalgewinn mehr geben kann, will man nicht wahrhaben. Mit dem exzessiven Wachstum der Geldvermögen müsste es ja auch entsprechend mehr und immer härter arbeitende Schuldner geben. Aber dieses Szenario, so emsig die Beratungsindustrie auch an seiner Verbreitung und Popularisierung arbeitet, ist wirklichkeitsfremd. Reale Gesellschaften müssen zunächst ihre Kontinuität und Reproduktion sicherstellen; sie können nicht immer schneller rotieren, nur um die Ansprüche der Eigentümer zu befriedigen. Es ist dieser Widerspruch, dessen Zuspitzung wir vielleicht gerade heute erleben. Wir haben es nicht mit einer neuen dynamischen Entwicklung, sondern im Gegenteil mit einer Degeneration des Kapitalismus zu tun, die zu Kapitalmarktzusammenbrüchen und gesellschaftlichen Krisen führen muss.

Was ist zu tun? Die Vermögen und mit ihnen die Schulden müssen auf ein Ausmaß zurückgeführt werden, das von der real existierenden Gesellschaft zu bewältigen ist, die bekanntlich nicht nur aus Hochleistungsträgern und Olympiamannschaften besteht. Diese Implosion der Vermögen ist zurzeit in Gang. Es ist kaum abzuschätzen, wie lange sie noch dauern wird, denn offensichtlich ist noch längst nicht alle Luft aus der Blase entwichen. Weltweit bemühen sich die Regierungen und Zentralbanken zwar, die angeschlagenen Banken zu retten. Aber das läuft auf den Versuch hinaus, das Entweichen der Luft aus der Blase durch Einpumpen neuer Luft zu verlangsamen – mit der wahrscheinlichen Folge, dass neue und noch schwerere Krisen vorbereitet werden. Für eine langfristige Strategie wäre es sinnvoller, sich auf die Analyse von Keynes zurückzubesinnen und nach Wegen zu suchen, wie der Aufbau übermäßiger Vermögen und nachfolgender Finanzmarktblasen in fortgeschrittenen Industrieländern ex ante, d. h. mit politischen Mitteln verhindert werden kann. Die nächstliegenden Schritte dazu sind eine Stärkung des öffentlichen Sektors, sowie eine angemessene und wirksame Besteuerung der Vermögen und Finanzmarktumsätze. So entstünden die nicht einlösbaren Forderungen gar nicht erst und müssten nicht durch einen Crash erst nachträglich annulliert werden, wie es gegenwärtig geschieht. Die Soziologie kann einen Beitrag zur politischen Aufklärung leisten, indem sie die Selbstwidersprüchlichkeit des Handelns der Vermögensrentiers sichtbar macht und ihnen so hilft, das Notwendige zu akzeptieren und ihren auf den privaten Gewinn fixierten „Tunnelblick" zu überwinden.

13 Euro-Krise und internationale Finanzkrise

Die Finanzialisierung der Wirtschaft als politische Herausforderung für Europa

13.1 Die Spaltung der europäischen Gesellschaft

Die Finanzkrise ist zurzeit aus den Schlagzeilen verschwunden. Europa und die Weltwirtschaft, so heißt es, seien „über den Berg". Irland, Spanien und Portugal sind an die Kapitalmärkte zurückgekehrt. Es gibt zwar neue Probleme in einer Reihe von Schwellenländern (Brasilien, Türkei, Südafrika, Indien, Russland); dazu kommen die politisch durch den Ukraine-Konflikt verursachten Irritationen. Aber das Management der Finanzkrise selbst wird, auch in Europa, als insgesamt erfolgreich bewertet. Die Wachstumsprognosen sind wieder positiv, sogar in den südeuropäischen Krisenländern wird wieder ein leichtes Wirtschaftswachstum festgestellt.

Man sollte sich durch solche Meinungen, deren Zweckoptimismus nicht zu überhören ist, nicht zu sehr beeindrucken lassen. Auch wenn die Rezession überwunden scheint und die Situation sich speziell in Deutschland günstig darstellt, ist das wirtschaftliche Wachstum in Europa, Nordamerika und Japan noch immer schwach. Die Staatsverschuldung ist in vielen Ländern auf nie gekannte Höhen geklettert; gleichzeitig haben die Bruttokapitalbildung und die Wirtschaftsleistung das Vorkrisenniveau noch nicht wieder erreicht. Auch die Arbeitslosigkeit ist, im Durchschnitt – und besonders in den süd- und westeuropäischen Ländern – noch immer weit höher als im Jahr 2008. Ungeachtet der durch die EZB im Jahr 2014 durchgeführten Prüfungen verbergen sich in den Bilanzen vieler Großbanken nach wie vor ungedeckte Forderungen in dreistelliger Milliardenhöhe. Indizien für die Fortdauer der Krise sind auch die Anleihekäufe und die anhaltend ultralockere Geldpolitik der EZB wie auch der anderen Notenbanken in Europa, Nordamerika und Japan. Nicht nur die Realzinsen sind negativ, sondern sogar die Nominalzinsen wurden teilweise auf negative Werte gesenkt; konventionelle Geldanlagen auf Spar- oder Geldmarktkonten oder in Anleihen verlieren anhaltend an Wert. Die finanziellen Rettungsmaßnahmen der Notenbanken und der Staaten nach 2008 haben zwar einen

Kollaps des globalen Finanzsystems verhindert. Die Folge der Rettungsmaßnahmen war aber, dass nicht nur die Banken, sondern auch die Staaten auf einem Berg von faktisch uneinlösbaren Vermögensforderungen sitzen. Ein neues starkes Wachstum der Realwirtschaft, das aus der Krise herausführen könnte, ist nicht in Sicht. Die Wirtschaftskrise führte, nicht nur in Griechenland und Spanien, zu extremen politischen Verwerfungen, sowie zu einem Aufschwung rechtsnationaler Parteien und EU-feindlicher Stimmungen. In dieser ohnehin labilen Situation entschieden sich die britischen Wähler im Juni 2016 mehrheitlich für den Austritt ihres Landes aus der Europäischen Union – eine Entscheidung, deren Folgen gegenwärtig noch völlig unabsehbar sind.

Die Diskussion darüber, wie es zu dieser Krise kommen konnte, bleibt unvermindert aktuell. Es haben zwar in den letzten Jahren Dutzende von Konferenzen, Symposien, Vorträgen, Talkshows zu dem Thema stattgefunden. Trotzdem hat man nicht das Gefühl, dass die vielen, oft heftig geführten Debatten nennenswert zur Klärung der zentralen Fragen beigetragen hätten, im Gegenteil. Das hängt damit zusammen, dass die Diskussion – vor allem in Europa – auf die staatliche und institutionelle Ebene fixiert ist, auf „Gläubiger"-länder hier, „Schuldner"-länder da. Das trägt auch zum Wiederaufleben innereuropäischer Nationalismen bei. Die Expertenkontroversen um das Für und Wider der europäischen Gemeinschaftswährung oder um den „richtigen" Weg zur Euro-Rettung haben die in der Krise zutage getretenen *sozialen* Verwerfungen in ganz Europa weitgehend aus dem Blick verschwinden lassen. Wirtschaftlich ist Europa heute dank des gemeinsamen Binnenmarktes stärker integriert denn je zuvor. Zugleich aber ist die europäische *Gesellschaft* (vor allem in Süden und Westen des Kontinents) so tief gespalten wie nie. Um ein realistisches Bild der Krise zu gewinnen, müsste der Blick viel stärker auf die sich quer durch Europa ziehenden sozialen Polarisierungen und Konflikte gerichtet werden.

Im Folgenden werde ich die These entwickeln und begründen, dass die Euro-Krise in erster Linie gerade nicht auf die viel diskutierten (und nicht zu leugnenden) Widersprüche in der institutionellen Konstruktion der Gemeinschaftswährung zurückzuführen ist. Sie ist vielmehr eine Folgewirkung der internationalen Finanzkrise, die ihrerseits vor allem auf die exzessiv angewachsenen Ungleichheiten in der Verteilung der Vermögen und Einkommen, in Europa wie anderswo, zurückgeht. Wer nach Auswegen aus der Krise sucht, muss hier ansetzen und nach Wegen für einen halbwegs geordneten und (wenigstens) europaweit koordinierten Abbau der völlig überbewerteten Vermögensforderungen suchen.

13.2 Narrative der Krisenerklärung

Auf den ersten Blick stellt die Überschuldung der Staaten und der Banken das Hauptproblem der Krise dar. Im Durchschnitt EU-27-Staaten lag der öffentliche Bruttoschuldenstand im Jahr 2015 mit 85 % (Euro-Raum: 91 %) deutlich über der in den Maastricht-Verträgen festgelegten Grenze von 60 % des Bruttoinlandsprodukts; einige

13.2 Narrative der Krisenerklärung

Länder wie Frankreich verfehlten den Richtwert mit 95,8, Italien mit 132,7, Portugal mit 129, Griechenland mit 176,9 % noch weit mehr. Auch in Deutschland lag der Schuldenstand trotz einer vergleichsweise günstigen wirtschaftlichen Entwicklung mit 71,2 % noch immer über dem Limit. Trotz der gegenwärtig extrem niedrigen Nominalzinsen beschneiden die hohen Staatsschulden die staatlichen Handlungsspielräume und wirken zusammen mit der noch viel höheren Verschuldung der Banken lähmend auf die wirtschaftliche Dynamik. Das gilt insbesondere für jene Länder, die von Sanierungsauflagen des ESM bzw. des IWF, beziehungsweise von Kürzungsforderungen der Europäischen Kommission im Rahmen des „Europäischen Semesters" betroffen sind. Die Europäische Zentralbank hat ihre geldpolitischen Handlungsspielräume zwar bis zum Extrem ausgereizt und kann damit vielleicht eine weitere Verschärfung der Krise verhindern. Aber neue Wachstumsimpulse kann auch eine solche Politik nicht setzen.

Wie ist es zu der heutigen hohen Verschuldung der Euro-Staaten gekommen? An diesem Punkt gehen die Meinungen weit auseinander. Eine verbreitete, unter Ökonomen und Journalisten beliebte Erzählung lässt sich so zusammenfassen: *Erstens:* Demokratien können mit Geld nicht umgehen. Die Regierungen wollen sich ihrer Klientel erkenntlich zeigen, indem sie Geschenke und sogenannte „Wohltaten" an ihre Wähler verteilen. Gleichzeitig scheuen sie sich, die Wähler durch höhere Steuern zu belasten und neigen daher zum Schuldenmachen. *Zweitens:* In einem System nationaler Währungen und flexibler Wechselkurse gibt es einen eingebauten Korrekturmechanismus gegen ausufernde staatliche wie private Schulden: Exzessive staatliche Haushaltsdefizite führen genau wie Defizite der Leistungsbilanz zu einer Abwertung der Währung. Die Folge ist eine Erhöhung der Kapitalmarktzinsen sowie eine Erhöhung der Importpreise, die die Beteiligten zur Disziplin zwingt und auf den Pfad der Tugend zurückführt. *Drittens:* Genau dieser Korrekturmechanismus ist durch die Einführung der gemeinsamen Währung im Euroraum beseitigt worden. Unterschiede im nationalen Haushaltsgebaren und auch in der Wettbewerbsstärke der nationalen Volkswirtschaften können auf der Ebene der Devisenmärkte nicht mehr korrigiert werden. Die Folge sind ausufernde Leistungsbilanzdefizite und staatliche Haushaltsdefizite der wirtschaftlich schwächeren Länder. Die politische Folgerung aus diesem Narrativ lautet: „Wir", d. h. gemeint ist die Regierung des momentan wirtschaftlich starken Deutschland, haben keinen Grund, für die Versäumnisse der Anderen zu haften oder zu zahlen, und die europäischen Verträge lassen das auch nicht zu. Die „no-bail-out"-Klausel der Maastricht-Verträge sollte strikt angewandt werden. Letztlich müssen wir uns mit dem Gedanken vertraut machen, dass die Einführung des Euro ein politisch vielleicht verständlicher, aber ökonomisch verhängnisvoller Irrweg war, der lieber früher als später wieder rückgängig gemacht werden sollte.

Die Zunft der Ökonomen hat in den letzten Jahren viel Kritik aufgrund ihres Versagens bei der Prognose und Diagnose der internationalen Finanzkrise einstecken müssen. Nun endlich scheinen wenigstens einige von ihnen mit ihren Prognosen einmal richtig zu liegen, und man kann ihre Genugtuung darüber verstehen. Haben sie nicht schon immer vor der Einführung des Euro gewarnt? Und wären wir heute nicht in einer besseren Lage, wenn wir schon damals mehr auf die Stimme der Wissenschaft gehört hätten? Bei allem Verständnis für die Seelenlage unserer eurokritischen ökonomischen Kollegen: Ich fürchte, nein. Bei näherem Hinsehen spricht wenig dafür, dass es Europa heute besser ginge, wenn wir damals auf die Kollegen Starbatty, Hankel und ihre Mitstreiter gegen das Euro-Projekt gehört und den Euro nicht eingeführt hätten. Noch weniger ist die Rückkehr zu nationalen (oder gespaltenen) Währungen heute eine realistische Option, um aus der Krise herauszukommen. Das ist näher zu begründen.

13.3 Die Kluft zwischen ökonomischer und politischer Integration

Zunächst muss daran erinnert werden, dass der Beschluss von damals 12 europäischen Ländern zur Einführung einer gemeinsamen Währung (der Name Euro wurde erst später eingeführt) im Vertrag von Maastricht im Jahr 1992 nicht nur auf ökonomische Beweggründe zurückging, sondern im Kern eine politische Entscheidung war. Sie hing zusammen mit der durch die deutsche Wiedervereinigung und den Fall des Eisernen Vorhangs geschaffenen neuen Situation in Europa. Schon vor der Wiedervereinigung war die DM aufgrund der wirtschaftlichen Stärke Westdeutschlands die heimliche Leitwährung Europas gewesen. Die anderen Länder standen in ihrer Geld- und Wirtschaftspolitik faktisch unter dem Diktat der Bundesbank, das schon damals oft als drückend empfunden wurde. Mit der Vereinigung drohte diese deutsche Dominanz für die Nachbarn, vor allem für Frankreich, vollends unerträglich zu werden. Der Preis für die Zustimmung der Nachbarn für die Wiedervereinigung war die Europäisierung der D-Mark in Form der gemeinsamen Währung, die den Zentralbanken der anderen Länder wenigstens formal die Möglichkeit der Mitbestimmung über die europäische Geld- und Währungspolitik geben sollte. Das war ein Experiment, über dessen ökonomische Unausgegorenheiten schon in den Neunziger Jahren heftig gestritten wurde. Aber die Politiker haben sich damals mit guten Gründen dafür entschieden, die politische Gestaltung Europas nicht allein von der Logik des „ökonomischen Sachverstandes" abhängig zu machen; allerdings wurde das wohl nicht deutlich genug ausgesprochen. Aufgrund des politischen Kompromisscharakters der Euro-Konstruktion war im Grunde von vorn herein klar, dass der Euro nicht so „hart" wie die DM sein konnte, und auch die Europäische Zentralbank nicht einfach eine Kopie der Deutschen Bundesbank. Nur die deutsche Politik hielt bis vor kurzem an dieser Lebenslüge fest. Unter dem Druck der aktuellen Krise ist die schon immer latente Politisierung der europäischen Währung manifest geworden; insbesondere mit der Einrichtung des ESM und der gegen das Votum der Bundesbank getroffenen Entscheidung der EZB, Staatsanleihen hoch verschuldeter Euro-Länder auf dem Sekundärmarkt zu kaufen.

Aber der Euro war nicht nur ein politisches Projekt. Er hat vielmehr maßgeblich dazu beigetragen, dass das Vorhaben des europäischen Binnenmarktes zu einem Erfolg wurde. Auf wirtschaftlicher Ebene ist Europa in den letzten fünfzehn Jahren eng

13.3 Die Kluft zwischen ökonomischer und politischer Integration

zusammengewachsen. So ist die Exportquote Deutschlands zwischen 1991 und 2013 von 25,7 auf 50,6 % gestiegen, und 57, 5 % der deutschen Exporte gingen (bei nur leicht abnehmender Tendenz) 2013 in die Länder der EU-27 (IW 2014: Tab. 2.4., 4.2.) Zeitweise war der Trend zur europainternen Integration der Märkte sogar noch stärker als der zur Globalisierung, wie Neil Fligstein (2009) gezeigt hat. Die Integration erstreckt sich nicht nur auf die Produkt- und Dienstleistungsmärkte, sondern auch auf die Kapitalmärkte und zunehmend auch die Arbeitsmärkte. Auch die Produktionslogistik ist europäisiert worden; nicht nur große, sondern auch mittelständische Unternehmen haben ihre Fertigungsketten grenzüberschreitend organisiert: Teil A wird vielleicht in Portugal gefertigt, Teil B in Spanien, und zusammengebaut wird das Ganze vielleicht in der Slowakei. Nach einer Studie des Ifo_Instituts ließ sich im Verarbeitenden Gewerbe Deutschlands „beobachten, dass inländisches Outsorcing in den Jahren 1995 bis 2008 immer stärker vom Offshoring, also dem Zukauf von Vorleistungen aus dem Ausland, verdrängt wurde. So stieg der Offshoring-Anteil am Produktionswert in diesem Zeitraum von 13 auf 23 % an (Aichele et al. 2013, S. 18). Ob ein Produkt „made in Germany" ist, oder spanisch, rumänisch oder italienisch usw. lässt sich oft gar nicht mehr so leicht feststellen. Man kann nicht behaupten, dass das immer sehr sinnvoll war. Es gibt zweifellos auch absurde Formen dieser Arbeitsteilung (z. B. wenn Nordseekrabben in Portugal gepult und dann nach Deutschland zurückgeschickt werden). Es sollen hier keine Detailberechnungen darüber angestellt werden, wie groß die Ökonomisierungs- und Wohlfahrtsgewinne genau waren, die der größere europäische Binnenmarkt den Unternehmen und auch der Bevölkerung eingebracht hat. Aber kaum jemand zweifelt heute mehr daran, dass es diese Gewinne gegeben hat, auch wenn sie sie sozial wie national zweifellos ungleich verteilt sind. Der Binnenmarkt hat die europaweite Arbeitskräftemobilität gefördert; er ist zu einer weit mehr als nur „ökonomischen" Lebensrealität geworden, deren Vorteile von Vielen als selbstverständlich betrachtet werden. Vor dem Hintergrund der stark gewachsenen ökonomischen Interdependenz werden nationale Differenzen erst sichtbar, die früher unbeachtet geblieben waren. Die gemeinsame Währung hat die fortschreitende Verflechtung ebenso gefördert, wie sie durch sie gefordert wird. Schon vor der Einführung des Euro hat man deshalb versucht, die gegenseitigen Schwankungen der europäischen Währungen durch Festlegung von Bandbreiten (die sog. „Europäische Währungsschlange") unter Kontrolle zu halten. Das lud bereits damals die Finanzmärkte zu spekulativen Attacken ein, und es gelang daher mehr schlecht als recht. Der frühere Finanzminister Theo Waigel hat mit Recht daran erinnert, dass das europäische Währungssystem schon vor der Euro-Einführung immer wieder krisengeschüttelt war, und er hält die heutige Krise für keineswegs die schlimmste. Wer das bezweifelt, sollte das Buch von Martin und Schumann über die „Globalisierungsfalle" (1996) wieder zur Hand nehmen.

Selbst wenn die wahrscheinlich katastrophalen unmittelbaren Konsequenzen einer Abschaffung des Euro halbwegs beherrschbar wären: Es würde nur dieser frühere Krisenzustand wieder hergestellt, von dem außer den Hedgefonds und der Finanzindustrie, die nicht zufällig immer gegen den Euro opponiert haben, niemand profitieren würde. Die Finanzmärkte würden erst recht Ping-Pong mit den europäischen Währungen spielen. Aufgrund der stark gestiegenen Masse des vagabundierenden Kapitals würden die spekulativen Bewegungen noch weit heftiger ausfallen als früher und die Zentralbanken zu drastischen Interventionen zwingen. Die deutsche Bundesbank müsste (wie die schweizerische es tat) unentwegt Geld schöpfen, um einen Anstieg der DM ins Uferlose abzuwehren; das würde kaum geringere Inflationsgefahren heraufbeschwören als die heutige Politik der EZB. Umgekehrt müssten die Defizitländer harte Sparmaßnahmen durchsetzen, um die Kapitalflucht zu stoppen und einen Fall ihrer Währung ins Bodenlose zu verhindern. Die Unternehmen wären mit kaum kalkulierbaren Wechselkursrisiken konfrontiert, die sie zu teuren Absicherungsgeschäften zwingen würden. Das wiederum würde zu einem Rückbau des europäischen Binnenmarktes, zu einem Wiederaufleben der innereuropäischen Protektionismen und einer verlustreichen Re-Nationalisierung der Volkswirtschaften führen.

Die Vorstellung von einer unproblematischen Regulierung von Differenzen der Wettbewerbsfähigkeit durch Auf- und Abwertungen, wie sie auch Wolfgang Streeck (2013, S. 246) vertritt, ist realitätsfern. Sie vernachlässigt die fortgeschrittene Integration der Güter- und Kapitalmärkte in Europa und die stark gestiegene Masse und Volatilität der transnationalen Kapitalströme. Die nationalen Zentralbanken stehen unter ständiger Beobachtung durch die Kapitalmärkte und können über Auf- oder Abwertungen keineswegs „frei" entscheiden. Gerade im internationalen Wettbewerb zurückfallende Länder bekommen den Druck der Märkte zu spüren. Wenn ein Land abwertet, mag es zwar Vorteile in Gestalt preisgünstigerer Exporte haben. Die gleichzeitige Erhöhung der Importpreise verteuert jedoch aus dem Ausland bezogene, kurzfristig nicht substituierbare Vorleistungen, darunter auch lebenswichtige Importe (z. B. Energie, Medikamente, Technologie). Sie heizt die interne Inflation an und macht so die auf den Exportmärkten gewonnenen Vorteile wieder zunichte. Außerdem wirkt sich die Abwertung nicht nur auf die Produkt- und Dienstleistungsmärkte, sondern auch auf die Kapitalmärkte aus. Das Kapital wandert ab und lässt sich, wenn überhaupt, nur mit drastischen Zinserhöhungen wieder anlocken.[1] Wer die Rückkehr zu separaten Währungen fordert, sollte das deshalb gleich mit der Forderung nach Wiedereinführung von Kapitalverkehrskontrollen verbinden und damit den europäischen Binnenmarkt insgesamt aufkündigen. Die Folgen einer Abwertung für die öffentlichen Haushalte und die Privatwirtschaft wären jedenfalls kaum weniger schmerzhaft als die der heutigen Sparauflagen der „Troika" in den Krisenländern. Alle diese Überlegungen sprechen dagegen, dass die Schwierigkeiten heute geringer wären, wäre der Euro nicht eingeführt worden. Die Beteiligten wissen das sehr gut, und daher findet sich noch nicht einmal in Griechenland eine politische Mehrheit für den Ausstieg aus dem Euro. Es wäre illusionär, sich von einer Abschaffung des Euro und einer Re-Nationalisierung der Währungen eine Lösung der Probleme zu erhoffen.

---

[1] Zur Illustration sei nur an die Abwertung der türkischen Lira im Jahr 2014 erinnert, die zu einer Anhebung des Zentralbankzinssatzes von 4,5 auf 10 % führte.

13.3 Die Kluft zwischen ökonomischer und politischer Integration

Die Euro-Kritiker schlagen den Sack und meinen den Esel, d. h. die transnationale Verflechtung der europäischen Wirtschaft aufgrund des Binnenmarktes, die sich in der gemeinsamen Währung ja nur widerspiegelt.[2]

Es war gerade der Erfolg des Binnenmarktprojekts, der die Kluft zwischen den Integrationsniveaus von Wirtschaft und Politik verschärft hat. Während die Wirtschaft längst auf europäischer und zum Teil auf globaler Ebene vernetzt ist, hat die Politik nicht gleichgezogen und operiert selbst in Europa noch immer in einem überwiegend nationalen Horizont.[3] Dieses Hinterherhinken der Politik (und der Wissenschaft) bildet den Kern der Probleme, und in ihm ist auch die viel beschworene „Krise der Demokratie", d. h. die Abhängigkeit der Regierungen von den europäisch und global mobilen Wirtschafts- und Finanzakteuren begründet. Transnational bewegliche Akteure haben immer auch andere Optionen; sie können dort investieren und Steuern zahlen, wo es für sie am günstigsten ist und die Standortkonkurrenz zwischen den nationalstaatlichen Regimes ausnutzen. Das war im Prinzip schon früher so; schon in der Mitte der neunziger Jahre hat der damalige Bundesbankpräsident Tietmeyer die Finanzmärkte als vierte Gewalt im Staat bezeichnet, von der die Politik in umfassender Weise abhängig sei; nur die Politiker hätten es noch nicht gemerkt. Heute tritt diese Abhängigkeit richtig hervor, und nun endlich scheinen es auch die Politiker (und manche Wissenschaftler) zu merken.

Das Nebeneinander von europäischer bzw. globaler Wirtschaft und nationaler Politik lässt Interessenkonflikte gerade auch bei normalen Bankkunden entstehen, über deren Komplexität sie sich selbst oft gar nicht im Klaren sind, und die quer zu den nationalstaatlich fixierten Wahrnehmungsschemata der Politiker und Experten stehen. Diese Konflikte können sich sogar durch ein und dieselbe Person hindurch ziehen; ich will das an einem fiktiven Beispiel erläutern. Stellen wir uns einen Wähler der eurokritischen „Alternative für Deutschland" vor, der die Einrichtung des ESM und die ESM-Interventionen z. B. zugunsten Spaniens kritisiert. Derselbe Eurokritiker hat aber vielleicht nur vergessen, dass er vor 20 Jahren eine Kapitallebensversicherung abgeschlossen hat. Das Versicherungsunternehmen wiederum hat sein Geld in spanischen Bankanleihen anlegt. Diese Banken hatten damals einen hervorragenden Ausblick, weil sie in dem aufblühenden Immobiliengeschäft engagiert waren. Nun müssen sie gerettet werden. So wohnen zwei Seelen in der Brust unseres Eurokritikers: Als Staatsbürger ist er gegen Finanzhilfen für Spanien, als Versicherter muss er der spanischen Regierung dankbar sein und Finanzhilfen für sie unterstützen. Solange das Integrationsgefälle zwischen Wirtschaft und Politik in Europa fortbesteht, wird es unvermeidlich zur Entstehung solcher widersprüchlicher Interessenlagen kommen. Es gibt nur zwei Auswege: Entweder die Wirtschaft müsste wieder auf das Niveau der Politik gebracht, also re-nationalisiert

---

[2]Schon seit langem stammt z. B. noch nicht einmal mehr die Milch, aus der der griechische Feta-Käse produziert wird, aus Griechenland selbst, sondern aus Deutschland (Sklair 2002, S. 146).

[3]Das Gleiche gilt in gewisser Weise auch für die noch immer in ihren nationalstaatlichen Wahrnehmungsschemata befangene akademische „National"-ökonomie.

werden, mit der Re-Nationalisierung der Währung als erstem Schritt. Europa würde sich damit auf den Weg zurück in die 1930er Jahre machen. Das wird niemand im Ernst wollen können. Also bleibt – hier ist Habermas, Offe und Altvater zuzustimmen – nur der zweite Weg, nämlich dass die Politik der Wirtschaft nachzieht und sich zumindest auf europäischer Ebene stärker integriert, so mühevoll das gegenwärtig auch erscheinen mag.

13.4 Und die internationale Finanzkrise?

Kritikwürdig ist aber vor allem die übliche Erklärung der exzessiven Staatsverschuldung aus den angeblich eingebauten Rationalitätenfallen demokratischer Politik. Es mag zwar sein, dass demokratische Regierungen manchmal der Versuchung unterliegen, sozialpolitisch sinnvolle Umverteilungsmaßnahmen zu überziehen. Richtig ist auch: Wenn ein Staat so wenig wie in Griechenland (aber nicht nur dort) fähig oder bereit ist, seinen Steuergesetzen auch gegenüber den Vermögenden Geltung zu verschaffen, gleichzeitig sich aber umfangreiche öffentliche Ausgaben leistet, dann kann das auf die Dauer nicht gut gehen, unter welchem Währungsregime auch immer. Aber die heutige Überschuldung der Euro-Staaten en bloc aus der Rationalitätenfallen-Theorie zu erklären, läuft auf eine Halbwahrheit hinaus, die durch beständige Wiederholung nicht wahrer wird. Die spanische und die irische Regierung waren Musterbeispiele solider Haushaltsführung, bevor sie ihre Banken retten mussten und tief in die roten Zahlen gerieten. Auch in Deutschland ist die Gesamtverschuldung der Gebietskörperschaften aufgrund der Ausgaben zur Bankenrettung (IKB, Hypo Real Estate, West LB usw.) um rund 8 Prozentpunkte angestiegen, und diese Bankenrettung war nicht die erste. Das Land Berlin verdankt seine hohe Verschuldung vor allem den Kosten für die Rettung der Berliner Landesbank in den neunziger Jahren. Last, but not least muss daran erinnert werden, dass die Verschuldung nicht aus dem Ausgabenverhalten allein erklärt werden kann, sondern immer das Resultat zweier Faktoren ist: Ausgaben und Einnahmen. Die staatliche Steuerbasis aber ist während der letzten zwanzig Jahre nicht nur in Griechenland, sondern in vielen OECD-Ländern durch zielstrebige Lobbyarbeit der Finanzindustrie und einen internationalen Steuersenkungswettlauf bei den Kapital- und Unternehmenssteuern beständig unterminiert worden. Dieser Wettlauf wurde durch den neoliberalen mainstream in der veröffentlichten Meinung begrüßt und gefeiert. In den größten 20 OECD-Ländern sank der durchschnittliche Satz der Unternehmensbesteuerung zwischen 1985 und 2009 von 44 auf 29 %, der Spitzensatz der Einkommensteuer sank von durchschnittlich 65 auf 46 % (Genschel und Schwarz 2011, S. 356). Darüber hinaus wurden die staatlichen Haushalte durch die jahrzehntelang augenzwinkernd tolerierte Steuerhinterziehung der Reichen, durch undurchschaubare Steuernachlässe und die Steuervermeidungspolitik transnationaler Konzerne in die Schuldenfalle getrieben. Die Regierungen mussten öffentliches Vermögen privatisieren und immer mehr Geld an den Kapitalmärkten aufnehmen. Wiederum profitierten die Investoren in Form eines stetig wachsenden Stroms von Zinszahlungen aus Steuergeldern (Streeck 2013, S. 79 f.).

13.4 Und die internationale Finanzkrise?

Die Argumente der mainstream-Ökonomen folgen dem Glaubenssatz: Marktversagen *kann* es nicht geben, oder: der Markt hat immer recht. Also *muss* nach anderen Krisenerklärungen gesucht werden, und dafür bietet sich der klassische Prügelknabe „Staat" allemal an. Vor dem offensichtlichen Versagen der Selbstregulierungskräfte der Finanzmärkte verschließt man fest die Augen. In Wirklichkeit pfeifen es die Spatzen von den Dächern, dass die Überschuldung der Staaten vor allem eine Hinterlassenschaft der internationalen Banken- und Finanzkrise ist. Diese Krise war nicht nur ein auf individuelles Fehlverhalten der Bankvorstände und der staatlichen Regulierungsinstanzen zurückzuführender „Betriebsunfall". Sie war vielmehr der Kulminationspunkt einer sich über Jahrzehnte hinweg aufbauenden Strukturveränderung der entwickelten westlichen Volkswirtschaften, für deren Bezeichnung sich in der politisch-ökonomischen Literatur der Begriff „Finanzialisierung" eingebürgert hat (ausführlicher: Lounsbury und Hirsch 2010; Deutschmann 2011; Heires und Nölke 2013). Gemeint ist der schon in den 1980er Jahren einsetzende Aufstieg des Finanzsektors (Banken, Investmentfonds, Versicherungen, Immobilienwirtschaft) zum führenden Wirtschaftssektor; eine Entwicklung, die sich nicht nur in den USA und Großbritannien zeigte, sondern auch in Westeuropa. Hinter dem Aufstieg der Finanzindustrie wiederum stand das Wachstum der privaten Finanzvermögen. Die Vermögen sind nicht nur weitaus ungleicher verteilt sind als die Einkommen. Sie sind auch schon seit Jahrzehnten wesentlich stärker gestiegen als das nominale Bruttosozialprodukt und die Arbeitseinkommen. Diese Entwicklungen zeigen sich nicht nur in Deutschland und Europa, sondern weltweit. Die globalen Vermögensbestände (Aktien, Anleihen, Kredite) sind von 12 Billionen US$ (120 % des Welt-Bruttosozialprodukts) im Jahr 1980 auf 212 Billionen US$ (356 % des Welt-Bruttosozialprodukts) im Jahr 2010 angewachsen (Bieling 2013, S. 287; McKinsey 2011, S. 2; parallele Befunde auch bei Piketty 2014). Sogar mitten in der Finanzkrise – im Jahr 2009 – ist die Zahl der Millionärshaushalte weltweit um nicht weniger als 14 % gegenüber dem Vorjahr weiter gestiegen. Weltweit gehören knapp 1 % aller Haushalte zu diesem exklusiven Kreis; sie verfügen über 38 % des global verwalteten Vermögens (FAZ vom 11.06.2010). Auch in Deutschland, wo die Zahl der Vermögensmillionäre im Jahr 2010 auf rund 950.000 stieg (Grabka 2011), war eine parallele Entwicklung zu beobachten. Mit der Zunahme der Finanzvermögen wachsen auch die aus diesen Vermögen fließenden Einkommen (Zinsen, Dividenden), über die es keine verlässlichen statistischen Daten gibt.

Man sollte sich klarmachen, was es bedeutet, wenn die Finanzvermögen[4] über Jahrzehnte hinweg weitaus stärker steigen als die Leistung der Gesamtwirtschaft. Finanzvermögen – diese Binsenweisheit kann nicht oft genug wiederholt werden – sind immer auch Schulden. Wertpapiere – gleichgültig ob Aktien oder Anleihen – sind immer nur genau so viel wert, wie sich seriöse Schuldner finden, die das Kapital nachfragen, einsetzen und in der Lage sind, es mit Zins und Zinseszins zu bedienen. Wenn die Ver-

---

[4]Auf die in der Studie von Piketty (2014) zusätzlich erfassten öffentlichen und privaten Sach- und Immobilienvermögen gehe ich hier nicht ein.

mögen und mit ihnen auch die von der Gesellschaft direkt oder indirekt zu tragenden Zinsen und Dividenden über lange Zeit hinweg überproportional zunehmen, dann setzt das eine entsprechende Zunahme der Schuldner bzw. ihrer Nachfrage nach Kapital voraus – wohlgemerkt: der „guten", zahlungsfähigen Schuldner, denn an Leuten, die einfach nur Geld brauchen, herrscht natürlich nie Mangel. Gefordert wäre eine rasante Zunahme Gewinn versprechender Investitionen und Projekte. Die Schuldner müssten Tag und Nacht arbeiten; am Ende müssten alle Lebensbereiche kommerzialisiert werden. In der Tat sind wurde die Öffentlichkeit lange Zeit durch die Rhetorik vom „unternehmerischen Selbst", vom Ruck, der durch Deutschland gehen müsse usw. traktiert. Aber diese Rhetorik ist wirklichkeitsfremd, zumal angesichts der Alterung der Bevölkerung und der faktisch immer größeren Schwierigkeiten von Unternehmensgründungen. Es kann nicht die gesamte Bevölkerung Tag und Nacht rotieren, nur um die Ansprüche der Eigentümer zu bedienen. So ergibt sich das Dilemma, dass ein ständig wachsendes Angebot an anlagesuchenden Finanzvermögen auf eine stagnierende oder gar schrumpfende Nachfrage von der Seite zahlungsfähiger Schuldner stößt.

Wären die Kapitalmärkte so allwissend, wie die berühmte Theorie „effizienter" Märkte behauptet hatte, hätte es zum Aufbau dieser Vermögensblase nie kommen können. Längst hätte es eine Gegenbewegung mit sinkenden Dividenden, Zinsen und fallenden Börsenkursen geben müssen – so lange, bis ein realistisches, der tatsächlichen Kapitalnachfrage entsprechendes Bewertungsniveau erreicht ist. Aber so funktionieren reale Märkte nicht. Die Banken und Fonds haben vielmehr eine eindrucksvolle Kreativität bei der Verschleierung des sich anbahnenden Ungleichgewichts entwickelt und lange Zeit damit enorme spekulative Profite erzielen können. Seit der Finanzkrise stehen die Bankvorstände unter heftiger öffentlicher Kritik. Ihnen wird Gier, Skrupel- und Verantwortungslosigkeit vorgeworfen, und diese Vorwürfe sind zum großen Teil nicht falsch. Aber dennoch greift die rein moralische, auf individuelles Fehlverhalten zielende Kritik zu kurz. Sie übersieht, dass wir es mit einem Aggregatproblem, mit einem strukturellen Überfluss an Anlage suchendem Kapital an den Märkten zu tun haben, das auf makroökonomische Ursachen in Gestalt der völlig aus dem Ruder gelaufenen Ungleichheit der Einkommens- und Vermögensverteilung zurückgeht. Es führt fast zwangsläufig auf der Seite der Banken und Investmentfonds zu kreativen Tricks mit dem Ziel, das ihnen überreichlich zuströmende Kapital dennoch in den Markt zu drücken. Es geht also nicht allein um individuelles Fehlverhalten der Finanzmanager, so weit verbreitet dieses auch war. Man darf nicht vergessen, dass die Banken und Fonds um die Gunst des Anlegerpublikums konkurrieren müssen und einer ständigen Bewertung ihrer „performance" ausgesetzt sind. Die populäre Kritik an der „Gier" der Bankvorstände ist von projektiven Zügen nicht frei. Die Gier ist ja ein Problem nicht nur der Manager, sondern auch ihrer Kunden, von denen viele geradezu ein „Recht" auf Rendite für sich in Anspruch nehmen.

Die kreativen Tricks der Banken bestanden, wie heute klar ist, in der Entwicklung verschiedener Arten von „Finanzinnovationen". Dazu gehörten vor allem Derivate (Optionen, Futures, Zertifikate), die ursprünglich sinnvolle realwirtschaftliche

13.4 Und die internationale Finanzkrise?

Absicherungsfunktionen auf liberalisierten Devisenmärkten erfüllten, sich dann aber spekulativ verselbstständigten. Kapital wurde hier nicht mehr in reale Vermögenswerte, sondern in „Wetten" auf andere Finanztitel investiert. Eine andere „Innovation" waren Kreditverbriefungen (CDO's), die eine rasante Konjunktur erlebten, weil sie eine sorgfältige Prüfung der Bonität des Kreditnehmers entbehrlich machten. Weil die Schuldverschreibungen sogleich wieder verkauft werden konnten, drückte man ein oder beide Augen zu, wenn es um die Einschätzung der Zahlungsfähigkeit des Kreditnehmers ging. Es galt hier die „Greater Fool-Theory" (Lanchester 2012): Wer diese Papiere kaufte, war zwar ein Dummkopf. Aber er konnte immer damit rechnen, dass es noch größere Dummköpfe gab, die sie ihm wieder abkaufen. Was die Subprime-Hypotheken in den USA waren, waren spanische oder irische Immobilienanleihen oder griechische Staatspapiere in Europa. Die Überschuldung der staatlichen Haushalte geht keineswegs allein auf die Verfallenheit der Regierungen an die Droge Kredit zurück. Sie ist vielmehr auch eine Folge des Anlagedrucks an den Kapitalmärkten. Die Privatwirtschaft allein ist ja längst nicht mehr in der Lage, Renditen in jener Höhe und in jenem Umfang zu liefern, wie sie die Finanzinvestoren und ihre Kunden erwarten. Der Griff nach Staatsschulden als Renditequelle – darauf hat Christian v. Weizsäcker aufmerksam gemacht – ist für die Investoren längst unentbehrlich geworden. Es sind die Kapitalmärkte, die der Droge Staatskredit verfallen sind. Wo sonst sollen Versicherungen und Pensionskassen mit ihrem Geld hin? Das Ergebnis jedenfalls war eine spekulative Aufblähung der Vermögenswerte, die einen trügerischen Optimismus entstehen ließ und das tatsächliche Ungleichgewicht an den Märkten völlig unkenntlich machte.

So kam es zu der Situation, wie wir sie heute haben. Es haben sich Vermögensansprüche aufgebaut, die so umfangreich sind, dass sie weder konsumiert, noch investiert werden können. Wir haben es nicht mit einer normalen zyklischen Krise zu tun, sondern mit den Folgen einer über Jahrzehnte hinweg aufgestauten Überliquidität an den Kapitalmärkten. Die Forderungen der Vermögenseigentümer, zu denen nicht nur spekulierende Milliardäre gehören, sondern auch Millionen Kunden von Pensionsfonds und Lebensversicherungen, sind weit über jedes realistische Maß hinaus angewachsen. Das Volumen der nicht gedeckten Forderungen ist derart angeschwollen, dass man sie nicht mehr einfach abschreiben konnte, ohne einen allgemeinen Zusammenbruch der Märkte zu riskieren. Die Staaten sahen sich deshalb gezwungen, mit umfangreichen „Rettungspaketen" zu intervenieren. Zwischen Oktober 2008 und Oktober 2012 billigte die Europäische Kommission Hilfsmaßnahmen der Mitgliedsstaaten zugunsten des Finanzsektors im Umfang von nicht weniger als 5,1 Billionen EUR, davon 3,6 Billionen für Garantien, 0,8 in Form für Rekapitalisierungen, 0,5 Billionen für Stützungsprogramme und 0,2 für Liquiditätsmaßnahmen (EU 2012, S. 31). Damit erreichte man zwar, wie gesagt, eine kurzfristige Stabilisierung der Lage, aber um den Preis, dass die Staaten sich selbst zu Geiseln der Märkte machten. Die Finanzindustrie und ihre Kunden haben es geschafft, ihr eigenes Problem auf die Staaten abzuwälzen und es als ein Problem der staatlichen Haushalte erscheinen zu lassen. Hier, und nicht bloß in der widersprüchlichen institutionellen Konstruktion des Euro oder in den Unterschieden der nationalen Wettbewerbsfähigkeit, liegt der Kern der Euro-Krise. Nicht nur in Europa hat die Ungleichheit der Vermögen ein Ausmaß erreicht, das sich unter keinem Gesichtspunkt mehr rechtfertigen lässt. Der Finanzmarkt-Kapitalismus hat nicht das Unternehmertum gefördert, wie immer behauptet wurde, sondern einer Herrschaft der Finanzrentiers *über* die Unternehmer den Weg gebahnt (hierzu auch: Deutschmann 2011, 2015). Er hat das Wirtschaftswachstum nicht angetrieben, sondern immer stärker beeinträchtigt. Statt die Chancengleichheit und die soziale Aufstiegsmobilität zu fördern, kam es im Gegenteil zur Blockierung der Aufstiegswege und zur Etablierung einer Finanzaristokratie, die ihren Reichtum kaum mehr der eigenen Leistung, sondern immer mehr den wachsenden Erbschaften verdankt, wie Piketty in seiner erwähnten Studie gezeigt hat.

13.5 Realistische und vernünftige Antworten auf die Krise

Faktisch laufen die staatlichen Rettungsaktionen auf nationaler und europäischer Ebene auf den Versuch einer Stabilisierung der völlig aus dem Ruder gelaufenen Vermögensverteilung hinaus. Das wird auf die Dauer nicht funktionieren können. Zwar versucht man auch diesmal wieder, die Bevölkerung zahlen zu lassen, insbesondere über die mit den ESM-Krediten verknüpften Kürzungsauflagen. Aber selbst das wird in der heutigen extremen Situation nicht mehr helfen. Die Schulden verschwinden ja nicht, wie sich in Griechenland, Spanien und anderen Ländern zeigt, sondern wachsen aufgrund der depressiven Folgewirkungen der Sparauflagen nur noch weiter. Vermögensforderungen, die nicht mehr eingetrieben werden können, müssen abgeschrieben werden. So wenig, wie man einen Bock mit Gewalt melken kann, kann man Geld, das einfach nicht vorhanden ist, durch „Austeritätspolitik" herbeischaffen. Genauso wenig hilfreich ist die Idee einer „Vergemeinschaftung" der Schulden, die ja die Schulden auch nicht beseitigen, sondern nur umverteilen würde. Um die Blockierung des ökonomischen Kreislaufs zu beseitigen, ist es vielmehr unabdingbar, die Erwartungen der Vermögenseigentümer auf den Boden der Realität herabzuholen; es geht also primär gar nicht um ein Problem der „Gerechtigkeit", erst recht nicht um die Bedienung von „Neidgefühlen". Europa wird um eine neue und massive Abschreibung der Vermögen wie der Schulden nicht herumkommen. Die Frage ist nicht ob, sondern nur, *wie* es zu dieser Korrektur kommt. Hier sehe ich drei Optionen: Eine weder realistische noch vernünftige, eine realistische, aber wenig vernünftige, und eine vernünftige, aber (zurzeit jedenfalls) noch wenig realistische.

Die erste Option (Option 1) wäre, dass es, aufgrund welcher Ereignisverkettungen auch immer, doch noch zu einer „marktwirtschaftlichen" Lösung kommt, also zu einem neuen Crash, der dann wahrscheinlich auch mit einem Auseinanderbrechen des Euro verbunden wäre. Zwar „will" niemand einen solchen Zusammenbruch. Aber er wäre die billigend in Kauf genommene implizite Konsequenz einer dezidiert „ordnungspolitischen" Position, wie sie in Deutschland von einigen Ökonomen und den DM-Nationalisten der „Alternative für Deutschland" vertreten wird. Leisten kann sich eine solche öko-

13.5 Realistische und vernünftige Antworten auf die Krise

nomische Gesinnungsethik nur, wer keine politische Verantwortung trägt und für die Folgen nicht geradestehen muss. Eine solche Option wäre aufgrund ihrer völlig unabsehbaren ökonomischen, politischen und gesellschaftlichen Folgen mit vernünftigen Argumenten nicht zu rechtfertigen. Sie wäre aber auch angesichts der erklärten Haltung der EZB nicht realistisch. Die politisch Verantwortlichen versuchen, den Zusammenbruch um nahezu jeden Preis zu vermeiden. Um dennoch zu einer Entwertung der Vermögen zukommen, verfügen sie wiederum über zwei Optionen: eine realistische, aber kurzsichtige und wenig vernünftige (Option 2), und eine vernünftige, aber zurzeit noch wenig realistisch erscheinende (Option 3).

Die realistische Option 2 ist die sog. „Monetarisierung" der Schulden, die Ablösung der Schulden durch die elektronische Notenpresse der EZB. Auch das ist eine Form der Entwertung der Vermögen, zwar nicht direkt, aber indirekt über den politisch bequemeren Weg der Inflationierung. Die Märkte werden durch kostenloses Geld geflutet, negative Real- und Nominalzinsen sorgen für eine allmähliche Entschuldung. Der Investorenjargon spricht vorwurfsvoll von „finanzieller Repression" – dabei handelt die Zentralbank keineswegs willkürlich, sondern bringt mit ihrer Politik die faktische Marktlage mit einem extremen Überangebot an anlagesuchendem Kapital nur zum Ausdruck. Das ist die Linie, die die EZB unter der Führung von Draghi (mit der einsamen Gegenstimme von Weidmann) verfolgt, ebenso wie die britischen, amerikanischen und japanischen Zentralbanken. Prinzipiell wirkt sie in die richtige Richtung, indem sie die staatlichen und privaten Schuldner entlastet und die Gläubiger belastet (McKinsey Global Institute 2013). Die Geldschöpfung durch die Zentralbank verschafft der Politik eine Atempause, und solange die durch die Zentralbank geschaffene Liquidität im Bankensystem bleibt und nicht auf die Realwirtschaft übergreift, muss es auch nicht zu einer Inflation der Verbraucherpreise kommen. Aber die Probleme sind damit nicht vom Tisch. Sie werden nur latent gehalten; wir müssen uns auf eine lange Zeit der Stagnation und immer wieder sich aufblähende und platzende Aktien- Immobilien- und Rohstoffblasen einstellen. Die Immobilien- und Rohstoffblasen können am Ende doch zu einer Verbraucherpreisinflation führen. Die Inflationierung der Finanzvermögen führt zu einer Umverteilung des Vermögensbesitzes zugunsten von Aktien, Sachwerten, Immobilien und schädigt damit vor allem die mittelständischen Sparer; insofern ist die populäre Kritik an der „Enteignung" der Sparer durch die Politik der EZB nicht nur populistisch. Überdies drohen immer neue Marktturbulenzen und mittelfristig eine Destabilisierung der Währungen, die die gesamte Bevölkerung trifft. Für die Finanzindustrie läuft die Politik des „Quantitative Easing" auf eine Einladung hinaus, ihre spekulativen Pirouetten in der gewohnten Weise fortzusetzen (Bieling 2013). Diese Lösung ist mit beträchtlichen wirtschaftlichen und sozialen Kollateralschäden verbunden und somit nur wenig rational.

Die andere, zweifellos vernünftigere, aber gegenwärtig noch wenig realistisch erscheinende Lösung (Option 3) bestände in einem kontrollierten, politisch verhandelten Abbau der Vermögen bzw. Schulden, der der Wirtschaft wieder Raum zum Atmen gäbe. Schon lange wird deshalb ein allgemeiner Schuldenschnitt vorgeschlagen (z. B. Harald Hau und Ulrich Hege in der FAZ vom 14.09.12). Das Hauptproblem dabei wäre zu verhindern, dass wiederum die Steuerzahler die Hauptbürde der Entschuldung tragen. Diesem Ziel sollten auch die 2014 abgeschlossenen Europäischen Vereinbarungen zur Bankenunion und zur Abwicklung maroder Banken mit ihrer Betonung der Haftung von Gläubigern und Aktionären dienen. Ein alternativer, ebenfalls viel diskutierter Weg wären direkte steuerliche Zugriffe auf die privaten Vermögen mit dem Ziel der Entschuldung des Staates. Möglich wären hier eine Zwangsanleihe oder eine einmalige Vermögensabgabe, wie sie das DIW (Bach 2012) angeregt hat, und die GRÜNEN im Wahlkampf von 2013 gefordert haben. Auch eine Erhöhung des Spitzensteuersatzes, der Steuern auf Vermögen und Vermögenseinkommen, sowie eine Finanzmarkttransaktionssteuer wären zweckmäßig. Mit welchen Schritten oder mit welcher Kombination von Schritten die effizientesten Ergebnisse zu erzielen wären, ist noch immer Thema von Diskussionen. Um die zu erwartende Kapitalflucht zu begrenzen, müssten vermögensabschöpfende Maßnahmen möglichst europaweit, idealerweise: G-20 weit koordiniert und durchgesetzt werden.

Deshalb erscheint auch die durch die EU angestrebte und z. T. beschlossene Europäisierung der Fiskalpolitik grundsätzlich richtig. Fatal ist nur, wenn die Europäisierung sich, wie gegenwärtig, einseitig an den Interessen der Gläubiger orientiert und allein auf Kürzungen öffentlicher Ausgaben zielt. Das Ziel einer Europäisierung der Fiskalpolitik müsste auch darin bestehen, den Steuersenkungswettlauf bei den Kapital- und Vermögenssteuern zu beenden und überall endlich eine angemessene Besteuerung hoher Einkommen und Vermögen durchzusetzen – wenigstens in Europa. Die augenzwinkernd tolerierte Steuerhinterziehung und -verlagerung reicher Privatpersonen und transnationaler Konzerne dürfte nicht länger hingenommen werden. Die öffentlichen Haushalte können nicht nur über die Ausgabenseite konsolidiert werden. Sie brauchen auch höhere Einnahmen, die bei jenen geholt werden müssen, die von der Hypertrophie der Vermögen und den staatlichen Rettungsaktionen profitiert haben. Aber jede Politik, die in diese Richtung geht, führt zu heftigen Verteilungskämpfen und härtestem Widerstand der Eigentümer und der Finanzlobby. Um diese Widerstände zu überwinden, braucht es einen langen Atem; über die kurzfristigen Erfolgschancen sollte man sich keine Illusionen machen.

Die Euro-Krise wird nur überwunden werden können, wenn sozial und demokratisch tragfähige Wege zur Entschuldung gefunden werden. Abstrakte Appelle an die europäische Solidarität werden dabei kaum weiterhelfen. Erfolgversprechender wäre es, konkrete Themen und politische Konflikte zu benennen, in deren Austragung Europa auf einer praktischen Ebene zusammenwachsen könnte. Dass die Kosten der Finanzkrise nicht von den Steuerzahlern, sondern von ihren Verursachern zu tragen sind, ist eine legitime Forderung, die in der gesamten europäischen Bevölkerung auf breite Zustimmung stößt. Eine demokratieverträgliche Bankenabwicklung wird nur zustande kommen, wenn der Ministerrat, die EZB und die Kommission in dieser Frage europaweit wesentlich mehr Druck von unten bekommen als bisher. Es sind ja keineswegs der Euro oder die EU, die für die wachsenden nationalen und sozialen Polarisierungen in Europa verantwortlich sind, wie die um sich greifende und in dem britischen Brexit-Referendum

13.5 Realistische und vernünftige Antworten auf die Krise

schon erfolgreiche nationalistische Rhetorik suggeriert. Die Hauptursache liegt vielmehr in der finanzkapitalistisch dominierten Globalisierung der Märkte, gegen die die Politik der Europäischen Institutionen ungeachtet ihrer liberalen Grundausrichtung immerhin einige Akzente setzte (z. B. in Gestalt der Agrar-, Regional- und Strukturfonds). Der Ausstieg aus dem Euro oder Europa wäre kein Gegenmittel gegen den Druck finanzkapitalistischer Globalisierung; im Gegenteil, das betreffende Land wäre ihm dann gänzlich unvermittelt ausgesetzt. Paradoxerweise konnten Großbritannien und gerade der Finanzplatz London von der Globalisierung nur so lange profitieren, wie das Land Teil des europäischen Binnenmarktes war. Mit dem jetzt angestrebten Ausstieg wird sich der Marktzugang für Großbritannien (oder was davon übrig bleiben wird) verschlechtern, mit weitreichenden Folgen; auch die von den Brexit-Befürwortern versprochenen sozialen Verbesserungen werden sich dann nicht halten lassen.

Die Hinterlassenschaften der Finanzkrise werden sich gerade nicht durch Re-Nationalisierung, sondern nur durch eine wirksame transnationale Koordinierung demokratischer Politik unter Kontrolle bringen lassen, bei der auch das Europäische Parlament eine aktivere Rolle als bislang spielen könnte. Entscheidend ist die Behebung des demokratischen Defizits der europäischen Institutionen. Die Schuldenkrise als die zentrale gegenwärtige Herausforderung der europäischen Wirtschaftspolitik wird nicht allein auf der Ebene der Institutionen, sondern nur durch eine demokratische Mobilisierung der europäischen Öffentlichkeit erfolgreich bewältigt werden können. Märkte regulieren sich nicht im Selbstlauf. Ein Versagen der Regulierungsmechanismen der Märkte, wie es in der Finanzkrise wieder zutage trat, lässt sich nur durch einen stabilen institutionellen und politischen Rahmen verhindern. Transnational vernetzte Märkte, wie sie in Europa längst Realität sind, verlangen auch nach einem transnationalen institutionellen Rahmen. Die europäische Integration ist daher keineswegs nur ein abstraktes Elitenprojekt, sondern ist durch den Integrationsvorsprung der Märkte zwingend geboten. Sie muss keineswegs in einen zentralistischen Superstaat münden, sondern ist durchaus als eine intelligente Mischung von zentraler, nationaler und regionaler Koordinierung denkbar (Habermas 2011). Sie ist gleichwohl ein mühevolles, weil historisch innovatives Vorhaben, bei dem dicke Bretter zu bohren und nur langsame Fortschritte zu erwarten sind. Kreative Ideen, nicht der Rückgriff auf scheinbar bewährte Rezepte der Vergangenheit, sind auf diesem Weg gefragt.

Literatur

Ackermann, Rolf (2003): Die Pfadabhängigkeitstheorie als Erklärungsansatz unternehmerischer Entwicklungsprozesse. In: Georg Schreyögg, Jörg Sydow (Hg.): Strategische Prozesse und Pfade. Managementforschung 13, Wiesbaden: Westdeutscher Verlag

Afheldt, Horst (1994): Wohlstand für niemand? Die Marktwirtschaft entlässt ihre Kinder. München: Kunstmann

Afheldt, Horst (2003): Wirtschaft, die arm macht. Vom Sozialstaat zur gespaltenen Gesellschaft. München: Kunstmann

Aglietta, Michel (1998): Capitalism at the Turn of the Century: Regulation Theory and the Challenge of Social Change. In: New Left Review 23/2, S. 41–90

Aglietta, Michel, Régis Breton (2001): Financial systems, corporate control and capital accumulation. In: Economy and Society 30/4, S. 433–466

Aichele, Rahel; Felbermayr, Gabriel; Heiland, Inga (2013): ‚Neues aus der Basarökonomie', *ifo-Schnelldienst* 66 (6), Ifo-Institut, Berlin: 17–28

Albert, Hans (1967): Modell-Platonismus. Der neoklassische Stil des ökonomischen Denkens in kritischer Beleuchtung. In: Ernst Topitsch (Hg.): Logik der Sozialwissenschaften, Köln: Kiepenheuer&Witsch, S. 406–434

Alchian, Armen, Harold Demsetz (1972): Production, information costs and economic organization. In: The American Economic Review 62, S. 777–795

Aldrich, Howard E. (2005): Entrepreneurship, in: Smelser, Neil J./Swedberg, Richard (eds.): The Handbook of Economic Sociology, Second Edition, Princeton, Princeton University Press: 451–477

Allmendinger, Jutta, Hans Dietrich (2003): Vernachlässigte Potentiale? Zur Situation von Jugendlichen ohne Bildungs- und Ausbildungsabschluss. In: Berliner Journal für Soziologie 4/03, S. 465–476

Alvarez, Jose Luis (Hg.) (1998): The Diffusion and Consumption of Business Knowledge, London: Macmillan

Anderson, Phillip, Michael L. Tushman (1990): Technical Discontinuities and Dominant Designs: A Cyclical Model of Technical Change. In: Administrative Science Quarterly 35, S. 604–633

Arlacchi, Pino (1989): Mafiose Ethik und der Geist des Kapitalismus, Frankfurt/M: Cooperative

Arthur, Brian W. (1994): Increasing returns and path dependence in the economy, Ann Arbor: University of Michigan Press

Asdonk, Jupp, Udo Bredeweg, Uli Kowol (1991): Innovation als ein rekursiver Prozess. Zur Theorie und Empirie der Technikgenese am Beispiel der Produktionstechnik. In: Zeitschrift für Soziologie 20, S. 290–304

Audretsch, David B./Bönte, Werner; Tamvada, Jagannada Pawan (2007): Religion and Entrepreneurship, Jena Economic Research Papers 2007-075, Friedrich-Schiller-University Jena, Max Planck-Institute of Economics

Azzi, Corry; Ehrenberg Robert D. (1975): Household Allocation of Time and Church Attendance, in: Journal of Political Economy 83/1, 27–56

Bach, Stefan (2012): Vermögensabgaben – ein Beitrag zur Sanierung der Staatsfinanzen in Europa, in: DIW-Wochenbericht 28, S. 3–11

Backhaus, Hans-Georg (2000): Die ‚Verrücktheit' des Geldes aus der Marx'schen Perspektive des Geldfetischs. In: Der blaue Reiter. Journal für Philosophie 11, S. 107–114

Baecker, Dirk (1988): Information und Risiko in der Marktwirtschaft, Frankfurt/M: Suhrkamp

Baecker, Dirk (1993): Die Form des Unternehmens, Frankfurt/M: Suhrkamp

Baecker, Dirk (1995): Die Unruhe des Geldes, der Einbruch der Frist. In: Waltraud Schelkle, Manfred Nitsch (Hg.): Rätsel Geld. Annäherungen aus ökonomischer, soziologischer und historischer Sicht, Marburg: Metropolis-Verl, S. 107–124

Baecker, Dirk Hg. (2003): Kapitalismus als Religion, Berlin: Kadmos

Baethge, Martin (1991): Arbeit, Vergesellschaftung, Identität. Zur zunehmenden normativen Subjektivierung der Arbeit. In: Soziale Welt 42, S. 6–19

Baethge, Martin, Joachim Denkinger, Ulf Kadritzke (1995): Das Führungskräfte-Dilemma. Manager und industrielle Experten zwischen Unternehmen und Lebenswelt, Frankfurt/M: Campus

Baethge, Martin (2000): Abschied vom Industrialismus: Konturen einer neuen gesellschaftlichen Ordnung der Arbeit. In: SOFI-Mitteilungen 28, Juli 2000

Bahnmüller, Reinhard, Christiane Fisecker (2003): Dezentralisierung, Vermarktlichung und Shareholderorientierung im Personalwesen. Folgen für die Stellung und das Selbstverständnis des Personalwesens und die Interaktionsmuster mit dem Betriebsrat. Ein Literaturbericht. Forschungsinstitut für Arbeit, Technik und Kultur e. V., Tübingen

Bahrdt, Hans-Paul (1968): Die Krise der Hierarchie im Wandel der Kooperationsformen. In: Renate Mayntz (Hg.): Bürokratische Organisation, Köln: Kiepenheuer & Witsch, S. 126–134

Barro, Robert J./Mc Cleary, Rachel (2006): Religion and Economy, in: Journal of Economic Perspectives, Vol. 20, Nr. 2: 49–72

Barro, Robert J., Stanley Fisher (1976): Recent developments in monetary theory. In: Journal of Monetary Economics 2, S. 133–167

Baudrillard, Jean (1970): La societé de consommation. Paris: Denoel (Original: The Consumer Society, London: SAGE, 1988)

Baumol, William J. (2002): The Free Market Innovation Machine: Analyzing the Growth Miracle of Capitalism. Princeton: Princeton University Press

Beck, Ulrich, Anthony Giddens, Scott Lash (1996): Reflexive Modernisierung. Eine Kontroverse, Frankfurt/M: Suhrkamp

Beckert, Jens (1997): Grenzen des Marktes. Die sozialen Voraussetzungen wirtschaftlicher Effizienz, Frankfurt/M: Campus

Beckert, Jens (1999): Agency, Entrepreneurs, and Institutional Change. The Role of Strategic Choice and Institutionalized Practices in Organizations. In: Organization Studies 20/5, S. 777–799

Beckert, Jens (2002a): Interpenetration versus Einbettung. Talcott Parsons im Licht der neueren Wirtschaftssoziologie. In: Berliner Journal für Soziologie 12, S. 467–483

Beckert, Jens (2002b): Von Fröschen, Unternehmensstrategien und anderen Totems. In: Andrea Maurer, Michael Schmid (Hg.): Neuer Institutionalismus. Zur soziologischen Erklärung von Organisation, Moral und Vertrauen, Frankfurt/M./New York: Campus, S. 133–148

Beckert, Jens (2003): Economic Action and Embeddedness. How Shall We Conceptualize Economic Action? In: Journal of Economic Issues 37, S. 769–787

Beckert, Jens (2011): The Transcending Power of Goods: Imaginative Value in the Economy, in: Beckert, Jens; Aspers, Patrik (eds.): The Worth of Goods. Value and Pricing in the Economy, Oxford, Oxford University Press: 106–130

Beckert, Jens (2016): Imagined Futures. Fictional Expectations and Capitalist Dynamics, Cambridge: Harvard University Press

Beckert, Jens, Mark Lutter (2007): Wer spielt, hat schon verloren? Zur Erklärung des Nachfrageverhaltens auf dem Lottomarkt. In: Kölner Zeitschrift für Soziologie und Sozialpsychologie 59, S. 240–270

Bendix, Reinhard (1956): Work and Authority in Industry, New York: Simon& Schuster

Benjamin, Walter (1991): Kapitalismus als Religion. In: ders.: Gesammelte Schriften, hg. unter Mitwirkung von Theodor W. Adorno, Hermann Schweppenhäuser und Gersôm Solem, Bd. VI, Frankfurt/M: Suhrkamp, S. 100–103

Berger, Johannes (1999): Die Wirtschaft der modernen Gesellschaft. Strukturprobleme und Zukunftsperspektiven, Frankfurt/M: Campus

Berger, Johannes (2007): Warum sind einige Länder so viel reicher als andere? In: Zeitschrift für Soziologie 36, S. 5–24

Berger, Peter L., Thomas Luckmann (1980): Die gesellschaftliche Konstruktion der Wirklichkeit. Eine Theorie der Wissenssoziologie, Frankfurt/M: Fischer (Original: The Social Construction of Reality, New York: Doubleday, 1966)

Berghoff, Hartmut (1991): Englische Unternehmer 1870–1914: Eine Kollektivbiographie führender Wirtschaftsbürger in Birmingham, Bristol und Manchester, Göttingen: Vandenhoeck und Ruprecht

Berghoff, Hartmut (2004): Moderne Unternehmensgeschichte. Paderborn: UTB

Bergmann, Joachim (1998): Die negative Utopie des Neoliberalismus oder die Rendite muss stimmen. Der Bericht der bayrisch-sächsischen Zukunftskommission. In: Leviathan 26, S. 318–340

Berle, Augustus, G. Means (1932): The Modern Corporation and Private Property, New York: Macmillan

Beyer, Jürgen (Hg.) (2003): Vom Zukunfts- zum Auslaufmodell. Die Deutsche Wirtschaftsordnung im Wandel, Wiesbaden: Westdeutscher Verlag

Beyer, Jürgen, Anke Hassel (2003): Die Folgen von Konvergenz. Der Einfluss der Internationalisierung auf die Wertschöpfungsketten in großen Unternehmen. In: Jürgen Beyer (Hg.): Vom Zukunftszum Auslaufmodell? Die deutsche Wirtschaftsordnung im Wandel, Wiesbaden: Westdeutscher Verlag, S. 155–184

Beyer, Jürgen (2005): Pfadabhängigkeit ist nicht gleich Pfadabhängigkeit. Wider den impliziten Konservativismus eines gängigen Konzepts. In: Zeitschrift für Soziologie 34/1, S. 5–21

Bieling, Hans-Jürgen (2013): European Financial Capitalism and the Politics of (De-)financialization, in: Competition and Change 17(3): 283–98

Biernacki, Richard (1995): The Fabrication of Labour. Germany and Britain 1640–1914, Berkeley: University of California Press

Bijker, Wiebe E. (1995): Of Bicycles, Bakelites and Bulbs: Towards a Theory of Sociotechnical Change, Cambridge/Mass.: MIT Press

Birenheide, A./Fischer, M./Legnaro, A. (2005): Kapitalismus für alle. Aktien, Freiheit und Kontrolle, Münster

Binswanger, Hans Christoph (1985): Geld und Magie. Deutung und Kritik der modernen Wirtschaft anhand Goethes ‚Faust', Mit einem Nachwort von Iring Fetscher, Stuttgart: Edition Weitbrecht

Binswanger, Matthias (1996): Money Creation, Profits, and Growth: Monetary Aspects of Economic Evolution. In: Ernst Helmstaedter (Hg.): Behavioural norms, technological progress, and economic dynamics, Ann Arbor: University of Michigan Press, S. 413–147

Blackburn, Robin (2002): Banking on Death. Or, Investing in Life: The History and Future of Pensions, London: Verso

Blaug, Mark (1986): Economic History and the History of Economics, New York: New York University Press

Blomert, R. (2005): Das Ende der „neuen Ökonomie". Eine finanzsoziologische Untersuchung, in: Berliner Journal für Soziologie, Heft 2: 179–198

Blossfeld, Hans-Peter (2006): Globalisierung, wachsende Unsicherheit und die Veränderung der Chancen der jungen Generation, in: Arbeit, Jg. 15, Heft 3: 151–166

BMAS (2001): Bundesministerium für Arbeit und Sozialordnung. Lebenslagen in Deutschland. Erster Armuts- und Reichtumsbericht, Berlin

Boes, Andreas, Andrea Baukrowitz (2002): Arbeitsbeziehungen in der IT-Industrie. Erosion oder Innovation der Mitbestimmung, Berlin: Sigma

Boltanski, Luc, Laurent Thévenot (1991): De la justification. Les economies de la grandeur, Paris: Gallimard

Boltanski, Luc, Eve Chiapello (2001): Die Rolle der Kritik in der Dynamik des Kapitalismus und der normative Wandel. In: Berliner Journal für Soziologie 11, S. 459–477

Boltanski, Luc, Eve Chiapello (2003): Der neue Geist des Kapitalismus, Konstanz: UVK (Original: Le nouvel esprit du capitalisme, Paris: Gallimard, 1999)

Bolz, Norbert (2002): Das konsumistische Manifest, München: Fink

Böhle, Fritz, Sabine Pfeiffer, Nese Sevsay-Tegethoff (Hg.) (2004): Die Bewältigung des Unplanbaren, Wiesbaden: VS

Braverman, Harry (1977): Die Arbeit im modernen Produktionsprozess, Frankfurt/M./New York: Campus (Original: Labour and Monopoly Capital. The Degradation of Work in the 20th Century, New York: Monthly Review Press, 1974)

Brenner, Robert (2002): Boom and Bubble. Die USA in der Weltwirtschaft, Hamburg: VSA

Bröckling, Ulrich (2005): Projektwelten. Anatomie einer Vergesellschaftungsform. In: Leviathan 33, S. 364–383

Bröckling, Ulrich (2007): Das unternehmerische Selbst. Soziologie einer Subjektivierungsform, Frankfurt/M.: Suhrkamp

Bröckling, Ulrich, Susanne Krasmann, Thomas Lemke Hg. (2000): Gouvernementalität der Gegenwart. Studien zur Ökonomisierung des Sozialen, Frankfurt/M: Suhrkamp

Brubaker, Rogers (2012): Religion and Nationalism: Four Approaches, in: Nation and Nationalism 18(1): 2–20

Brunsson, Nils (1989): The Organization of Hypocrisy. Talk, Decision and Action in Organizations, Chicester: John Wiley & Sons

Bude, H.(2008): Die Ausgeschlossenen. Das Ende vom Traum einer gerechten Gesellschaft, München

Bude, Heinz (2000): Was kommt nach der Arbeitnehmergesellschaft? In: Ulrich Beck (Hg.): Die Zukunft von Arbeit und Demokratie, Frankfurt/M.: Suhrkamp, S. 121–134

Buhr, Rainer (1997): „Wenn wir hier mal nicht Schreibmaschinen bauen, das möchte ich gar nicht mehr erleben müssen!" – Betriebliche Innovationsdynamik und Produktleitbilder. In: Meinolf Dierkes (Hg.): Technikgenese. Befunde aus einem Forschungsprogramm, Berlin: Sigma, S. 37–68

Buß, Eugen (1985): Lehrbuch der Wirtschaftssoziologie. 2. neubearbeitete Aufl. 1996, Berlin/New York: de Gruyter

Burawoy, Michael (1979): Manufacturing Consent: Changes in the Labour Process under Monopoly Capitalism, Chicago, University of Chicago Press

Campbell, Colin (1987): The Romantic Ethic and the Spirit of Modern Consumerism, Oxford: Blackwell

Casson, Mark (1982): The Entrepreneur. An Economic Theory, Oxford: Robertson
Castel, Robert (2000): Metamorphosen der sozialen Frage. Eine Chronik der Lohnarbeit, Konstanz: UVK (Original: Les métamorphoses de la question sociale, Paris: Fayard, 1995)
Castells, Manuel (2000): The Rise of the Network Society, 2nd Edition, Oxford: Blackwell
Castoriadis, Cornelius (1984): Gesellschaft als imaginäre Institution. Entwurf einer politischen Philosophie, Frankfurt/M: Suhrkamp (Original: L' institution imaginaire de la societé, Paris: Edition du Seuil, 1975)
Chandler, Alfred D. Jr. (1977): The Visible Hand. The Managerial Revolution in American Business, Cambridge: Belknap Press of Harvard University Press
Choi, Young Back (1993): Paradigms and Conventions. Uncertainty, Decision Making, and Entrepreneurship, Michigan: The University of Michigan Press
Clausen, Lars (1988): Produktive Arbeit, destruktive Arbeit. Soziologische Grundlagen, Berlin: de Gruyter
Coleman, James (1990): Foundations of Social Theory, Cambridge: The Belknap Press of Harvard University Press
Callon, Michel Hg. (1998): The Laws of the Market. Oxford: Blackwell
Corrigan, Peter (1997): The Sociology of Consumption. An Introduction, London: SAGE
Cox, Harvey (2002): Mammon and the Culture of the Market: A Socio-Theological Critique, in: Madsen, Richard; Swidler, Ann et al. (eds.): Meaning and Modernity: Religion, Polity, Self, Berkeley/Cal.: University of California Press
Coyle, David (1997): Weightless World. Strategies for Managing the Digital Economy, Oxford: Oxford University Press
Crompton, Rosemary, Fiona Devine, Mike Savage, John Scott (Eds.) (2000): Renewing Class Analysis, Oxford: Blackwell
Czarniawska, Barbara, Bernward Joerges (1996): Travel of Ideas. In: Barbara Czarniawska, Guja Sevón (Eds.): Translating Organizational Change, Berlin/New York: de Gruyter, S. 13–48
Degele, Nina (2000): Informiertes Wissen. Eine Wissenssoziologie der computerisierten Gesellschaft, Frankfurt/M: Campus
Demsetz, Harold (1982): The Neglect of the Entrepreneur. In: Joshua Ronen (Hg.): Entrepreneurship, Lexington/Mass.: Lexington Books, S. 271–280
Deutsche Bundesbank (2005): Monatsbericht der Deutschen Bundesbank, Juni 2005
Deutscher Bundestag (2002): Bericht der Enquete-Kommission „Globalisierung der Weltwirtschaft – Herausforderungen und Antworten", 14. Wahlperiode, Berlin
Deutschmann, C. (2008): Kapitalistische Dynamik. Eine gesellschaftstheoretische Perspektive, Wiesbaden
Deutschmann, Christoph (1973): Der linke Keynesianismus, Frankfurt/M: Athenäum
Deutschmann, Christoph (1987): Der „Betriebsclan". Der japanische Organisationstypus als Herausforderung an die soziologische Modernisierungstheorie. In: Soziale Welt 38, S. 133–147
Deutschmann, Christoph (1995): Geld als soziales Konstrukt. Zur Aktualität von Marx und Simmel. In: Leviathan 23, S. 376–393
Deutschmann, Christoph (1996a): Marx, Schumpeter und Mythen ökonomischer Rationalität. In: Leviathan 24, S. 323–338
Deutschmann, Christoph (1996b): Rationalisierung als Sisyphusarbeit. In: Dietrich Hoß, Gerhard Schrick (Hg.): Wie rational ist Rationalisierung heute? – Ein öffentlicher Diskurs anlässlich des 75jährigen Jubiläums des Rationalisierungskuratoriums der Deutschen Wirtschaft (RKW) e. V., Stuttgart: Raabe, S. 155–164
Deutschmann, Christoph (1997): Die Mythenspirale. Eine wissenssoziologische Interpretation industrieller Rationalisierung. In: Soziale Welt 47, S. 55–70

Deutschmann, Christoph (2001): Die Verheißung des absoluten Reichtums. Zur religiösen Natur des Kapitalismus, 2. Aufl., Frankfurt/M: Campus

Deutschmann, Christoph (2002a): Postindustrielle Industriesoziologie. Theoretische Grundlagen, Arbeitsverhältnisse und soziale Identitäten, Weinheim: Juventa

Deutschmann, Christoph (2002b): The Regime of Shareholders: End of the Regime of Managers? In: Soziale Systeme 8/2, S. 178–190

Deutschmann, Christoph (2003a): Ende und Wiederkehr des Keynesianismus – Rätsel der aktuellen Wirtschaftspolitik. In: Leviathan 31, S. 291–302

Deutschmann, Christoph (2003b): Industriesoziologie als Wirklichkeitswissenschaft. In: Berliner Journal für Soziologie 13/ 4, S. 477–495

Deutschmann, Christoph (2005): Finanzmarkt-Kapitalismus und Wachstumskrise. In: Paul Windolf (Hg.): Finanzmarkt-Kapitalismus. Analysen zum Wandel von Produktionsregimen, Wiesbaden, S. 58–84

Deutschmann, Christoph (2007a): Henry Ford – ein Volksfreund? In: Bernd Jürgen Warneken (Hg.): Volksfreunde. Historische Varianten sozialen Engagements, Tübingen: Tübinger Vereinigung für Volkskunde 103, S. 155-161

Deutschmann, Christoph (2007b): Dynamische Konzepte institutioneller Einbettung. Beitrag zur Tagung der DGS-Sektion Wirtschaftssoziologie „Die institutionelle Einbettung von Märkten" am Max-Planck-Institut für Gesellschaftsforschung Köln; siehe Beitrag 5 dieses Bandes

Deutschmann, Christoph (2008a): Die Finanzmärkte und die Mittelschichten: der kollektive Buddenbrooks-Effekt, in: Leviathan 4/36, S. 501–517.

Deutschmann, Christoph (2008b): Kapitalistische Dynamik. Eine gesellschaftstheoretische Perspektive, Wiesbaden: VS

Deutschmann, Christoph (2009a): Geld als universales Inklusionsmedium moderner Gesellschaften. In: Rudolf Stichweh, Paul Windolf (Hg.): Inklusion und Exklusion: Analysen zur Sozialstruktur und sozialen Ungleichheit, Wiesbaden: VS-Verlag, S. 223–240

Deutschmann, Christoph (2009b): Soziologie kapitalistischer Dynamik, MPIfG Working Paper 09/5, Max Planck-Institut für Gesellschaftsforschung Köln

Deutschmann, Christoph (2011): Limits to Financialization. Sociological Analyses of the Financial Crisis, in: Archives Européennes de Sociologie LII, 3, S. 347–389

Deutschmann, Christoph (2012a): Der Glaube der Finanzmärkte. Manifeste und latente Performativität in der Wirtschaft, in: Herbert Kalthoff; Uwe Vormbusch (Hg.): Soziologie der Finanzmärkte, 131–150, Bielefeld: Transcript

Deutschmann, Christoph (2012b): Capitalism, Religion and the Idea of the Demonic, MPIfG Discussion Paper 12/2, Max-Planck-Institut für Gesellschaftsforschung Köln

Deutschmann, Christoph (2015): Piketty und die Zukunft des Kapitalismus, in: Westend. Neue Zeitschrift für Sozialforschung 12(1), S. 45–64

Deutschmann, Christoph (2019): Disembedded Markets. Economic Theology and Global Capitalism, London: Routledge

Deutschmann, Christoph, Michael Faust, Peter Jauch, Petra Notz (1995): Veränderungen der Rolle des Managements im Prozess reflexiver Rationalisierung. In: Zeitschrift für Soziologie 24/6, S. 436–450

Dierkes, Meinolf, Ute Hoffmann, Lutz Marz (1996): Visions of Technology. Social and Institutional Factors Shaping the Development on New Technologies, Frankfurt/M/New York: Campus

Dietrich, Karl, Hubert Hoffmann, Jürgen Kromphard, Karl Kühne, Heinz D. Kurz, Hajo Riese, Bertram Schefold (Hg.) (1987): Postkeynesianismus. Ökonomische Theorie in der Tradition von Keynes, Kalecki und Sraffa, Marburg: Metropolis

DiMaggio, Paul J., Walter M. Powell (Eds.) (1983): The Iron Cage Revisited: Institutional Isomorphism and Collective Rationality in Organizational Fields. In: American Sociological Review 48, S. 147–160

DiMaggio, Paul (1988): Interest and Agency in Institutional Theory. In: Lynne Zucker (Ed.): Institutional Patterns and Organizations: Culture and Environment, Cambridge/Mass.: Ballinger, S. 3–22

Dodd Drakopolou, Sahra; Gotsis, George (2007): An Examination of the Inter-Relationships between Entrepreneurship and Religion, in: International Journal of Entrepreneurship and Innovation 8/2: 93–104

Dodd, Nigel (1994): The Sociology of Money. Economics and Reason in Contemporary Society, Cambridge: Polity Press

Dopfer, Kurt (2006): The Origins of Meso Economics. Schumpeter's Legacy, Papers on Economics and Evolution, edited by the Evolutionary Economics Group, Max Planck Institute of Economics, Jena

Dosi, Giovanni (1982): Technological Paradigms and Technological Tracectories. In: Research Policy 11, S. 147–162

Dosi, Giovanni (1983): Technological Paradigms and Technological Trajectories. The Determinants and Directions on Technological Change and the Transformation of the Economy. In: Christopher Freeman (Ed.): Long Waves in the World Economy, London: Pinter, S. 78–101

Dosi, Giovanni (1988): The Nature of the Innovative Process. In: Giovanni Dosi, Christopher. Freeman, Richard Nelson et al. (Eds.): Technical Chance and Economic Theory, Oxford: Oxford University Press, S. 221–238

Dörre, Klaus (2002): Kampf um Beteiligung. Arbeit, Partizipation und Industrielle Beziehungen im flexiblen Kapitalismus, Wiesbaden: Westdeutscher Verlag

Durkheim, Emilé (1981): Die elementaren Formen religiösen Lebens, Frankfurt/M: Suhrkamp

Edwards, Richard (1981): Herrschaft im modernen Produktionsprozeß, Frankfurt/M: Campus

Eichmann, Hubert (2004): Arbeitskraftunternehmer in der New Economy. In: Hans J. Pongratz, Günter Voß (Hg.): Typisch Arbeitskraftunternehmer? Befunde der empirischen Arbeitsforschung, Berlin: Sigma, S. 73–92

Eisenstadt,. Shmuel N. (2000): Die Vielfalt der Moderne, Weilerswist: Velbrück

Eisenstadt, Shmuel N. (2006): Theorie und Moderne. Soziologische Essays. Wiesbaden: VS

Eisermann, Gottfried (1962): Vilfredo Paretos System der allgemeinen Soziologie. Einleitung, Texte, Anmerkungen, Stuttgart: Enke

Ehrenreich, Barbara (2001): Arbeit poor. Unterwegs in der Dienstleistungsgesellschaft, München: Kunstmann (Original: Nickel and Dimmed. On (not) getting by in America, New York: Metropolitan Books, 2001)

Elster, Jon (1987): Subversion der Rationalität, Frankfurt/M: Campus

Ernst, Berit, Alfred Kieser (1999): In Search of Explanations for the Consulting Explosion. Paper prepared for the SANCOR Workshop „Carriers of Management Knowledge", Stanford University, 16–17. Sept. 1999

Esser, Hartmut (1993): Soziologie. Allgemeine Grundlagen, Frankfurt/M: Campus

Esser, Hartmut (1999): Soziologie. Spezielle Grundlagen, Bd. 1: Situationslogik und Handeln, Frankfurt/M: Campus

Esser, Hartmut (2000): Soziologie. Spezielle Grundlagen, Bd. 5: Institutionen, Frankfurt/M: Campus

EU (2012): Facts and Figures on state aid in the EU member states, 2012 update, European Commission Staff Working Paper, Brussels

Eurostat (2002): Eurostat, Statistik kurz gefasst. Wirtschaft und Finanzen, Thema 2, Nr. 18: Riccardo Massarro, Erkki Lääkäri: Die Finanzstruktur der EU und der Eurozone, Nr. 33: John Verrinder: Sparquoten in Europa, unter www.europa.eu.int/comm/eurostat

Faik, Jürgen, Heinrich Schlomann (1997): Die Entwicklung der Vermögensverteilung in Deutschland. In: Ernst-Ulrich Huster (Hg.): Reichtum in Deutschland. Die Gewinner in der sozialen Polarisierung, Frankfurt/M: Campus, S. 89–126

Faust, Michael, Reinhard Bahnmüller (1996): Der Computer als rationalisierter Mythos. Vom Nutzen institutioneller Organisationstheorie für die Analyse industrieller Rationalisierung. In: Soziale Welt 47/2, S. 129–148

Faust, Michael (1998): Die Selbstverständlichkeit der Unternehmensberatung. In: Jürgen Howaldt, Ralf Kopp, Gerd Peter (Hg.): Sozialwissenschaftliche Organisationsberatung. Auf der Suche nach einem neuen Beratungsverständnis, S. 146–182, Berlin: Sigma

Faust, Michael (2000): Warum boomt die Managementberatung – und warum nicht zu allen Zeiten und überall? In: Soziologisches Forschungsinstitut Göttingen (SOFT), Mitteilungen 28

Faust, Michael, Peter Jauch, Petra Notz (2000): Befreit und entwurzelt. Führungskräfte auf dem Weg zum internen Unternehmer, München: Hampp

Ferguson, Niall (1998): The World's Banker. The History of the House of Rothschild, London: Weidenfeld & Nicholson

Fischer, Michael (2004): Erfolg zwischen Zufall und Leistung: Der Aktienmarkt. In: Leviathan 32, S. 203–224

Fischer, L./Kutsch, T./Stephan, E. Hg. (1999): Finanzpsychologie, München/ Wien

Fleischmann, Christoph (2010): Gewinn in alle Ewigkeit. Kapitalismus als Religion, Zürich: Rotpunktverlag

Fligstein, Neil (1996): Markets as politics: A political-cultural approach to market institutions. In: American Sociological Review 61, S. 656–673

Fligstein, Neil (2001a): The Architecture of Markets. An Economic Sociology of Twenty-First-Century Capitalist Societies, Princeton: Princeton University Press

Fligstein, Neil (2001b): Social Skill and the Theory of Fields. In: Sociological Theory 19, S. 105–125

Fligstein, Neil (2010): The Europeanization of Business, in: Jens Beckert; Christoph Deutschmann (Hg.): Wirtschaftssoziologie. Sonderheft 49 der Kölner Zeitschrift für Soziologie und Sozialpsychologie, S. 107–124, Wiesbaden: VS

Flotow, Paschen von (1995): Geld, Wirtschaft und Gesellschaft. Georg Simmels Philosophie des Geldes, Frankfurt/M: Suhrkamp

Foucault, Michel (2004): Geschichte der Gouvernementalität II. Die Geburt der Biopolitik. Vorlesung am Collège de France 1977–1978, Frankfurt/M: Suhrkamp

Ford, Henry (1923): Mein Leben und Werk, Leipzig: List

Fox, Alan (1974): Beyond Contract. Work, Power and Trust Relations, London: Routledge

Frank, Thomas (2001): Das falsche Versprechen der New Economy. Wider die liberale Schönfärberei, Frankfurt: Campus (Original: One Market Under God, New York: Doubleday, 2000)

Freeman, Chris/Louca, Francisco (2001): As Time goes by. From the Industrial Revolutions to the Information Revolution, Oxford: Oxford University Press

Freeman, Christopher, Carlota Perez (1988): Structural Crises of Adjustment, Business Cycles and Investment Behaviour. In: Giovanni Dosi, Christopher Freeman, Richard Nelson et al. (Hg.): Technical Change and Economic Theory, London: Pinter, S. 38–65

Freidson, Eliot (2001): Professionalism. The Third Logic, Chicago: University of Chicago Press

Freiling, Jörg, Martin Gersch, Christian Goeke (2006): Eine „Competence-based Theory of the Firm" als marktprozesstheoretischer Ansatz – Erste disziplinäre Basisentscheidungen eines evolutorischen Forschungsprogramms. In: Georg Schreyögg, Peter Conrad (Hg.): Management von Kompetenz, Managementforschung 16, Wiesbaden: Westdeutscher Verlag, S. 37–82

Frenkel, Stephen J., Marek Korczynski, Karen A. Shire, May Tam (1999): On the Front Line. Organization of Work in the Information Economy, Ithaca: Cornell University Press

Freyberg, Thomas von (1989): Industrielle Rationalisierung in der Weimarer Republik. Untersucht an Beispielen aus dem Maschinenbau und der Elektroindustrie. Frankfurt/M.: Campus

Friedmann, Georges (1959): Grenzen der Arbeitsteilung, Frankfurt/M: Europäische Verlagsanstalt

Froud, Joulie, Colin Haslam, Johal Suikdev, Karel Williams (2000): Shareholder Value and Financialization: Consultancy Promises, Management Moves. In: Economy and Society 29, S. 80–110

Furusten, Staffan (1998): The Creation of Popular Management Texts. In: Jose Luis Alvarez (Ed.): The Diffusion and Consumption of Business Knowledge, London: Macmillan, S. 141–163
Gall, Lothar (2000): Krupp: der Aufstieg eines Industrieimperiums, Berlin: Siedler
Gall, Lothar (Hg.) (2002): Krupp im 20. Jahrhundert: die Geschichte des Unternehmens vom ersten Weltkrieg bis zur Gründung der Stiftung, Redakt.: Burkhard Beyer, Berlin: Siedler
Ganßmann, Heiner (1996): Geld und Arbeit. Wirtschaftssoziologische Grundlagen einer Theorie der modernen Gesellschaft. Frankfurt/M: Campus
Ganßmann, Heiner (2004): 30 Jahre Massenarbeitslosigkeit in der Bundesrepublik – ein deutscher Sonderweg. In: Leviathan 32, S. 164–184
Garud, Raghu, Peter Karnoe (Hg.) (2001a): Path dependence and creation, New York/London: Mahwah
Garud, Raghu, Peter Karnoe (2001b): Path Creation as a Process of Mindful Deviation. In: Raghu Garud, Peter Karnoe, (Eds.): Path Dependence and Creation, New York/London: Mahwah, S. 1–40
Geißler, R. (2006): Die Sozialstruktur Deutschlands, Wiesbaden, 4. Aufl.
Genschel, Philipp; Schwarz, Peter (2011): Tax Competition: a literature review, in: Socio-Economic Review 9/2, S. 339–370
Giddens, Anthony (1984): The Constitution of Society. Outline of the Theory of Structuration, Berkeley: University of California Press
Goldthorpe, John H., David Lockwood, Frank Bechhofer, Jenifer Platt (1968): The Affluent Worker. Industrial Attitudes and Behaviour, Cambridge: Cambridge University Press (dt. Übersetzung: Der ‚wohlhabende' Arbeiter in England, Bd. I-III, München: Goldmann, 1970)
Grabka, M./Frick, J. (2008): Schrumpfende Mittelschicht: Anzeichen einer dauerhaften Polarisierung der verfügbaren Einkommen? DIW-Wochenberichte 10/2008, Berlin: 101–108
Grabka, Markus (DIW/SOEP) (2011): Die Einkommens- und Vermögensverteilung in Deutschland, Kapitalmarktforum 2011, Heinz-Nixdorf Museums-Forum Paderborn, 8. Nov. 2011
Graf, Friedrich Wilhelm (2004a): Die Wiederkehr der Götter. Religion in der modernen Kultur, München: Beck, 3. Aufl.
Graf, Friedrich Wilhelm (2004b): Beeinflussen religiöse Weltbilder den ökonomischen Habitus? In: Hartmut Berghoff/Jakob Vogel (Hg.): Wirtschaftsgeschichte als Kulturgeschichte. Dimensionen eines Perspektivenwechsels, Frankfurt/M: Campus, 241–264
Granovetter, Mark (1985): Economic Action and Social Structure. The Problem of Embeddededness. In: American Journal of Sociology 91(3): 481–510
Granovetter, Mark (2005): The Economic Sociology of Firms and Entrepreneurs, in: Swedberg, Richard (ed.): New Developments in Economic Sociology, Vol. II, Cheltenham: Elgar, 160–197
Grahl, John (2001): Globalized Finance. In: New Left Review 8, S. 23–48
Grewer, H.G./Matthäi, I./Reindl, J. (2007): Der innovative Ältere. Warum die Entwickleruhr länger als sieben Jahre tickt, München und Mering
Gross, Peter (1994): Die Multioptionsgesellschaft, Frankfurt/M: Suhrkamp
Guttmann, Robert (1996): Die Transformation des Finanzkapitals. In: PROKLA 103, S. 165–196
Habermas, Jürgen (1981): Theorie des kommunikativen Handelns, Band I und II, Frankfurt/M: Suhrkamp
Habermas, Jürgen (2011): Zur Verfassung Europas – ein Essay, Berlin: Suhrkamp
Hacker, Andrew (1997): Money. Who Has How Much and Why? New York: Touchstone
Haesler, Aldo J. (1993): Das Ende der Wechselwirkung – Prolegomena zu einer ‚Philosophie des (unsichtbaren) Geldes". In: Jeff Kintzelé, Peter Schneider (Hg.): Georg Simmels Philosophie des Geldes, Frankfurt/M: Anton Hain, S. 221–263
Halfmann, Jost (1997): Die Implementation von Innovationen als Prozess sozialer Einbettung. In: Daniel Bieber (Hg.): Technikentwicklung und Industriearbeit. Industrielle Produktionstechnik zwischen Eigendynamik und Nutzerinteressen, Frankfurt/M: Campus, S. 87–110

Hall, Peter A., David Soskice (Hg.) (2001): Varieties of Capitalism. The Institutional Foundations of Corporative Advantage, Oxford: Oxford University Press

Hank, Rainer (2006): Ökonomiekolumne: Das Geld anderer Leute, unter: www.online-merkur.de

Harmes, Adam (2001): Mass Investment Culture. In: New Left Review 9, S. 103–124

Haubl, Rolf (1996): Geldpathologien und Überschuldung: am Beispiel Kaufsucht. Ein von der Psychoanalyse vernachlässigtes Thema. In: Psyche 50/ 2, S. 916–153

Haubl, R. (2002): Money madness. Eine psychodynamische Skizze, in: Deutschmann C. (Hg.): Die gesellschaftliche Macht des Geldes, Leviathan-Sonderheft 21: 203–225

Hayek, Friedrich A. v. (1945): The Use of Knowledge in Society, in: The American Economic Review 35/4, 519–530

Hartmann, Heinz (1968): Der deutsche Unternehmer. Autorität und Organisation, Frankfurt/M, Europäische Verlagsanstalt

Hasse, Raimund, Georg Krücken (2005): Neo-Institutionalismus, 2. Aufl., Bielefeld: transcript

Hegel, Georg Wilhelm Friedrich (1969): Wissenschaft der Logik II. Gesamtausgabe Bd. 6, hg. durch Eva Moldenhauer und Karl Markus Michel, Frankfurt/M: Suhrkamp (Erstausgabe: 1834)

Heidenreich, Martin, Karin Töpsch (1998): Die Organisation von Arbeit in der Wissensgesellschaft. In: Industrielle Beziehungen 5, S. 13–44

Heinemann, Klaus (1987): Soziologie des Geldes. In: Klaus Heinemann (Hg.): Soziologie wirtschaftlichen Handelns. Sonderheft 28 der Kölner Zeitschrift für Soziologie und Sozialpsychologie. Opladen: Westdeutscher Verlag, S. 322–338

Heinsohn, Gunnar, Otto Steiger (1996): Eigentum, Zins und Geld. Ungelöste Rätsel der Wirtschaftswissenschaft, Reinbek: Rowohlt

Heintz, Bettina (1993): Die Herrschaft der Regel. Zur Grundlagengeschichte des Computers, Frankfurt/M: Campus

Heires, Marcel/Nölke, Andreas Hg. (2013): Perspektiven der Finanzialisierung: ein Handbuch (im Erscheinen)

Heires, Marcel; Nölke, Andreas (Hg.) (2014): Politische Ökonomie der Finanzialisierung, Wiesbaden: Springer VS

Hellmann, Kai-Uwe (2003): Soziologie der Marke, Frankfurt/M: Suhrkamp

Hilferding, Rudolf (1968): Das Finanzkapital. Eine Studie über die jüngste Entwicklung des Kapitalismus, Frankfurt/M: Europäische Verlagsanstalt (Erstausgabe 1910)

Hirsch-Kreinsen, Hartmut (1995): Dezentralisierung: Unternehmen zwischen Stabilität und Desintegration. In: Zeitschrift für Soziologie 24/ 6, S. 422–435

Hirsch-Kreinsen, Hartmut (1998): Shareholder Value: Unternehmensstrategien und neue Strukturen des Kapitalmarkts. In: Hartmut Hirsch-Kreinsen, Harald Wolf (Hg.): Arbeit, Gesellschaft, Kritik. Orientierungen wider den Zeitgeist, Berlin: Sigma, S. 195–224

Hirschle, Jochen (2012): Die Entstehung des transzendenten Kapitalismus, Konstanz: UVK

Hirschman, Albert O. (1977): The Passions and the Interests. Political Arguments for Capitalism before its Triumph, Princeton: Princeton University Press

Hobsbawm, Eric J., Terence Ranger (Eds.) (1983): The Invention of Tradition, Cambridge: Cambridge University Press

Holtgrewe, Ursula, Stephan Voswinkel, Gabriele Wagner (Hg.) (2000): Anerkennung und Arbeit, Konstanz: UVK

Honneth, Axel (1992): Kampf um Anerkennung. Zur moralischen Grammatik sozialer Konflikte, Frankfurt/M: Suhrkamp

Höpner, Martin (2003): Wer beherrscht die Unternehmen? Shareholder Value, Managerherrschaft und Mitbestimmung in Deutschland, Frankfurt/M: Campus

Hörisch, Jochen (1996): Kopf oder Zahl. Die Poesie des Geldes, Frankfurt/M: Suhrkamp

Howaldt, Jürgen (1996): Industriesoziologie und Organisationsberatung. Einführung von Gruppenarbeit in der Automobil- und Chemieindustrie: Zwei Beispiele, Frankfurt/M.: Campus

Hradil, Stefan (2005): Warum werden die meisten entwickelten Gesellschaften wieder ungleicher? In: Paul Windolf (Hg.): Finanzmarkt-Kapitalismus. Analysen zum Wandel von Produktionsregimen. Sonderheft 45/2005 der Kölner Zeitschrift für Soziologie und Sozialpsychologie, Wiesbaden: VS, S. 460–483

Huffschmid, Jörg (2002): Politische Ökonomie der Finanzmärkte, 2. Auflage, Hamburg: VSA

Iannaccone, Lawrence R. (1998): Introduction to the Economics of Religion, in: Journal of Economic Literature 36, 1465–1496

Illouz, Eva (2003): Der Konsum der Romantik: Liebe und die kulturellen Widersprüche des Kapitalismus, Frankfurt/M: Campus

Immerthal, Lars (2007): Der Unternehmer. Zum Wandel von Ethos und Strategie des Unternehmertums im Ausgang der Moderne, München: Fink

Ingham, Geoffrey (2004): The Nature of Money, Cambridge, Polity Press

Ittermann, Peter, Jörg Abel (2002): Gratwanderung zwischen Tradition und Innovation-Reifeprüfung der New Economy. In: Industrielle Beziehungen 9, S. 463–470

IW (2005): Institut der deutschen Wirtschaft: Deutschland in Zahlen 2005, Köln

IW (2014): Institut der deutschen Wirtschaft Köln: Deutschland in Zahlen 2014, Köln

Jackall, Robert (1988): Moral Mazes. The World of Corporate Managers, Oxford: Oxford University Press

Joas, Hans (1986): Die unglückliche Ehe von Hermeneutik und Funktionalismus. In: Axel Honneth, Hans Joas (Hg.): Kommunikatives Handeln. Beiträge zu Jürgen Habermas' Theorie des Kommunikativen Handelns, Frankfurt/M: Suhrkamp, S. 144–176

Joas, Hans (1992): Die Kreativität des Handelns, Frankfurt/M: Suhrkamp

Johnston, Richard D. (1972): The Internal Structure of Technology. In: Paul Halmos, Martin Albrow, (Eds.): The Sociological Review Monograph 18 – The Sociology of Science, University of Keele, S. 117–130

Jürgens, Ulrich, Joachim Rupp, Katrin Vitols (unter Mitarb. v. Bärbel Jäschke Werthmann) (2000): Corporate Governance und Shareholder Value in Deutschland. Discussion Paper FS II 02-203, Wissenschaftszentrum für Sozialforschung Berlin

Kaelble, Hartmut (1983): Soziale Mobilität und Chancengleichheit im 19. und 20. Jahrhundert, Göttingen: Vandenhoeck und Ruprecht

Kaesler, Dirk (2006): Vorwort des Herausgebers zu Max Weber: Die protestantische Ethik und der Geist des Kapitalismus, hg. und eingeleitet von Dirk Kaesler, 2. Auflage, München: Beck, 57–59

Kalberg, Stephen (2000): Max Weber über den Ursprung außerweltlicher Erlösungsreligionen, in: Zeitschrift für Religionswissenschaft 8/1, 45–70

Kalkowski, Peter, Matthias Helmer, Otfried Mickler (2001): Telekommunikationsindustrie im Aufbruch. Wandel der Arbeitsstrukturen und Beschäftigungsverhältnisse, Bd. 50, Düsseldorf: Edition der Hans-Böckler-Stiftung

Kasper, Wolfgang, Manfred E. Streit (1998): Institutional Economics. Social order and Public Policy, Cheltenham: Elgar

Kern, Horst, Charles F. Sabel (1994): Verblasste Tugenden. Zur Krise des deutschen Produktionsmodells. In: Niels Beckenbach, Werner van Treeck (Hg.): Umbrüche gesellschaftlicher Arbeit. Sonderband 9 der Sozialen Welt, Göttingen: Schwarz, S. 605–624

Keynes, John Maynard (1973): The General Theory of Employment, Interest and Money, 1st Edition 1936, London

Keynes, John Maynard (1930/1956): Wirtschaftliche Möglichkeiten für unsere Enkelkinder. In ders.: Politik und Wirtschaft, Männer und Probleme. Ausgewählt und übertragen durch E. Rosenbaum, Tübingen: Mohr, S. 263–272

Keynes, John Maynard (1943/1982): The Long Term Problem of Full Employment. In: The Collected Writings of J. M. Keynes, Bd. 21, Cambridge: Macmillan, S. 128–137

Kieser, Alfred (1996): Moden und Mythen des Organisierens. In: Die Betriebswirtschaft 56/1, S. 21–39

Kindleberger, C./Aliber, R. (2005): Manias, Panics and Crashes. A History of Financial Crises, Hoboken, N.J., Fifth Edition

Kintzelé, Jeff, Peter Schneider (Hg.) (1993): Georg Simmels Philosophie des Geldes, Frankfurt/M: Anton Hain

Kipping, Matthias, Lars Engwall (Eds.) (2002): Management Consulting. Emergence and Dynamics of a Knowledge Industry, Oxford: Oxford University Press

Kirzner, Israel M. (1982): Entrepreneurs and the Entrepreneurial Function. A Commentary. In: Joshua Ronen (Ed.): Entrepreneurship, Lexington/Mass: Lexington Books, S. 281–290

Kirzner, Israel M. (1983): Perception, Opportunity and Profit. Studies in the Theory of Entrepreneurship, Chicago: The University of Chicago Press

Knight, Frank F. (1921): Risk, Uncertainity and Profit, Boston: Houghton Mifflin

Knoblauch, Hubert (1996): Arbeit als Interaktion. Informationsgesellschaft, Post-Fordismus und Kommunikationsarbeit. In: Soziale Welt 47, S. 344–362

Knoblauch, Hubert (2009): Populäre Religion. Auf dem Weg in eine spirituelle Gesellschaft, Frankfurt/M: Campus.

Knorr-Cetina, K. (2007): Economic Sociology and the Sociology of Finance. Four Distinctions, Two Developments, One Field? In: Economic Sociology. The European Electronic Newsletter Vol. 8/3: 4–10

Koslowski, Peter (1998): Ethik des Kapitalismus, 6. Aufl., Tübingen: Mohr

Kotthoff, Hermann, Josef Reindl (1990): Die soziale Welt kleiner Betriebe, Göttingen: Otto Schwarz

Kotthoff, Hermann (2010): „Betriebliche Sozialordnung" als Basis ökonomischer Leistungsfähigkeit, in: Beckert, Jens/Deutschmann Christoph (Hg.): Wirtschaftssoziologie. Sonderheft 49 der Kölner Zeitschrift für Soziologie und Sozialpsychologie, Wiesbaden: VS, 428–446

Kraemer, Klaus (1997): Der Markt der Gesellschaft. Zu einer soziologischen Theorie der Marktvergesellschaftung, Opladen: Westdeutscher Verlag

Kraemer, Klaus, Ute H. Bittlingmayer (2001): Soziale Polarisierung durch Wissen. Zum Wandel der Arbeitsmarktchancen in der „Wissensgesellschaft", in: Peter A. Berger, Dirk Konietzka (Hg.): Die Erwerbsgesellschaft. Neue Ungleichheiten und Unsicherheiten, Opladen: Leske und Budrich, S. 313–330

Kraemer, Klaus (2008): Charisma im ökonomischen Feld, in: Andrea Maurer; Uwe Schimank (Hg.): Die Gesellschaft der Unternehmen – Die Unternehmen der gesellschaft. Gesellschaftstheoretische Zugänge zum Wirtschaftsgeschehen, Wiesbaden: VS, 63–77

Kroll, Gerhard (1958): Von der Weltwirtschaftskrise zur Staatskonjunktur, Berlin: Dunker & Humblot

Kromphardt, Jürgen (1987): Die neue Keynesianische Makroökonomie. In: Karl Dietrich, Hubert Hoffmann, Jürgen Kromphard, Karl Kühne, Heinz D. Kurz, Hajo Riese, Bertram Schefold (Hg.) (1987): Postkeynesianismus. Ökonomische Theorie in der Tradition von Keynes, Kalecki und Sraffa, Marburg: Metropolis, S. 165–188

Kubicek, Herbert, Ulrich Schmidt (1996): Alltagsorientierte Informationssysteme als Medieninnovation. Konzeptionelle Überlegungen zur Erklärung der Schwierigkeiten, ‚Neue Medien' und ‚Multimedia' zu etablieren. In: Renate Mayntz, Bernd Meisheit (Hg.): Mitteilungen des Verbundes Sozialwissenschaftliche Technikforschung 17, Köln, S. 6–44

Kuhn, Thomas (1967): Die Struktur wissenschaftlicher Revolutionen, Frankfurt/M.: Suhrkamp (Original: The Structure of Scientific Revolutions, Chicago: University of Chicago Press, 1962)

Kühl, Stefan (2000): Grenzen der Vermarktlichung – Die Mythen um unternehmerische Mitarbeiter. In: WSI-Mitteilungen 12, S. 818–828

Kühl, Stefan (2001): Die Heimtücke der eigenen Organisationsgeschichte. Paradoxien auf dem Weg zum dezentralisierten Unternehmen. In: Soziale Welt 52, S. 383–402

Kühl, Stefan (2003a): Exit. Wie Risikokapital die Regeln der Wirtschaft verändert, Frankfurt/M: Campus

Kühl, Stefan (2003b): New Economy, Risikokapital und die Mythen des Internet. In: Berliner Journal für Soziologie 13, S. 77–96

Kühn, Thomas, Andreas Witzel (2004): Die Arbeitskraftunternehmer-These aus berufsbiographischer Perspektive. In: Hans J. Pongratz, Günter Voß (Hg.): Typisch Arbeitskraftunternehmer? Befunde der empirischen Arbeitsforschung, Berlin: Sigma, S. 229–254

Lampel, Joseph (2001): Show-and-Tell: Product Demonstrations and Path Creation of Technological Change. In: Raghu Garud, Peter Karnoe (Hg.): Path Dependence and Creation, Mahwah N.J.: Lawrence, S. 303–328

Lanchester, John (2012): Whoops! Why Everyone Owes Everyone and No One Can Pay, London: Simon&Schuster

Landes, David S. (1973): Der entfesselte Prometheus. Technologischer Wandel und industrielle Entwicklung in Westeuropa von 1750 bis zur Gegenwart, Köln: Kiepenheuer & Witsch (Original: The Unbound Prometheus, Cambridge: Cambridge University Press, 1969)

Landes, David S. (1998): The Wealth and Poverty of Nations. London/New York: Norton

Lane, Robert. E. (1991): Money Symbolism and Economic Rationality. In: Richard M. Coughlin (Ed.): Morality, Rationality and Efficiency. New Perspectives on Socio-Economics. Armonk: Sharpe, S. 79–102

Lang, Thomas (2000): Monetäre Globalisierung. In: Zeitschrift für Sozialökonomie 37/4, S. 20–34

Laum, Bernhard (1924): Heiliges Geld. Eine historische Untersuchung über den sakralen Ursprung des Geldes, Tübingen: Mohr

Lazonick, William (2000): From Innovative Enterprise to National Institutions: A Theoretical Perspective on the Governance of Economic Development, unter: www.insead.fr./projects/cgep.

Lazonick, William (2003): The Theory of the Market Economy and the Social Foundations of Innovative Enterprise. In: Economic and Industrial Democracy 24, S. 9–44

Lebenslagen in Deutschland (2005): Lebenslagen in Deutschland. Zweiter Armuts- und Reichtumsbericht der Bundesregierung, Berlin

Light, Ivan (1987): Unternehmer und Unternehmertum ethnischer Gruppen, in: Klaus Heinemann (Hg.): Soziologie wirtschaftlichen Handelns, Sonderheft 28 der Kölner Zeitschrift für Soziologie und Sozialpsychologie, Opladen, Westdeutscher Verlag: 193–215

Lounsbury, Michael; Hirsch, Paul M. eds. (2012): Markets on Trial. Sociology of the US Financial Crisis, Part A, B, Bingley: Emerald Group

Luckmann, Thomas (1993): Die unsichtbare Religion, 2. Aufl., Frankfurt/M: Suhrkamp (Original: The Invisible Religion, New York: Macmillan, 1967)

Luhmann, Niklas (1988): Die Wirtschaft der Gesellschaft, Frankfurt/M: Suhrkamp

Luhmann, Niklas (1992): Funktion der Religion, 3. Aufl., Frankfurt/M: Suhrkamp

Luhmann, Niklas (1993a): Wirtschaftsethik – als Ethik?, in: Josef Wieland (Hg.): Wirtschaftsethik und Theorie der Gesellschaft, Frankfurt/M: Suhrkamp, 134–147

Luhmann, Niklas (1993b): Funktionen der Religion, 2. Aufl., Frankfurt/M: Suhrkamp

Luhmann, Niklas (2000): Die Religion der Gesellschaft, Frankfurt/M: Suhrkamp

Luhmann, Niklas (1998a): Die Gesellschaft der Gesellschaft, Frankfurt/M: Suhrkamp

Luhmann, Niklas (1998b): Die Gesellschaft der Gesellschaft, Vol I und II, Frankfurt/M: Suhrkamp

Lüthje, Boy (2001): Standort Silicon Valley. Ökonomie und Politik in der vernetzten Massenproduktion, Frankfurt/M: Campus

Lutz, Burkart (1978): Wirtschaftliche Entwicklung, betriebliche Interessen und Arbeitsmarktsegmentation, München: Typoskript

Lutz, Burkart (1987): Arbeitsmarktstruktur und betriebliche Arbeitskräftestrategie, Frankfurt/M: Campus

Lütz, Susanne (2006): Zwischen Pfadabhängigkeit und Wandel – „Governance" und die Analyse kapitalistischer Institutionenentwicklung. In: Ulrich Brinkmann, Karolie Krenn, Sebastian Schief (Hg.): Endspiel des Kooperativen Kapitalismus? Institutioneller Wandel unter den Bedingungen des marktzentrierten Paradigmas, Wiesbaden: VS, S. 16–34

Maddison, Angus (2001): The World Economy. A Millenial Perspective, Paris: OECD

Mambrey, Peter, Michael Pateau, August Tepper (1995): Technikentwicklung durch Leitbilder. Neue Steuerungs- und Bewertungsinstrumente, Frankfurt/M: Campus

Manow, Philip (2008): Religion und Sozialstaat. Die konfessionellen Grundlagen europäischer Wohlfahrtsstaatsregime. Frankfurt a.M. / New York: Campus

March, James, Herbert Simon (1958): Organizations, New York: Wiley

Marsden, David W. (1999): A Theory of Employment Systems, Oxford: Oxford University Press

Martin, Hans Peter, Harald Schumann (1996): Die Globalisierungsfalle. Der Angriff auf Wohlstand und Demokratie, Reinbek: Rowohlt

Martinelli, Alberto (1994): Entrepreneurship and Management. In: Neil J. Smelser, Richard Swedberg (Eds.): The Handbook of Economic Sociology, Princeton: Princeton University Press, S. 476–503

Marx, Karl (1953): Grundrisse der Kritik der Politischen Ökonomie (Rohentwurf 1857–1858), Berlin: Dietz

Marx, Karl (1964): Die Deutsche Ideologie. In ders.: Die Frühschriften, hg. von Siegfried Landshut, Stuttgart: Kröner, S. 338–485

Marx, Karl (1988): Das Kapital, Bd. 1, MEW 23, Berlin: Dietz

Maurer, Andrea (Hg.) (2008): Handbuch der Wirtschaftssoziologie, Wiesbaden: VS

Maurer, Andrea (Hg.) (2010): Wirtschaftssoziologie nach Max Weber, Wiesbaden: VS

Mauss, Marcel (1990): Die Gabe. Form und Funktion des Austauschs in archaischen Gesellschaften, Frankfurt/M: Suhrkamp (franz. Erstausgabe 1924)

Mazza, Carmello (1998): The Popularization of Business Knowledge Diffusion: From Academic Knowledge to Popular Culture. In: Jose Luis Alvarez (Ed.): The Diffusion and Consumption of Business Knowledge, London: Macmillan, S. 164–181

McCleary, Rachel (2007): Salvation, Damnation and Economic Incentives, in: Journal of Contemporary Religion Vol. 22, Nr. 1:49–74

McCracken, Grant (1985): The trickle-down theory rehabilitated. In: Michael R. Solomon (Hg.): The psychology of fashion, S. 39–55. Lexington/Toronto: D.C. Heath and Company (Lexington Books)

McCraw, Thomas K. ed. (1997): Creating Modern Capitalism. How Entrepreneurs, Companies and Countries triumphed in the Industrial Revolutions, Cambridge: Harvard University Press.

McLoughlin, Ian (1996): Inside the Non-Union Firm. In: Peter Ackers, Chris Smith, Paul Smith (Hg.): The New Workplace and Trade Unionism, London: Routledge, S. 301–323

McKinsey (2010): Roxburgh, Charles; Lund, Susan; Piotrowski, John: Mapping Global Capital Markets 2011; Mc Kinsey Global Institute (www.mckinsey.com/mgi)

McKinsey Global Institute (2013): QE and ultra-low interest rates. Distributional effects and risks (Authors: Dobbs, Richard; Lind, Susan; Koller, Tim; Shwayer, Ari), McKinsey Global Institute reports Nov. 2013

Mead, George H. (1973a): Geist, Identität und Gesellschaft aus der Sicht des Sozialbehaviourismus, Frankfurt/M: Suhrkamp (engl. Originalpublikation 1934)

Mead, George H. (1973b): Geist, Identität und Gesellschaft aus der Sicht des Sozialbehaviourismus, Frankfurt/M: Suhrkamp (Original: Mind, Self and Society. From the Standpoint of a Social Behaviourist, Chicago: University of Chicago Press, 1934)

Menz, Wolfgang, Steffen Becker, Thomas Sablowski (1999): Shareholder Value gegen Belegschaftsinteressen. Der Weg der Hoechst-AG zum „Life Sciences"-Konzern, Hamburg: VSA

Merton, Robert K. (1968): Social Theory and Social Structure, Enlarged Edition, New York: The Free Press

Meyer, John W., Brian Rowan (1977): Institutionalized Organizations: Formal Structure as a Myth and Ceremony. In: American Journal of Sociology 83/2, S. 340–363

Minssen, Heiner (1993): Beraten(d)e Akteure-Industriesoziologie wird praktisch. In: Jürgen Howaldt, Heiner Minssen (Hg.): Lean, leaner..? Die Veränderungen des Arbeitsmanagements zwischen Humanisierung und Rationalisierung, Dortmund: Montana, S. 185–200

Minssen, Heiner (1999): Von der Hierarchie zum Diskurs? Die Zumutungen der Selbstregulation, München: Hampp

Mintzberg, Henry (1983): Power in around Organizations, New York: Englewood Cliffs

Mizruchi, Mark S., Linda Brewster Stearns (1994): Money, Banking and Financial Markets. In: Neil J. Smelser, Richard Swedberg (Hg.): The Handbook of Economic Sociology. Princeton N. J.: Princeton University Press, S. 313–341

Mühlen, Norbert. (1965): Die Krupps, Reinbek: Rowohlt (Originalausgabe: The Incredibble Krupps, New York: Holt, 1960)

Müller-Jentsch, Walther (Hg.) (1999): Konfliktpartnerschaften. Akteure und Institutionen der Industriellen Beziehungen, München und Mering: Hampp

Münch, Richard (2002): Soziologische Theorie. Band 1: Grundlegung durch die Klassiker, Frankfurt/M: Campus

Münch, Richard (2011): Das Regime des Freihandels. Entwicklung und Ungleichheit in der Weltgesellschaft, Frankfurt/M: Campus

Münnich, Sascha (2011): Ideen und Interessen. Soziologische Kritik einer problematischen Unterscheidung, in: Zeitschrift für Soziologie 40/5, 371–387

Nasaw, David (2006): Andrew Carnegie, New York: Penguin

Neckel, Sighard (1999): Blanker Neid, blinde Wut. Sozialstruktur und kollektive Gefühle. In: Leviathan 27: 145–65

Neckel, Sighard (2001): „Leistung" und „Erfolg". Die symbolische Ordnung der Marktgesellschaft, in: Eva Barlösius, Hans-Peter Müller, Steffen Sigmund (Hg.): Gesellschaftsbilder im Umbruch, Opladen: Leske und Budrich, S. 245–268

Neckel, Sighard, Kai Dröge (2003): Die Verdienste und ihr Preis: Leistung in der Marktwirtschaft, in: Axel Honneth (Hg.): Befreiung aus der Mündigkeit. Paradoxien des gegenwärtigen Kapitalismus, Frankfurt/M: Campus, S. 93–116

Nelson, Robert H. (2001): Economics as Religion. From Samuelson to Chicago and Beyond, University Park, Pennsylvania State University Press

Nelson, Richard R., Sidney G. Winter (1982): An Evolutionary Theory of Economic Change, Cambridge/Mass.: Belknap Press of Harvard University Press

Nelson, Richard R. (2002): Bringing institutions into evolutionary growth theory. In: Journal of Evolutionary Economics 12/1–2, S. 17–28

Nietzsche, Friedrich (1980): Also sprach Zarathustra. In: Sämtliche Werke, hg. v. Giorgio Colli und Mazzino Montinari, Bd. 4, München: de Guyter

Noble, David F. (1977): America by Design. Science, Technology and the Rise of Corporate Capitalism, Oxford: Oxford University Press

Nohria, Nitin, Robert G. Eccles (1998): Where does Management Knowledge come from? In: Jose Luis Alvarez (Ed.): The Diffusion and Consumption of Business Knowledge, London: Macmillan, S. 278–304

Nomura, Masami (1992): Abschied vom Toyotismus bei Toyota? In: Hans-Böckler-Stiftung, Industriegewerkschaft Metall (Hg.): Lean Production. Kern einer neuen Unternehmenskultur und einer innovativen und sozialen Arbeitsorganisation? Baden-Baden: Nomos, S. 55–63

Nonaka, Ikujiro (1994): A dynamic theory of organizational knowledge creation, in: Organization Science 5, S. 14–37

North, Douglass (1990): Institutions, Institutional Change and Economic Performance, Cambridge/ New York: Cambridge University Press

Nutzinger, Hans G.; Hecker, Christian (2008): Gerechtigkeit in der Ökonomie: Ein unlösbarer Widerspruch? In: Leviathan 36(4), 543–575

OECD (2001): OECD, Institutional Investors Statistical Yearbook 2001, unter: www.oecd.org

OECD (2005): OECD, Statistics Portal, Institutional Investors Statistics, unter: www.oecd.org/

Oevermann, Ulrich (1999): Theoretische Skizze einer revidierten Theorie professionellen Handelns, in: Arno Combe, Werner Helsper (Hg.): Pädagogische Professionalität. Untersuchungen zum Typus pädagogischen Handelns, 3. Aufl., Frankfurt/M: Suhrkamp, S. 70–182

Ortmann, Günter (1995): Formen der Produktion. Organisation und Rekursivität, Opladen: Westdeutscher Verlag

O'Sullivan, Mary A. (2000): Contests for Corporate Control. Corporate Governance and Economic Performance in the United States and Germany, Oxford: Oxford University Press

Osterloh, Margit, Brune S. Frey (2005): Corporate Governance: Eine Prinzipal-Agenten-Beziehung, Team-Produktion oder soziales Dilemma. In: Bernd Schauenberg, Georg Schreyögg, Jörg Sydow (Hg.): Managementforschung 15, Wiesbaden: Westdeutscher Verlag, S. 333–364

Parsons, Talcott (1985): Das System moderner Gesellschaften, Weinheim: Juventa (Original: The System of Modern Societies. Englewood Cliffs NJ, 1971)

Parsons, Talcott, Neil J. Smelser (1956): Economy and Society, London: Routledge and Paul

Parsons, Talcott (1999): Religion in Postindustrial America. The Problem of Secularization, in: Bryan S. Turner (ed.): The Talcott Parsons Reader, Oxford: Blackwell, 300–320

Paul, Axel (2012): Die Gesellschaft des Geldes. Entwurf einer monetären Theorie der Moderne, 2. Aufl., Wiesbaden: VS

Paul, Axel T. (1999): Wirtschaft als Gesellschaft. Über den geldwirtschaftlichen Kern der Luhmann'schen Systemtheorie. In ders. (Hg.): Ökonomie und Anthropologie. Studien des Frankreich-Zentrums der Albert-Ludwig-Universität Freiburg 5, S. 103–122

Paul, Axel T. (2004): Die Gesellschaft des Geldes. Entwurf einer monetären Theorie der Moderne, Wiesbaden: VS

Peine, Alexander (2006): Innovation und Paradigma. Epistemische Stile in Innovationsprozessen, Bielefeld: transcript

Pfadenhauer, Michaela (2003): Professionalität. Eine wissenssoziologische Rekonstruktion instiutionalisierter Kompetenzdarstellungskompetenz, Opladen: Leske und Budrich

Pfeiffer, Sabine (2004): Arbeitsvermögen. Ein Schlüssel zur Analyse (reflexiver) Informatisierung, Wiesbaden: VS

Philipps, Kevin (2003): Die amerikanische Geldaristokratie. Eine politische Geschichte des Reichtums in den USA, Frankfurt/M: Campus (Original: Wealth and Democracy. A Political History of the American Rich, New York: Broadway Books, 2002)

Piore, Michael, Charles F. Sabel (1985): Das Ende der Massenproduktion. Studie über die Requalifizierung der Arbeit und die Rückkehr der Ökonomie in die Gesellschaft, Berlin: Klaus Wagenbach

Piketty, Thomas (2014): Capital in the Twenty-First Century, Cambridge/Mass.: The Belknap Press of Harvard University Press

Polanyi, Michael (1966): The Tacit Dimension, New York: Doubleday

Polanyi, Karl (1978): The Great Transformation. Politische und ökonomische Ursprünge von Gesellschaften und Wirtschaftssystemen, Frankfurt/M: Suhrkamp (Erstausgabe 1944)

Pongratz, Hans J., Günter Voß (2002): ArbeiterInnen und Angestellte als Arbeitskraftunternehmer? Erwerbsorientierungen in entgrenzten Arbeitsformen, Forschungsbericht an die Hans-BöcklerStiftung, Projekt Nr. 2000-182-3 F, München und Chemnitz

Pongratz, Hans J., Günter Voß Hg. (2004): Typisch Arbeitskraftunternehmer? Befunde der empirischen Arbeitsforschung, Berlin: Sigma
Popitz, Heinrich (1997): Wege der Kreativität, Tübingen: Mohr
Portes, Alejandro, Zhou Min Zhou (1992): Gaining the Upper Hand: Economic Mobility among Immigrants and Domestic Minorities. In: Ethnic and Racial Studies 15, S. 491–522
Powell, Walter W. (1996): Weder Markt noch Hierarchie. Netzwerkartige Organisationsformen. In: Patrick Kenis, Werner Schneider (Hg.): Organisation und Netzwerk. Institutionelle Steuerung in Wirtschaft und Politik, Frankfurt/M: Campus, S. 213–272
Pries, Ludger (2001): Internationale Migration, Bielefeld: transcript
Priddat, Birger (2007): Ökonomie und Religion. Vom Mittelalter bis Adam Smith, in: Harald Hagemann (Hg.): Ökonomie und Religion. Studien zur Entwicklung der ökonomischen Theorie XXI, Schriften des Vereins für Sozialpolitik Bd 115/XXI, Berlin: Duncker&Humblot, 79–96
Priddat, Birger (2013): Benign order and heaven on earth – Kapitalismus als Religion? Über theologische Ressourcen in der Entwicklung der modernen Ökonomie, in: Georg Pfleiderer; Peter Seele (Hg.): Kapitalismus – eine Religion in der Krise I. Grundprobleme von Risiko, Vertrauen und Schuld, Baden-Baden: Nomos, 25–136
Raab, Erich (1997): Jugend sucht Arbeit. Eine Längsschnittuntersuchung zum Berufseinstieg Jugendlicher in der Bundesrepublik Deutschland. In: Aus Politik und Zeitgeschichte 25, S. 3–12
Rammert, Werner (1993): Technik aus soziologischer Perspektive, Bd. 1: Forschungsstand, Theorieansätze, Fallbeispiele – Ein Überblick, Opladen: Westdeutscher Verlag
Rammert, Werner (1997): Innovationen im Netz. Neue Zeiten für technische Innovationen: heterogen verteilt und interaktiv vernetzt. In: Soziale Welt 48, S. 397–416
Rammert, Werner (2000): Technik aus soziologischer Perspektive, Bd. 2: Kultur – Innovation – Virtualität, Opladen: Westdeutscher Verlag
Rappaport, Anatol (1994): Shareholder Value. Wertsteigerung als Maßstab für die Unternehmensführung, Stuttgart: Gabler
Redding, Gordon S. (1990): The Spirit of Chinese Capitalism, New York: de Gruyter
Reddy, William M. (1987): Money and Liberty in modern Europe. A critique of historical understanding, Cambridge: Cambridge University Press
Redlich, Fritz (1964): Der Unternehmer. Wirtschafts- und sozialgeschichtliche Studien, Göttingen: Vandenhoeck und Ruprecht
Reindl, Josef (2002): Vom Produzenten zum Dienstleister: Irrweg oder Perspektive? Überlegungen zum deutschen Maschinenbau. In: Leviathan 30, S. 93–112
Reuter, Norbert (1996): Der Institutionalismus. Geschichte und Theorie der evolutionären Ökonomie, Marburg: Metropolis
Riese, Hajo (1995): Geld – das letzte Rätsel der Nationalökonomie. In: Waltraud Schelkle, Manfred Nitsch (Hg.): Rätsel Geld. Annäherungen aus ökonomischer, historischer und soziologischer Sicht, Marburg: Metropolis, S. 45–62
Ronen, Joshua (Ed.) (1982): Entrepreneurship. Price Institute for Entrepreneurial Studies, Lexington/Mass.: Lexington Books
Rosa, Hartmut (1999): Bewegung und Beharrung. Überlegungen zu einer sozialen Theorie der Beschleunigung. In: Leviathan 27, S. 386–414
Rostow, Walt (1960): Stadien wirtschaftlichen Wachstums, Göttingen: Vandenhoeck & Ruprecht
Roxburgh, Charles, Susan Lund, John Piotrowski (2011): Mapping global capital markets 2011, McKinsey Global Institute
Roy, Olivier (2011): Heilige Einfalt. Über die politischen Gefahren entwurzelter Religionen, München: Pantheon (Original: La sainte ignorance. Le temps de la religion sans culture, Paris 2008: Seuil).
Rügemer, Werner (Hg.) (2004): Die Berater. Ihr Wirken in Staat und Gesellschaft, Bielefeld: transcript

Rüstow, Alexander (2001): Die Religion der Marktwirtschaft, Münster: LIT
Sabel, Charles F., Gary B. Herrigel, Richard Deeg, Richard Kazis (1987): Regional Prosperities Compared. Massachusetts and Baden-Württemberg in the 1980's. Discussion Paper IIM/LMP 87-1b, Wissenschaftszentrum Berlin für Sozialforschung
Samuelson Kurt G. (1993): Religion and Economic Action: The Protestant Ethic, the Rise of Capitalism and the Abuses of Scholarship, Toronto: University of Toronto Press
Sassen, S. (2005): The Embeddedness of Electronic Markets: The Case of Global Capital Markets, in: Knorr-Cetina, K./Preda, A. (eds.): The Sociology of Financial Markets, Oxford: 17–37
Sauer, Dietrich, Volker Döhl (1996): Die Auflösung des Unternehmens? – Entwicklungstendenzen der Unternehmensreorganisation in den neunziger Jahren. In: IFS, INIFES, IfS, SOFI (Hg.): Jahrbuch sozialwissenschaftliche Technikberichterstattung 1996, Schwerpunkt Reorganisation, S. 19–76, Berlin
Scherhorn, Gerhard (1997): Das Ganze der Güter. In: Karl Michael Meyer-Abich, Gerhard Scherhorn et al. (Hg.): Vom Baum der Erkenntnis zum Baum des Lebens. Ganzheitliches Denken der Natur in Wissenschaft und Wirtschaft, München: Beck, S. 162–253
Schimank, Uwe (2005): Die Entscheidungsgesellschaft. Komplexität und Rationalität der Moderne, Wiesbaden: VS
Schimank, Uwe, Volkmann, Ute (2008): Die Ökonomisierung der Gesellschaft. In: Andrea Maurer (Hg.): Handbuch der Wirtschaftssoziologie, Wiesbaden: VS, S. 382–393
Schimank, Uwe, Volkmann, Ute (2008): Die Ökonomisierung der Gesellschaft. In: Andrea Maurer (Hg.): Handbuch der Wirtschaftssoziologie, Wiesbaden: 382–393
Schimank, Uwe (2009): Die Moderne: eine funktional differenzierte kapitalistische Gesellschaft, in: Berliner Journal für Soziologie 19: 327–351
Schimank, Uwe (2010): Max Webers Rationalisierungsthese – differenzierungstheoretisch und wirtschaftssoziologisch gelesen, in: Andrea Maurer (Hg.): Wirtschaftssoziologie nach Max Weber, Wiesbaden: VS, 226–247
Schluchter, Wolfgang (1976): Die Paradoxie der Rationalisierung. Zum Verhältnis von ‚Ethik' und ‚Welt' bei Max Weber, in: Zeitschrift für Soziologie 5, S. 256–284
Schluchter, Wolfgang (1988): Religion und Lebensführung. Studien zu Max Webers Kultur- und Werttheorie, Bd. 1: Studien zu Max Webers Kultur- und Werttheorie, Bad. 2: Studien zu Max Webers Religions- und Herrschaftssoziologie, Frankfurt/M: Suhrkamp
Schluchter, Wolfgang (2016): Die Moderne- eine neue Achsen(zeit)kultur? In: Thomas Schwinn, Gert Albert (Hg.): Alte Begriffe – neue Probleme. Max Webers Soziologie im Lichte aktueller Problemstellungen, Tübingen: Mohr Siebeck, S. 187–208
Schmid, Michael, Andrea Maurer (2003): Institutionen und Handeln. In dies. (Hg.): Ökonomischer und soziologischer Institutionalismus. Interdisziplinäre Beiträge und Perspektiven der Institutionentheorie und –analyse, Marburg: Metropolis, S. 9–46
Schmölders, Günter (1966): Psychologie des Geldes, Reinbek: Rowohlt
Schonberger, Richard J. (1982): Japanese Manufacturing Techniques. Nine Hidden Lessons in Simplicity, New York: Free Press
Schreyögg, Georg (1999): Noch einmal: Zur Trennung von Eigentum und Verfügungsgewalt. In: Brij Nino Kumar, Margit Osterloh, Georg Schreyögg (Hg.): Unternehmensethik und die Transformation des Wettbewerbs. Shareholder Value – Globalisierung – Hyperwettbewerb, Festschrift für Professor Dr. Dr. h.c. Horst Steinmann zum 65. Geburtstag, Stuttgart: Schaeffer-Poeschel, S. 159–182
Schreyögg, Georg, Jörg Sydow (Hg.) (2003): Strategische Prozesse und Pfade. Managementforschung 13, Wiesbaden: Westdeutscher Verlag
Schreyögg, Georg, Jörg Sydow, Jochen Koch (2003): Organisatorische Pfade – Von der Pfadabhängigkeit zur Pfadkreation? In: Georg Schreyögg, Jörg Sydow (Hg.): Strategische Prozesse und Pfade. Managementforschung 13, Wiesbaden: Westdeutscher Verlag, S. 257–294

Schulze, Gerhard (1993): Die Erlebnisgesellschaft. Kultursoziologie der Gegenwart, Frankfurt/M: Campus

Schulz-Schaeffer, Ingo (2010): Eigengesetzlichkeit, Spannungsverhältnis, Wahlverwandtschaft und Kausalität. Zum Verhältnis von Religion und Wirtschaft bei Max Weber, in: Andrea Maurer (Hg.): Wirtschaftssoziologie nach Max Weber, Wiesbaden: VS, 248–278

Schumann, Michael, Volker Baethge-Kinsky, Martin Kuhlmann, Constanze Kurz, Uwe Neumann (1994): Der Wandel der Produktionsarbeit im Zugriff neuer Produktionskonzepte. In: Niels Beckenbach, Werner van Treeck (Hg.): Umbrüche gesellschaftlicher Arbeit. Sonderband 9 der Sozialen Welt, Göttingen: Schwarz, S. 11–44

Schumann, Michael (1999): Frisst die Shareholder Value-Ökonomie die Modernisierung der Arbeit. In: Hartmut Hirsch-Kreinsen, Harald Wolf (Hg.): Arbeit, Gesellschaft, Kritik. Orientierungen wider den Zeitgeist. Berlin: Sigma, S. 19–30

Schumann, Michael (2003): Metamorphosen von Industriearbeit und Arbeiterbewußtsein. Kritische Industriesoziologie zwischen Taylorismusanalyse und Mitgestaltung innovativer Arbeitspolitik, Hamburg: VSA

Schumm, Wilhelm (1994): Zur Entstehung der tayloristisch-fordistischen Massenproduktion. Technologiegenese und soziale Regulierung. In: Institut für Sozialforschung an der Johann Wolfgang Goethe-Universität Frankfurt/M., Mitteilungen Heft 4, September, Frankfurt/M., S. 42–64

Schumpeter, Joseph Alois (1952): Theorie der wirtschaftlichen Entwicklung. Eine Untersuchung über Unternehmergewinn, Kapital, Kredit und Zins, 5. Aufl., Berlin: Duncker & Humblot (1. Aufl. 1911)

Schumpeter, Joseph Alois (1993): Kapitalismus, Sozialismus und Demokratie, 7. Aufl. Tübingen: Francke (1. Aufl. 1942)

Schupp, Jürgen/Marc Szydlik (2004): Zukünftige Vermögen – wachsende Ungleichheit, in: Schupp, Jürgen (Hg.): Generation und Ungleichheit, Wiesbaden: VS, S. 243–264

Schwinn, Thomas (2010): Wirtschaftssoziologie als Gesellschaftstheorie? Kritische Anfragen aus einer Weber'schen Perspektive, in: Andrea Maurer (Hg.): Wirtschaftssoziologie nach Max Weber, Wiesbaden: VS, 199–225

Scott, Richard (1995): Institutions and Organizations, London: Thousand Oaks

Sennett, Richard (1998): Der flexible Mensch. Die Kultur des neuen Kapitalismus, Berlin: Berlin-Verlag

Seyfarth, Constans, Walter Sprondel (Hg.) (1973): Seminar: Religion und gesellschaftliche Entwicklung. Studien zur Protestantismus-These Max Webers, Frankfurt/M: Suhrkamp

Simmel, G. (1989a): Philosophie des Geldes, Gesamtausgabe/Simmel, hsg. v. O. Rammstedt, Bd. 6, Frankfurt/M (Erstausgabe 1900)

Simmel, Georg (1989b): Philosophie des Geldes. Gesamtausgabe, Bd. 6, Frankfurt/M: Suhrkamp

Simmel, Georg (1989c): Philosophie des Geldes. Gesamtausgabe, hg. v. O. Rammstedt, Bd. 6, Frankfurt/M: Suhrkamp (Original: Philosophy of Money, London: Routledge, 1978)

Skidelsky, Robert (1996): Keynes, Oxford: Macmillan

Sklair, Leslie (2002): Democracy and the Transnational Class, in: Annals 581, May 2002: 144–157

Smelser, Neil J., Richard Swedberg (Hg.) (1994): The Handbook of Economic Sociology, Princeton N.J.: Princeton University Press

Smelt, Simon (1980): Money's place in society. In: British Journal of Sociology 31, S. 204–223

Sorge, Arndt (1985): Informationstechnik und Arbeit im sozialen Prozeß. Arbeitsorganisation, Qualifikation und Produktivkraftentwicklung. Frankfurt/M.: Campus

Spahn, Heinz-Peter (1986): Stagnation in der Geldwirtschaft. Dogmengeschichte, Theorie und Politik aus keynesianischer Sicht, Frankfurt/M: Campus

Spahn, Heinz-Peter (2001): From Gold to Euro – On Monetary Theory and the History of Currency Systems, Berlin/Heidelberg: Springer

Springer, Roland (1999): Rückkehr zum Taylorismus? Arbeitspolitik in der Automobilindustrie am Scheideweg, Frankfurt/M: Campus

Staehle, Wolfgang (1991): Redundanz, Slack und lose Koppelung in Organisationen: Eine Verschwendung von Ressourcen? In: Wolfgang Staehle, Jörg Sydow (Hg.): Managementforschung 1, BerlinNew York, S. 313–346

Statistisches Bundesamt Hg. (2006): Datenreport 2006. Zahlen und Fakten über die Bundesrepublik Deutschland. In Zusammenarbeit mit dem Wissenschaftszentrum Berlin für Sozialforschung (WZB) und dem Zentrum für Umfragen, Methoden und Analysen Mannheim (ZUMA), Bonn

Statistisches Bundesamt (2012): VGR-Private Konsumausgaben, 4. Vj. 2012

Stehr, Nico (1994): Knowledge Societies, London: Sage

Stein, Holger (2004): Anatomie der Vermögensverteilung. Ergebnisse der Einkommens- und Verbrauchsstichproben 1983–1998, Berlin: Sigma

Steiner, Uwe (1998): Kapitalismus als Religion. Anmerkungen zu einem Fragment Walter Benjamins. In: Deutsche Vierteljahresschrift für Literaturwissenschaft und Geistesgeschichte 72, S. 147–171

Stihler, Ariane (1998): Die Entstehung des modernen Konsums. Darstellung und Erklärungsansätze, Berlin: Duncker&Humblot

Strange, Susan (1986): Casino Capitalism, Oxford: Blackwell

Strauß, Jürgen, Wilfried Kruse (2004): Erfahrungsgeleitetes Organisieren und Reorganisieren. In: Fritz Böhle et al. (Hg.): Die Bewältigung des Unplanbaren, Wiesbaden: VS, S. 130–164

Streeck, Wolfgang, Martin Höpner (Hg.) (2003): Alle Macht dem Markt? Fallstudien zur Abwicklung der Deutschland AG, Frankfurt/M.: Campus

Streeck, Wolfgang, Kathleen Thelen (Hg.) (2005): Beyond Continuity. Institutional Change in Advanced Political Economies, New York: Oxford University Press

Streeck, Wolfgang (2013): Gekaufte Zeit. Die vertagte Krise des demokratische Kapitalismus, Berlin: Suhrkamp

Sturken, Marita/Douglas Thomas and Ball-Rokeach, Sandra (eds.) (2004): Technological Visions. The Hopes and Fears that shape New Technologies: Philadelphia, Temple University Press.

SVR (2012): Jahresgutachten des Sachverständigenrates zur Begutachtung der gesamtwirtschaftlichen Entwicklung 2012/13

Swatos, William H. Jr./Kaelber, Lutz (eds.)(2005): The Protestant Ethics turns 100. Essays on the Centenary of Weber's Thesis, London: Paradigm Publishers

Swedberg, Richard (1993): „The Battle of Methods": Towards a Paradigm Shift? In: Amitai Etzioni, Paul Lawrence (Hg): Socio-Economics. Toward a New Synthesis, Armonk: Sharpe, S. 13–34

Swedberg, Richard (2003): Principles of Economic Sociology, Princeton: Princeton University Press

Szydlik, Marc (2004): Zukünftige Vermögen – wachsende Ungleichheit, in: ders. (Hg.): Generation und Ungleichheit, Wiesbaden: 243–264

Tainio, Risto, Mika Huolman, Matti Pulkkinen, Jyrki Ali-Yrkkö, Pekka Ylä-Anttila (2003): Global investors meet local managers: shareholder value in the Finnish context. In: Marie-Laure Djelic, Sigrid Quack (Hg.): Globalisation and Institutions, Cheltenham: Edward Elgar, S. 37–56

Teece, David J., Gary Pisano, Amy Shuen (1997): Dynamic Capabilities and Strategic Management. In: Strategic Management Journal 18/7, S. 509–33

Thomas, Konrad (1964): Die betriebliche Situation der Arbeiter, Stuttgart: Enke

Tillich Paul (1988): Das Dämonische. Ein Beitrag zur Sinndeutung der Geschichte, in: ders.: Religiöse Schriften, Hg. v. Robert P. Scharlemann. Hauptwerke Bd. 5, Berlin: De Gruyter: 99–124 (Originalpublikation 1926)

Tilly, Chris, Charles Tilly (1998): Work under Capitalism, Boulder: Westview

Tobin, James (1982): Money and finance in the macroeconomic process. In: Journal of Money, Credit and Banking 14, S. 171–204

Tolbert, Pamela, Lynne G. Zucker (1996): The Institutionalization of Institutional Theory. In: Stewart. R. Clegg, Cynthia Hardy, Walter R. North (Eds.): Handbook of Organization Studies, London: SAGE, S. 175–190

Turner, Bryan S. (2011): Religion and Modern Society. Citizenship, Secularization and the State. Cambridge, Cambridge University Press

Trautwein-Kalms, Gudrun (1995): Ein Kollektiv von Individualisten? Interessenvertretung neuer Beschäftigtengruppen, Berlin: Sigma

Ulich, Eberhard (1996): Kriterien und Voraussetzungen für Gruppenarbeit. In: Reinhard Bahnmüller, Reiner Salm (Hg.): Intelligenter, nicht härter arbeiten? Gruppenarbeit und betriebliche Gestaltungspolitik. Hamburg: VSA, S. 31–45

Ullrich, Wolfgang (2006): Haben wollen. Wie funktioniert die Konsumkultur? Frankfurt/M: Fischer

Veblen, Thorstein (1953): The Theory of the Leisure Class. An Economic Study of Institutions, New York: Macmillan (1. Aufl. 1899)

Vogl, Joseph (2010): Das Gespenst des Kapitals, Zürich: Diaphanes

Volkmann, Ute, Uwe Schimank (2006): Kapitalistische Gesellschaft: Denkfiguren bei Pierre Bourdieu. In: Michael Florian, Frank Hillebrandt (Hg.): Pierre Bourdieu: Neue Perspektiven für die Soziologie der Wirtschaft, Wiesbaden: VS-Verlag, S. 221–242

Voß, Günter, Hans J. Pongratz (1998): Der Arbeitskraftunternehmer. Eine neue Grundform der ‚Ware Arbeitskraft'? In: Kölner Zeitschrift für Soziologie und Sozialpsychologie 50, S. 131–158

Voswinkel, Stephan (2001): Anerkennung und Reputation. Die Dramaturgie industrieller Beziehungen. Mit einer Fallstudie zum „Bündnis für Arbeit", Konstanz: UVK

Wagner, Falk (1985): Geld oder Gott? Zur Geldbestimmtheit der kulturellen und religiösen Lebenswelt, Stuttgart: Klett-Cotta

Walgenbach, Peter, Nikolaus Beck (2000): Von statistischer Qualitätskontrolle über Qualitätssicherungssysteme hin zum Total Quality Management – Die Institutionalisierung eines neuen Managementkonzepts. In: Soziale Welt 51, S. 325–353

Wall, Joseph Frazier (1970): Andrew Carnegie, New York: Oxford University Press

Warnecke, Hans-Jürgen (1993): Revolution der Unternehmenskultur. Das Fraktale Unternehmen, 2. Aufl., Berlin/Heidelberg: Springer

Weber, Max (1972): Wirtschaft und Gesellschaft. Grundriss der Verstehenden Soziologie, 5. Aufl., Tübingen: Mohr

Weber, Max (1973): Gesammelte Aufsätze zur Wissenschaftslehre, hg. v. Johannes Winckelmann, 4. Auflage, Tübingen: Mohr

Weber, Max (1978): Gesammelte Aufsätze zur Religionssoziologie, Bd. 1, 7. Aufl. Tübingen: Mohr

Weber, Max (2000): Die protestantische Ethik. Eine Aufsatzsammlung, hg. v. K. Lichtblau und J. Weiß, 3. Auflage, Tübingen: Mohr

Weick, Karl E. (1985): Der Prozess des Organisierens, Frankfurt/M.: Suhrkamp

Weinert, Rainer (2002): Geld und Politik. Funktionswandel und Autonomisierung von Zentralbanken. In: Christoph Deutschmann (Hg.): Die gesellschaftliche Macht des Geldes, Leviathan Sonderheft 21, Wiesbaden: Westdeutscher Verlag, S. 327–350

Wengenroth, Ulrich (1997): Zur Differenz von Wissenschaft und Technik. In: Daniel Bieber (Hg.): Technikentwicklung und Industriearbeit, München: Campus, S. 141–152

Wenger, Etienne C., William M. Snyder (2000): Communities of Practice: Warum sie eine wachsende Rolle spielen. In: Harvard Business Manager 4, S. 55–62

Werner, Josua (1967): Das Verhältnis von Theorie und Geschichte bei Joseph A. Schumpeter. In: Antonio Montaner (Hg.): Geschichte der Volkswirtschaftslehre, Köln: Kiepenheuer und Witsch, S. 277–295

Wilkesmann, Uwe (1999): Lernen in Organisationen. Die Inszenierung von kollektiven Lernprozessen, Frankfurt/M: Campus

Williamson, Oliver (1985): The Economic Institutions of Capitalism. Firms, Markets, Relational Contracting, New York: Free Press

Willke, Helmut (1998): Systemisches Wissensmanagement, Stuttgart: Lucius & Lucius

Willke, Helmut (2001): Atopia. Studien zur atopischen Gesellschaft, Frankfurt/M: Suhrkamp

Willke, Helmut: (2002): Dystopia. Studien zur Krisis des Wissens in der modernen Gesellschaft, Frankfurt/M: Suhrkamp

Windeler, Arnold (2003): Kreation technologischer Pfade: ein strukturationstheoretischer Analyseansatz. In: Georg Schreyögg, Jörg Sydow (Hg.): Strategische Prozesse und Pfade. Managementforschung 13, Wiesbaden: Westdeutscher Verlag, S. 295–328

Windolf, Paul (1994): Die neuen Eigentümer. Eine Analyse des Marktes für Unternehmenskontrolle. In: Zeitschrift für Soziologie 23/2, S. 79–92

Windolf, Paul (2002): Corporate Networks in Europe and the United States, Oxford: Oxford University Press

Windolf, Paul (2003): Korruption, Betrug und ‚Corporate Governance' in den USA – Anmerkungen zu Enron. In: Leviathan 31, S. 185–218

Windolf, Paul (2005): Was ist Finanzmarkt-Kapitalismus? In: ders. (Hg.): Finanzmarkt-Kapitalismus. Analysen zum Wandel von Produktionsregimen, Sonderheft 45 der Kölner Zeitschrift für Soziologie und Sozialpsychologie, Wiesbaden, S. 20–57

Wittel, Andreas (1997): Belegschaftskultur im Schatten der Firmenideologie. Eine ethnographische Fallstudie, Berlin: Sigma

Wittke, Volker (1990): Systemische Rationalisierung – zur Analyse aktueller Umbruchsprozesse in der industriellen Produktion. In: Jörg Bergstermann, Ruth Brandherm-Böhmker (Hg.): Systemische Rationalisierung als sozialer Prozess, Bonn: Dietz, S. 23–42

Wittke, Volker (1996): Wie entstand die Massenproduktion? Die diskontinuierliche Entwicklung der deutschen Elektroindustrie von den Anfängen der „großen Industrie" bis zur Entfaltung des Fordismus (1880–1975), Berlin: Sigma

Womack. James P., Daniel T. Jones, Daniel Roos (1991): Die zweite Revolution in der Automobilindustrie, Frankfurt/M: Campus

Wuthnow, Robert (1994): Religion and Economic Life, in: Smelser, Neil J./Swedberg, Richard (eds.): The Handbook of Economic Sociology, Princeton, Princeton University Press: 620–646

Wuthnow, Robert (2005): New Directions in the Study of Religion and Economic Life, in: Neil J. Smelser/Richard Swedberg (eds.): The Handbook of Economic Sociology, 2. Aufl. Princeton: Princeton University Press, 603–626

Yip, Francis Ching-Wah (2010): Capitalism as a religion? A study of Paul Tillich's interpretation of modernity, Cambridge, Harvard University Press, Harvard Theological Studies 59

Zinser, H. (1997): Der Markt der Religionen, München: Fink

Zweig, Michael (2000): The Working Class Majority. America's Best Kept Secret, Ithaca: Cornell University Press

Veröffentlichungsnachweise

Kapitalismus, Religion und Unternehmertum – eine unorthodoxe Interpretation: Erweiterte und überarbeitete Fassung des Aufsatzes: „Die Verheißung absoluten Reichtums: Kapitalismus *als* Religion", in: Baecker Dirk (Hg.): Kapitalismus als Religion, Berlin 2003: Kulturverlag Kadmos, S. 145–174

Ideen und Interessen. Zum Verhältnis von Religion und wirtschaftlicher Entwicklung, in: Wolf Christof, Koening Matthias (Hg.): Religion und Gesellschaft. Sonderheft 53 der Kölner Zeitschrift für Soziologie und Sozialpsychologie, Wiesbaden 2013: VS, S. 359–382

Geld als absolutes Mittel: Zur Aktualität von Simmels Geldtheorie. Zuerst erschienen in: Berliner Journal für Soziologie 2000, Band 10, Heft 3, S. 301–313

Die Mythenspirale. Eine wissenssoziologische Interpretation industrieller Rationalisierung. Zuerst erschienen in: Soziale Welt 1997, Jg. 47, Heft 1, S. 55–70

Dynamische Modelle institutioneller Einbettung: Beitrag zur Tagung der DGS-Sektion Wirtschaftssoziologie am 1.–3.2.2007 am Max-Planck-Institut für Gesellschaftsforschung (MPIfG) in Köln; bisher auf der Homepage des MPIfG veröffentlicht

„Kapitalismus" und „Geist des Kapitalismus" – Anmerkungen zum theoretischen Ansatz von Boltanski und Chiapello. Ursprünglich verfasst für: Hessinger Philipp, Wagner Gabriele (Hg.): Ein neuer Geist des Kapitalismus? Paradoxien und Ambivalenzen der Netzwerkökonomie, Wiesbaden 2008: VS, S. 127–144

Der Typus des Unternehmers in wirtschaftssoziologischer Sicht: Beitrag zur Tagung der DGS-Sektion Soziologische Theorie am 4.–6.10.2007 an der Fern-Universität in Hagen

Industriesoziologie als Wirklichkeitswissenschaft. Zuerst erschienen in: Berliner Journal für Soziologie 2003, Band 13, Heft 3, S. 477–495

Latente Funktionen der Institution des Berufs. Zuerst erschienen in: Jacob, Marita, Peter Kupka (Hg.): Perspektiven des Berufskonzepts. Die Bedeutung des Berufs für Ausbildung und Arbeitsmarkt. Beiträge zur Arbeitsmarkt- und Berufsforschung Nr. 297, Institut für Arbeitsmarkt- und Berufsforschung der Bundesagentur für Arbeit (IAB), Nürnberg 2005, S. 3–15

Finanzmarkt-Kapitalismus und Wachstumskrise. Zuerst erschienen in: Windolf, Paul (Hg.): Finanzmarkt-Kapitalismus: Analysen zum Wandel von Produktionsregimen. Sonderheft 45 der Kölner Zeitschrift für Soziologie und Sozialpsychologie, Wiesbaden 2005: VS, S. 58–84

Die Finanzmärkte und die Mittelschichten: der kollektive Buddenbrooks-Effekt, zuerst erschienen in: Leviathan 2008, 36. Jg. Heft 4, S. 501–517

Eurokrise und internationale Finanzkrise. Die Finanzialisierung der Wirtschaft als politische Herausforderung für Europa, in: Zeitschrift für Sozialökonomie 2016, 58. Jg. Nr. 190/191, S. 3–14. Frühere Versionen erschienen in: Sozialer Fortschritt (2014), Bd. 63, Heft 1–2, S. 2–7, sowie in: Brömmel Winfried, König Helmut, Sicking Manfred (Hg.): Europa, wie weiter? Perspektiven eines Projekts in der Krise, Bielefeld 2015: transcript, S. 79–100